Jo Furminger

Der Pony-Club

Ein Pony
im Obstgarten

Sammelband der vier Titel über den Pony-Club von Jo Furminger:
Ein Pony im Obstgarten, Boje Verlag 1980
Der Pony-Club vom Wiesenhof, Boje Verlag 1981
Der Pony-Club auf Ferienritt, Boje Verlag 1981
Der Pony-Club hat große Pläne, Boje Verlag 1982

Erste Auflage des Sammelbandes 1991
Alle deutschsprachigen Rechte: Boje Verlag GmbH, Erlangen 1991
© für die deutsche Übersetzung: Boje Verlag GmbH, Erlangen 1980,
1981, 1982, 1991
Titel der Originalausgaben: A Pony at Blackbird Cottage
Blackbirds Ride a Mystery Trail
Blackbirds' Pony Trek
Saddle up, Blackbirds
Erschienen bei Hodder & Stoughton, London
© für Text: Jo Furminger 1975, 1976, 1977, 1980
Innenillustrationen: Christel Tatje (Ein Pony im Obstgarten),
Susan Hunter (übrige Titel)
Übersetzung: Irene Kohlhaas (Ein Pony im Obstgarten)
Lena Hahn (übrige Titel)
Umschlag des Sammelbandes: Dieter Müller

Gesamtherstellung: Mohndruck, Gütersloh
Printed in Germany

Umzug aufs Land

Als Paps eines Abends nach Hause kam und uns triumphierend mitteilte, er solle Verwaltungsdirektor einer großen Maschinenfabrik werden, freuten Mami und ich uns riesig. Auch als er sagte, sein neues Büro sei in Coppington, dreißig Meilen entfernt, war Mami ganz einverstanden, und mir machte es eigentlich auch nichts aus.

Dann aber fand Mami, dies sei die Gelegenheit ihres Lebens, endlich in ein hübsches Häuschen auf dem Lande zu ziehen, und da war meine Begeisterung mit einem Schlag erloschen. Von allen schlimmen Orten, die ich mir zum Wohnen vorstellen konnte, schien mir ein Häuschen auf dem Lande der gräßlichste. Ich versuchte, Mami von ihrem Vorhaben abzubringen, aber sie hatte auf jeden meiner Einwände eine Antwort bereit. Es war wie bei einem Ping-Pong-Spiel.

»Auf dem Lande regnet es immer«, sagte ich, »und außerdem viel stärker als in der Stadt.«

»Das bildest du dir nur ein.«

»Wenn es heiß ist«, fuhr ich fort, »wird man von Scharen von Bremsen und Mücken zerstochen.«

»Wir schmieren dich mit Insektensalbe ein«, erwiderte Mami trocken, »bis du ein bißchen daran gewöhnt bist oder bis die Insekten merken, daß du nicht gut schmeckst.«

»Aber die Leute dort sind so unkultiviert«, seufzte ich. »Lauter Bauern, die zerlumpt herumstehen und Grashalme kauen. Wenn sie überhaupt den Mund aufmachen, sagen sie ›Hä‹.«

»Unsinn, Kind!« lachte Mami. »Auf dem Land leben die intelligentesten Leute, zum Beispiel Bankdirektoren im Ruhestand oder Tierärzte.«

»Und außerdem weiß man wirklich nicht, wie man die Zeit totschlagen soll«, fuhr ich unglücklich fort. »Man kann bloß dahocken und zuschauen, wie der Regen an die Fensterscheiben schlägt, oder Wespen aus dem Marmeladetopf fischen.«

»Dummes Gerede!« antwortete Mami entschieden. »Auf dem Land gibt es viele Möglichkeiten, sich zu unterhalten und zu betätigen. Man lernt seine Nachbarn viel rascher kennen als in der Stadt und trifft einander bei Festlichkeiten, in Theatergruppen, im Kirchenchor, bei Blumensteckkursen oder ähnlichen Veranstaltungen.«

Mich schauderte, aber sie fuhr unbeirrt fort: »Außerdem können Kinder auf dem Lande ihr eigenes Pferd haben, und ich dachte mir, daß du vielleicht reiten lernen möchtest?«

»Ganz bestimmt nicht!« gab ich zurück und rannte nach oben, ohne ihr Zeit zum Antworten zu lassen. Es schien sinnlos, weiter zu streiten, und ich konnte nur noch hoffen, daß Mamis Entschluß, uns in irgendeinem gottverlassenen Winkel zu begraben, nur eine vorübergehende Idee war.

Aber für sie war es beschlossene Sache, und Paps sagte nichts weiter dazu, als daß es ihm gleich sei, wohin wir zögen, solange das Haus einen Garten habe und man das Auto irgendwo abstellen könne. Ich war froh, daß die Ferien noch nicht angefangen hatten; so konnte Mami nicht verlangen,

daß ich mit auf die Suche nach einem »hübschen Häuschen auf dem Lande« ginge. Paps hatte furchtbar viel zu tun, und so überließen wir die Angelegenheit ganz ihr. Wenigstens stürzte sie sich nicht blindlings auf das erste Angebot, und ich begann zu hoffen, daß sie letzten Endes die Häuser alle scheußlich fände und es doch für besser hielte, in Coppington zu wohnen.

Es war kurz vor Beginn der Ferien, als ich eines Nachmittags ganz erhitzt vom Tennisspielen nach Hause kam und nach etwas zu trinken lechzte. Mami erwartete mich mit einem Ausdruck mühsam unterdrückter Aufregung an der Haustür.

»Ich habe es gefunden!« platzte sie heraus. »Genau was ich suchte – das ideale Plätzchen! Oh, Claire, es ist einfach süß, wie für uns geschaffen, und außerdem gibt es dort sogar –.« Sie hielt inne.

Ich war gerade dabei, ein halbes Dutzend Eiswürfel in mein Limonadeglas zu kippen, und hob flüchtig den Kopf. »Was gibt es sogar? Mach's doch nicht so spannend!« sagte ich ungeduldig.

Aber sie schüttelte den Kopf und lächelte geheimnisvoll. »Du wirst schon sehen. Sobald Paps nach Hause kommt, fahren wir los und schauen es an.«

Ich hob nur die Schultern und setzte mich mit meinem Buch an den Tisch, um beim Lesen ein Marmeladebrot zu verzehren und die Limonade zu trinken. Sollte sie ruhig ihre Geheimnisse für sich behalten, mir war das egal!

Später wurden Paps und ich in Mamis Auto zu ihrem »idealen Plätzchen« gefahren, und als wir hinkamen, mußte ich widerwillig eingestehen (natürlich nur vor mir selbst), daß ich angenehm überrascht war. Das Häuschen stand außerhalb der kleinen Ortschaft Gooseley, von der ich zwar schon gehört hatte, wo ich aber noch nie gewesen war. Es hatte einen länglichen Vorgarten mit üppigem, grünem Rasen und prächtigen Rosenbeeten, die von ganzen Büscheln weißer Gänseblümchen und gelber Ringelblumen eingesäumt waren. Ein holperig gepflasterter Weg führte zum Haus, und über dem Eingang hing eine Schale, die von roten Geranien und dunkelblauen Lobelien überquoll. Neben dem Haus erstreckte sich ein ungepflegtes, offenbar herrenloses Grundstück, das so aussah, als ob es im Frühjahr mit Glockenblumen übersät sei. Das Haus war altmodisch, aber behaglich, und hatte dunkle Eichenbalken an den Zimmerdecken. Die Böden waren mit einem weichen, dicken Auslegeteppich bespannt. In der Halle gab es einen riesigen offenen

Kamin und kleine, bleigefaßte Fenster, unter denen hölzerne Bänke standen.

Eines der Schlafzimmer war einfach toll – es war richtig auf das Dach draufgeklebt und hatte einen eigenen Eingang über eine Leiter. Die Wände waren ganz schräg. Vor lauter Begeisterung hätte ich beinahe ausgerufen, daß ich dieses Zimmer für mich haben wolle; aber im letzten Augenblick fiel mir gerade noch ein, daß ich ja nicht auf dem Lande leben wollte, und deshalb sagte ich lieber nichts.

Paps war auf den ersten Blick in das Haus verliebt. Er nickte und lächelte und sagte die ganze Zeit »Wunderbar!« und »Wie reizend!« und »Das ist aber fein!« Und noch mehr von dieser Art.

»Es gibt noch mehr zu sehen!« überschlug sich Mami, die glücklich war, weil sie ihren Kopf durchgesetzt hatte. »Wartet nur, bis uns Mrs. Carpenter den Garten zeigt!«

Die Dame, die das Haus verkaufte, eine ältliche, grauhaarige Witwe, führte uns durch den hinteren Ausgang zu einem von einer hohen Hecke fast verborgenen Gartentor. Zu meiner Verblüffung traten wir in einen großen schattigen Obstgarten, dessen Bäume unter der Last der reifenden Äpfel fast zusammenbrachen. Am gegenüberliegenden Zaun stand ein weißes Pony. Es hob den Kopf und blickte uns neugierig entgegen.

»Da!« schrie Mami, die wieder einmal vergaß, daß es sich nicht gehört, mit dem Finger auf jemand zu zeigen. »Das ist mein Geheimnis, Claire!«

Sprachlos vor Entsetzen starrte ich das Pony an. Wenn Mami erwartet hatte, daß ich vor Freude einen Luftsprung machen würde, muß sie wohl sehr enttäuscht gewesen sein, denn ich sagte nur mit möglichst unbeteiligter Miene: »Aha.«

»Es heißt ›Misty‹ – das ist die Kurzform für ›Misty Morning‹«*, erklärte Mrs. Carpenter. »Wir haben es schon, seit es zwei Jahre alt war, und dieses Jahr wird es sechzehn.«

»Steht also sozusagen mit einem Huf schon im Grab«, bemerkte ich ironisch, und ich muß hinzufügen, daß ich mich jedesmal vor Scham verkriechen möchte, wenn ich heute an diesen Augenblick zurückdenke.

Mamis Blick verfinsterte sich, aber Mrs. Carpenter lachte nur und sagte: »Meine Güte, nein! Ein Pony wie Misty wird dreißig oder noch älter, wenn man es gut pflegt. Misty hat sein halbes Leben noch vor sich. Ich fürchte allerdings, daß ich ihn in letzter Zeit ziemlich vernachlässigt habe, weil ich mit all den Vorbereitungen für die Übersiedlung zu meiner Tochter nach Kanada so beschäftigt war. Ich mußte ihr versprechen, daß ich Misty nur in gute Hände geben würde, und du kannst dir vorstellen, wie froh ich bin, daß ich ihn hier bei euch lassen kann.«

Jetzt war ich es, die finster dreinblickte. Auf der Rückfahrt fing Mami nochmals davon an: »Ich dachte, du wärst ganz entzückt darüber, daß wir das Pony gleich mitgekauft haben, Claire!«

»Ach, wirklich?« gab ich mürrisch zurück. »Und was soll ich deiner Meinung nach damit anfangen?«

»Ich kann mich erinnern, daß du in früheren Jahren immer gebettelt hast, wir sollten dir ein Pony kaufen«, fuhr Mami

---

* Misty Morning = Nebelmorgen

fort, aber als ich keine Antwort gab, verfiel auch sie in Stillschweigen.

In gewisser Weise hatte sie ja recht. Mit sieben Jahren war ich einmal ganz verrückt nach Ponys gewesen. Ich hatte mir ein Album angelegt und aus Zeitungen und Zeitschriften alle Ponybilder ausgeschnitten und eingeklebt. Mein Taschengeld verwendete ich zum größten Teil für Pferdepostkarten, und in allen meinen Schulaufsätzen ging es regelmäßig um Pferde.

Mami hatte gar nichts dagegen, denn sie war früher eine recht gute Reiterin gewesen; zwar hatte sie nie ein eigenes Pferd besessen, hatte aber auf Pferden anderer Leute an Reitturnieren teilgenommen und sogar hin und wieder eine kleine Trophäe errungen. Deshalb nahm sie mich einmal im Sommer, als wir Verwandte in Nord-Wales besuchten, auf einen kurzen Reitausflug mit. Es war ein herrlicher, heißer Tag, und ich bekam ein kleines graues Pony mit langer Mähne und Stirnhaar, das bis über die Augen herabfiel. Mami ließ sich eine Longe geben, die sie am Zaumzeug meines Pferdes festmachte und in der Hand behielt.

Wir waren eine Gruppe von etwa zwanzig Reitern, die Hälfte davon Kinder verschiedenen Alters. Zuerst trotteten wir gemütlich dahin und freuten uns an der schönen Landschaft. Dann fing man an, sich kennenzulernen und miteinander zu plaudern. Die Sonne brannte herab, und alle zogen ihre Jacken aus.

Die Pferde begannen zu dösen. Ich bin sicher, daß meines richtig eingeschlafen war, als wir an einen Bach kamen, den wir durchqueren mußten. Erschreckt riß es seinen Kopf hoch, rutschte auf irgend etwas aus — vermutlich auf einem glitschigen Stein —, und bevor ich mich's versah, sauste ich mit einem entsetzten Kreischen durch die Luft und landete im Wasser.

Mami sprang von ihrem Pferd, um mir aufzuhelfen. Sobald sich herausgestellt hatte, daß ich unverletzt war, fingen alle an, die Sache wahnsinnig lustig zu finden. Die Erwachsenen grinsten überlegen und sagten »Aber, aber«, und die Kinder hielten sich den Bauch vor Lachen.

Es ist ja ganz schön, Leute zum Lachen zu bringen, wenn man das beabsichtigt. Aber wenn man halb ertrunken mitten in einem Bach steht, findet man es überhaupt nicht komisch, und so begann ich, leise vor mich hin zu weinen. Mami tat das Beste, was sie in dieser Situation unternehmen konnte: Sie borgte sich ein paar übrige Kleidungsstücke und ging mit mir hinter einen Busch, um mich umzuziehen. Als ich wieder zum Vorschein kam, hatte ich eine Jacke mit dem Verschluß auf dem Rücken und eine zweite, vorn geknöpfte darüber. Dazu trug ich meine nassen, notdürftig ausgewrungenen Jeans.

Der Ausflug schien kein Ende nehmen zu wollen. Ich zitterte vor Kälte, und meine Nase begann zu laufen. Am nächsten Morgen erwachte ich mit einer so üblen Erkältung, daß ich zwei wunderbare Sonnentage im Bett verbringen mußte. Als es mir wieder besser ging, schlug natürlich das Wetter um, und es goß wie aus Kübeln.

Seit damals war meine Begeisterung für Pferde erloschen. Ich wurde in der Schule ziemlich fleißig und hatte fast nur noch gute Noten. In keinem meiner Aufsätze tauchte mehr ein Pferd auf.

Ich war keineswegs begeistert, als unser Haus in Flaundon gleich nach dem Besuch bei Mrs. Carpenter zum Verkauf ausgeschrieben wurde. Meine Eltern beschlossen, in der zweiten Juliwoche umzuziehen.

Ein schrecklicher Traum

Als schließlich der Tag des Umzugs kam, war mir zum Weinen zumute. Ich schluckte die Tränen tapfer hinunter, weil es unmöglich gewesen wäre, mich vor meiner Freundin Jennifer aufzuführen wie ein Baby. Sie war gekommen, um uns auf Wiedersehen zu sagen. Wir saßen in der heißen Julisonne auf der Gartenmauer und sahen den beiden Packern zu, die den riesigen, hohlen Bauch des Möbelwagens mit unserer gesamten Habe vollstopften.

Schließlich wurde die Lade geschlossen, und der Wagen fuhr los. Ich setzte Samantha, unsere weiße Katze, in ihren Korb und verstaute sie auf dem Rücksitz von Mamis Wagen.

»Also, tschüs, Claire«, sagte Jennifer mit einer eigenartig unbewegten Stimme, und ich hätte schwören können, daß Tränen hinter ihren Brillengläsern glitzerten.

»Ich schreibe dir, Jen«, versprach ich. »Und wenn wir uns erst mal richtig eingelebt haben, mußt du uns für ein paar Tage besuchen.«

»Los, Claire!« rief Mami, die sich gerade in ihr Auto setzte, und brauste davon. Paps und ich stiegen in seinen Wagen und fuhren ihr nach.

In der Halle des Häuschens fanden wir einen Zettel von Mrs. Carpenter. Darauf stand: »Misty wird nachmittags um vier Uhr gefüttert – tut mir leid, daß ich Ihnen das nicht früher gesagt habe. Aber ich denke, er wird sich bald an Ihren Tagesablauf gewöhnt haben. Alles Gute!«

»Womit man ihn füttern muß, schreibt sie allerdings nicht«, sagte Mami stirnrunzelnd. »Hast du eine Ahnung, Claire?«

»Wie soll ich das denn wissen?« fragte ich ruppig zurück. »Ich weiß nichts über Pferde, rein gar nichts.«

»Es hätte ja sein können, daß du aus all den Büchern, die du früher mal gelesen hast, etwas gelernt hättest«, erwiderte Mami und fuhr sich dabei müde mit der Hand über die Stirn.

Ich begann, mich zu schämen. Wenn Paps dabeigewesen wäre, hätte er mir bestimmt die Meinung gesagt. Mami sah aus, als ob sie jeden Augenblick in Tränen ausbrechen würde. Ich war nie vorher auf den Gedanken gekommen, daß ihr der ganze Umzug auch nur das Geringste ausmachen könnte. Aber so schnell war ich nicht zu besänftigen. »Also gut«, sagte ich. »Ich werde ihn heute füttern. Aber du hast ihn gekauft, also mußt du ihn entweder weggeben oder dich in Zukunft selber um ihn kümmern. Ich will kein Pony!«

Damit machte ich auf dem Absatz kehrt und ging entschlossenen Schrittes aus dem Haus und zum Obstgarten hinunter. Im Gras saß eine Amsel mit zwei Jungen. Sie flatterte erschreckt hoch und rief ihrer Familie einen schrillen Warnruf zu.

Misty stand dösend unter einem Baum. Er öffnete ein

Auge, als ich in die Sattelkammer ging, wo auch seine Futtereimer standen. Ich entdeckte eine Plastikschüssel, in der noch einige vertrocknete Reste zeigten, woraus sich sein Mahl üblicherweise zusammensetzte. Über die Menge hatte ich allerdings keine Ahnung. Ich hielt es für das beste, einfach ein paar Hände voll Futter in den Eimer zu werfen. Wenn Mami das Pony wirklich behalten wollte, mußte sie sich eben erkundigen, was es im einzelnen brauchte.

Dann blickte ich mich fast wider Willen in der Sattelkammer um. Der Boden war mit Ziegeln gepflastert. Die verputzten Wände waren vor langer, langer Zeit einmal weiß getüncht worden. Ganz oben über einem kleinen Regal steckten einige vergilbte und verstaubte Rosetten im Kreis um ein gerahmtes Foto, das ein Mädchen auf einem weißen Pony zeigte. Ich betrachtete das Bild eingehend – Misty konnte das doch wohl kaum sein? Dieses Pferd sah zu wach und intelligent aus. Aber vielleicht war Misty in seinen jüngeren Tagen so gewesen – das Foto schien nämlich schon ziemlich alt zu sein.

Auch Sattel und Zaumzeug hatten schon ein paar Jährchen hinter sich. Sie waren von einer dicken Staubschicht überzogen. Das Leder war völlig ausgetrocknet, und die Zügel waren an einzelnen Stellen brüchig, so vernachlässigt waren sie. Ich beugte mich hinunter, um den Inhalt des Regals zu inspizieren. Auf einem Brett entdeckte ich acht verschiedene Putzgeräte und auf einem andern eine große Büchse mit Lederfett, eine Flasche Metallpolitur und einige Lappen.

Voller Mißfallen spürte ich, wie es plötzlich in meinen

Fingern zuckte. Ich mußte mich beherrschen, um nicht den Sattel emporzuheben und an dem Leder zu riechen. Es drängte mich, den Staub abzuwischen, etwas Wichse mit einem Tuch aufzutragen und zuzusehen, wie sie von dem trockenen Leder aufgesogen wurde. Dann gehörte noch eine zweite Schicht darüber, bevor man es polieren konnte, bis es glänzte.

Statt dessen stand ich nur da und hatte die Hände zu Fäusten geballt, um diesem Drang mit aller Macht zu widerstehen. Ich würde Misty füttern, wenn es Zeit war, und dann wieder verschwinden. Irgend etwas saß in meiner Kehle, als ich mich umwandte und ins Haus zurücklief. Dort entdeckte ich zum erstenmal in meinem Leben, daß ich überhaupt keinen Appetit hatte und auch Mamis köstlicher Hühnersalat mich in keiner Weise reizte.

Während der nächsten zwei Tage kamen so viele Leute, daß Mami erklärte, sie sei jetzt wirklich am Rand eines Nervenzusammenbruchs. Ich hatte mir das Leben auf dem Lande immer tödlich langweilig vorgestellt, und dabei hörten die Türglocke und das Telefon nicht auf zu klingeln. Zuerst erschienen zwei Männer wegen der Fernsehantenne. Dann kam ein Elektriker, um zu kontrollieren, ob der Herd richtig angeschlossen war. Die Post schickte jemand, der den grünen Telefonapparat gegen einen weißen austauschte, weil Mami fand, das passe besser zu allen anderen Farben. Der Installateur kam, um die Waschmaschine anzuschließen. Und zwischendurch fragten verschiedene Händler an, ob man uns Brot, Milch, Eier, Gemüse, Fleisch und Zeitungen ins Haus liefern solle. Mami gewöhnte sich an, die Hände emporzurecken und verzweifelt »O nein!« zu stöhnen, sobald es klingelte, und ich flüchtete mich schließlich hinaus in den Obstgarten.

Dort hockte ich entweder auf dem Gatter oder lag in dem hohen, trockenen, süßlich duftenden Gras und schaute zu, wie Misty einzelne Halme abrupfte, oder ich beobachtete Tausende von wilden Vögeln, die ich in Flaundon nie gesehen hatte. Misty hatte sich rasch an den Klang meiner Stimme gewöhnt, und wenn ich ihn zum Füttern rief, hob er den Kopf und kam zielstrebig auf mich zugetrabt.

Jedesmal, wenn ich ihm den Hals klopfte oder über sein Fell strich, war mein Hand voll weißer Haare und rötlichem Staub. Er hatte sich irgendwo im Schlamm gewälzt, und sein Fell zeigte große Schmutzflecken. Es wäre dringend nötig gewesen, ihn zu putzen, doch ich war fest entschlossen, es nicht zu tun. Das wollte ich Mami überlassen. Sie sollte ruhig merken, daß es eine ganz schöne Arbeit war, wenn man sich ein Pferd hielt. Das hatte sie nun eben davon.

Ich wußte nicht, ob ich die verschiedenen Futtermittel richtig mischte und ob ich Misty überhaupt genug zu fressen gab, aber dafür fühlte ich mich auch wirklich nicht verantwortlich. Derart trotzige, unschöne Gedanken hegte ich also, und ich weiß nicht, wie lange ich auf meinem Standpunkt beharrt hätte, wenn nicht etwas geschehen wäre, das mit einem Schlag alles veränderte.

Als wir den dritten Tag in unserem neuen Haus hinter uns hatten, fuhr ich mitten in der Nacht aus einem schrecklichen Traum hoch: Ich hatte achtlos das Gattertor offengelassen, und Misty war auf die Straße hinausgelaufen und von einem

Auto angefahren worden. Ich wollte zu ihm hinrennen, aber meine Beine gehorchten mir nicht, so sehr ich mich auch mühte, und ich mußte zusehen, wie er unsägliche Schmerzen litt. Dabei blickte er mich an, ohne daß auch nur der geringste Vorwurf in seinen großen dunklen Augen zu erkennen gewesen wäre.

»Misty!« schluchzte ich laut und saß aufrecht im Bett. Voll Dankbarkeit erkannte ich, daß alles nur ein böser Traum gewesen war. Die Uhr auf meinem Nachttisch zeigte halb zwei, und so drehte ich mich um und versuchte, wieder einzuschlafen. Aber es war vergebens. Meine Gedanken kreisten um Misty. Immer wieder mußte ich daran denken, daß er schon sechzehn war, also nicht mehr ganz jung, und daß wir, als seine neuen Besitzer, die Verantwortung dafür trugen, daß er seine restlichen Erdentage in Glück und Gesundheit verbringen konnte. Und was hatte ich statt dessen getan? Ich hatte ihm wahllos irgend etwas in seinen Futtereimer geschüttet, den ich noch nicht einmal vorher ausgewaschen hatte. Vielleicht brütete Misty jetzt schon eine ganz schlimme Pferdekrankheit aus, und es war alles meine Schuld!

Ich sprang aus dem Bett. Mein Herz klopfte wie rasend, während ich meinen Morgenrock überwarf und zugleich meine Füße in ein Paar Schuhe zwängte. Als ich die Treppe hinunterstieg, quietschten einige Stufen, aber glücklicherweise wachten meine Eltern nicht davon auf.

Ich schloß die Hintertür auf und schlüpfte hinaus. Der Garten lag im Mondlicht, und die Käuzchen schrien im Gesträuch. Aber das alles bemerkte ich kaum. Voll Erleichterung stellte ich fest, daß das Tor zum Obstgarten geschlossen

war und also zumindest dieser Teil meines Traumes nicht der Wirklichkeit entsprach. Wo aber war Misty? Verzweifelt blickte ich mich um, bis ich ihn schließlich im Gras unter einem Baum entdeckte.

Er lag in seiner ganzen Länge ausgestreckt und rührte sich nicht. Einen schrecklichen Augenblick lang fürchtete ich, daß mein Traum doch eine entsetzliche Wahrheit enthalten hatte. Ich war ganz sicher, daß Pferde normalerweise im Stehen schlafen. Vielleicht war er krank? Natürlich, bei dem Futter, das ich ihm gegeben hatte, mußte er ja eine Kolik haben! Mein erster Gedanke war, ins Haus zurückzulaufen und Paps aufzuwecken, damit er den Tierarzt anriefe. Dann fiel mir glücklicherweise ein, daß man Pferde, die eine Kolik haben, auf die Beine bringen und herumführen muß. Also rannte ich über das feuchte Gras des Obstgartens auf ihn zu und rief seinen Namen. Ich war erst ein paar Schritte gelaufen, als er den Kopf hob. Mit einer raschen Bewegung war er auf den Beinen und blickte mir neugierig entgegen.

»Misty! Oh, Misty!« rief ich. »Du bist nicht krank!« Ich schlang meine beiden Arme um seinen Hals und preßte mich ganz fest an ihn, ohne auf die Haare und den Staub zu achten, die ich an meinen Morgenrock bekam, während mir Tränen der Erleichterung und der Reue über das Gesicht rannen.

Bevor ich wieder ins Bett ging, holte ich in der Küche einen Apfel, den ich säuberlich in vier Teile zerschnitt und zu Misty brachte. Er kaute ruhig und zufrieden und genoß ganz offensichtlich sein unerwartetes nächtliches Fest, während ich mich immer wieder an ihn drückte und ihm den Hals klopfte.

Neue Bekanntschaften

Am nächsten Morgen sagte Mami, sie wolle nach Coppington zum Einkaufen fahren, und ich beschloß, sie zu begleiten, weil ich in der Leihbibliothek ein paar Bücher über Pferdehaltung holen wollte.

Da freute sie sich natürlich riesig und fragte, ob ich mich nun doch entschlossen hätte, Misty zu behalten. Ich sagte ja, ohne jedoch etwas über meinen Traum oder mein schrecklich schlechtes Gewissen zu erzählen.

Da wir noch nie in Coppington gewesen waren, hielt Mami in der Hauptstraße an, um jemanden nach der Leihbücherei zu fragen. Ein Mann erklärte uns den Weg, und so suchten wir einen Parkplatz und verabredeten uns für eine halbe Stunde später vor der Drogerie.

In der Bibliothek beschloß ich, Zeit zu sparen, indem ich im Katalog nachsah, wo die Bücher über Pferde und Pferdehaltung standen. Es waren die Nummern 975/316 bis 975/321, und ich entdeckte sie in einer ziemlich dunklen Ecke auf dem untersten Brett.

Ich bückte mich, um die Titel zu lesen, und ging dabei langsam rückwärts, ohne mich umzusehen. Es dauerte natürlich nicht lange, bis ich auf ein Hindernis traf. Ich schrak auf und wandte mich um. Da entdeckte ich, daß ich mit einem großen dunkelhaarigen Jungen zusammengestoßen war, der mindestens zwei Jahre älter sein mußte als ich. Er lächelte und sagte höflich: »Es tut mir sehr leid – ich glaube, ich war schuld.«

»Oh, das macht nichts – ich habe ja nicht achtgegeben«, sagte ich ein bißchen verwirrt und ging mit den zwei Büchern, die ich aus dem Regal genommen hatte, zum Fenster, um sie dort näher zu betrachten.

»Verzeihung«, sagte der Junge und kam mir nach, »bist du nicht das junge Mädchen, das kürzlich im Amselhaus eingezogen ist?«

Das Amselhaus – Blackbird Cottage! Und ich hatte noch nicht einmal gemerkt, daß unser Haus einen Namen hatte! Auf jeden Fall paßte er aber, denn im Garten schienen massenhaft Amseln zu hausen.

»Ja«, nickte ich. »Wir sind letzten Montag eingezogen.«

»Sieh mal an! Dann sind wir gewissermaßen Nachbarn«, fuhr der Junge fort. »Wir wohnen in derselben Straße, nur fast einen Kilometer weiter. Mein Vater ist der Dorfarzt – früher oder später wirst du also ohnehin mal mit ihm zu tun haben. Ich heiße Bob Barclay.«

»Und ich bin Claire Forrester«, antwortete ich.

In diesem Augenblick bog ein Mädchen um eines der Bücherregale, und Bob winkte sie heran. Die Ähnlichkeit zwischen den beiden war unverkennbar, und so war ich nicht überrascht, daß er sie als seine Schwester vorstellte. Sie hatten beide die gleichen kühlen grauen Augen und das gleiche dunkle Haar. »Claire«, sagte Bob, »das ist Kathryn. Kathryn, das ist Claire aus dem Amselhaus.«

»So, so«, sagte Kathryn ohne auch nur die Andeutung eines Lächelns. Sie legte den Kopf zur Seite, um die Titel der Bücher zu betrachten, die ich unter den Arm geklemmt hielt. »Das Abc der Pferdehaltung«, las sie laut, »Reitanleitung für Anfänger.« Obwohl ich bestimmt ein Jahr älter war als sie, kam ich mir plötzlich furchtbar kindisch und unsicher vor und hätte die beiden Bücher am liebsten weggeworfen.

Kathryn musterte mich neugierig. »Es ist doch immer aufschlußreich, zu wissen, was die Leute lesen, nicht?« bemerkte sie. Als ich nicht antwortete, fuhr sie fort: »Wie ich höre, hat Mrs. Carpenter Misty dagelassen.« Es klang, als spräche sie von einem alten Möbelstück, das niemand haben wollte, und ich ärgerte mich so darüber, daß ich ziemlich bissig antwortete: »Sie hat ihn nicht einfach dagelassen – wir haben ihn gekauft.«

»Aha«, sagte Kathryn. »Nun, und wie ist er denn? Ein bißchen steif, nehme ich an, nachdem er so lange nicht bewegt worden ist. Springt er überhaupt noch?«

»Das weiß ich nicht«, antwortete ich kleinlaut. »Ich kann nicht – ich meine, ich habe ihn noch nicht geritten.« Mittlerweile hatte ich das Gefühl, daß sogar eine Lüge besser wäre als das Eingeständnis, daß ich überhaupt nicht reiten konnte – obwohl sie das bestimmt längst erraten hatte.

Sie hob ihre Augenbrauen in gespielter Überraschung. »Was? Ihr seid doch letzten Montag eingezogen! Heute ist Donnerstag, und du hast ihn noch nicht ausprobiert? Wie konntest du denn bloß widerstehen?«

Ich zermarterte mir noch das Hirn nach einer Antwort, die schnippisch genug wäre, als von der Tür her ein lautes »Juhu!« ertönte. Die Bibliothekarin hob stirnrunzelnd den Kopf und blickte nachdrücklich auf ein Schild mit der Aufschrift »Bitte Ruhe!«

»Ach, du liebes Lieschen«, murmelte Kathryn. »Ich glaube, wir müssen uns wirklich einen anderen Tag aussuchen, um in die Bücherei zu gehen, wenn dieses dicke Ungeheuer uns während der ganzen Ferien nachschleicht!«

Soeben stürmte ein kurzgewachsenes, plumpes Mädchen auf uns zu, dem das strähnige, blonde Haar ins Gesicht fiel. Die zwinkernden blauen Augen verschwanden fast gänzlich in den feisten Backen, die sich beim Anblick der Barclays in einem breiten Lächeln hoben. »Hallo, Bob!« schrie sie. »Hallo, Kath! Ich dachte mir schon, daß ich euch hier am ehesten treffe.« Aus dem Augenwinkel sah ich, wie Kathryn zusammenzuckte. Später erfuhr ich, daß sie es nicht ausstehen konnte, Kath genannt zu werden. Dann wendete sich das

Mädchen an mich und sagte strahlend: »Du bist bestimmt die Neue aus dem Amselhaus! Der Metzger hat dich uns beschrieben: groß und dünn und mit langen Locken.«

Ich wäre am liebsten im Erdboden versunken, denn abgesehen davon, daß ich nicht reiten konnte, schien es mir nun wirklich das Allerletzte zu sein, wenn man sein Haar in langen Locken trug.

»Das ist Joanna«, erklärte Bob hastig. »Aber die Bibliothekarin wirft uns schon die ganze Zeit wütende Blicke zu. Ich schlage vor, daß wir jetzt entweder unsere Bücher aussuchen oder irgendwo eine Tasse Kaffee trinken, wo wir nicht fürchten müssen, daß man uns gleich hinauswirft.«

»Oh – ach nein, vielen Dank«, stammelte ich voll Entsetzen bei dem Gedanken, noch länger mit ihnen zusammen sein zu müssen. »Ich bin mit meiner Mutter verabredet und muß mich beeilen. Wiedersehen!«

Als ich mich umwandte, um hinauszurennen, hörte ich, wie Bob laut flüsterte: »Hoffentlich sehen wir uns bald wieder.«

»Da kannst du lange hoffen!« murmelte ich leise und atmete erleichtert auf, als ich wieder auf der Straße stand. Wenn auf dem Land alle Kinder so waren wie diese, würde ich in Zukunft viel Zeit haben, mich mit mir selbst zu beschäftigen.

Mami hatte ihre Einkäufe erledigt, und wir fuhren nach Hause. Kaum waren wir angekommen, sprang ich aus dem Wagen, klemmte meine Bücher unter den Arm und rannte in den Obstgarten.

Das Zusammentreffen mit Joanna und den Barclays ließ

es mir noch wichtiger erscheinen, gut reiten zu lernen. Als erstes aber mußte ich Misty einmal gründlich putzen. Er hatte sich wieder im Schmutz gewälzt und war nun über und über mit scheußlich rötlichen Flecken bedeckt.

Ich nahm *Das Abc der Pferdehaltung* zur Hand und schlug das Kapitel »Putzen« auf. Als erstes ging ich in die Sattelkammer, um die Geräte zu überprüfen. Ich legte sie einzeln oben auf das Regal und lernte anhand der Abbildungen im Buch die verschiedenen Bezeichnungen. Zu meiner großen Zufriedenheit war das Putzzeug vollständig, bis auf den Strohwisch, den ich mir leicht selber machen konnte. Dann hieß es in meinem Buch: »Als erstes mußt du dein Pferd einfangen und es ablenken, indem du ihm etwas Heu zu knabbern gibst.«

Ich holte tief Luft und ergriff das Stallhalfter. Nun würde ich gleich sehen, ob sich Misty leicht einfangen ließ. Zum Füttern war er immer ganz willig hergekommen, aber jetzt?

Wie beinahe zu erwarten war, verhielt er sich musterhaft und rührte sich nicht vom Fleck, während ich dreimal vergeblich versuchte, ihm das Halfter überzustreifen. Erst beim vierten Anlauf klappte es schließlich. Seine großen braunen Augen zeigten die ganze Zeit einen fast verständnisvollen Ausdruck, und ich bin sicher, wenn er Hände anstatt seiner Hufe gehabt hätte, dann hätte er mir das verflixte Ding abgenommen und es sich selbst angezogen.

Ich führte ihn zum Stall, band ihn an einem Ring an der Wand fest, füllte einen Korb mit Heu und hängte diesen vor seiner Nase auf. Er begann zufrieden zu kauen, und ich krempelte die Ärmel hoch.

»Zuerst die Füße«, befahl das Buch, und auf einem Foto war zu sehen, wie man nacheinander die Hufe aufnehmen und reinigen mußte. Zu meiner großen Befriedigung hob Misty sofort gehorsam sein linkes Vorderbein, sobald ich es umfaßte und ein wenig zog. Ich war überrascht, daß das Hufeisen fehlte, und dachte zuerst, er müsse es verloren haben. Dann aber stellte ich fest, daß er überhaupt nicht beschlagen war, und begriff, daß die Hufeisen für den Obstgarten völlig überflüssig gewesen wären. Da ich aber die Absicht hatte, mit Misty auf der Straße zu reiten, sobald ich mich sicher genug fühlte, mußte ich herausfinden, wo sich die nächste Schmiede befand. Ich nahm Bürste und Striegel auf, holte tief Luft und machte mich an die Arbeit.

Reiten im Obstgarten

»Wenn du es richtig machst«, hieß es im *Abc der Pferdehaltung*, »solltest du nach dem Putzen ziemlich müde sein.« Daß man allerdings meinte, die Arme fielen einem ab, und daß die Beine zitterten und einen fast nicht mehr zu tragen schienen, stand nicht in dem Buch. Mein Gesicht war so heiß, als ob es gleich explodieren würde.

So fühlte ich mich, als ich nach fast einstündiger Arbeit zurückwankte, um mein Werk zu begutachten. Ich muß allerdings sagen, daß sich die Anstrengung gelohnt hatte, denn Misty sah einfach prächtig aus. Alle Flecken waren verschwunden. Sein Fell glänzte in mattem Silbergrau. Mähne und Schweif waren nicht mehr stumpf, und wenngleich sie noch nicht ganz wie Seide waren, fielen sie nun doch sehr schön und schienen ein ganzes Stück länger geworden zu sein. In einer Ecke des Stalles hatte sich ein ganzer Berg von Staub und Haaren angesammelt, den es nun auch noch wegzuschaffen galt. Aber das hatte noch Zeit – jetzt wollte ich erst mal reiten!

Doch mitten in meinem Eifer fiel mir die dicke Schmutzschicht ein, die Zaumzeug und Sattel überzog, und die Zügel, die brüchig waren, weil sie seit Jahren niemand eingefettet hatte. Beim Gedanken, daß ich nun erst noch das gesamte Lederzeug putzen mußte, hätte ich vor Enttäuschung und Müdigkeit weinen mögen. Als meine Verzweiflung gerade ihren Höhepunkt erreicht hatte, erschien Mami.

»Claire, komm zum Mittagessen!« rief sie vergnügt und steckte den Kopf zur Tür herein. Beim Anblick meiner düsteren Miene fragte sie: »Was ist denn passiert? Misty sieht doch wundervoll aus! Das hast du prima gemacht!«

»Ich habe mich so darauf gefreut, jetzt endlich zu reiten«, erklärte ich traurig. »Aber das Zaumzeug ist so steif und verdreckt, daß ich mindestens eine Woche brauche, bis ich es benutzen kann.«

»Laß mich das mal ansehen«, sagte Mami und ging entschlossenen Schrittes in die Sattelkammer. »Aha«, nickte sie und befühlte das Leder. »Haben wir so etwas wie Wichse?« Ich zeigte ihr, was ich gefunden hatte. »Gut«, meinte sie, »du bringst Sattel und Zaumzeug, und ich nehme das Putzzeug mit. Sobald wir gegessen haben, nehmen wir uns der Angelegenheit an, und du wirst sehen, daß es gar nicht so tragisch ist.«

Nach dem Essen trugen wir schnell das Geschirr in die Küche und wuschen ab. Dann breiteten wir auf dem Küchenboden altes Zeitungspapier aus und setzten uns mit Sattel und Zaumzeug in die Mitte. Mami war viel schneller als ich, wahrscheinlich, weil sie durch die Hausarbeit immer Übung hatte. Im Handumdrehen waren wir fertig. Das Leder war zwar nicht gerade spiegelblank, aber ich konnte es benutzen, und das war im Augenblick das wichtigste.

»So«, sagte Mami, während sie aufstand und den Schmutz von ihrer Schürze wischte. »Jetzt lauf schnell zum Reiten – ich räume inzwischen hier auf.«

Ohne einen Augenblick zu zögern, überließ ich ihr den ganzen Schmutz und rannte in den Obstgarten. Meine Müdigkeit war gänzlich verflogen – statt dessen fühlte ich in der Magengegend ein Krabbeln, als ob ein Schwarm von

Schmetterlingen darin herumflatterte. Ich freute mich so – und hoffte inbrünstig, gleich alles richtig zu machen.

Mit dem Sattel ging es ganz gut, aber das Zaumzeug machte mir ziemlich Schwierigkeiten. Als ich endlich herausgefunden hatte, wo die vielen Lederriemen hingehörten, erkannte ich, daß ich wahrscheinlich den Daumen in eine Lücke zwischen Mistys Zähnen schieben müßte, um die Trense an die richtige Stelle zu bekommen. Der Gedanke war mir nicht recht geheuer, denn Ponys haben ziemlich große Zähne, die ganz so aussehen, als ob sie kräftig zubeißen könnten.

Glücklicherweise jedoch öffnete Misty freiwillig das Maul, sobald er das kalte Metall an seinen Lippen fühlte, und ich schob ihm rasch das Gebiß hinein. Dann zog ich den Sattelgurt fest und achtete dabei sorgfältig darauf, das weiche Fell nicht einzuklemmen.

Endlich war alles zum Aufsitzen vorbereitet, und ich zog die Steigbügel herab. Es war niemand da, um Misty den Kopf zu halten und ihn zu beruhigen, solange ich mich in den Sattel quälte. Aber mit bewundernswürdiger Geduld blieb er unbeweglich stehen, bis es mir nach einigen vergeblichen Anläufen schließlich gelang, mich emporzuhieven. Triumphierend saß ich auf dem Rücken meines eigenen Ponys! Ich faßte die Zügel behutsam nach, bis ich den Widerstand in seinem Maul fühlte, und sagte dann so aufmunternd wie möglich: »Los! Hü!« Das hatte allerdings nichts weiter zur Folge, als daß Misty sacht den Kopf hin- und herwandte, als ob er sagen wollte: »Danke bestens – ich habe für heute wirklich schon genug über mich ergehen lassen.« Aber ich wußte, daß er damit nur versuchte, die Fliegen zu verscheuchen, die um seine Augen schwirrten.

»Nun los, Misty, lauf mal!« sagte ich und hüpfte in der Hoffnung, ihn zum Gehen zu ermuntern, im Sattel auf und ab. Unversehens müssen meine Absätze dabei seine Flanken berührt haben, denn plötzlich fühlte ich eine leicht wiegende Bewegung, und Misty begann zu gehen.

Während wir uns so dahinbewegten, kam mir einiges aus den Pferdebüchern in Erinnerung, die ich gelesen hatte, bevor ich mich gänzlich in Französisch, Mathe, Deutsch und dergleichen begraben hatte. Ich entsann mich, daß man die Beine gebrauchen mußte, um ein Pferd in Gang zu halten, und so gewöhnte ich mir an, Misty jedesmal einen kleinen Stoß zu versetzen, wenn er langsamer wurde. Wir kamen bis zur unteren Grenze des Obstgartens. Misty hielt an, als seine Nase den Zaun berührte. »Na, weiter, Misty, komm schon!« sagte ich ungeduldig. Erst dann fiel mir ein, daß es ja an mir war, ihm durch ein Ziehen am Zügel zu erklären, wohin er gehen müsse. Bald trottete er genau in die Richtung, in die ich wollte. Dann stieg mir der Erfolg zu Kopf. Die Tatsache, daß bisher alles so glatt gelaufen war, verleitete mich dazu, es mit einem Trab zu versuchen, und ich trat Misty heftig in die Flanken. Wahrscheinlich war er über meine unerwartete Energie einfach verblüfft – jedenfalls machte er einen riesigen Satz nach vorn.

Das nächste, was ich bemerkte, war, daß mir der Boden ziemlich rasch entgegenkam. Als ich mich wieder aufrichtete, graste Misty in einiger Entfernung ruhig, als ob nichts geschehen wäre.

Ich rappelte mich schnell hoch und stellte fest, daß ich außer einer leichten Erschütterung meines Selbstbewußtseins keine Verletzungen davongetragen hatte. Also machte ich mich wieder ans Aufsitzen. Allerdings schnallte ich zuvor die Steigbügelriemen etwas kürzer, weil ich das Gefühl hatte, daß ich dann sicherer im Sattel saß. Nachdem wir eine Weile im Schritt gegangen waren, gelang es mir, Misty in einen ruhigen Trab zu bringen.

Diesmal blieb ich auch im Sattel, obgleich Knie, Ellbogen, Füße und Hände keinen festen Halt hatten und ich also nicht gerade sicher saß. Vom Gefühl des Erfolges ganz überwältigt, beschloß ich, ohne Zögern den Schmied aufzusuchen, um Misty beschlagen zu lassen.

Am nächsten Morgen in aller Frühe kam der Milchmann vorbei, und ich flitzte zur Tür, um ihn nach dem Weg zur Schmiede zu fragen. Es war nicht weit, und so ging ich gleich nach dem Frühstück in den Garten, um Misty zu satteln.

»Aber Claire, bist du auch ganz sicher, daß du schon auf der Straße reiten kannst?« fragte Mami etwas ängstlich. Sie freute sich aber so über meine neuentflammte Begeisterung für das Reiten, daß sie mich nicht entmutigen wollte.

»Na klar, Mami!« versicherte ich leichthin. »Ich bin schließlich alt genug, um zu wissen, was ich tue, und Misty ist das friedlichste Pferd, das man sich vorstellen kann.«

So früh am Tag, glaubte ich, seien bestimmt noch nicht viele Leute unterwegs, und besonders nicht solche wie die Barclays oder ihre dicke Freundin Joanna. Die waren bestimmt immer tipptopp angezogen, wenn sie ausritten. Das Schickste, was ich dagegen außer meiner Schuluniform und ein paar baumwollenen Sommerkleidern besaß, war ein buntgestreiftes T-Shirt und verwaschene Jeans. Mir wäre es ja egal gewesen, aber der Gedanke, Misty lächerlich zu machen, war mir unerträglich. Ich beschloß jedenfalls in weiser Voraussicht, meine langen Locken mit einem schwarzen Schuhband im Nacken zusammenzubinden.

Es war faszinierend, dem Schmied bei seiner Arbeit zuzusehen. Unwillkürlich zuckte ich jedesmal zusammen, wenn er einen der riesigen Nägel durch das glänzende neue Hufeisen trieb. Misty ließ alles, ohne das geringste Anzeichen innerer Bewegung, über sich ergehen. Einmal war ich ziemlich sicher, daß er sogar eingeschlafen war.

Nachdem ich bezahlt hatte, machte ich mich auf den Heimweg. Diesmal ritt ich nicht wie zuvor auf der mit Gras bewachsenen Bankette, sondern am Rand der asphaltierten Straße: Ich wollte den Klang der neuen Hufeisen hören.

Dann bemerkte ich, daß Mistys Hufeisen nicht die einzigen waren, die die Straße entlangklapperten. Wie eine böse Vorahnung beschlich mich das Gefühl, daß ein unentrinnbares Schicksal näher kam, und ich drehte mich vorsichtig im Sattel um.

Die beiden Barclays ritten in scharfem Trab heran. Mir lief es heiß und kalt über den Rücken, während ich in der unsinnigen Hoffnung, daß sie vielleicht vorbeireiten würden, mein Pony zur Seite lenkte. Zu meinem größten Mißfallen verlangsamten sie jedoch ihre Gangart, bis sie neben mir in Schritt fielen.

Schon wieder diese schrecklichen Barclays!

»Guten Morgen!« rief Bob Barclay munter. Er saß auf einem Braunen, dessen Fell wie dunkle Seide glänzte, und paßte seinen Schritt der langsameren Gangart von Misty an.

Dann kam Kathryn dahergetrabt. Ihr Pony war eine Fuchsstute mit weißen Fesseln und einem weißen Fleck auf der Stirn. Sie war etwas größer als Misty. Ich saß ganz verkrampft, während Kathryn uns beide mit kritischen Blicken musterte, und war gar nicht überrascht, als sie sagte: »Weißt du, daß sein Kehlriemen verschränkt ist?«

»O nein, tatsächlich?« fragte ich und beugte mich nach vorn, um nachzusehen. Es stimmte natürlich. Ich hatte den Riemen auf der Seite, die ich beim Aufzäumen nicht gesehen hatte, verdreht.

»Sei nicht so pingelig!« tadelte Bob seine Schwester. Dann wendete er sich zu mir und fragte: »Hast du ihn gerade beschlagen lassen?«

»Ja«, antwortete ich kurz angebunden, und Kathryn schlug prompt vor, ob ich nicht ein Stück mit ihnen reiten wolle.

Der Gedanke erfüllte mich mit Schrecken, denn inzwischen war ich überzeugt, daß sie mich für eine völlige Null hielt. Also schüttelte ich in gespieltem Bedauern den Kopf und sagte: »Herzlichen Dank, aber ich muß so schnell wie möglich wieder nach Hause, weil ich ziemlich viel zu tun habe. Ich will Mistys Stall und die Sattelkammer ausfegen und die Wände neu weißen.«

»Das finde ich gut«, sagte Bob, der auf meiner Seite zu

sein schien. »Bei Kathryn braucht man nicht zu fürchten, daß sie sich mit derartigen Arbeiten die Finger schmutzig macht. Das überläßt sie lieber den anderen.«

Kathryn streckte ihm die Zunge heraus und drehte sich dann wieder zu mir. »Ich zeige dir eine Abkürzung über die Felder, du brauchst mir nur nachzureiten.«

Sie wendete ihr Pony und lenkte es auf einen kleinen Trampelpfad, der seitlich von der Straße wegführte. Ich fühlte mich ziemlich hilflos und hatte keine andere Wahl, als ihr nachzureiten. Wir hielten einen Augenblick inne, während Bob geschickt ein Gatter öffnete, und ich beobachtete genau, wie er dabei sein Pferd in die richtige Stellung brachte.

Dann ging es ein paar hundert Meter in ruhigem Schritt durch das hohe Gras, aus dem gelbe Butterblumen herausleuchteten, und ich begann gerade zu finden, daß die Barclays eigentlich doch nicht so schrecklich seien, als Kathryn plötzlich fragte: »Na, wie wär's denn mit einem kleinen Galopp?«

»Nein!« rief Bob sofort.

»Ach, sei du doch ruhig, du langweiliger Kerl!« gab Kathryn zurück. »Auf diesem Stück galoppieren wir doch immer!« Als ob es ihre Worte bekräftigen wollte, hatte ihr Pony begonnen, unruhig zu tänzeln, und schien kaum den Augenblick erwarten zu können, in dem es lospreschen durfte.

»Aber nur, wenn wir allein sind«, sagte Bob. Ein ungutes Gefühl stieg in mir auf. Ich glaubte nun zu wissen, warum Kathryn angeboten hatte, mir eine Abkürzung zu zeigen.

Es war bloß ein übler Trick gewesen, um mich in die Enge zu treiben. Sie wollte den Beweis dafür, daß ich gelogen hatte, als ich am Tag zuvor sagte, ich könne reiten.

Sie musterte mich mit ihren spöttischen grauen Augen und sagte: »Also los, Claire! Misty braucht schließlich auch mal ein bißchen Bewegung. Oder hast du Angst, daß er sich gleich überanstrengen könnte?«

Selbst nach dieser Beleidigung Mistys konnte ich mich noch beherrschen, weil ich ihr einfach meine Blamage nicht gönnen wollte. Den letzten Ausschlag gab Bob, der versuchte, seiner Schwester zu widersprechen, indem er sagte: »Aber nein, Katy. Sie ist einfach nicht dafür angezogen.«

Bis zu diesem Augenblick hatte ich nicht mehr an meine verwaschenen Jeans, die biederen Schnürschuhe und meine im Nacken gebundenen Locken gedacht und auch das T-Shirt mit seinen schreiend bunten Streifen vergessen. Als aber Bob, der in einem eleganten blauen Hemd, hervorragend geschnittenen Reithosen und glänzenden Stiefeln lässig im Sattel saß, meinen Aufzug so herablassend kritisierte, sah ich rot.

»Also gut«, sagte ich mit zusammengebissenen Zähnen zu Kathryn. »Du reitest voraus, ich folge dir.« Zwei Gedanken schossen mir durch den Sinn. Der erste war: Als ich gestern heruntergefallen bin, hat es auch nicht weh getan, und der andere: Ich kann mich ja am Sattel festhalten, ohne daß sie es merkt.

Kathryn warf ihrem Bruder einen triumphierenden Blick zu. Sie setzte ihr Pony in Bewegung und hieb ihm dann die Absätze in die Flanken. Sie brauchte die hübsche kleine Stute nicht lange anzutreiben und war rasch davongaloppiert. Misty war etwas schwerer in Gang zu bringen, aber sobald er verstanden hatte, daß er dem anderen Pony folgen sollte, verfiel er in einen raschen Trab und dann in Galopp.

Die Geschwindigkeit war atemberaubend, und ein ganz neues, tolles Gefühl überkam mich. Leider hatte mich allerdings der anfängliche Trab etwas aus dem Sitz gebracht. Während ich hilflos im Sattel hin- und hergeworfen wurde, bekam ich fürchterliche Angst. Ich ließ die Zügel los und klammerte mich verzweifelt mit beiden Händen am Sattelknauf fest. Meine Füße rutschten aus den Steigbügeln, und schließlich konnte ich mich nicht mehr halten.

Mit einem dumpfen Aufprall, der mir einen Augenblick den Atem raubte, landete ich am Boden. Mein Kopf schlug gegen etwas ziemlich Hartes, und ich blieb stöhnend liegen.

Ich hörte Hufe näher kommen. Jemand kniete neben mir nieder und hob meinen schmerzenden Kopf vorsichtig empor. »Ganz ruhig«, sagte eine Stimme, die von weit her zu kommen schien. Ich öffnete die Augen und erkannte verschwommen Bobs Gesicht, das sich über mich beugte.

»Ist sie verletzt?« hörte ich Kathryns Stimme, die schrill vor Angst war.

»Es wäre kein Wunder, du dumme Ziege. Man sollte dir wirklich mal den Hosenboden strammziehen.«

Ich begann mich zu rühren und richtete mich mit Bobs Hilfe ein wenig auf. Mein Kopf tat auf der einen Seite ziemlich weh, und als ich vorsichtig mit den Fingern darübertastete, fühlte ich eine schmerzhafte Stelle, die schon anzuschwellen begann.

Ich zuckte zusammen und sagte: »Autsch!«

»Meinst du, du kannst jetzt aufstehen?« fragte Bob.

»Ja, ja, es ist nichts passiert«, sagte ich, während ich zittrig auf die Beine kam. Bob nahm mich am Arm und ging mit mir die paar Schritte bis zu der Stelle, wo Misty wartete. Er meinte, er hielte es für wenig wahrscheinlich, daß ich mir etwas gebrochen hätte, aber es sei vielleicht doch besser, wenn ich gleich mit ihnen nach Hause käme, damit ihr Vater sich meinen Kopf ansehen könne.

»Nein, vielen Dank«, sagte ich hastig. »Ich möchte jetzt nach Hause. Zeigt mir nur, in welche Richtung ich reiten muß.«

Ich fand, daß zwei Barclays für einen Tag schon mehr als

genug waren und daß der Arzt selbst, wenn er eine so bösartige Tochter und einen so arroganten Sohn hatte, einfach ein unerträglicher Mensch sein müsse. Aber Bob gab nicht nach, und ich war zu müde, um mich zu wehren. Schließlich ging ich doch mit.

Dr. Barclay war gerade im Begriff, zu seinen Krankenbesuchen aufzubrechen. Zu meiner Überraschung wirkte er sehr freundlich. Er hatte die gleichen grauen Augen wie seine Kinder, aber dichtes weißes Haar und dunkle Augenbrauen, die in eigenartigem Gegensatz dazu standen. Obwohl Bob nicht im einzelnen erzählte, wie es zu meinem Sturz gekommen war, schien sein Vater die Wahrheit zu erraten, denn er runzelte die Stirn und warf unter seinen buschigen Brauen hervor einen wenig freundlichen Blick auf Kathryn, bevor er seine Aufmerksamkeit mir zuwandte.

Er befühlte meine Beule vorsichtig und tastete meinen Kopf ab. Dann tränkte er einen Wattebausch mit einer stark riechenden Flüssigkeit und klebte ihn mit Leukoplast auf meiner Stirn fest. Er schickte Kathryn nach einer Tasse Tee und gab mir zwei rosarote Tabletten zu schlucken.

»Es ist nicht tragisch«, sagte er schließlich. »Ich fahre dich nach Hause und lasse deiner Mutter noch ein paar Tabletten da. Heute mußt du allerdings den Rest des Tages im Bett verbringen.«

»Aber was geschieht mit Misty?« fragte ich, den Tränen nahe. Was hatte ich mir für heute nicht alles vorgenommen!

»Mach dir darüber keine Gedanken«, sagte Bob freundlich. »Wir werden ihn gut versorgen.«

Ich fühlte mich plötzlich viel zu müde, um noch etwas dagegen einzuwenden, und ließ mich von Dr. Barclay zum Auto führen und nach Hause bringen. Unterwegs erteilte er mir einige freundliche Ermahnungen.

»Siehst du, Kind, das wichtigste Kleidungsstück eines Reiters ist dasjenige, das diese Verletzung vermutlich verhindert hätte«, sagte er, als er das Auto vor unserem Gartentor zum Halten brachte. »Es ist eine Reitkappe, Kind. Sie ist hart und schützt den Kopf. Reite nie wieder ohne Kappe aus!« Er kam auf meine Seite herüber, um mir aus dem Wagen zu helfen.

Langsam dämmerte mir eine Erkenntnis, und der Schmerz in meinem Kopf wurde davon nicht besser. Das hatte Bob also gemeint, als er zu Kathryn sagte, ich sei einfach nicht dafür angezogen – ich hatte keine Kappe auf! Dadurch, daß ich seine Worte falsch ausgelegt hatte und in Zorn geraten war, hatte ich selbst den unnötigen Unfall verschuldet. Es geschah mir ganz recht – warum hatte ich mich auf Kathryns dumme Herausforderung eingelassen! Nun konnte ich den Rest des Tages damit verbringen, über die Schwächen meines Charakters nachzudenken, die plötzlich beängstigende Ausmaße anzunehmen schienen.

Eine willkommene Hilfe

Den Rest dieses trostlosen Tages verbrachte ich trübsinnig im Bett, um meine Kopfschmerzen zu pflegen. Obwohl sie bis zum Mittagessen schon fast gänzlich verschwunden waren, ließ mich Mami nicht einmal aufstehen, um Misty zu winken. Jedesmal, wenn ich nach ihm fragte, sagte sie beruhigend: »Du brauchst dir wirklich keine Sorgen zu machen. Diese reizenden Barclay-Kinder sorgen großartig für ihn.«

Nach dem Mittagessen kam sie mit ihrem Strickzeug in mein Zimmer und setzte sich an mein Bett. Zuerst hörten wir Radio, und später machten wir Spiele.

Als ich am nächsten Morgen erwachte, konnte ich es kaum erwarten, hinauszulaufen und Misty zu sehen. Aber Mami bestand darauf, daß ich im Bett frühstückte und dann ganz langsam aufstand, um ja sicher zu sein, daß mein Kopf auch wieder ganz in Ordnung war. Die Beule war inzwischen verschwunden, aber an ihrer Stelle breitete sich ein dunkelviolettes Mal mit grünlichen Rändern aus, und da sowieso jeder Versuch, es zu verstecken, zum Scheitern verurteilt gewesen wäre, ließ ich es gleich sein. Ich dachte mir, daß ich so zwar nicht gerade wie eine besonders attraktive junge Dame aussah, aber daß sich Misty bestimmt trotzdem über meinen Anblick freuen würde.

Ich rannte zum Obstgarten hinunter und schreckte dabei eine Amselfamilie auf, die sich unter wildem Kreischen in die Bäume flüchtete. Keine Spur von Misty! Fassungslos blickte ich im Garten umher und wußte nicht, was das bedeuten sollte. Das Gatter war fest verschlossen gewesen. Er war doch wohl nicht über den Zaun gesprungen? Dann plötzlich glaubte ich die Erklärung gefunden zu haben. Schon wieder diese Barclays! Wahrscheinlich hatten sie sich dazu herabgelassen, ihn zu einem Morgenritt auszuführen, da ich ja offenbar nicht fähig war, ihn ordentlich zu bewegen.

Rot vor Zorn machte ich auf dem Absatz kehrt, um mein Fahrrad herauszuholen und zu ihnen hinüberzufahren. Doch plötzlich wurde die morgendliche Ruhe von lautem Gejohle unterbrochen, und ich sah Kathryn auf Misty aus dem Stall reiten, während Bob nebenherlief.

»Na, das ist ja vielleicht ein Ding!« rief er aus, als er den blauen Fleck auf meiner Stirn sah.

»Wir wissen ja wohl alle, wer daran schuld ist, nicht?« antwortete ich sarkastisch und nahm besitzergreifend Mistys Zügel. Kathryn schwang sich elegant aus dem Sattel und blickte mich streitlustig an.

»Du hast uns erzählt, daß du reiten kannst«, sagte sie bissig. »Und damit hast du die Sache herausgefordert.«

»Ich kann doch nichts dafür, daß ihr falsche Schlüsse gezogen habt«, widersprach ich. »Ihr habt mich nicht richtig gefragt – wieso hätte ich es von mir aus sagen sollen?«

»Trotzdem bleibt es dabei, daß du uns getäuscht hast. Und ich kann Leute nicht leiden, die einem nicht die Wahrheit sagen wollen.«

»Und du hast mich absichtlich herausgefordert«, erwiderte ich, »obwohl du im Grunde gewußt hast, daß ich nicht reiten kann. Bevor du andere kritisierst, solltest du vielleicht erst mal über deine eigenen Fehler nachdenken!«

Bob unterbrach unseren Wortwechsel schroff: »Um Gottes willen, Kinder, vertragt euch! Wir sind doch Nachbarn und haben gemeinsame Interessen, da ist es viel besser, wir werden Freunde. Der Anfang war zwar nicht gerade überzeugend, aber Katy und ich sind ja gekommen, um die Sache wieder auszubügeln, Claire.«

Er stieß Kathryn mit dem Ellbogen an, und sie drückte mir eine große braune Tüte in die Hand. Ich dachte, es seien vielleicht ein paar Leckereien für Misty – als ich aber hineinschaute, entdeckte ich eine Reitkappe – eine runde, feste, ausgepolsterte Kappe!

»Du mußt sie erst mal gut ausbürsten«, meinte Kathryn. »Und das Gummiband ist auch locker. Außerdem fürchte ich, daß der Samt hier hinten einen kleinen Fleck hat.«

»Oh!« sagte ich ganz sprachlos vor Begeisterung und drehte die Kappe immer wieder in meinen Händen hin und her. »Wie schön die ist! Dunkelbraun ist außerdem noch meine Lieblingsfarbe!«

»Also, dann probiere sie schnell auf!« riet Kathryn. »Ich glaube, wir haben etwa die gleiche Kopfweite.«

»Das ist ausgeschlossen«, spottete Bob. »Ich kann mir nicht vorstellen, daß es außer meiner Schwester jemanden gibt, der einen solchen Dickkopf hat. Wahrscheinlich rutscht sie dir bis auf die Nasenspitze, Claire.«

Das tat sie aber gar nicht. Als ich sie vorsichtig aufprobierte, paßte sie ausgezeichnet, und obwohl ich noch meine alten Jeans und darüber einen gelben, von Mami geerbten Baumwollpullover trug, kam ich mir gleich wie eine richtige Reiterin vor.

»Ich wollte euch nämlich eigentlich fragen, ob ich vielleicht irgendwo Reitstunden nehmen könnte«, sagte ich etwas verlegen. »Gibt es in der Gegend eine Reitschule?«

»Ja, drüben im Wiesenhof«, antwortete Bob zögernd. »Aber ich würde niemand raten, dahin zu gehen. Die alte Frau, der das Anwesen gehört, kümmert sich so gut wie überhaupt nicht darum und hat alles ziemlich verkommen lassen. Ich glaube nicht, daß es überhaupt noch als Reitschule gemeldet ist. Die Zäune sind eingefallen, in die Ställe regnet es herein, und um die jetzige Jahreszeit wuchert das Unkraut überall so stark, daß man mit den Füßen darin hängenbleibt, wenn man das Grundstück betritt.«

»Wir haben für unsere beiden Ponys noch die besten Ställe bekommen«, sagte Kathryn, »und wir halten sie instand, so gut wir können.«

»Ja«, meinte Bob. »Wir haben es nicht so gut wie du mit

deinem riesigen Obstgarten. Wir haben zwar ein großes Haus und auch einen hübschen Garten, aber er würde nicht einmal ausreichen, um ein einziges Pony darin zu halten – geschweige denn zwei. Es blieb uns also nichts anderes übrig, als die beiden im Wiesenhof einzustellen.«

»Wie viele Pferde sind denn sonst noch dort? Und wer kümmert sich um sie?« fragte ich besorgt.

»Insgesamt sind es sechs«, antwortete Kathryn, »und alle schon steinalt. Miß Lickorish ist im Kopf nicht mehr ganz richtig. Sie schließt sich den ganzen Tag mit ihren Katzen im Haus ein und füttert nicht einmal mehr die Pferde regelmäßig.«

»Sie hat einen alten Stallknecht«, fügte Bob hinzu. »Aber der liegt den halben Winter mit Rheumatismus im Bett und kann kaum laufen.«

»Und wer gibt den Reitunterricht?« wollte ich wissen.

Kathryn lachte kurz auf. »Reitstunden gibt es dort schon lange nicht mehr. Die einzigen Leute, die hingehen, sind

Sommerurlauber, die hin und wieder für eine Stunde ein Pferd mieten wollen.«

»Aber wieso verkauft Miß Lickorish dann nicht das ganze Anwesen an jemand, der sich besser darum kümmern würde?« wunderte ich mich. »Hier in der Gegend gibt es doch bestimmt Hunderte von Leuten wie mich, die Reitstunden nehmen wollen, oder solche wie euch, die einen Platz brauchen, wo sie ihre Pferde einstellen können.«

»Ich glaube, sie bleibt auf dem Wiesenhof, bis ihre Knochen vermodern«, sagte Kathryn mit einem Schulterzukken. »Inzwischen schlage ich vor, daß Bob und ich dir das Reiten beibringen.«

»Vergiß nicht, meine Liebe«, warf Bob ein, »daß der Erfolg unserer Bemühungen bei Joanna nicht gerade ermutigend war.«

Kathryn stöhnte auf. »Ich möchte einen Menschen kennen, dem es gelingen würde, Joanna das Reiten beizubringen! Sie streckt ihren Bauch vor und zieht die Absätze zurück und sieht wirklich aus wie eine riesige Banane auf einem Pferd.«

»Der Jammer dabei ist«, erklärte Bob, »daß ihr Vater als Gebrauchtwagenhändler viel Geld verdient hat, bevor er sich auf dem Land zur Ruhe setzte. Er kaufte ihr ein sehr gutes Pferd, das eine Menge leisten könnte. Solange es aber von Joanna geritten wird, kann es das niemals zeigen.«

»Schon der Gedanke daran ist mir unerträglich«, sagte Kathryn. »Ich glaube, es ist besser, wir verschwenden unsere Zeit nicht mit diesem traurigen Thema, sondern geben Claire ihre erste richtige Reitstunde. Bob, du kannst ihr zunächst mal die Grundbegriffe beibringen, und ich mache dann weiter, wenn die interessanteren Dinge drankommen wie Dressur und Springen.«

Glücklicherweise konnte ich inzwischen schon ganz gut aufsitzen, und Bob meinte, das sei für den Anfang gar nicht übel. Dann ritten wir endlos lange im Schritt am Zaun entlang um den ganzen Obstgarten, machten kehrt und kamen den gleichen Weg zurück. Das gehörte wohl zur soliden Grundausbildung, aber es war trotzdem furchtbar langweilig. Ich muß allerdings sagen, daß ich rot vor Beschämung wurde, als ich erkannte, wie vieles ich bis jetzt falsch gemacht hatte. Meine Zehen sahen nach außen, was zur Folge hatte, daß auch die Knie vom Pferd weggedreht waren und nicht einmal den Sattel berührten. Die Hände hielt ich zwar anfangs richtig, doch im Laufe der Zeit hob ich sie immer höher, bis sie schließlich in der Nähe meines Kinns ankamen. Sobald ich es merkte, ließ ich sie natürlich rasch wieder sinken – aber dabei vergaß ich dann wieder, den Rücken gerade zu halten, drehte die Knie nach außen, ließ die Beine zurückrutschen und war mit alledem vollauf beschäftigt.

Endlich gelang es mir, einmal in halbwegs passabler Haltung um den Obstgarten zu reiten. Dafür erhielt ich ein Lob von Bob. »Sehr gut. Fast schon gekonnt. Jetzt versuchen wir's zum Schluß noch mit einem kleinen Trab. Ich schaue dir nicht zu, und du brauchst also überhaupt nicht auf deine Haltung zu achten – es soll dir nur Spaß machen. Reite bis zum Ende des Obstgartens, bring Misty dann im Schritt zur Sattelkammer zurück und nimm ihm das Zaumzeug ab. Wir warten im Stall auf dich.«

Er drehte sich um und rannte davon. Ich konnte nicht schnell genug zum Stall zurückreiten, denn seine Worte hatten mich neugierig gemacht. Ich nahm Misty das Zaumzeug ab und führte ihn wieder in den Obstgarten hinaus, wo er sich wie ein Zweijähriger in wilden Sprüngen austobte, als ob er sagen wollte: »Gott sei Dank, daß diese Quälerei vorbei ist!« Dann hastete ich zum Stall zurück, wo mich Bob und Kathryn mit einem breiten Grinsen auf den Gesichtern erwarteten.

Bob hatte eine Art Arbeitsanzug aus blauem Drillich übergezogen, und Kathryn versank nahezu in einem Gewand, das wohl ein altes Hemd ihres Vaters sein mußte. Vor ihnen auf den Boden stand ein riesiger Eimer mit weißer Tünche, und daneben lagen drei große Malerpinsel.

»Da!« rief Kathryn aufgeregt und drückte mir ein Bündel in die Hand. »Ich hab' dir eine Schürze mitgebracht. Zieh sie an, dann helfen wir dir den Stall weißen!«

»Es war doch dein Ernst, was du da gestern vor – hm, vor dem Unfall gesagt hast«, erkundigte sich Bob unsicher, als er den verblüfften Ausdruck auf meinem Gesicht sah. »Du sagtest, du willst den Stall und die Sattelkammer neu weißen.«

»Ja – natürlich war es mein Ernst«, stammelte ich. »Aber – aber ihr braucht wirklich nicht –«

»Na, wenn du dir lieber allein Blasen an die Finger streichen willst –«, fing Kathryn an.

»O nein, bitte!« rief ich und band mir die Schürze um. »Ich finde das ja ganz toll von euch, und es ist viel netter, wenn einem jemand hilft und man sich bei der Arbeit unterhalten kann.«

»Also, dann fangen wir mal an«, sagte Bob und klatschte einen Pinsel voll Tünche an die Wand.

Die Pferde im Wiesenhof

Am nächsten Tag kamen die Geschwister wieder herüber, um mir beim Tünchen der Sattelkammer zu helfen. Kathryn sagte, die Reitabzeichen solle ich behalten, weil sie ja eigentlich Misty gehörten. Das Foto aber, das Lucinda Carpenter auf Misty zeigte, solle ich lieber ganz hinten im Regal verstauen oder es am besten wegwerfen und statt dessen eines aufhängen, das Misty und mich zeigte. Aus der Art, wie sie das sagte, gewann ich den Eindruck, daß sie Lucinda Carpenter nicht besonders gut leiden mochte; vielleicht war das der Grund für ihre anfängliche Feindseligkeit mir gegenüber gewesen.

Am Sonntag gab mir Bob wieder eine Stunde und meinte, ich mache rasche Fortschritte und besitze offenbar etwas, was für den Reiter mit am wichtigsten sei – nämlich einfühlsame Hände. Die mußte ich wohl von Mami geerbt haben.

Am Montag nahm mich Mami mit nach Coppington und kleidete mich neu ein. Stolz kehrte ich mit braunen Reithosen, glänzenden braunen Stiefeln, zwei gestärkten weißen Blusen sowie einer gelben und einer grünen Reitkrawatte nach Hause zurück. Außerdem hatte ich eine schokoladenbraune Tweedjacke bekommen, die genau zu meiner Kappe paßte. Mami hatte mir auch eine neue Kappe kaufen wollen, aber ich wollte mich von der, die mir Kathryn geschenkt hatte, nicht trennen. Dafür erstand ich noch ein Stück breites braunes Band, um mein Haar in Zukunft immer im Nacken zusammenzufassen. Ich wollte es nicht schneiden lassen und fand Zöpfe für ein fünfzehnjähriges Mädchen wirklich unmöglich. Aber mit wippenden Locken wollte ich nun auch nicht mehr herumlaufen.

Getreu seinem Versprechen kam Bob fast jeden Tag herüber, um mir eine Stunde zu geben. Kathryn begleitete ihn regelmäßig, und beinahe immer kam auch Joanna mit, die während meines Unterrichts auf dem Gatter saß oder im Gras lag, wobei sie dauernd an einem Strohhalm kaute und ab und zu eine kritische Bemerkung über meine Reitkünste machte. Sie kam mit ihrem Vollblutpferd, einem dunklen Rotschimmel namens Jester, und ich fühlte ein wenig schönes Gefühl der Befriedigung in mir aufsteigen, als ich entdeckte, daß sie auch nicht die mindesten Voraussetzungen mitbrachte, um eine gute Reiterin zu werden.

Gegen Ende der Sommerferien erklärte Bob eines Nachmittags, ich hätte so gute Fortschritte gemacht, daß ich jetzt auch auf der Straße reiten könnte. Kathryn und er würden mich deshalb mit zum Wiesenhof nehmen, um dort ihre Ponys abzuholen. Die beiden Barclays radelten neben mir her, während ich mit Misty stolz auf der grasbewachsenen Bankette entlangtrabte.

Als wir uns der Reitschule näherten, konnte ich feststellen, daß tatsächlich alles so vernachlässigt und verkommen war, wie die beiden gesagt hatten. Die Zäune waren eingefallen und die Pfähle geknickt. Die Gatter hingen schief in rostigen Angeln, und das Unkraut wucherte ungehindert in alle Richtungen.

Als wir näher kamen, tauchten über den Türen der Boxen, die den Hof auf drei Seiten umgaben, die Köpfe mehrerer Pferde auf. Katy sagte, sie wolle gehen und versuchen, die Barclay-Ponys, Juno und Ikarus, einzufangen, die im Sommer immer draußen waren. Inzwischen machte mich Bob mit den einzelnen Mitgliedern des Wiesenhof-Museums, wie Katy es nannte, bekannt.

Das erste Pferd, zu dem wir in die Box traten, hieß Rhona, und Bob sagte, er habe gehört, daß sie schon fünfundzwanzig Jahre alt sei. Sie war ein heller Rotschimmel und so dünn, daß man ihre Rippen zählen konnte und die Lendenknochen hervortraten wie bei einer Kuh.

Neben ihr stand Trixie, mit zwanzig Jahren die Jüngste im ganzen Verein. Sie war eine kleine Schecke. Um ihr graues Maul sprossten lange Barthaare, und an beiden Vorderhufen traten Überbeine hervor. Dann kam Apple, ein großer brauner Wallach, der in etwas besserem Zustand zu sein schien als die beiden Stuten. Dafür hatte er Warzen.

In den Boxen auf der anderen Seite des Hofes standen Napoleon und Susanna, zwei Braune. Bis auf die grauen Mäuler und müden Augen sahen sie nicht allzu schlecht aus. Napoleon sabberte allerdings ein bißchen. Das letzte, ein braunes Pony namens Frost, zeigte auf dem Widerrist dunkle Flecken, an denen das Fell ausgegangen war. Bob sagte, das komme davon, daß Frost im letzten Jahr die Ringelflechte gehabt habe. Inzwischen sei er zwar wieder gesund – aber da er schon siebenundzwanzig oder achtundzwanzig Jahre alt sei und außerdem so schlecht gehalten werde, sei das Fell nicht mehr nachgewachsen.

»Wie schrecklich!« rief ich aus, voll Entsetzen und Mitleid über den Zustand der Tiere. »Gibt es denn niemand, der etwas dagegen unternehmen kann, Bob?«

»Das ist sehr schwierig«, sagte Bob, während er über das ergrauende Maul der Rotschimmelstute strich. Sie schnaubte sachte in seine Handfläche, und nach einigem Suchen entdeckte er in seiner Hosentasche ein Pfefferminzbonbon und zwei Stücke Zucker, die Rhona dankbar entgegennahm. »Das hier ist kein richtiger Fall von Tierquälerei. Ich glaube tatsächlich, daß Miß Lickorish die Pferde auf ihre verschrobene Weise liebt. Sie gibt ihnen gerade genug Futter zum Überleben, und im Sommer, wenn das Geschäft ein bißchen geht, gibt es auch mehr zu fressen. Außerdem wird die magere Kost während der guten Jahreszeit durch die Weide bereichert. Unglücklicherweise scheint es hier keine Kinder zu geben, wie sie sich sonst überall in den Ställen herumtreiben, nur um in der Nähe von Pferden zu sein. Ich glaube, der alte Knecht Botham macht ihnen allen Angst. Immerhin«, seufzte er traurig, »wenigstens sind die Pferde bis jetzt noch nicht an eine Fabrik zur Herstellung von Katzenfutter oder Leim verkauft worden.«

Wir hörten, wie Kathryn nach uns rief. Sie hatte es zwar geschafft, Juno ein Halfter überzustreifen, aber Ikarus erwies sich als ziemlich unwillig, und so brauchte sie Hilfe.

Bob rannte hinüber, und sobald Ikarus ihn erblickte, beruhigte er sich und ließ sich ohne Sträuben in den Hof führen, als ob er sagen wollte: »Was soll die ganze Aufregung? Ich habe mich doch einfangen lassen, oder etwa nicht?«

Als sie ihre Ponys aufgezäumt hatten, ritten wir zu einer großen Wiese auf der anderen Seite des Hauses. Dort waren mehrere Hindernisse in verschiedener Höhe aufgebaut.

Ich saß auf Misty und sah voll Bewunderung zu, wie zuerst Bob und dann Kathryn ihre Ponys scheinbar mühelos über den Parcours brachten. Dann kam Kathryn zu mir herübergaloppiert und rief: »Los, Claire! Du bist dran!«

Ich fühlte, wie ich blaß wurde und vor Angst schier aus dem Sattel kippte. »Ich kann doch nicht springen!« brachte ich mühsam heraus.

»Du sollst ja auch nicht unsere Hindernisse nehmen!« rief Kathryn und prustete dabei vor Lachen. Sie deutete auf eine ganz niedrige Latte, die fern von den anderen Hindernissen neben dem Zaun stand. »Schau, das sind kaum mehr als zehn Zentimeter – jedenfalls ganz bestimmt keine dreißig! Geh einmal mit ihm drüber, bloß um zu sehen, ob er überhaupt noch weiß, was Springen ist!«

Mit einem ziemlich mulmigen Gefühl brachte ich Misty in einen Trab und wendete ihn auf das Hindernis zu. Zuerst lief er in seiner üblichen weichen, ein bißchen schläfrigen Art dahin. Plötzlich aber schien er die weiße Stange vor sich zu erkennen. Er hob die Nase, richtete die Ohren auf und verfiel bei einem leisen Stoß meiner Absätze in einen schönen versammelten Galopp. Er sprang genau im richtigen Augenblick. Wir überwanden das Hindernis lässig und verschenkten dabei mindestens zehn Zentimeter. Ein triumphierendes Gefühl durchströmte mich, als ich ihn wendete, um zu Kathryn zurückzureiten. Ich hatte zwar einen Steigbügel verloren und war mit der Nase etwas unsanft auf Mistys Hals gestoßen – aber was machte das schon!

Kathryn klatschte laut Beifall und rief: »Ausgezeichnet, Claire! Nächstes Mal wird es noch besser klappen! Du wirst sehen – aus dir machen wir noch eine Weltklassespringerin!«

Das war ein ermutigender Anfang, und ich übte den ganzen Sommer fleißig weiter, so daß ich am Ende der Ferien schon ganz geschickt achtzig Zentimeter sprang.

Nun stellte sich die lästige Frage, wo ich denn zur Schule gehen sollte. Die meisten Kinder besuchten offenbar eine große gemischte Schule außerhalb Coppingtons. Katy sagte, es sei dort gar nicht so schlecht, weil sie eine sagenhafte Turnhalle mit Trampolins hätten und man außerdem fechten lernen könne. Was sie dagegen sehr störte, waren die unglaublichen Mengen Shakespeare, die man bewältigen mußte. Für Leseratten wie Bob und mich mochte das ja ganz gut sein, aber Kathryn, deren Bedarf an Lektüre sich auf Zeitschriften über Pferde und Reiterei beschränkte, war damit ziemlich gestraft.

So ging ich also mit Mami am ersten Tag des Schuljahres zum Direktor, der uns sagte, ich könne gleich dableiben. Wenn ich in den nächsten Wochen nicht gerade mit meinen Schulaufgaben oder mit Misty beschäftigt war, fielen mir immer wieder die armen, halb verhungerten Pferde in den zugigen, verkommenen Ställen vom Wiesenhof ein.

Während ich das Ende meines zwanzigsten Bleistifts zerkaute, überlegte ich mir, ob man nicht irgendeine Möglichkeit finden könnte, wenigstens öfter hinüberzugehen und das traurige Los der Tiere zu mildern, ohne daß Miß Lickorish den Eindruck bekäme, wir wollten uns in ihre Angelegenheiten einmischen. Was wir brauchten, war einfach eine Gruppe von jungen Leuten, die genügend Begeisterung aufbrachten, um etwas zu unternehmen – Leute wie Bob, Kathryn und ich selbst, die Reiten nicht nur als einen Schönwettersport betrachteten, sondern die Pferde regelmäßig füttern, putzen und bewegen würden, und die außerdem bereit wären, Geld aufzubringen, um die nötigen Anschaffungen zu finanzieren. Kurzum – wir brauchten einen Ponyclub. Diese Idee war so naheliegend, daß ich mich fragte, warum ich nicht schon längst darauf gekommen war.

Voll Begeisterung sprang ich auf, ließ meine französische Übersetzung mitten in einem angefangenen Satz liegen und radelte in aller Eile zu den Barclays hinüber. Ich fand sie in ihre Hausaufgaben versunken.

»Bist du etwa schon fertig?« fragte Kathryn neidisch. »Dann kannst du mir ja ein bißchen helfen. Was meint Shakespeare in ›Heinrich der Vierte‹, erster Teil, wo es heißt –«

»Hör zu«, unterbrach ich sie eifrig. »Was haltet ihr von dem Gedanken, einen Ponyclub zu gründen?«

Einen Augenblick starrten mich beide entgeistert an. Dann meinte Kathryn bedächtig: »Nun ja – das wäre eine Idee, nicht?«

»Oh«, rief ich verärgert. »Bitte, beherrscht euch, und springt nicht gleich von den Stühlen, um mir zu meiner genialen Idee zu gratulieren!«

»Die Sache ist nur die, Claire«, sagte Bob beschwichtigend, »daß man das hier in der Gegend schon mal versucht hat. Nach ein paar Monaten ist aber alles wegen Mangels an Interesse und Unterstützung stillschweigend im Sand verlaufen.«

»Das lag nur daran, daß sich die Leute, die den Club leiteten, andauernd in den Haaren lagen und versuchten, die Mitglieder in ihre Streitereien hineinzuziehen«, erklärte Kathryn. »Das ging so lange, bis schließlich alle die Nase voll hatten.«

»Wenn wir aber einen solchen Club gründen würden«, fuhr ich beharrlich fort, »wäre das ja anders. Wir könnten alles mögliche organisieren, und ich dachte eben, wenn es uns irgendwie gelänge, genügend Geld zusammenzubekommen, könnten wir etwas für die Pferde im Wiesenhof tun.«

Bob hob eine Augenbraue, und ich sah einen Funken von Interesse in seinem Blick aufleuchten. »Das finde ich allerdings gut«, stimmte er zu. »Ich glaube, Miß Lickorish hat in diesem Sommer noch kein einziges Pferd vermietet, und der Himmel weiß, womit sie die Tiere über den Winter bringen will.«

»Ich hoffe, ihr wißt, daß wir uns auch auf lästige Genossen gefaßt machen müssen – die Besserwisser und die Wichtigtuer«, meinte Kathryn warnend.

Ich sagte entschlossen: »Wenn wir einen Club gründen wollen, müssen wir bereit sein, auch Leute aufzunehmen, die uns persönlich vielleicht nicht besonders sympathisch sind. Ich finde aber auf jeden Fall, daß jemand, der sich schon mal so weit für Pferde interessiert, daß er einem Ponyclub beitritt, irgendwie auch seine Vorzüge haben muß.«

»Das stimmt«, nickte Bob, »besonders, wenn alle wissen, daß sie ordentlich arbeiten müssen und nicht nur die ganze Zeit zum Reiten kommen. Wir können es ja einfach mal versuchen. Und was du tun willst, tue gleich!«

Die erste Clubversammlung

Kathryn war froh, daß sie eine Entschuldigung hatte, um Shakespeare zu entkommen. Sie schob ihre Hausaufgaben beiseite, riß drei Seiten aus ihrem Übungsheft und verteilte sie unter uns.

»Als erstes müssen wir Mitglieder werben«, sagte sie.

»Wir könnten eine Anzeige im Kirchenblatt veröffentlichen«, schlug Bob vor. »Wenn ich morgen schnell zum Pfarrhaus hinüberradle, müßte es gerade noch für den Redaktionsschluß der nächsten Ausgabe reichen.«

»Außerdem könnten wir Flugblätter in Briefkästen werfen und in der Schule verteilen«, meinte ich. »In der 4 g ist ein Mädchen, das auch ein Pony hat. Sie heißt Jane-Anne Searsby. Ich habe neulich in der Pause gehört, wie sie davon erzählte.«

»Also, los, dann müssen wir nur noch einen Text entwerfen«, sagte Bob.

»Zuerst brauchen wir einen Namen«, erklärte Kathryn. »Wir können uns nicht Pony-Verein nennen, weil man sich dann in einem Vereinsregister eintragen lassen und Steuern zahlen muß. Außerdem müßten wir uns an Regeln halten, die mit dem, was wir vorhaben, vielleicht gar nichts zu tun haben.«

»Richtig«, stimmte Bob zu. »Wie wäre es mit ›Gesellschaft zur Rettung der Pferde vom Wiesenhof‹?«

»Meine Güte, wenn man das ausspricht, schläft man ja ein!« rief Kathryn. »Nein, es muß etwas Kurzes, Prägnantes sein. Außerdem weiß doch jeder hier in der Gegend, wie verkommen der Wiesenhof ist – es wäre alles andere als ein Anreiz, unserem Club beizutreten. Ich schlage vor, wir nehmen irgend etwas mit Blackbird, weil der Gedanke in Blackbird Cottage, im Amselhaus, entstanden ist.«

»Nicht schlecht«, nickte Bob, und ich fühlte mich geschmeichelt und fragte: »Wie wär's mit ›Blackbird Jugend-Pony-Club‹?«

»Nichts mit Jugend«, wandte Kathryn ein. »Das klingt nach einem Haufen schwärmerischer Gören und nicht nach ernsthaften Reitern.«

»Also gut«, sagte Bob, der offenbar anfing, die Geduld zu verlieren, »dann einigen wir uns eben auf ›Blackbird-Ponyclub‹«. Damit war nun selbst Kathryn zufrieden, und nach einer Weile angestrengten Bleistiftkauens hatten wir das folgende Meisterwerk zustande gebracht:

Blackbird -Pony-Club
Ein neuer Club ist gegründet und nimmt Mitglieder auf. Eigenes Pferd nicht Bedingung. Reitunterricht wird erteilt, außerdem Kurse in Pferdehaltung. Jahresbeitrag 50 Pennies. Interessenten wenden sich bitte telefonisch an Claire Forrester, Gooseley 851.

Der nächste Tag war ein Samstag, und wir radelten schon sehr früh zum Pfarrhaus hinüber, um die Anzeige im Kirchenblatt aufzugeben. Dann ging es weiter zum Wiesenhof, wo Bob sich mutig in die Höhle des Löwen begab. Er war damit beauftragt, Miß Lickorish unsere Pläne und Absichten darzulegen.

»Halt bloß den Daumen!« raunte Kathryn. »Außerdem setzen wir uns am besten auf den Zaun – dann klopfen wir zugleich auch auf Holz.«

So kauerten wir also nebeneinander auf dem Zaun und sahen immer wieder gespannt auf die Uhr, während Botham, der alte Stallknecht, uns im Vorbeigehen ab und zu einen wütenden Blick zuwarf. Kathryn konnte sich natürlich nach einer Weile nicht mehr beherrschen und bekam einen richtigen Lachanfall.

Ich hatte ihr gerade angedroht, sie in Rhonas Box einzusperren, als Bob auftauchte und uns schon von weitem mit nach oben gehaltenem Daumen bedeutete, daß alles geklappt hatte. Katy und ich sprangen vom Zaun und tanzten wie wild auf der Wiese herum. Dann kehrten wir in aller Eile zum Haus der Barclays zurück, um die Flugblätter zu schreiben, die wir am nächsten Tag verteilen wollten.

Als würdige Vertreter unserer Sache beschlossen wir, die Post auf dem Rücken unserer Ponys auszutragen. Diese Aufgabe wollten wir in zwei Arbeitsgängen erledigen – einen vor dem Essen und einen am Nachmittag. Die einzelnen Häuser schienen alle kilometerweit auseinanderzuliegen, und gegen Ende unseres zweiten Postrittes spürte ich jeden Muskel. Außerdem war ich wundgeritten, was Bob und Kathryn, die noch ganz frisch wirkten, sehr belustigte. Misty war wieder einmal ein Muster an Geduld gewesen, und ich belohnte ihn mit einem in vier Teile zerlegten Apfel und vier großen Zuckerstücken.

Am Montag mußten wir wieder zur Schule gehen, und obwohl Kathryn und ich im Lauf des Tages mehrmals über den Ponyclub sprachen und in den Klassen einige Flugblätter an mögliche Interessenten verteilten, hatten wir die Sache bis zum Abend fast völlig vergessen. Eine Stunde Hausaufgaben ernüchtert ungeheuer, hauptsächlich, wenn es sich um Geometrie handelt, wie es bei mir an diesem Tag der Fall war. Als daher um halb acht das Telefon klingelte, ging ich in der Erwartung hin, Kathryn am anderen Ende verzweifelt über ihren dauernden, aussichtslosen Kampf mit Shakespeare stöhnen zu hören.

Beinahe hätte ich gefragt: »Was gibt's denn, Katy?«, überlegte es mir im letzten Augenblick aber anders und sagte: »Gooseley 851«. Nach einer kurzen, atemlosen Pause hörte ich am andern Ende eine unsichere Stimme: »Hallo? Ich wollte wegen des Ponyclubs anfragen. Ist dort Claire Forrester, bitte?«

»Ja, ja, ich bin am Apparat!« schrie ich laut und ließ vor Aufregung fast den Hörer fallen. Der Blackbird-Ponyclub hatte sein erstes Mitglied!

Bis zum Wochenende hatten sich zehn Kinder gemeldet – darunter natürlich auch Joanna. So beschlossen wir, eine Mitgliederversammlung abzuhalten, und entschieden nach einigem Hin und Her, daß meine Sattelkammer gerade groß genug wäre, uns alle aufzunehmen, wenn wir ein bißchen zusammenrückten.

Am Samstagvormittag kamen Bob und Kathryn schon um halb neun herüber. Zusammen durchsuchten wir das Haus nach Sitzgelegenheiten. In der Garage fanden sich drei Teekisten, die die Möbelpacker vergessen hatten, und ich erinnerte mich, daß irgendwo im Obstgarten ein paar lange Bretter im Gras herumgelegen hatten. All das zusammen ergab zwei lange Bänke. Um dreiviertel neun erschien Joanna auf Jester. Sie führte ihn in den Obstgarten, wo er und Misty freundschaftlich die Köpfe aneinander rieben. Gleich darauf kam das Mädchen, das mich am letzten Montag angerufen hatte. Ihr Vater brachte sie bis zum Gartentor. Er winkte, als er weiterfuhr, und ich ging hinaus, um sie zu begrüßen. Sie war klein und schüchtern, mit blondem Haar und einem scheuen Lächeln. Sie sagte, sie sei zehneinhalb Jahre alt und heiße Amanda Brownswood.

Wir gingen gerade auf das Haus zu, als wir Hufgeklapper vernahmen und uns umwandten. Ein Junge und ein Mädchen kamen nebeneinander hergeritten und hielten vor dem Gartentor an.

»Sag mal«, rief der Junge, der aussah, als ob er zwölf oder dreizehn Jahre alt sei, und einen schönen, braun-weißen Schecken ritt, »ist das hier Blackbird Cottage?«

»Ja!« rief ich, und während ich zurückrannte, um das Tor zu öffnen, überlegte ich mir, daß wir wirklich mal irgendwo ein Schild anbringen sollten.

»Danke«, sagte der Junge und ritt hinter mir her. Seine jüngere Schwester folgte ihm auf einem wunderhübschen Grauschimmel mit fließend-silbriger Mähne und Schweif. Wie wir später erfuhren, hießen die beiden Ponys Patches und Phantom. Ihre Reiter waren John und Susan Mainwaring.

Ich begleitete die Neuankömmlinge bis zur Sattelkammer und lief dann zurück, um die fehlenden drei Mitglieder zu erwarten.

Als nächste kamen zwei Schwestern, die von ihrer Mutter in einem blitzschnellen roten Sportwägelchen am Tor abgesetzt wurden. Die beiden Mädchen saßen auf dem Rücksitz, während vorn ein schwarzer Pudel hockte, auf dessen Kopf eine blaue Schleife prangte.

Sie stellten sich als Emma und Sara Cotterill vor und waren neun und zehn Jahre alt. Man hätte sie leicht für Zwillinge ansehen können, denn sie waren ziemlich gleich groß und hatten fast dieselben dicken, runden Gesichter und breiten Münder, die andauernd zu einem Lächeln verzogen waren. Ich erklärte ihnen den Weg zur Sattelkammer und blieb am Tor stehen, während sie brav auf das Haus zugingen.

Der letzte Junge kam zehn Minuten zu spät. Keuchend und mit puterrotem Gesicht strampelte er auf seinem Fahrrad heran. Er entschuldigte sich vielmals – er habe vor dem Frühstück noch einen Vortrag für die Schule fertig machen müssen. Er war vierzehn, hatte ein schmales, mageres Gesicht und große Ohren und hieß Rupert Fitch. Offenbar konnte er ganz gut reiten, obwohl er kein eigenes Pferd hatte; er durfte aber öfters die Pferde anderer Leute bewegen. Seine Eltern waren der Meinung, sie könnten es sich nicht leisten, ihn auf eine teure Privatschule zu schicken und dann noch ein Pferd zu kaufen; nüchtern und phantasielos, wie Erwachsene nun eben leider manchmal sind, fanden sie, die Erziehung habe den Vorrang.

Schließlich waren wir vollzählig und quetschten uns auf die provisorischen Bänke. Die Tür zur Sattelkammer ließen wir offen, weil die Sonne noch herrlich wärmte, obwohl es schon September war. Bob stellte alle nacheinander vor und sagte, wenn niemand etwas einzuwenden hätte, würde er vorschlagen, daß sich Kathryn um die finanzielle Seite des Clubs kümmerte, weil sie auch mit ihrem Taschengeld unglaublich gewissenhaft umgehe und deshalb bestimmt nichts für törichte oder überflüssige Anschaffungen verschwenden würde.

Nachdem sich alle damit einverstanden erklärt hatten, sprach Bob über unsere Absichten und Pläne. Als erstes erklärte er, wie der geplante Arbeitsvormittag im Wiesenhof aussehen sollte: Er bestand aus einer Stunde Pflichtarbeit in den Ställen und anschließend aus einer Stunde Reiten oder für diejenigen, die wollten, Reitunterricht. Wenn man sich aus dem Stall oder von einem der Pferdebesitzer ein Pferd leihen wollte, kostete es zwanzig Pennies, und das Geld sollte ohne Abzug an Miß Lickorish weitergeleitet werden.

»Das nächste«, fuhr Bob fort, »ist wohl die Frage, wie wir zu Geld kommen. Denn wir haben uns überlegt, daß es wichtig wäre, den Pferden im Wiesenhof Decken für den nächsten Winter zu kaufen. Außerdem brauchen sie natürlich zusätzliches Futter.«

»Wie wäre es mit einer Wohltätigkeitsveranstaltung?« schlug Kathryn vor. »Bob, du kannst Geige spielen, Claire ist unsere Pianistin, ich komme mit dem Triangel ganz gut zurecht, und irgend jemand von den anderen hat doch bestimmt Ballettunterricht, wie?« Fragend blickte sie die jüngeren Mädchen an.

Aber ihr Bruder stöhnte laut auf: »Katy, mach dir doch klar, daß wir die Leute anlocken wollen und nicht verjagen! Los, Kinder, bemüht mal eure grauen Zellen!«

Wir dachten alle so angestrengt nach, daß man es fast hören konnte. Dann piepste Sara Cotterill: »Wie wär's denn mit Freizeitjobs – Rasenmähen, Heckenschneiden und so was?«

»Damit ist hier nicht viel Geld zu machen«, sagte John, der offenbar seine Erfahrungen hatte. »Die meisten Leute haben ihren eigenen Gärtner, und in Coppington kriegt man wirklich nur miese Arbeiten, wie zum Beispiel Kamine auskehren oder Mauern tünchen. Ein Freund von mir mußte mal einen eisernen Gartenzaun mit Mennige streichen. Er bekam die Farbe über seinen ganzen Pfadfinderanzug und hinterher ein Riesendonnerwetter von seiner Mutter.«

»Dann lassen wir das wohl lieber«, meinte Bob. »Aber trotzdem vielen Dank für den Vorschlag, Sara. Hat irgend jemand noch eine Idee?«

Alle sahen etwas ratlos aus. Dann brachte Amanda Brownswood, ganz rot vor Aufregung, weil sie vor einer so großen Versammlung sprach, mühsam heraus: »Bei uns in der Schule veranstalten wir einen Basar, wenn wir für irgendeine besondere Anschaffung Geld brauchen. Da kommt immer eine Menge zusammen.«

Als sie ausgesprochen hatte, bekam sie einen Schluckauf, und ihr Gesicht färbte sich noch dunkler, als alle auf sie einstürmten, um sie zu ihrer Idee zu beglückwünschen. Denn das war wirklich das Ei des Kolumbus.

»Das machen wir im Gemeindesaal«, sagte Bob. »Veranstaltungen, die im Gemeindesaal stattfinden, haben immer einen guten Zweck, da überlegen die Leute nicht lange, bevor sie kommen.«

Unser Basar

Der Pfarrer sagte, wir könnten den Gemeindesaal gern haben, und wir verabredeten als Termin einen Samstag Ende Oktober. So hatten wir noch vier Wochen Zeit, um Waren zu sammeln, die wir in einem leeren Zimmer im Amselhaus stapelten.

Um für den Basar zu werben, malten wir große Plakate, die wir mit Reißnägeln an unseren Gartentoren befestigten. Amanda Brownswoods Vater, der in Coppington eine Nachrichtenagentur betrieb, hängte sogar eines in seinen Schaukasten. Es dauerte nicht lange, bis wir zahlreiche Anrufe von Leuten bekamen, die Sachen abholen lassen wollten, die sie nicht mehr brauchten. Manche brachten auch selbst ganze Kisten voll zu uns ins Haus. Mami fuhr alles am Abend vor dem großen Ereignis in den Gemeindesaal hinüber. Es waren mehrere Autoladungen voll.

An diesem Abend packte mich fürchterliche Angst bei dem Gedanken, daß wir möglicherweise auf dem ganzen Zeug sitzenbleiben würden, wenn die Leute nicht zu unserem Basar kämen, sondern lieber nach Flaundon führen, um sich dort das Fußballspiel anzusehen. Mami beruhigte mich und meinte, es würden bestimmt Hunderte von Käufern erscheinen. Und selbst wenn der Basar wider Erwarten kein Erfolg würde, dann könnten wir noch eine Menge Geld daraus schlagen, indem wir die Sachen an einen Altwarenhändler verkauften.

Am nächsten Morgen fuhren wir in aller Frühe zum Gemeindesaal, um unser Angebot zu sortieren. Wir breiteten die Waren auf langen Tischen aus und teilten jedem von uns seine Aufgabe zu. Außer unseren Clubmitgliedern waren noch einige freiwillige Helfer gekommen: die Frau des Pfarrers, die sagte, daß sie keinen Basar ausließe, wenn sie es zeitlich nur irgendwie schaffe, außerdem Mrs. Barclay sowie die Mutter der beiden Cotterill-Mädchen (mit Pudel) und natürlich Mami.

Als wir alles ausgebreitet hatten, sah es ganz prächtig aus und kein bißchen wie ein Haufen alter Krempel – der es doch eigentlich war. Wir hatten massenweise gebrauchte Kleider, Bücher, Schmuck, Schallplatten, Spielzeug anzubieten. Ein ganzer Tisch stand voll mit selbstgebackenen Kuchen, hausgemachter Marmelade und Konservenbüchsen von Leuten, die sonst nichts gefunden hatten, was sie uns geben konnten, sich aber trotzdem beteiligen wollten.

Um halb zwölf gingen wir alle schnell nach Hause, um ein bißchen was zu essen, und um zwei Uhr waren wir wieder zur Stelle und bereiteten uns seelisch auf die Eröffnung vor, die um halb drei stattfinden sollte. Zu unserer völligen Verblüffung und unserem grenzenlosen Entzücken hatte sich schon um Viertel nach zwei eine lange Schlange vor der Tür gebildet, und so nahm jeder von uns ganz aufgeregt seinen Platz hinter den langen Tischen ein, wo schon Teller voll Wechselgeld bereitstanden. Um halb drei öffnete der Pfarrer die Tür, und die Menge strömte herein.

Kathryn und ich hatten den Stand mit fast neuen Kleidern, und schon bald waren wir von Kauflustigen umringt, die die Ware prüfend begutachteten. Sie drehten die Stücke von einer Seite auf die andere, und binnen kurzem war unsere schöne Auslage in einen riesigen, unordentlichen Haufen verwandelt. Aber jeder schien etwas Passendes zu finden, und bald schon war die Büchse, die uns als Kasse diente, ganz erfreulich schwer. Mr. Cooper, der Tankstellenbesitzer, kaufte zwanzig Hemden, das Stück für fünf Pennies, und als wir erstaunt die Augenbrauen hoben, erklärte er, daß er nicht die Absicht habe, sie anzuziehen, sondern Autos damit putzen wolle.

Miß Penworthy, die Dorfschullehrerin, kaufte den Hut zurück, den sie uns bei der Sammlung gegeben hatte. Es fehlten zwar inzwischen einige Stoffblumen und der blaue Schleier, der unmodern gewesen war und dem Stück einen etwas zu jungmädchenhaften Charakter verliehen hatte, aber dadurch war er nun wirklich eleganter und paßte besser zu ihr als zuvor. Sie probierte ihn auf und sagte ganz begeistert zu Kathryn: »Sitzt fabelhaft! Und steht er mir nicht ausgezeichnet, meine Liebe?«

»Es ist genau Ihr Stil, Miß Penworthy«, stimmte Kathryn mit todernster Miene zu. Als Miß Penworthy nach dem Preis des einmaligen Stückes fragte, sagte sie: »Fünf Pennies«, und Miß Penworthy zog hochbeglückt mit ihrer Neuerwerbung ab.

»Katy, du bist wirklich schrecklich!« kicherte ich, und Kathryn gab zurück: »Das geschieht ihr doch ganz recht! Als Lehrerin müßte sie eigentlich ein besseres Gedächtnis haben.«

Der Verkauf lief zwei Stunden lang auf vollen Touren, und als der letzte Kunde schließlich gegangen war, blieben wir mit einem Berg übriger Sachen zurück, die wir alle in eine Kiste verpackten und für fünfzig Pennies an einen Altwarenhändler verkauften. Bob hatte ihn schon am Tage zuvor angerufen, und er wartete in einer Ecke des Gemeindesaales mit seiner Tochter, einem dünnen, blassen Mädchen mit dunklem, strähnigem Haar und hellen, wachen Augen.

Nachdem er gegangen war, zählten wir unser Vermögen und entdeckten, daß wir insgesamt einen Gewinn von achtundfünfzig Pfund und sechsunddreißig Pennies gemacht hatten. Mit dieser unvorstellbaren Summe konnten wir für die Pferde im Wiesenhof eine ganze Menge tun.

»Nur eines macht mich wirklich unglücklich«, sagte Kathryn ganz traurig beim Hinausgehen. »Hast du gesehen, daß die Sachen, die ich gestiftet habe, bis zum Schluß nicht verkauft wurden und in die Kiste für den Altwarenhändler gewandert sind?«

»Was, die tollen Reithosen?« schrie ich. Sie waren wirklich noch in bestem Zustand gewesen, und Kathryn hatte sie nur nicht mehr tragen können, weil sie herausgewachsen war.

»Ja«, sagte sie, »und meine beste blaue Bluse und dazu noch die gelbe Krawatte mit dem Pferd drauf.«

»So ein Jammer!« rief ich voll echten Mitgefühls, denn ich wußte, wie sehr Kathryn an allem hing, was mit dem Reiten zu tun hatte, und wie schwer es für sie gewesen sein mußte, sich von den Sachen zu trennen, selbst wenn sie sie nicht mehr tragen konnte. »Aber mach dir nichts draus – es war ja für einen guten Zweck.«

Am nächsten Samstagvormittag fuhren einige von uns mit dem ersten Bus nach Coppington und bestellten Kleie und

Hafer, die so bald wie möglich an den Wiesenhof geliefert werden sollten.

Dann gingen wir in ein traumhaftes Geschäft, wo es alles zu kaufen gab, was nur irgendwie mit Pferden zu tun hatte. Dort erstanden wir sechs Decken – drei blaue für die Damen Rhona, Trixie und Susanna, und drei grüne für die Herren Apple, Napoleon und Frost.

Nur mit großer Mühe rissen wir uns wieder los, um möglichst schnell zum Wiesenhof zu kommen. Dort lief uns Sara Cotterill schon entgegen.

»Wir haben zwei neue Mitglieder!« rief sie mit ihrer piepsigen Stimme, die sich vor Begeisterung überschlug. Im Hof sahen wir als erste Jane-Anne Searsby aus unserer Schule mit ihrem rabenschwarzen Vollblutpferd Sir Galahad. Wir begrüßten sie mit lautem Hallo und sagten ihr, wie wir uns darüber freuten, daß sie sich nun doch entschlossen habe, unserem Club beizutreten. Dann blickten wir uns nach dem zweiten Mitglied um und entdeckten ein Mädchen, das etwas abseits stand und verlegen an seinem Daumen kaute.

»Meine Reithosen! Meine Bluse! Und meine Krawatte!« kreischte Kathryn, und ich erkannte plötzlich, daß vor uns die Tochter des Altwarenhändlers stand, der letzte Woche die Restbestände des Basars abgeholt hatte.

»Hallo!« rief ich. »Wie schön, daß Kathryns Sachen nun doch die richtige Verwendung finden!«

»Mein Vater sagte, daß ihr mich bestimmt nicht dabeihaben wollt«, sagte das Mädchen schüchtern und in grauenhaftem Dialekt. »Aber ich meinte, probieren schadet ja nichts.«

»Da hast du ganz recht«, nickte ich. »Hier ist jeder willkommen, der Pferde liebt. Kannst du denn reiten?«

Das Mädchen schüttelte den Kopf. »Nein, aber ich habe keine Angst. Außerdem verstehe ich mich ganz gut mit Pferden.«

Joanna, die dabeistand und schon die ganze Zeit das Gesicht verzogen hatte, als ob irgend etwas furchtbar schlecht röche, kicherte laut. Kathryn warf ihr einen eisigen Blick zu.

»Wie heißt du denn?« fragte sie.

»Mein richtiger Name ist Charlotte«, antwortete das Mädchen. »Aber zu Hause nennen mich alle Charlie.«

»Alles klar, Charlie«, sagte Kathryn. »Ich glaube, für den Anfang setzen wir dich mal auf Trixie. Sie ist ziemlich ruhig und hat genau die richtige Größe für dich.« Dann wandte sie sich mit einem bezaubernden Lächeln zu Joanna und bat sie, Trixie zu satteln und zu zäumen. Joanna trollte sich ziemlich kleinlaut.

Charlotte hörte aufmerksam zu, während Kathryn ihr erklärte, wie man aufsaß. Dann nahm sie ohne Zögern die Zügel in die linke Hand, setzte den richtigen Fuß in den Steigbügel und schwang sich mit affenartiger Behendigkeit in den Sattel.

»Bist du wirklich noch nie geritten?« fragte Kathryn argwöhnisch.

»Nein, bestimmt nicht«, erwiderte Charlotte. »Aber ich habe im Fernsehen zugeschaut, wie es die Cowboys machen, und es ist ja eigentlich ganz einfach, nicht?«

Es war unübersehbar, daß Charlotte ein echtes Naturtalent war. Nach zwanzig Minuten brachte sie schon einen schönen Trab zustande und sah bedeutend vielversprechender aus als die Cotterill-Mädchen oder Amanda Brownswood, die alle ziemlich schwerfällig im Sattel hingen und sich noch viel zu oft aus Angst am Sattelknauf oder an der Mähne festklammerten.

Am Ende der Stunde fragte Charlotte, ob sie Trixie selber absatteln dürfe, was ihr unter Kathryns Anleitung gestattet wurde. Während sie gerade damit beschäftigt war, kam Bob herein und sagte, wenn Charlotte regelmäßig Reitstunden nehmen wolle, müsse sie eine Reitkappe haben. Es war das einzige Ausrüstungsstück, das wirklich unerläßlich war und auf das wir deshalb bestehen mußten.

Charlotte machte ein langes Gesicht. Als wir fragten, was denn los sei, erklärte sie, daß sie nun warten müsse, bis ihr Vater in einer Altwarensammlung eine Kappe bekäme, weil er ihr niemals eine neue kaufen würde. Da sagte Joanna, sie habe noch eine alte Kappe zu Hause, die vielleicht passe. Sie werde sie nächste Woche mitbringen. Nun sahen alle plötzlich ganz vergnügt und glücklich drein, als ob ihnen eingefallen wäre, daß gerade Weihnachten sei.

Schätze im Nebel

Da der November nicht gerade die beste Zeit für ein Turnier ist, selbst wenn es sich nur um eines der bescheidenen Unternehmen handelt, wie sie in den meisten Ponyclubs durchgeführt werden, beschlossen wir, eine Schatzsuche zu veranstalten. Mami erklärte sich bereit, die Liste der Schätze zusammenzustellen, und an einem feuchten, nebligen Morgen versammelten wir uns Punkt neun Uhr im Hof der Reitschule.

Fünf von uns, die keine eigenen Pferde besaßen, mußten welche aus dem Wiesenhof-Stall nehmen. Charlotte saß wie üblich auf Trixie, Amanda Brownswood auf Frost, Sara und Emma ritten Napoleon und Susanna, während Rupert sich für Rhona entschied. Das bedeutete, daß Apple allein im Stall bleiben mußte, und damit er das nicht gar zu betrüblich fand, legten wir ihm ein paar große Brocken altes Brot und einige Karotten in seinen Futtertrog.

»Ich habe den Eindruck, daß es ein bißchen neblig wird«, meinte Bob, der seine Nase prüfend hochzog und über die Felder blickte. »Wir sollten zur Sicherheit vielleicht paarweise reiten und auch die Anfänger lieber an die Longen nehmen.«

Also banden wir lange Zügel am Zaumzeug von Trixie, Frost, Napoleon und Susanna fest und teilten uns dann paarweise ein, so daß immer ein etwas erfahrener Reiter mit einem Anfänger zusammenkam.

Emma Cotterill ritt mit Bob, Amanda mit Kathryn, Charlotte mit mir, Sara mit Rupert und Susan Mainwaring mit Joanna. John und Jane-Anne Searsby blieben übrig und sagten, daß sie gern zusammen reiten wollten.

Sobald alle aufgesessen waren, zog ich Mamis Umschlag aus der Tasche und öffnete ihn. Er enthielt ein Dutzend Zettel, auf denen in klaren Druckbuchstaben die Dinge aufgeschrieben waren, die wir auf unserer Schatzsuche finden

mußten. Ich teilte die Zettel aus, und ein paar Minuten lang herrschte tiefe Stille, während alle ihre Liste durchlasen. Dort stand:
1. Ein Kiefernzapfen
2. Eine Papiertüte
3. Die Feder eines wilden Vogels
4. Ein Roßkastanienzweig
5. Das Wort eines Weisen
6. Ein altes Hufeisen
7. Drei Stechlorbeer-Beeren
8. Ein Efeublatt

An der Art, wie alle ihre Blicke suchend über den Hof schweifen ließen, konnte man genau erkennen, wann sie beim Punkt sechs angelangt waren. Aber kein einziges altes Hufeisen war zu erblicken, und so beschloß jeder, schnell zur Schmiede zu reiten, bevor die anderen dort waren.

»Na, das erste ist einfach«, kommentierte John. »Kiefernzapfen gibt es ja hier jede Menge. Hat jemand zufällig eine Papiertüte dabei?«

»Selbst wenn wir eine hätten, würden wir sie dir wohl kaum geben!« knurrte Rupert. »Jeder ist sich selbst der Nächste!«

»Was meint sie denn mit der Feder eines wilden Vogels?« wollte Sara Cotterill wissen.

»Das ist nur, damit du nicht auf irgendeinen Bauernhof gehst und dort einfach einer Gans eine Schwanzfeder ausrupfst«, erklärte Kathryn. »Allerdings würdest du damit wahrscheinlich aus der Gans auch einen wilden Vogel machen, wie?«

»Ha, ha!« rief jemand spöttisch, und Jane-Anne Searsby fragte: »Eine Roßkastanie? Ich habe keine Ahnung von Bäumen!«

»Hast du denn noch nie mit Kastanien gespielt?« erkundigte sich John, und Jane-Anne schüttelte so verständnislos den Kopf, als ob Kastanien wirklich das letzte seien, woran sie als Kind jemals gedacht habe.

»Was versteht deine Mutter eigentlich unter einem Weisen?« fragte Kathryn nachdenklich.

»Das sind die, die aus dem Morgenland kamen und einem Stern folgten«, sagte Bob pathetisch. »Du bist wirklich phantasielos. Das soll bloß heißen, daß wir uns was von jemand sagen lassen sollen, der ein bißchen schlauer ist als wir selbst. Und nun«, fuhr er fort, »wenn sich keine weiteren Fragen mehr ergeben, würde ich vorschlagen, daß wir anfangen. Es ist klar, daß die verschiedenen Gegenstände nicht in der Reihenfolge gesammelt werden müssen, in der sie auf der Liste stehen. Diejenigen, die andere an der Longe führen, reiten bitte nicht zu rasch, und auf den Straßen müßt ihr aufpassen. Es darf keine Unfälle geben. Und reitet nicht zu weit in Richtungen, die ihr nicht kennt, damit ihr schlimmstenfalls auch im Nebel zurückfindet. Wir treffen uns im Amselhaus, wo Mrs. Forrester inzwischen hoffentlich ganze Kanister voll heißer Getränke bereitstellt. Also dann, Weidmannsheil!«

Mit diesen Worten wendete Bob seinen Ikarus und ritt mit Emma auf Susanna im Schlepptau die Auffahrt hinunter, als ob er genau wisse, wohin er wolle. Nach kurzem Zögern folgten ihm Joanna und Susan, während sich der Rest der

Truppe in andere Richtungen entfernte und über die Felder davonritt.

»Mit was fangen wir denn an?« fragte Charlotte ein bißchen ungeduldig.

Ich dachte scharf nach. »Neben unserem Haus ist ein verlassenes Grundstück«, sagte ich schließlich. »Dort gibt es sicher Kiefernzapfen und Vogelfedern, und wenn wir Glück haben, auch Stechlorbeer und Efeu. Dann können wir gleich im Haus nach einer Papiertüte fragen. Mami hat jede Menge davon im Küchenschrank.«

Als wir in ruhigem Trab die Auffahrt hinunterritten, waren alle anderen längst weg. Nur am Horizont sahen wir noch schemenhaft die Umrisse von John und Jane-Anne. Johns Pferd erkannte man kilometerweit, und da die beiden durch keinen Anfänger behindert waren, ritten sie einen atemberaubenden Galopp.

Als wir zu dem mit Gestrüpp überwucherten Grundstück neben unserem Garten kamen, suchten wir vergeblich nach einem Tor und gelangten schließlich hinein, indem wir die Pferde über den Zaun steigen ließen, der an einer Stelle ohnehin schon niedergetreten war.

Haselnußgesträuch, Brombeergestrüpp und Birkenschößlinge wucherten dicht und wild durcheinander. Wir waren froh, als wir nach einigem Suchen einen Trampelpfad entdeckten, auf dem wir entlangritten und vorsichtig nach oben spähten, um nicht von einem überhängenden Ast aus dem Sattel gefegt zu werden.

»Da!« schrie Charlotte plötzlich und deutete mit der Hand nach rechts. »Das ist doch eine Vogelfeder, oder nicht?« Tatsächlich – in einem Strauch hing eine lange, schwarzblaue Feder mit weißen Streifen. Sie stammte offensichtlich vom Flügel einer Elster.

»Ich hole sie«, sagte Charlotte, und bevor ich etwas antworten konnte, hatte sie sich schon blitzschnell im Sattel aufgerichtet und die Feder im Vorbeireiten geschnappt.

Nachdem wir so unsere erste Trophäe errungen hatten, waren wir richtig in Hochstimmung und entdeckten gleich darauf, vom Erfolg beflügelt, eine große Kiefer, die viele Zapfen abgeworfen hatte. Bald kamen wir auch an einen kleinen Stechlorbeerbusch, der unter der Last der Beeren schier zusammenbrach.

»Mein Vater sagt, das bedeute einen strengen Winter«, erklärte Charlotte, während sie vorsichtig, um sich nicht zu stechen, drei Beeren abpflückte. Unterdessen hatte ich einen kleinen Efeuzweig entdeckt, der sich um einen wenige Meter entfernten Baumstamm schlang, und riß im Vorbeireiten ein paar Blätter ab.

»Schade, daß keine Kastanien da sind«, sagte Charlotte.

»Ich weiß aber, wo eine ganze Reihe steht«, antwortete ich. »Und zwar hinter Durrants Feldern, auf der anderen Seite der Straße. Aber wir holen uns besser erst die Tüte.«

Wir beeilten uns, aus dem Gestrüpp herauszureiten, und trappelten über den Gartenweg zum Haus. Ich überließ beide Pferde Charlottes Obhut, rannte in die Küche und zog eilig eine Papiertüte aus dem Schrank. Mami mußte mich gehört haben, denn als ich gerade die Haustür ins Schloß ziehen wollte, rief sie: »Sei vorsichtig, Claire, es wird immer nebliger!«

Als ich wieder ins Freie trat, stellte ich voll Überraschung fest, daß sie recht hatte. In unserer Aufregung hatten wir gar nicht gemerkt, daß sich der Nebel zusehends verdichtete. Man sah nicht mehr sehr weit. Die Hügel, über die John und Jane-Anne vorher weggaloppiert waren, schien es überhaupt nicht zu geben.

Wenn ich auch nur ein bißchen Vernunft gehabt hätte, wäre ich wahrscheinlich umgekehrt, hätte die Ponys in den Stall gestellt, für Charlotte und mich etwas Heißes zu trinken gemacht und gewartet, bis jemand anrief, um mitzuteilen, daß auch die anderen wegen des schlechten Wetters ihre Schatzsuche abgebrochen hatten.

Statt dessen sagte ich, von wildem Ehrgeiz getrieben: »Na ja, wenn es nicht schlimmer wird, dürften wir keine allzu großen Schwierigkeiten haben, die drei fehlenden Dinge zu finden. Beeilen wir uns, solange wir noch was sehen.«

Wir überquerten die Straße und lauschten dabei angestrengt, ob sich vielleicht Motorengeräusch näherte. Dann ritten wir auf der Grasbankette weiter, die glücklicherweise breit genug für unsere beiden Pferde war. Nach zehn Minuten ruhigem Trab erreichten wir die Straße, die parallel zu Durrants Bauernhof verlief. Hier konnte man abzweigen und kam durch ein Gatter und über einen Fußweg bis zu den Roßkastanien.

»Sobald wir über dieses Feld geritten sind, müßten wir sie eigentlich sehen«, sagte ich. Der Boden war in tiefen Furchen aufgepflügt und lag brach. Unser Weg führte an einer hohen Hecke entlang bis zu einem Gattertor, das ich, ohne abzusitzen, öffnete und wieder schloß.

Als wir das nächste Feld halb überquert hatten, zeichneten sich schon die Umrisse der großen Kastanienbäume ab, die vor etwa hundert Jahren in einer geraden Reihe angepflanzt worden waren. Was für einen Zweck sie erfüllen sollten, war mir völlig schleierhaft – es sei denn, jemand wollte einsamen Wanderern einen Anhaltspunkt in der Landschaft geben.

Eilig trabten wir auf die Bäume zu und hielten hoffnungsvoll nach einem niedrigen Ast Ausschau. Aber keiner hing so tief, daß wir ihn erreichen konnten. Sogar wenn ich hochsprang, erwischte ich keinen.

»Ich muß auf Mistys Rücken stehen«, sagte ich schließlich ganz außer Atem zu Charlotte. »Du hältst ihn dicht am Baum, und ich steige hinauf.«

Es gelang uns, Misty zwischen dem Baumstamm und Charlottes Pferd einzuzwängen. Ich zog meine Füße auf den Sattel und richtete mich langsam und behutsam auf, um ihn durch mein Verhalten, das ihm völlig unsinnig vorkommen mußte, nicht zu verwirren. Voll Erstaunen legte er die Ohren zuerst zurück und stellte sie dann wieder spitz auf. Ich redete beruhigend auf ihn ein, und er blieb so lange still stehen, bis ich einen etwa zwanzig Zentimeter langen Zweig abgebrochen hatte.

»Prima! Jetzt haben wir schon sechs Schätze – es fehlen uns also nur noch zwei«, sagte ich, indem ich mich in den Sattel zurückgleiten ließ und die Zügel aufnahm. Wir wendeten die Pferde, um über das Feld zurückzureiten, und standen plötzlich vor einer dichten, grauen Nebelwand.

Verloren – und wiedergefunden

Unsere Münder blieben vor Verblüffung offen, und Charlotte rief: »Sag bloß – wo kommt das denn her?«

»So was nennt man eine Suppe«, stöhnte ich. »Sie entsteht, wenn warme, feuchte Luft sich über kaltem Boden rasch abkühlt.«

»Das mit dem kalten Boden stimmt jedenfalls«, murmelte Charlotte und versuchte, ein Frösteln zu unterdrücken. Trotz der dicken Pullover und unserer warmen Tweedjacken schien die Kälte uns nun bis auf die Knochen zu dringen.

»Nur keine Müdigkeit vortäuschen!« rief ich forsch. »Bis jetzt ist ja noch alles gutgegangen. Ich bin sicher, daß das Gattertor dort drüben ist. Komm, wir reiten im Schritt darauf zu.«

Auf dem Feld, über das wir bis zu den Kastanien geritten waren, hatte es keinen Weg gegeben, und unser Versuch, das Gattertor zu finden, war also im wahrsten Sinn des Wortes ein Tasten im Nebel. Ein eigenartiges Gefühl beschlich mich in dem dicken, grauen Schweigen, das uns zu umhüllen und mit uns zu reiten schien, denn so sehr wir unsere Augen anstrengen mochten, gelang es uns nicht, etwas anderes außer uns und den Pferden zu sehen.

Plötzlich verlangsamte Misty, der die Nase etwas weiter vorn hatte als Trixie, seinen Schritt, und ich entdeckte erleichtert, daß wir an einen Zaun gekommen waren.

»Na«, sagte ich erleichtert, »jetzt brauchen wir nur noch hier entlang zu reiten, bis wir das Gattertor finden.«

»Bist du sicher, daß die Richtung stimmt?« fragte Charlotte.

»Nein, ich bin nicht sicher«, antwortete ich. »Aber wir sind durch ein Gattertor hereingekommen, und wenn wir jetzt eines finden, dann ist es mit hoher Wahrscheinlichkeit dasselbe. Schau, dort drüben ist es schon!«

»Das ist aber nicht das gleiche Feld«, widersprach Charlotte. »Der Acker, über den wir vorhin geritten sind, war gepflügt.«

Obwohl ich das Gefühl hatte, daß ich allmählich mit meinen Nerven am Ende war, mußte ich zugeben, daß sie recht hatte. »Wir werden auf jeden Fall mal hineinreiten, um zu sehen, wohin es geht«, beschloß ich. »Vielleicht ist es überhaupt der Vorgarten von Durrants Bauernhaus. Und auf jeden Fall halten wir uns warm, solange wir reiten.«

»Die Ponys jedenfalls«, stöhnte Charlotte und bewegte ihre eiskalten Füße in den Steigbügeln.

Wir waren ein paar Minuten vorsichtig über das Feld geritten, als Charlotte plötzlich sagte: »Claire, merkst du was?«

»Was meinst du denn?« fragte ich.

»Hör doch! Reite weiter, aber achte darauf, ob du es auch hörst.«

Ich hielt den Atem an und konzentrierte mich ganz auf meine Ohren. Da hörte auch ich, daß ein Tier mit leisen, aber deutlich vernehmbaren Schritten hinter uns herkam. Wie weit es entfernt sein mochte, war schwer zu sagen, aber bestimmt nicht mehr als ein paar Meter.

Ich versuchte, Ruhe zu bewahren, und sagte zu Charlotte: »Wahrscheinlich ist es eines von Durrants Pferden, das sich ein bißchen einsam fühlt. Komm, reiten wir etwas schneller, unsere Ponys schlafen ja bald ein!«

Während wir in rascherem Schritt vorwärts ritten, horchten wir nach rückwärts, wo wir immer noch die Tritte und inzwischen auch ein sanftes, schnaubendes Geräusch vernahmen. Das Feld schien sich allmählich zu senken, und plötzlich standen wir vor einem Gattertor. Ich öffnete es, so schnell meine erstarrten Finger es erlaubten, und ließ Charlotte durch. Während ich das Gatter in aller Eile wieder hinter mir schloß, rief Charlotte: »Schau, da steht ein Schild! Vielleicht ist es ein Wegweiser!« Wir ritten ganz nahe heran, um die Schrift lesen zu können. Sie lautete: »Vorsicht! Gefährlicher Bulle!« Für einen entsetzten Aufschrei blieb uns keine Zeit, denn schon erschien über dem Gatter ein riesiger schwarzer Kopf, aus dessen lockigem Fell sich zwei gefährlich aussehende Hörner emporkrümmten. Ein dicker Ring zierte seine Nase.

»Mein lieber Schwan!« seufzte Charlotte und trieb Trixie hastig weg. »Bin ich froh, daß ich nicht wußte, was es war, sonst wäre ich in tiefer Ohnmacht aus dem Sattel gefallen!«

Eine Weile ritten wir nun ziellos und ohne eine Spur von Orientierung dahin. Der Nebel war inzwischen so dick, daß selbst Charlotte und Trixie durch einen wehenden weißen Schleier von mir getrennt zu sein schienen, und ich hielt die Longe ganz fest, aus Angst, die beiden zu verlieren.

»Für den Fall, daß wir getrennt werden«, sagte ich mit tonloser Stimme, »und du gesund nach Hause kommst, während ich vermißt bleibe, vermache ich dir meinen neuen Füllfederhalter mit der echten Goldfeder und außerdem meine Keramiksammlung.«

»Und im umgekehrten Fall«, versprach Charlotte, »kannst du mein Poster von David Cassidy haben und das Pony-Buch, das ich zum Geburtstag bekommen habe.«

Wir schüttelten uns feierlich die Hand. Dann machte Misty plötzlich einen Satz zur Seite und stieß mit Trixie zusammen, weil etwas am Boden über seine Vorderhufe gehuscht war. Bevor ich richtig hinsehen konnte, war es schon verschwunden, aber ich bin sicher, es war ein Fuchs mit buschigem Schwanz.

»Meinst du, es bringt etwas, wenn wir die Zügel loslassen und den Ponys einfach sagen, sie sollen nach Hause gehen? In Büchern und im Fernsehen klappt das immer«, sagte Charlotte mit einem hoffnungsvollen Unterton in der Stimme.

»Ich weiß nicht recht«, meinte ich. »Aber es ist bestimmt einen Versuch wert.« Das einzige jedoch, was geschah, war, daß Misty wenige Schritte langsam weiterging und dann stehenblieb, ebenso wie Trixie, die ihm gefolgt war.

»Na, das bringt uns ja wesentlich weiter!« meinte Charlotte. »Da, schau, schon wieder ein Wegweiser!«

Voller Hoffnung trieben wir unsere Pferde zu dem Schild und lasen noch einmal die Worte: »Vorsicht! Gefährlicher Bulle!«

»Wir sind die ganze Zeit im Kreis herumgegangen!« klagte Charlotte, den Tränen nahe. »Und ich friere so!«

Es war das erstemal, daß sie sich auf diesem anstrengenden Ritt beklagte. Bis jetzt war sie unerschütterlich gewesen und hatte nicht angefangen zu weinen, wie es bestimmt viele andere Kinder ihres Alters getan hätten. Ich erkannte, daß ich jetzt unbedingt versuchen mußte, sie bei Stimmung zu halten, obwohl mir selbst alles andere als wohl zumute war.

Der Nebel schien jetzt zu gefrieren. Die Mähnen der Pferde, unser Haar, die Mützen und die Vorderseiten unserer Jacken waren wie mit weißem Zucker bestäubt.

»Los, wir dürfen nicht stehenbleiben!« drängte ich. »Es ist immer noch besser, im Kreis herumzureiten, als zu erfrieren. Komm, sitzen wir eine Weile ab! Meine Füße fühlen sich an wie Eisklumpen, und ich habe nicht die geringste Lust, den Rest des Winters vor lauter Frostbeulen nicht mehr in die Stiefel zu kommen und dauernd zum Arzt zu laufen.«

Wir sprangen aus dem Sattel und gingen los. Die Pferde zogen wir hinter uns her. Es war ein unheimliches Gefühl – als ob man ins Nichts träte oder gleich einen Schritt über den Rand eines Abgrundes tun würde; dabei konnten wir schlimmstenfalls bis zu den Knien in irgendeinem Bach oder einem Stück sumpfigen Bodens versinken.

»Ich glaube, es wäre ganz gut, wenn wir sängen«, schlug Charlotte vor. »Bei Fußballspielen machen sie das auch, um sich warmzuhalten.« Wir fingen an, ein Volkslied zu singen. Am Ende des Liedes waren wir wieder bei dem Schild angekommen, aber durch die Bewegung fühlten wir uns so viel wohler als vorhin, daß es uns nicht mehr so sehr deprimierte.

»Immerhin sind wir noch am Leben«, bemerkte Charlotte trocken. »Aber so allmählich bekomme ich ganz schön Hunger.«

Verlockende Bilder von dampfendem Kaffee und heißem Toast stiegen in mir auf. Nur mit Mühe schob ich sie beiseite und sagte: »Komm, versuchen wir es noch einmal. Ich habe den Eindruck, daß sich der Nebel etwas lichtet.«

Das stimmte zwar nicht, aber das wichtigste war immer noch, daß wir nicht in Verzweiflung gerieten, und so zogen wir wieder los. Da Weihnachten nicht mehr weit war, beschlossen wir, ›Kommet, ihr Hirten‹ zu singen. Nachdem wir auch alle Strophen von ›O du fröhliche‹, ›Tochter Zion‹ und ›Drei Könige zogen aus Morgenland‹ hinter uns gebracht hatten, wurden wir allmählich heiser und beschlossen, unseren Stimmbändern eine Weile Schonung zu gönnen.

»Meinst du, wir treten mit der Zeit so eine Art Graben in den Boden?« fragte Charlotte, als wir zum vierten Male an dem Schild »Vorsicht! Gefährlicher Bulle!« vorbeikamen.

»Dann hätten wir wenigstens einen Unterstand für die Nacht«, antwortete ich gerade, als Charlotte plötzlich stehenblieb und sagte: »Hör doch!«

Ich lauschte angestrengt, aber das erstickte Schweigen des Nebels wurde von keinem Laut unterbrochen.

»Da ist es wieder!« sagte Charlotte mit leuchtenden Augen.

Misty nickte leise, als ob er ihr recht geben wollte, und dann hörte ich es auch – ganz weit entfernt rief eine menschliche Stimme.

Wir überlegten nicht lange und fingen an, laut zu johlen. Wir schwangen auch heftig unsere Arme hin und her, weil wir in unserer Aufregung ganz vergaßen, daß uns ja keiner sehen konnte. Die Stimmen kamen näher und näher, bis wir sie schließlich als die von Bob, Kathryn, Rupert und Jane-Anne erkennen konnten. Endlich tauchten ihre Gestalten aus dem Nebel auf, und nachdem wir die ersten dankbaren Begrüßungen hinter uns gebracht hatten, saßen Charlotte und ich wieder auf. Kathryn sagte: »Gott sei Dank seid ihr nicht weitergeritten – gleich im nächsten Feld ist Durrants Bulle, und dem kommt man besser nicht zu nahe!«

»Ah!« tat ich ganz unbeteiligt und sah zu Charlotte hinüber, die lässig die Schultern zuckte und dann anfing zu kichern. »Aber wie habt ihr uns denn gefunden?« fragte ich dann.

»Als der Nebel so dick wurde, haben wir alle beschlossen, die Schatzsuche abzubrechen«, sagte Bob, »und sind zu dir nach Hause geritten, um was Warmes zu trinken. Als schließlich alle da waren bis auf euch, haben wir einen Suchtrupp gebildet.«

»Wir waren schon etwa zwanzig Minuten lang ziemlich ziellos herumgeritten, als wir plötzlich aus dieser Richtung die eigenartigsten und schauerlichsten Geräusche hörten«, fuhr Kathryn fort. »Es klang ein bißchen wie ein Tier, das verzweifelte Notschreie ausstößt, und wir wollten sehen, ob wir ihm vielleicht helfen könnten.«

»Und habt ihr herausbekommen, was es für ein Geräusch war?« fragte ich ganz naiv, während ich dicht hinter ihr herritt. Erst als sich alle andern vor Kichern kaum mehr im Sattel halten konnten, dämmerte mir, daß sie unseren Weihnachtsgesang gemeint hatte.

»Kann ja sein, daß es nicht besonders schön war«, meinte Charlotte ungerührt, »aber immerhin hat es was genützt.«

»Wer hat denn eigentlich gewonnen?« wollte ich wissen, während wir den Weg nach Hause einschlugen.

»Wenn du meinst, wer alle Schätze gesammelt hat: Es gibt keinen Gewinner«, sagte Bob.

Aber als wir zu Hause ankamen, entdeckten wir, daß er sich geirrt hatte. Joanna und Susan hatten alles bis auf das alte Hufeisen und die Worte des Weisen, die sich die anderen beim Schmied geholt hatten. Während sie ihren Kaffee schlürften, schauten sie einige von Mamis Büchern an. Plötzlich rief Susan: »Da haben wir doch Worte des Weisen!« Und sie las den Ausspruch irgendeines Autors vor. Dann zeigte Joanna auf eines der kleinen Messinghufeisen, die als Schmuck am Kamin hingen, und fragte Mami, ob das auch gelte.

Mami, die Schiedsrichter war, entschied, daß ein richtiger Gewinner besser sei als mehrere Leute mit der gleichen Anzahl von Schätzen.

Sie sagte also, es solle gelten, und überreichte Joanna und Susan als Preis eine riesige Schokoladentafel, die die beiden kameradschaftlich mit uns teilten.

Sobald wir uns etwas aufgewärmt hatten, erschien uns unser ganzes Abenteuer eher lustig als beängstigend, und alle waren sich darüber einig, daß es trotz des Nebels herrlich gewesen war und wir nächsten Sommer eine Schatzsuche mit einer Liste von zwanzig Punkten machen wollten, so daß wir einen ganzen Vormittag lang herumreiten konnten.

Eine Katastrophe zu Weihnachten

Seit der Gründung unseres Clubs Ende September hatten wir jedes Wochenende wie die Galeerensklaven gearbeitet. Dabei war die Zeit nur so verflogen, und wir hätten beinahe nicht gemerkt, daß Weihnachten vor der Tür stand.

Jeder ohne Ausnahme hatte sich an unsere oberste und praktisch einzige Regel gehalten, die besagte, daß das Wohl der Pferde an allererster Stelle stehe. Selbst Leute, die ganz wild darauf waren, gleich zu reiten, fingen doch morgens erst mit den unerläßlichen Arbeiten an: Füttern, Putzen, Ausmisten, Sattelzeug einreiben, frisches Wasser holen, Futtereimer ausbürsten, Zäune flicken und Unkraut jäten. Dann erst kamen die Pferde aus dem Stall, wurden geritten und erhielten zum Abschluß ein ordentliches Mahl. Die regelmäßige Pflege schien ihnen ausgezeichnet zu bekommen. Ihre Augen begannen wieder zu leuchten, und ihre Bewegungen zeugten von neuer Energie. Die traurigen Einbuchtungen in Rhonas Körper füllten sich zusehends, und Kathryn behauptete sogar, sie sähe auf Frosts kahlen Stellen ein paar dünne Haare sprießen.

Von Zeit zu Zeit brachte Bob einen Scheck über die bescheidene Summe, die wir durch die Reitstunden eingenommen hatten, zu Miß Lickorish hinein. Der alte Botham verschwand jedesmal von der Bildfläche, sobald wir auftauchten – und so waren eigentlich alle ganz zufrieden.

Am Weihnachtstag hatten wir zu Hause Besuch. Es waren zwei Tanten, zwei Onkel und zwei ziemlich blöde Kusinen, die wir glücklicherweise aber alle äußerst selten sahen.

Eines der Mädchen hieß Josephine. Sie war neunzehn und trug lange, baumelnde Ohrringe und eine dicke Maske von Make-up. Außerdem war sie nach der neuesten Mode gekleidet und sah darin ziemlich lächerlich aus. Bereits bei ihrem Eintreffen gab sie überdeutlich zu verstehen, daß sie ihre

Ruhe haben wolle, und saß die ganze Zeit mit hochgelegten Beinen und schwermütigem Blick vor dem Kamin. Die andere Kusine hieß Barbara und war erst neun Jahre alt. Sie war schrecklich schlecht aufgelegt, weil sie gerade erst eine schlimme Grippe gehabt hatte, und nieste andauernd alle Leute an. Als ich vorschlug, sie solle mit mir in den Obstgarten kommen und einmal eine Runde auf Misty reiten, um sich den Kopf ein bißchen auszulüften, hob Tante Pamela, die so dünn und zerbrechlich war, daß man sie kaum mehr sah, vor lauter Entsetzen beim Gedanken an all die frische Luft erschrocken die Arme empor. Da fand ich dann, ich hätte meiner Pflicht als Tochter des Hauses Genüge getan, und ging in die Küche, um Mami bei der Vorbereitung des Essens (es gab Truthahn mit allem Drum und Dran) zu helfen.

Nachdem wir gegessen und den Tisch abgeräumt hatten, begann Barbara sich zu langweilen, und Tante Pamela fragte, ob wir nicht Monopoly spielen könnten, weil das Barbara immer so viel Spaß mache. Also spielten wir Monopoly. Leider hatte ich nicht den Eindruck, daß es Barbara furchtbar viel Spaß machte, denn jedes Mal, wenn sie ins Gefängnis mußte, wenn jemand ein Grundstück kaufte, das eigentlich sie haben wollte, oder wenn sie Einkommensteuer zahlen oder alle ihre Häuser reparieren lassen mußte, war sie tödlich beleidigt.

Eine Weile hielten wir heldenmütig durch, und ich schielte die ganze Zeit auf meine Armbanduhr, deren Zeiger vorwärtsschlichen und manchmal stehenzubleiben schienen. Endlich aber war es trotzdem halb vier, und mit einem tiefen Seufzer der Erleichterung stand ich auf und bat, gehen zu dürfen.

»Was hast du denn vor?« fragte Mami erstaunt.

»Ich muß heute die Pferde füttern«, erinnerte ich sie.

»Paß aber auf, wenn du mit Misty in der Dunkelheit reitest«, sagte Paps, der sich eigentlich nie unnötig aufregte. »Du solltest vielleicht eine Taschenlampe am Sattel befestigen, auch wenn heute nicht viel Verkehr auf der Straße ist. Vorsicht ist besser als Nachsicht.«

Ich versprach, sehr vorsichtig zu sein, und rannte die Treppe hinauf, um mein Sonntagskleid gegen Reithosen, Pullover und Stiefel auszutauschen.

Der Ponyclub hatte für die Weihnachtsfeiertage einen Dienstplan ausgearbeitet. Heute früh hatten Rupert Fitch und die Cotterill-Mädchen, die der Reitschule am nächsten wohnten, ausgemistet und alle nötigen Arbeiten erledigt. Und da Bob und Kathryn am Heiligen Abend die ganze Arbeit allein gemacht hatten und heute nachmittag überdies irgendwo zu Besuch waren, hatte ich mich freiwillig für die Abendschicht gemeldet. Mit Joanna konnten wir überhaupt nicht rechnen, weil ihre Eltern sie für eine Woche in ein piekfeines Hotel nach Brighton mitgenommen hatten.

Als wir dem alten Botham gesagt hatten, daß wir über die Weihnachtstage nach den Pferden sehen würden, hatte er das Gesicht zu etwas verzogen, was man mit viel gutem Willen fast als ein Lächeln betrachten konnte. Dann meinte er aufgeregt schnaufend, wenn das wirklich wahr sei, werde er die Gelegenheit benutzen, um ein paar Tage zu seiner Schwester nach Tewkesbury zu fahren – das habe er schon lange einmal tun wollen und nie Zeit dazu gehabt.

Miß Lickorish hatte sich in all diesen Monaten kein einziges Mal blicken lassen. Außer Bob hatte niemand von uns sie je gesehen, und auch er hatte ihr schon vor Wochen den letzten Scheck gebracht. Trotzdem hatten wir ihr zu Weihnachten ein Paar Handschuhe gekauft, und nach einigem Zögern hatte ich mich schließlich bereit erklärt, sie ihr heute zu bringen.

Der Abend war bitter kalt, und während ich auf Misty die verlassene Straße zum Wiesenhof entlangritt, war ich froh über meinen dicken Dufflecoat. Als wir uns der Reitschule näherten, hatte ich das Gefühl, daß irgend etwas anders sei als sonst, aber ich wußte nicht, was es war. Ich ritt in den Hof hinein und machte Misty an einem der eisernen Ringe an der Mauer fest.

Rhona ließ ein leises, fragendes Wiehern vernehmen, und ich ging schnell zu ihr hin, um sie zu beruhigen. Im Stall war es dunkel, und als ich die Hand nach dem Lichtschalter ausstreckte, wurde mir plötzlich klar, was mir so eigenartig vorgekommen war. Das Haus hatte völlig im Dunkeln gelegen, als ich darauf zugeritten kam. Ich wandte mich um und starrte hinüber. Nicht einmal der schwache Schein einer Leselampe war zu erkennen, auch nicht das Flackern eines Kaminfeuers oder ein winziger Lichtstrahl zwischen zugezogenen Vorhängen.

Ich hatte sofort das Gefühl, daß irgend etwas nicht stimmte. Dann aber schob ich den Gedanken wieder beiseite, weil ich schon wußte, daß ich meistens vorschnell zu

Schlüssen neigte, die sich später als falsch oder gar verhängnisvoll herausstellten.

Es war viel wahrscheinlicher, daß Miß Lickorish weggefahren war, denn schließlich war Weihnachten, und selbst Leute wie Miß Lickorish, die wie ein Einsiedler lebte, mußten ja irgendwelche Freunde haben. Vielleicht war sie auch in der Dunkelheit und der klirrenden Kälte spazierengegangen – in meinen Vorstellungen paßte das ziemlich genau zu einer so exzentrischen Person.

Plötzlich schnaubte mir Rhona leise ins Ohr, und ich zuckte vor Schreck zusammen. Als Misty und die übrigen Pferde auf der anderen Seite des Hofes auch unruhig zu werden begannen, wurde mir plötzlich bewußt, daß meine Nerven zum Zerreißen gespannt waren, und ich wünschte, ich wäre nicht allein – oder besser gesagt, es wäre außer mir noch ein menschliches Wesen dagewesen.

Ich zwang mich, meine Gedanken ganz auf die Arbeit zu richten, die ich gerade erledigte, fütterte die Pferde, schrubbte die Eimer und stellte sie an ihren Platz, so daß Jane-Anne und Amanda, die am nächsten Morgen Dienst hatten, sie nur wegzunehmen brauchten. Als ich fertig war, herrschte ringsum tiefe Finsternis. Gottlob, dachte ich, inzwischen werden die blöden Kusinen wohl verschwunden sein.

Und dann – gerade als ich dabei war, Misty loszubinden – erblickte ich in der Finsternis zwei glänzendgelbe Punkte, die das Licht spiegelten, das aus Rhonas Stall herausdrang, und geradenwegs auf mich gerichtet waren. Eisig rann es mir durch die Adern, während ich bewegungslos zurückstarrte und fühlte, wie sich meine Haare sträubten. Dann tauchte ein weiteres Paar runder Punkte neben dem ersten auf, noch eines kam, und es wurden immer mehr, bis schließlich der ganze Hof voll glänzender gelber Tieraugen war, die mich unverwandt anblickten.

Ich stand vor Entsetzen halb gelähmt, als eines der Augenpaare sich in Bewegung setzte und in unheimlich körperloser Art näher kam. Dann erreichte es den Lichtkreis der Stallampe und gehörte plötzlich zum Gesicht einer wunderschönen Perserkatze mit dickem Fell und einem riesigen Schnurrbart. Sie kam auf leisen Pfoten zu mir und rieb ihren Kopf an meinen Stiefeln. Mehrere andere folgten ihrem Beispiel, und bald umkreisten sie alle schnurrend und miauend meine Beine.

»Meine Güte, Mieze, hast du mir einen Schreck eingejagt!« sagte ich noch etwas außer Atem, während ich mich hinabbeugte, um mit zittrigen Fingern dem Tier über das weiche Fell zu streichen. Erst da fiel mir wieder ein, daß Kathryn erzählt hatte, daß Miß Lickorish Katzen hielt; aber ich hatte noch nie vorher eine davon gesehen.

Kaum hatte ich die Perserkatze berührt, lief sie ängstlich ein paar Schritte weg. Dann schaute sie sich um und gab ein lautes Miauen von sich, wie es Katzen tun, wenn sie etwas wollen. Die anderen taten es ihr nach, und es war ganz offensichtlich, daß sie mir sagen wollten, ich solle mit ihnen gehen.

»Also gut, einen Augenblick noch«, sagte ich ergeben und band die Taschenlampe von Mistys Sattel los. Ich faßte all meinen Mut zusammen und richtete den kräftigen Lichtstrahl auf die Eingangstür. Als ich sie erreicht hatte, stellte ich fest, daß sie zwar geschlossen, aber nicht verriegelt war. Ich fragte mich, wie wohl die Katzen herausgekommen sein mochten – wahrscheinlich stand irgendwo im Erdgeschoß ein Fenster offen.

Sehr vorsichtig stieß ich die Tür auf und leuchtete die in völliger Dunkelheit gähnende Eingangshalle mit meiner Lampe aus. Ganz am Ende konnte ich eine Treppe erkennen. Schnell hatte ich einen Schalter gefunden und knipste das Licht an. Ich zuckte vor Schreck zusammen, als ich fühlte, wie etwas an meinen Beinen entlangstrich. Es war aber nur die Perserkatze, die leichtfüßig die Treppe hinauflief und auf halbem Weg innehielt, um zu sehen, ob ich auch folgte.

»Ich komme schon«, nickte ich und überwand mich, die Treppe hinaufzusteigen.

Im ersten Stockwerk war eine der Schlafzimmertüren angelehnt, und die Katze schlüpfte hinein. Ich richtete den Strahl meiner Taschenlampe auf den Türspalt und vernahm ein Stöhnen. Einen Augenblick stand ich vor Schreck wie angewurzelt und konnte nicht weglaufen, so gern ich es getan hätte. Dann wurde mir bewußt, daß ich mir nie verzeihen würde, wenn ich jetzt feige war. Ich faßte also all meinen Mut zusammen, trat in das Zimmer und knipste das Licht an.

Auf dem Bett lag eine alte Frau. Sie war halb verdeckt von den abgeschabten Decken, in die sie ihre knochigen Hände verkrampft hatte, und ich sah, daß es ihr sehr, sehr schlecht ging.

Miß Lickorishs schreckliche Entscheidung

Das graue Haar der Frau lag unordentlich über das Kissen ausgebreitet, und ihr Gesicht war bis auf die violetten Schatten unter den Augen aschfahl. Sie atmete rasch und sehr flach, als ob jeder Atemzug eine schmerzhafte Anstrengung bedeutete.

Mit einem Satz war die Perserkatze auf dem Bett und schnupperte vorsichtig über das Gesicht der alten Frau.

»Miß Lickorish!« rief ich erschrocken. »Wie lange liegen Sie denn schon so da?«

Als einzige Antwort stöhnte sie wieder und drehte ihren Kopf auf dem Kissen hin und her. Ich berührte die gebrechliche Hand und fühlte, daß sie eisig kalt war. Auf einem Stuhl entdeckte ich einen Morgenrock und breitete ihn über die Decken aus, ebenso einige Mäntel, die ich noch an der Garderobe fand.

»Ich gehe jetzt einen Arzt holen«, sagte ich. Da es kein Telefon im Haus gab, mußte ich zur nächsten öffentlichen Zelle reiten. Ich raste die Treppe hinunter, rannte über den Hof und band Misty los. Dann sprang ich in den Sattel und erreichte in wildem Trab die Straße. Die Telefonzelle stand an einer Straßenkreuzung und leuchtete in der Dunkelheit wie ein einsamer Posten in der Wüste. Ich zog schnell die Tür hinter mir zu und fühlte in meinen Taschen nach einem Zwei-Pence-Stück. Ich wußte, daß ich über den Notruf einen Krankenwagen kommen lassen konnte, aber es schien mir doch besser, erst zu versuchen, ob Dr. Barclay vielleicht erreichbar war.

Ich ließ es ein paarmal klingeln, und sobald ich am anderen Ende Bobs Stimme vernahm, erzählte ich ihm hastig die ganze Geschichte von Miß Lickorish.

»Vater und ich fahren gleich hinüber, Claire«, sagte Bob. »Mach dir keine Sorgen, es kommt alles in Ordnung.«

Ich ritt schnell zurück und rannte hinauf in das Schlafzimmer der alten Frau, die nun die Augen geöffnet hatte. Auf ihren Wangen zeichneten sich zwei hellrote Flecken ab.

Ich setzte mich auf den Bettrand und zeigte ihr die Handschuhe, die wir ihr zu Weihnachten gekauft hatten. Dann erzählte ich von den Katzen und den Pferden und sprach über das Wetter und alles mögliche, was mir sonst noch einfiel. Die ganze Zeit starrte sie mich an, ohne ein einziges Wort zu sagen.

Ich war sehr erleichtert, als ich draußen einen Wagen vorfahren hörte und Tritte im Treppenhaus die Ankunft von Dr. Barclay und Bob ankündigten. Der Arzt sah gleich, daß Miß Lickorish eine Lungenentzündung hatte und schickte Bob in aller Eile zum Telefon, um einen Krankenwagen zu rufen.

In weniger als zwanzig Minuten wurde Miß Lickorish abgeholt. Dr. Barclay begleitete sie ins Kreiskrankenhaus, als gerade die ersten Schneeflocken dieses Winters zu fallen begannen.

Bob und ich gingen in die Küche, um zu sehen, ob wir etwas für die Katzen finden konnten. Neben einigen ungeöffneten Katzenfutter-Büchsen entdeckten wir auch eine, deren Inhalt halb verbraucht war und angefangen hatte zu schimmeln.

»Arme Alte«, sagte Bob, während er Futter in eine Reihe von Näpfen verteilte und die Katzen miauend und schnurrend um unsere Beine strichen und bettelten. »Sie muß schon ein paar Tage so gelegen haben, denn es ist eine Woche her, seit der alte Botham zu seiner Schwester gefahren ist.«

»Und wann kommt er zurück?« fragte ich.

»Das weiß der Himmel«, seufzte Bob. »Auf jeden Fall wäre er wohl kaum entzückt bei dem Gedanken, sich um all die Katzen kümmern zu müssen. Wenn niemand etwas einzuwenden hat, würde ich vorschlagen, daß wir nach ihnen sehen, bis Miß Lickorish zurückkommt.«

Auch die anderen fanden alle, daß dies das einzig richtige sei, und Rupert fügte hinzu, daß wir, bevor Miß Lickorish aus dem Krankenhaus entlassen würde, das Haus gründlich durchputzen und vielleicht sogar die Küche streichen sollten.

Der alte Botham kam nie mehr von Tewkesbury zurück, und wir erfuhren später, daß er dort eine neue Stelle als Gärtner auf einer großen Besitzung gefunden hatte. Wir sahen ihn nicht wieder. Das bedeutete, daß die Sorge für die Pferde nun ganz den Mitgliedern unseres Clubs überlassen blieb. Das war zwar während der Weihnachtsferien kein Problem, aber sobald die Schule wieder angefangen hatte, begannen die Hausaufgaben unter Ausmisten, Putzen und dergleichen zu leiden, so daß der Durchschnitt unserer Noten rapide absank und Verweise an der Tagesordnung waren.

Dann ging Bob Mitte Februar ins Krankenhaus, um Miß Lickorish zu besuchen, weil Dr. Barclay erfahren hatte, es gehe ihr nun wieder so gut, daß sie bald entlassen werden könne. Es war an einem Samstag, und als Bob auf seinem Fahrrad mit Höchstgeschwindigkeit in den Hof gefahren kam, drängten wir uns alle in der Küche zusammen, um seinen Bericht zu hören. Sein Gesicht schien ein Verhängnis von historischen Ausmaßen ankündigen zu wollen, und Kathryn rief: »Was ist los? Hat sie einen Rückfall gehabt?«

Ihr Bruder schüttelte stumm den Kopf. »Nein, gottlob, ganz so schlimm ist es nicht – aber beinahe.«

»Nun sag doch schon!« fuhr ihn Kathryn an.

»Also, gut«, berichtete Bob mit tonloser Stimme. »Wenn

ihr es unbedingt wissen wollt: Miß Lickorish kommt nicht auf den Wiesenhof zurück, sondern geht in ein privates Altersheim nach Bournemouth.«

»Aber — was geschieht denn dann mit der Reitschule?« fragte Sara fassungslos und sprach damit den Gedanken aus, der uns alle beschäftigte.

»Und die Pferde?« brachte ich mit Mühe heraus. »Was passiert mit denen?«

Bob blickte zu Boden. »Das Haus und die Pferde sind zum Verkauf ausgeschrieben«, sagte er schließlich.

Zuerst herrschte ein schreckliches, tödliches Schweigen. Dann begann jeder nachzudenken, und schließlich schrien alle wild durcheinander.

»Jetzt seid doch mal ruhig!« rief Bob in das allgemeine Durcheinander und hielt sich mit beiden Händen die Ohren zu.

Allmählich beruhigte sich der Lärm so weit, daß er uns alles erzählen konnte, was er noch wußte. »Miß Lickorish sagte, sie müsse das Anwesen verkaufen, weil sie das Geld zum Leben braucht, und dagegen kann man ja nichts einwenden.«

Wir nickten widerstrebend. Dann zog Bob ein Blatt Papier aus der Tasche. »Ich habe hier die Adresse ihres Anwalts in Coppington, der alles für sie regelt. Ich dachte, ein paar von uns könnten vielleicht hingehen und mit ihm reden, um herauszubekommen, was mit den Pferden geschehen soll.«

Einen Augenblick war es ganz still, weil alle von der Bitterkeit ihrer Gedanken überwältigt zu sein schienen. Wer würde wohl die alten Tiere noch kaufen wollen? Die meisten

Pferdehändler würden sie bestenfalls gut genug finden, um Hunde- und Katzenfutter daraus machen zu lassen.

»Und denkt doch bloß an die Katzen!« piepste Amanda Brownswood. »Ich finde es widerlich, wie manche Erwachsene Tiere halten und sie dann einfach im Stich lassen, wie es ihnen gerade paßt. Jahrelang waren diese armen Katzen ihre Freunde, und jetzt tut sie gerade so, als ob es sie nie gegeben hätte!«

Sie hielt inne, und ihr Gesicht war wie immer ganz rot vor Verlegenheit darüber, daß sie vor einer so großen Versammlung gesprochen hatte.

»Du hast völlig recht, Mandy«, pflichtete ihr Katy bei und legte freundschaftlich ihren Arm um die Schultern der Kleinen. »Es bringt uns aber nicht weiter, wenn wir bloß herumstehen und jammern – wir müssen überlegen, was wir unternehmen wollen!«

»Ich glaube, es ist am besten, wenn wir erst mal nach Coppington gehen und mit diesem Rechtsanwalt reden«, schlug Bob vor.

»Und was willst du ihm sagen?« fragte Charlotte.

»Das weiß ich noch nicht«, gab er zurück. »Wenn wir erst mal dort sind, wird uns schon was einfallen. Zunächst müssen wir bestimmen, wer hingeht.«

John meinte bedächtig: »Ich glaube, Claire und du kommen als erste in Frage, weil ihr die ältesten seid. Ich muß aber sagen, daß ich selber auch gern mitkäme.«

Seine Stimme ging im allgemeinen Durcheinander unter, denn es stellte sich plötzlich heraus, daß eigentlich alle mitgehen wollten. So beschlossen wir, unserer Mission dadurch

Nachdruck zu verleihen, daß wir in voller Besetzung nach Coppington ritten. Mit der Verhandlungsführung wurden jedoch Bob und ich betraut.

Nach diesem Beschluß sattelten wir in höchster Eile unsere Pferde und ritten nach einigem Durcheinander in geordneter Reihe, zwei und zwei nebeneinander, den gefrorenen Auffahrtsweg hinunter.

Ein Rettungsversuch

In Coppington war gerade Markttag. Die Straßen waren mit Autos verstopft, die sich langsam vorwärtsschoben, und auf den schmalen Bürgersteigen drängten sich so viele Menschen, daß diejenigen, die es etwas eiliger hatten, zwischendurch auf die Straße heruntersprangen, um rascher vorwärtszukommen, und dabei das Risiko nicht scheuten, mit den Zehen unter einen Autoreifen zu geraten.

Wir ließen uns von dem Gewühl nicht beirren, sondern ritten wie ein stolzer Haufen Cowboys in geordneter Reihe daher. Außer Jester und Sir Galahad, die ein bißchen unruhig waren, zeigten unsere Pferde ein tadelloses Verhalten, und wir zogen in unverändert ruhigem Tempo in die Stadt hinein, über die Brücke, den Hügel hinauf und in die Hauptstraße. Sie führte direkt auf den Marktplatz, wo die Geschäftigkeit ihren Höhepunkt erreichte.

Wir hielten vor dem Büro der Rechtsanwälte, die Softley und Twistem hießen. Bob und ich wollten gerade absitzen und hineingehen, als uns eine laute weibliche Stimme barsch zurief: »He! Da könnt ihr nicht anhalten!«

Verblüfft sahen wir von unseren Pferden herab und erblickten eine Polizistin, die den Block mit Strafzetteln und einen Kugelschreiber gezückt hielt und uns sehr ungnädig anblickte.

»Seht ihr denn nicht die doppelten gelben Linien?« fragte sie. »Das heißt bei uns in England absolutes Parkverbot, und es gilt für Autos, Lieferwagen, Motorräder, Fahrräder und sogar für Pferde!«

»Aber wir brauchen wirklich nur ein paar Minuten«, sagte Bob, während er sich aus dem Sattel schwang und ihr sein bezauberndstes Lächeln schenkte. Unglücklicherweise schien die strenge Dame in keiner Weise gewillt, sich bezaubern zu lassen, und erklärte nur: »Ihr müßt einen anderen Platz für eure Pferde suchen!«

»Ich hatte nicht gedacht, daß die Wespen schon so früh am Tage ausfliegen«, sagte Kathryn, während sie ganz harmlos in die Luft schaute – aber wir wußten alle, daß die Bemerkung auf die gelb- und schwarzgestreifte Mütze der Polizistin gemünzt war. Dummerweise hatte die Beamtin es auch verstanden, zumal einige von uns gleich anfingen zu kichern. Sie blickte uns finster an und sagte giftig: »O ja, das tun sie. Und wenn ihr jetzt nicht bald zuseht, daß ihr weiterkommt, dann wird euch die Wespe mit einem Zwei-Pfund-Strafmandat stechen – und zwar pro Person!«

Bobs Versuch, die Situation durch Beherrschung unter Kontrolle zu halten, ging im allgemeinen Chor der Entrüstung unter.

Im gleichen Augenblick tauchte neben uns ein Mann in einem Schaffellmantel auf und fragte, was wir vor seinem Büro zu suchen hätten.

»Oh, sind Sie Mr. Softley oder Mr. Twistem?« fragte Bob hoffnungsvoll.

»Weder – noch«, sagte der Mann. »Mein Name ist Price-Jones.« Dann wandte er sich zu der Polizistin und sagte in einem vom weichen walisischen Akzent gefärbten Tonfall: »Meinen Sie, Sie könnten vielleicht ein paar Sekunden beide Augen zudrücken, damit mir die jungen Leute sagen können, was sie auf dem Herzen haben?«

Nun schien sie endlich gnädig gestimmt und ging nach

einem kurzen Kopfnicken steifen Schrittes davon, warf jedoch noch von weitem drohende Blicke über die Schulter zurück.

Bob erklärte Mr. Price-Jones mit knappen Worten den Grund unserer Expedition.

Dieser hörte aufmerksam zu und antwortete dann: »Ich verstehe genau, was du meinst, Junge. Aber ich glaube, es ist am besten, wenn ihr über all das mit der neuen Besitzerin vom Wiesenhof sprecht.«

Zum zweitenmal an diesem Tag hatten wir ein Gefühl, als ob uns jemand mit einem Hammer auf den Kopf geschlagen hätte.

»Mit der neuen Besitzerin?« wiederholte Bob tonlos.

Mr. Price-Jones nickte. »Ich fürchte, ich kann jetzt nicht in die Einzelheiten gehen, aber die Dame kommt heute nachmittag her, um einige Papiere zu unterzeichnen, und ich weiß, daß sie anschließend, also um etwa vier Uhr, das Anwesen besichtigen will. Ich glaube, ihr wendet euch am besten gleich an sie. Und jetzt«, sagte er mit einem Augenzwinkern, »jetzt müßt ihr wohl weiterreiten, sonst kommt vielleicht die Wespe noch mal dahergeschwirrt.«

Wir bedankten uns höflich, denn er hatte sich ja durchaus freundlich benommen. Nun stellte er sich auch noch mitten auf die Hauptstraße und hielt den Verkehr an, während wir unsere Pferde wendeten.

Trübsinnig ritten wir zum Wiesenhof zurück.

Bald saßen wir wieder in der Küche zusammen und berieten die neue Lage.

»Ich werde es nicht zulassen, daß sie die Pferde einfach verkauft, ohne sich Gedanken darüber zu machen, ob sie in gute Hände kommen«, sagte jemand.

»Sie wird sie vermutlich dem Pferdehändler geben, die Katzen ins Tierasyl stecken und dann die Ställe niederreißen lassen, um dort einen großen, prächtigen Swimming-pool hinzusetzen«, prophezeite Kathryn düster. »Ich sehe sie schon vor mir – in einem sündhaftteuren Pelzmantel, der aus den Fellen hilfloser Kreaturen zusammengestückelt wurde.«

»Dieses Gejammer bringt uns auch nicht weiter«, sagte Bob. »Wir müssen uns irgendeine praktische Möglichkeit ausdenken, um die Tiere vor einem jämmerlichen Ende zu bewahren. Es ist deshalb besser, ihr hört mit eurem nutzlosen Geschwätz auf und fangt mal an nachzudenken. Keiner redet mehr, bevor er eine vernünftige Idee hat.«

Nach dieser für Bob ungewöhnlich heftigen Äußerung herrschte betroffenes Schweigen. Joanna wurde rot, und Amanda sah aus, als ob sie gleich in Tränen ausbrechen wollte.

Alle verfielen vor lauter konzentriertem Nachdenken in eine Art Trance, aus der uns Sara Cotterill aufschreckte, die fragte: »Wieso laufen wir denn nicht einfach fort und nehmen die Pferde mit?«

»Oh – ausgezeichnet!« meinte Kathryn spöttisch. »Vielleicht kannst du uns auch gleich sagen, wohin wir gehen sollen, jetzt im Winter?«

»Nimm's nicht tragisch, Sara«, tröstete Bob, »es war wirklich die erste vernünftige Idee.«

»Ich habe auch eine!« sagte Rupert. »Ich schlage vor, wir führen alle Pferde ins Haus und verbarrikadieren uns mit ihnen. Dann müßte man den Gerichtsvollzieher holen und uns mit Gewalt wegbringen. Das würde die Öffentlichkeit auf unser Problem aufmerksam machen.«

»Ja – und meinen Vater auch«, sagte John ganz sanftmütig. »Ich würde mich gewiß vor Schmerzen eine Woche lang nicht mehr auf meinen Hosenboden setzen können, wenn ich bei so etwas mitmachte. Mit der Disziplin nimmt er es nämlich sehr genau.«

»Trotzdem ist es eine gute Idee«, sagte Bob. »Wir werden sie uns auf jeden Fall merken. Wer an einer Besetzung vom Wiesenhof nicht teilnehmen möchte, wird nicht dazu gezwungen. Aber es ist wohl besser, wir überlegen uns zuerst noch mal was anderes – vielleicht gibt es doch einen weniger gewaltsamen Weg.«

Nochmals versanken wir in angestrengtes Nachdenken, bis Charlotte plötzlich sagte: »Könnten wir denn dieser Mrs. Sowieso nicht so was wie eine Pezion schicken?«

»Wem?« rief Jane-Anne. »Und was?«

»Mrs. Sowieso, der Dame, die den Wiesenhof kauft.«

»Was meinst du denn mit einer Pezion?«

»Ich weiß nicht, ob es das richtige Wort ist«, stotterte Charlotte, die ganz nervös wurde, weil wir sie alle anstarrten. »Es ist so 'ne Art Brief, wie ihn Leute an andere Leute schicken, von denen sie wollen, daß sie irgendwas Bestimmtes tun, und dann unterschreiben alle unten.«

Einige fingen an zu kichern, und Charlotte begann die Sache offensichtlich peinlich zu werden.

Aber dann schrie Bob, so laut er konnte: »Ruhe!« In der erschreckten Stille, die folgte, hätte man eine Stecknadel fallen hören können. »Ich weiß, was sie meint«, sagte Bob, »und es ist der beste Vorschlag, der bis jetzt gemacht wurde – Glückwunsch, Charlotte!«

»Was? Was?« schrien nun alle durcheinander, und Bob erklärte: »Sie meint, wir sollen eine Petition schreiben, also eine Art Bittgesuch verfassen, und genau das werden wir auch tun. Wir müssen uns einen Text ausdenken und alle unterschreiben. Dann warten wir, bis die neue Besitzerin heute nachmittag kommt, und drücken ihr das Papier in die Hand.«

Während der nächsten zwanzig Minuten herrschte in der

Küche die Atmosphäre eines Klassenzimmers. Die Abfassung der Petition ging langsam und mühselig vonstatten. Der Anfang war das schlimmste. Bob fand, er müsse höflich sein und doch zugleich erkennen lassen, daß es um eine sehr ernste Angelegenheit ging, damit die Dame gespannt weiterlas, anstatt das Blatt verächtlich zu Boden flattern zu lassen und es dort mit ihrem spitzen Absatz zu durchbohren. Ich fürchte, wir hatten alle keine sehr hohe Meinung von der neuen Besitzerin – wir hatten nur eine Riesenwut auf sie.

Nachdem wir etwa zwanzig vergebliche Anläufe auf der Innenseite einer aufgerissenen Packung Corn-flakes notiert hatten, die sich im Küchenschrank gefunden hatte, half uns endlich Kathryn aus der Klemme. Sie sagte, sie habe einmal in einem Geschichtsbuch den Wortlaut eines Briefes gelesen, den ein späterer Minister an die Königin Elizabeth I. geschrieben habe. Er begann folgendermaßen: »Erhabene Herrscherin! Wir, Eure ergebenen Untertanen, bitten Euch inbrünstig und demütig, Gnade walten zu lassen...« und so weiter. Wir beschlossen, dieses Beispiel den besonderen Gegebenheiten unserer Situation anzupassen. Endlich war die Petition fertig und lautete:

»Liebe gnädige Frau! Wir, die Mitglieder des Blackbird-Pony-Clubs, bitten Sie inbrünstig und ergebenst, Gnade walten zu lassen über die sechs alten Pferde und die Katzen, die seit vielen Jahren hier im Haus gelebt haben. Die Katzen sind sehr liebe Tiere, und wir sind sicher, daß man für jede von ihnen ohne viel Mühe eine neue Heimat finden könnte. Das gleiche gilt für die Pferde. Das jüngste ist Trixie. Sie ist zwanzig, man kann sie aber immer noch gut reiten. Wir bit-

ten Sie, die Pferde nicht zum Schlächter zu geben. Wenn Sie sie verkaufen, bemühen Sie sich bitte, Menschen zu finden, bei denen sich die Tiere wohl fühlen können, und versuchen Sie, sie nicht einzeln, sondern in Paaren abzugeben.«

»Seid ihr sicher, daß es nicht zu gefühlsduselig ist?« meinte John zweifelnd.

»Ich glaube, so ist es ganz recht«, erwiderte ich. »Es steht genau das drin, was wir sagen wollen – nicht mehr und nicht weniger. Was willst du denn noch?«

Alle waren einverstanden und froh, daß wir es endlich geschafft hatten, denn unsere Köpfe waren von der Anstrengung schwer mitgenommen. Da es inzwischen außerdem Essenszeit war, wurde entschieden, daß ich die Petition mit nach Hause nehmen sollte. Ich wollte Mami bitten, sie abzutippen, und zwar auf einem ihrer rosa Briefbogen mit den Amseln am Rand. Unten mußte noch genügend Platz bleiben, damit wir alle unsere Namen hinschreiben konnten.

»Also, dann sind alle Punkt drei Uhr wieder hier«, sagte Bob. »Wir müssen spätestens um halb vier fertig sein, falls Mrs. Sowieso zufällig früher kommt.«

Ein glückliches Ende

Während des Mittagessens war mir ganz schlecht vor Aufregung, und ich stocherte unlustig in meinem Teller herum. Um zwei Uhr konnte ich die Spannung nicht länger ertragen. Ich legte den rosa Briefbogen mit der Petition sorgfältig in ein Heft, das ich in die Innentasche meiner Reitjacke steckte. Dann holte ich Misty und galoppierte zum Haus der Barclays. Bob war noch da, aber Kathryn war noch ungeduldiger gewesen als ich und schon vorausgegangen.

Bob holte sein Fahrrad heraus. Ich ritt auf dem Grasstreifen und trieb Misty zu einem scharfen Galopp, so daß Bob verzweifelt strampeln mußte, um nicht gänzlich abgehängt zu werden. Atemlos kamen wir an der Reitschule an und stellten fest, daß wir die letzten waren.

Da wir noch unglaublich viel Zeit hatten, putzten wir die Pferde nochmals ganz gründlich und polierten Sättel und Zaumzeug. Dann rief Bob: »Zeit zum Satteln!« Das taten wir dann auch und versammelten uns im Hof. Weil niemand da war, um Apple zu reiten, streifte ihm Kathryn ein Halfter über und zog ihn neben Juno, denn sie fand, daß er mit in der Parade stehen müsse.

Bob sagte: »Ich glaube, wir sollten uns vor dem Hauseingang zu beiden Seiten der Auffahrt aufstellen, mit ziemlich großen Abständen, damit es nach möglichst viel aussieht. Wir müssen genügend Platz lassen, daß sie mit dem Auto zwischen den beiden Reihen durchfahren kann. Katy, du fängst auf dieser Seite an, dort drüben, beim Johannisbeerstrauch.«

Kathryn ritt an ihren Platz. Neben ihr stand Apple. Dann kam John, danach Sara, Rupert, ich und als letzte Jane-Anne. Gegenüber stellten sich Bob, Amanda, Emma, Susan, Joanna und Charlotte auf, die ausgewählt worden war, die Petition zu übergeben, und deshalb der Eingangstür am nächsten stand.

Dann fiel uns noch gerade rechtzeitig ein, daß sich Jester und Trixie ja nicht vertrugen. Bevor sie anfangen konnten, sich die Zähne zu zeigen oder einander zu treten, tauschte ich schnell den Platz mit Joanna.

Nach langem Hin und Her und verzweifeltem Zerren an den Zügeln standen die Pferde endlich halbwegs in Reih und Glied, und Bob bemerkte sehr von oben herab: »Ich glaube, nach dieser Darbietung eures reiterlichen Könnens solltet ihr vielleicht alle noch fünf Jahre warten, bevor ihr euch zur Reiterprüfung meldet, denn ihr würdet schon zu Beginn der Dressur durchfallen!« Kathryn machte gerade den Mund auf, um empört zu widersprechen, als jemand sagte: »Ruhe! Hört mal!«

Unsere Köpfe drehten sich wie auf Kommando nach dem großen silbernen Auto, das langsam und vorsichtig über die Schlaglöcher im Auffahrtsweg gerollt kam.

»Ich höre schon das Quietschen der Bagger, die den Swimming-pool ausheben«, murmelte Kathryn mit Grabesstimme.

»Halt die Klappe und sitz gerade!« zischte Bob. »Köpfe hoch, Schultern zurück, Hände runter! Und haltet eure Pferde ruhig!«

Als der Wagen auf unserer Höhe angekommen war, saßen wir alle wie aus Stein gemeißelt. Nur unsere Augen bewegten sich.

Anstatt gleich bis zur Tür zu fahren, hielt Mrs. Sowieso den Wagen an, bevor sie die Pferde ganz erreicht hatte, und stieg aus. Ich verdrehte meine Augen, so weit ich konnte, und sah, daß sich Kathryns Voraussage bestätigte: Sie trug einen Pelzmantel, der alles andere als billig aussah, und dazu hochhackige Schuhe. Ihr glänzendbraunes Haar war zu einem kunstvollen Knoten aufgetürmt. Als sie näher kam, schaute ich sie mir ganz genau an, denn ich hatte den Eindruck, daß ich sie schon irgendwo einmal gesehen hatte. Sie hatte offenbar keine Angst vor Pferden, denn sie ging geradewegs auf Napoleon zu, rieb ihm sein graues Maul und kraulte ihn hinter den Ohren. Daß er über ihre schwarzen Wildlederhandschuhe sabberte, schien sie nicht weiter zu stören.

Dann sagte sie mit einem sehr netten Lächeln: »Ist das hier eine Begrüßungszeremonie für mich oder eine Abordnung?«

»Los, Charlie!« zischte Bob, und Charlotte rutschte aus dem Sattel, den rosaroten Briefbogen fest in der Hand. Wortlos hielt sie ihn Mrs. Sowieso entgegen, die ihn noch immer lächelnd entgegennahm.

Kaum hatte sie begonnen, ihn durchzulesen, wurden unsere Pferde unruhig.

Die graue Perserkatze war aus ihrem Versteck hervorgekommen, um uns zu begrüßen, und wahrscheinlich auch, weil sie Hunger hatte. Sie wurde begleitet von ihrer besten Freundin, einer schlanken, schwarzen Katze mit grünen Augen, von der Kathryn behauptete, daß sie mit einer Hexe verwandt sein müsse. Da beide überhaupt keine Angst vor Pferden hatten, beschlossen sie, die Aufmerksamkeit der Anwesenden auf sich zu ziehen, indem sie ihre Köpfe an den Beinen des nächststehenden Pferdes rieben, das zufällig Sir Galahad war.

Die Pferde vom Wiesenhof waren natürlich an die Katzen gewöhnt, und selbst Misty, der allmählich Freundschaft mit unserer Katze Samantha geschlossen hatte, hätte sich nicht aufgeregt. Sir Galahad aber blickte mit dem Ausdruck schieren Entsetzens auf seinem aristokratischen Gesicht auf die Katzen herab, bäumte sich plötzlich auf und schlug dann seine Hinterhufe vor die Brust von Jester, der vor Schreck einen Satz machte, so daß Joanna, die auf nichts Böses gefaßt war, kopfüber mitten auf dem Weg landete.

Bei einer derartigen Behandlung durch Tiere, in denen sie normalerweise ihre besten Freunde gleich nach den Menschen sahen, machten beide Katzen einen riesigen Buckel und zogen sich böse fauchend in die Büsche zurück.

Das gab Sir Galahad den Rest. Offenbar waren seine Nerven völlig zerrüttet. Er ging durch und raste wie eine Rakete die Auffahrt hinunter. Jane-Anne versuchte vergeblich, mit den Zügeln auf ihn einzuwirken. Jester folgte ihnen mit leerem Sattel.

All das war so schnell passiert, daß wir wie erstarrt zusahen. Kathryn war die erste, die zur Besinnung kam. Sie schrie: »Die reiten auf die Straße! Sie kommen unter ein Auto!«

Bob zerrte schon den Kopf von Ikarus herum und folgte ihnen in rasendem Tempo, als Frau Sowieso zu Kathryn sagte: »Schnell! Gib mir dein Pferd!« und bevor Katy Zeit hatte, zu überlegen, war sie schon abgesessen.

Ohne Steigbügel preschte die feine Dame den anderen auf Juno nach. Ihr Pelzmantel, von dem wir später erfuhren, daß er aus Nylon war, flatterte hinter ihr her.

»Mensch, hast du das gesehen?« keuchte Charlotte voll Bewunderung.

»Jetzt weiß ich, wo ich sie schon mal gesehen habe!« schrie ich. »Es ist Justine Sheringham-Brown, die Springreiterin!«

Diese sagenhafte Erkenntnis ließ die davongelaufenen Pferde schlagartig in Vergessenheit geraten, und jeder versuchte, sich zu erinnern, wie oft er die neue Besitzerin vom Wiesenhof schon im Fernsehen gesehen und an welchen Turnieren sie teilgenommen hatte.

So brauchten wir eine ganze Weile, bis wir Joanna beachteten, die sich langsam hochgerappelt hatte und die Hand an ihren schmerzenden Kiefer hielt, der ganz rot und aufgeschürft war und schon anzuschwellen begann. Sie stand hilflos da und versuchte, so zu tun, als ob nichts passiert wäre.

Plötzlich fühlte ich mich sehr schuldbewußt und sprang aus dem Sattel, weil ich ja wohl als die Älteste die Pflicht hatte, etwas zu unternehmen.

»Komm mit in die Küche, damit wir dir das Gesicht waschen«, sagte ich.

In der Küche stellte ich Wasser auf und begann, die Wunde mit Jod zu reinigen. Es kamen noch ein paar andere ins Haus, aber die meisten ritten langsam den Weg hinunter, um zu sehen, was aus den Ausreißern geworden war.

Ich hatte Joannas Wunde gerade versorgt, als alle zurückkamen.

Nach einer kurzen Verkehrsstauung an der Tür trat Miß Sheringham-Brown ein. Sie wurde gefolgt von Jane-Anne, die ein bißchen blaß aussah, aber unverletzt war. Hinter ihnen kam Bob.

»Ist mit Jester alles in Ordnung?« fragte Joanna mit zittriger Stimme, und Bob nickte.

»Wir erwischten sie gerade vor dem Rosengarten«, berichtete er etwas atemlos. »Jane-Anne hatte Sir Galahad von der Straße wegwenden können, und Jester war ihnen nachgelaufen.«

»Wir müssen ihn noch ein bißchen besser zureiten«, meinte Justine Sheringham-Brown munter. »Schließlich kann er sich nicht jedesmal so aufführen, wenn etwas geschieht, was ihm nicht ganz paßt.«

»Richtig gebockt hat er bis jetzt noch nie«, sagte Jane-Anne ganz unglücklich, »er ist nur immer ein bißchen unruhig.«

»Mach dir nichts draus. Das kann man schon ändern«, sagte die berühmte Reiterin. »Aber jetzt will ich zuerst mal eure Petition ganz durchlesen. Vielleicht kann inzwischen jemand Wasser aufstellen für einen Tee. Milch und Kekse und all so was ist in meinem Auto; will jemand gehen und es holen?«

Sechs begeisterte Freiwillige stürzten gleichzeitig zur Tür und stießen dort zusammen. Charlotte schlüpfte als erste hinaus, und zehn Minuten später saßen wir alle dicht zusammengedrängt in der Küche, hielten unsere Teetassen in der Hand und hörten Justine Sheringham-Brown zu.

»Seht ihr«, erklärte sie, »man kann nicht ewig Springreiterin bleiben, und deshalb habe ich mich entschlossen, etwas Neues anzufangen, bevor ich zu alt bin, um auf Turnieren reiten zu können. Ich habe einen Ort wie den Wiesenhof gesucht, und was ich hier gefunden habe, ist einfach ideal – schon allein diese wunderbaren hohen Räume!«

»Was haben Sie denn nun genau vor?« fragte Bob, während er sich die Hände an seiner Teetasse wärmte.

»Ich will hier eine neue Reitschule eröffnen«, sagte Justine Sheringham-Brown.

Man hörte richtig, wie allen der Atem wegblieb. Dann ertönte ein lauter Freudenschrei, und wenn in der Küche genügend Platz gewesen wäre, hätten wir bestimmt angefangen zu tanzen. So begnügten wir uns damit, einander in die Arme zu fallen und uns wie wild die Hände zu schütteln. Unsere Gesichter strahlten.

Als sich der Tumult etwas gelegt hatte, fuhr die Reiterin fort: »Ich werde also alle eure Pferde für die ängstlichen Schüler behalten. Und da sowohl meine Mutter wie auch ich nichts gegen Katzen haben, können die auch dableiben.«

Wie im Traum hörten wir zu, während sie erläuterte, wie sie das Haus renovieren lassen wollte, um später, wenn alles fertig war, Ferienreitkurse im Wiesenhof abzuhalten.

»Natürlich kann ich jede nur denkbare Hilfe gut brauchen«, sagte sie und musterte uns aufmerksam. »Und ich werde immer die Augen nach neuen Springreitertalenten offenhalten.«

Kathryn zitterte förmlich vor Aufregung, als sie das hörte, denn der Ehrgeiz ihres Lebens war es, Springreiterin zu werden.

Dann sagte die Dame, sie habe von Mr. Price-Jones erfahren, wie wir uns um die Pferde und die Katzen gekümmert hätten, und daß sie uns für unsere Hilfe sehr dankbar sei. Sie bat uns, auch in Zukunft nach den Tieren zu sehen, zumindest solange sie damit beschäftigt war, das Haus instand setzen zu lassen. Während dieser Zeit würde sie in einem Hotel in Coppington wohnen. Am nächsten Tag wollte sie nach Oxford zurückfahren, um ihr Pferd Jolly Roger zu holen und es im Wiesenhof einzustellen.

Wir rissen die Augen auf, als wir das hörten, denn Jolly Roger hatte die Turniere von Badminton und Hickstead gewonnen, und der Gedanke, daß er jetzt tatsächlich direkt neben unseren alten Pferden und Juno und Ikarus stehen sollte, war einfach zu wunderbar, um wahr zu sein.

»Denk doch bloß«, sagte ich ein wenig später, während wir zusahen, wie sich das silbergraue Auto entfernte, »denk bloß, daß ich um keinen Preis aufs Land ziehen wollte und Pferde einfach gräßlich fand! Meine Freundin Jennifer in Flaundon würde mich bestimmt nicht wiedererkennen.«

»Da hast du aber Glück gehabt, daß du uns noch rechtzeitig getroffen hast, so daß wir einen normalen Menschen aus dir machen konnten, bevor es zu spät war«, bemerkte Kathryn trocken. »Los, wenn wir uns beeilen, reicht es vor dem Essen gerade noch zu einem Galopp über die Wiese!«

121

Der Pony-Club auf Ferienritt

Wir haben uns blamiert

So miserabel wie bei diesem Turnier hatten wir noch niemals abgeschnitten. Am Spätnachmittag ritten zwölf Kinder vom Pony-Club nach Hause und hatten nichts gewonnen als eine einzige armselige Rosette.

»Und was bedeutet schon ein Sieg im Flaggenrennen?« bemerkte Susan abfällig. »Noch dazu ein dritter Platz!«

»Ja, und wenn sich Amanda nicht im letzten Augenblick entschlossen hätte mitzumachen, dann hätten wir nicht mal das«, meinte Kathryn. »Ich kann euch sagen, ich wäre fast geplatzt vor Wut, als Juno an der Hecke mindestens einen halben Meter zu früh absprang, prompt mitten in dem Hindernis landete, dort seelenruhig stehenblieb und anfing zu futtern, als wäre sie bei einem Picknick im Grünen! Und das Gelächter der Zuschauer!«

»Habt ihr gesehen, wie gemein dieser eklige Neill Crumb gegrinst hat?« fragte Philippa, die Pippa genannt wurde und deren Palomino-Pony Bobalink gleich beim ersten Umlauf dreimal verweigert hatte und damit aus dem Rennen ausscheiden mußte.

»Na ja, ich glaube, an Neills Stelle hätte ich vielleicht auch ein bißchen schadenfroh gegrinst, wenn meine besten Feinde sich so blamierten, während ich fünf Preise gewann, davon drei erste«, gestand Jane-Anne ehrlich.

Ich seufzte. Ich selbst, Claire Forrester, Mitbegründerin

des Pony-Clubs vom Wiesenhof, hatte an diesem Tag auch kein leuchtendes Beispiel gegeben. Heute hatte ich stolz mein neues Pony Brock vorführen wollen, das ich erst kürzlich bekommen hatte, weil mein guter Schimmel Misty schon über sechzehn Jahre alt war und ich für ihn zu groß und zu schwer wurde. Aber ich behielt ihn, ich hätte es nicht übers Herz gebracht, mich von ihm zu trennen. Brock war fünf Jahre alt, hatte ein schimmerndes dunkelbraunes Fell, weiße Socken bis fast zu den Knien hinauf und eine Blesse, die wie ein Blitz geformt war. Er sah aus wie ein Rennpferd im Kleinformat. Sein Erscheinen im Ring entlockte den Zuschauern ein Murmeln der Bewunderung, und darauf hatte Brock nur gewartet, um sich zu produzieren wie ein zweitklassiges Filmsternchen. Er hob Kopf und Schweif und setzte die Füße geziert auf, als wollte er tanzen. Natürlich fiel er in den falschen Tritt, und bevor ich ihn wieder unter Kontrolle hatte, war er losgerast und hatte die drei ersten Hindernisse einfach umgerannt. Dann gab er für das Publikum eine Sondervorstellung, indem er tat, als fürchtete er sich maßlos vor einem kläffenden Hündchen, erschreckte beim Anblick eines knallbunten Pullovers und eines Zettels, den der Wind über den Rasen wehte. Ich war blutrot vor Scham und Ärger, ritt aber scheinbar ungerührt weiter und hatte ihn beim siebenten Hindernis soweit, daß er in die Wirklichkeit zurückkehrte und tat, was von ihm erwartet wurde. Aber da war es leider zu spät.

»Sechzehn Fehlerpunkte beim letzten Umlauf«, dröhnte die Stimme aus dem Lautsprecher in meinen Ohren wie der Donner des Jüngsten Gerichts.

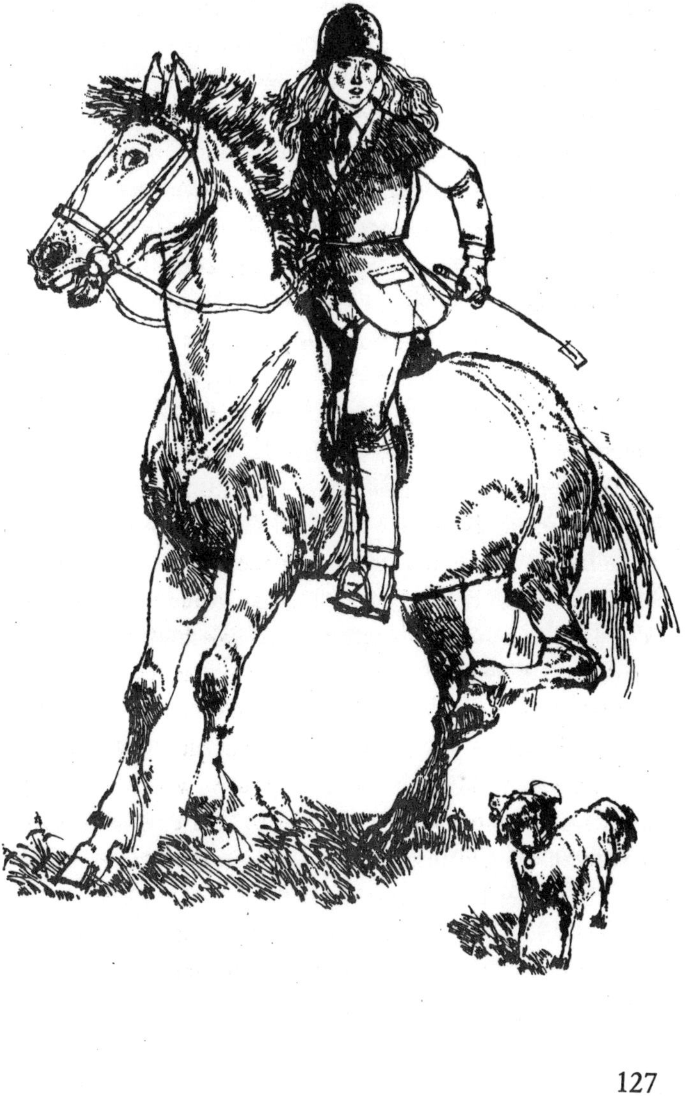

Von diesem Augenblick an wurden die Leistungen des Pony-Clubs schlechter und schlechter. Es war eine richtige Pechserie, und Neill Crumbs schadenfrohes Grinsen wurde immer unverschämter. Dieser Junge war, wie Jane-Anne richtig gesagt hatte, unser »bester Feind«. Er war ein guter Reiter, lehnte es aber ab, unserem Club beizutreten, und lauerte nur darauf, daß wir uns blamierten. Dann kannte seine Freude keine Grenzen. Wir hatten uns schon oft genug über ihn ärgern müssen und waren doch nicht großzügig genug, ihn einfach nicht zu beachten. Das genoß er.

»Die ganze Geschichte heute war eine große Pleite«, klagte Kathryn auf dem Heimritt. »Ich ahnte es schon, als ich mich heute früh mit einer Nadel in den Finger stach — das bedeutete nichts Gutes.«

»Das bedeutete nur, daß du nicht richtig nähen kannst«, brummte Susans Bruder John.

»Misty hat dafür gesorgt, daß ich gar nicht erst zum Springen kam«, erklärte Charlotte, die Charlie genannt wurde. Ich hatte ihr meinen alten Misty geliehen, weil sie weniger wog als ich und kein eigenes Pferd besaß. »Er lief sorgsam um sämtliche Hindernisse herum, bis der Richter uns aus der Bahn wies. Dabei kann Misty springen, wenn er Lust hat, das wißt ihr doch.«

»Was mich am meisten ärgert«, sagte Rupert Fitch, der älteste von uns, »ist, daß dies das letzte Turnier der Saison war und nächste Woche die Schule wieder anfängt.«

»Anstatt wie eine Rakete mit Glanz und Gloria in den Himmel zu steigen, sind wir am Boden verzischt wie ein naßgewordener Knallfrosch«, fügte Susan hinzu.

»Genauso fühle ich mich im Augenblick auch«, bekannte Jane-Anne. »Susan hat es getroffen. Wir sind ein jämmerliches Häufchen naßgewordener Knallfrösche. Von unserem früheren Reiterruhm ist nichts mehr vorhanden. Dieser widerliche Neill Crumb wird es sich nicht verkneifen können, am ersten Schultag seine sämtlichen Siegerrosetten an den Blazer zu stecken, schon um uns zu ärgern und zu demütigen.«

»Also, ich persönlich schere mich nicht darum, was die Leute von uns denken«, antwortete ich ihr. »Mir geht es darum, daß mein Selbstbewußtsein heute einen bösen Schlag erlitten hat. Ich möchte mir selbst beweisen, daß ich kein Versager geworden bin.«

»Nun sagt mal, was tut das eigentlich zur Sache?« fragte Rupert. »Wir alle wissen doch genau, daß wir normalerweise gute Reiter sind und heute nur einmal unwahrscheinliches Pech gehabt haben.«

»Du gehst in eine andere Schule und weißt nicht, wozu dieser Neill Crumb fähig ist«, erwiderte John. »Der wartet schon seit langem darauf, daß er uns mal richtig runterputzen kann, und nun haben wir ihm den schönsten Anlaß selbst geliefert. Wenn es Claire nicht kümmert, was er von uns hält – mich kümmert es durchaus eine ganze Menge!«

»Was sollten wir denn tun, um unseren guten Ruf wiederherzustellen?« überlegte Joanna.

»Wir könnten ja mal den Ärmelkanal durchschwimmen«, schlug Emmy vor.

»Oder bis Weihnachten auf einem zehn Meter hohen Fahnenmast sitzen«, fügte Philippa hinzu.

»Ja, oder am Eiffelturm von außen hinaufklettern«, meinte Charlie grinsend.

»Da ist mal ein Mann durch London gegangen und hat über jeden Papierkorb einen Bocksprung gemacht«, erinnerte sich Amanda.

»Und jemand ist zu seinem eigenen Vergnügen durch ganz England gewandert, von der südlichsten bis zur nördlichsten Spitze«, berichtete Kathryn. »Es kann auch umgekehrt gewesen sein.«

»Egal, welchen Weg er genommen hat, wir werden es jedenfalls nicht tun«, stellte Susan fest. »Wir würden bald wunde Füße kriegen. Im übrigen können wir Neill Crumb nur in seine Schranken verweisen, wenn wir als Reiter irgendwas Besonderes vollbringen. Aber könnt ihr euch vorstellen, was unser Schulleiter sagt, wenn wir um einige Wochen Ferien bitten, um durch ganz England zu reiten?«

»Auf jeden Fall«, entschied John, der sich jetzt in den Gedanken verbissen hatte, »müssen wir etwas tun, um diesem Crumb sein freches Maul zu stopfen.«

»Vorläufig hat er ja noch kein Wort gesagt«, stellte Jane-Anne sachlich fest. »Du läßt dich mal wieder von deiner Phantasie mitreißen, John.«

»Na, warte nur ab!« knurrte John.

Wir waren zu der Straßenkreuzung gekommen, an der Philippa nach Coppington abbiegen mußte. Ehe wir uns trennten, wurde verabredet, daß wir uns am nächsten Morgen um zehn in meiner Sattelkammer treffen wollten; dort war noch immer das offizielle Hauptquartier des Pony-Clubs, obwohl es für uns immer enger wurde, weil wir jedes

Jahr ein Stück wuchsen und auch neue Mitglieder hinzugekommen waren.

An der nächsten Weggabelung verabschiedeten wir uns von John und Susan Mainwaring und von Emmy und Sara Cotterill und ritten weiter zum Wiesenhof. In den Stallungen der Reitschule waren Kathryns Pony Juno, Amandas Falbe Truffle und der lustig gescheckte Tex, der seit kurzem Rupert gehörte, untergebracht.

Bevor sie durch das Tor in den Hof bogen, seufzte Kathryn: »Lieber Himmel, was wird Frau Justine sagen! Und ich hatte die Hoffnung, ich könnte eines Tages hier ihre Gehilfin werden!«

»Ich wette, sie wird uns auslachen«, vermutete ich.

»Eben das fürchte ich auch!« rief Kathryn. »Lieber ließe ich mir eine Tracht Prügel verpassen! Also, bis morgen!«

Joanna, Charlie und ich ritten weiter nach Gooseley.

Als wir Joanna bei dem großen Haus, in dem sie wohnte, verlassen hatten, sagte Charlie zu mir: »Ich denke, Joanna braucht bald ein anderes Pony, sie wird allmählich zu groß für Jester.« Charlie selbst schien kaum zu wachsen. »Ob sie dann Jester trotzdem behält, so wie du deinen Misty? Oder glaubst du, sie würde ihn mir verkaufen – billig?«

Ihre Miene war so sehnsüchtig, daß ich lächeln mußte, obwohl sie mir richtig leid tat. Sie war die einzige in unserem Club, die es noch nicht zu einem eigenen Pony gebracht hatte. Zwar zeigte sie sich niemals neidisch, aber man merkte ihr an, daß sie zuversichtlich daran glaubte, eines Tages werde ihr durch irgendein Wunder ein Pony über den Weg laufen.

Wir kamen am Doktorhaus vorbei, und jemand rief uns. Aus einem Fenster im oberen Stockwerk winkte Bob Barclay, Kathryns Bruder.

»Wann bist du denn gekommen?« rief ich hinauf und freute mich, daß er wieder da war. Bob gehörte mit Kathryn, Joanna und mir zu den ersten Mitgliedern des Pony-Clubs, und er hatte mir das Reiten beigebracht. Inzwischen hatte er seine Schulzeit beendet, studierte Medizin an einer Universität und kam nur in den Ferien nach Hause. In diesem Sommer war er mit einigen Freunden verreist gewesen und erst jetzt nach Gooseley gekommen. Seit Anfang Juli hatten wir ihn nicht gesehen.

»Wartet mal, ich komme runter!« Sein Kopf verschwand vom Fenster, wenige Sekunden später erschien Bob an der Haustür und kam zum Gartentor.

Jetzt bemerkte er Brock. »Das ist ja ein Prachtkerl! Da hast du wirklich was Feines bekommen, Claire!«

»Wenn du ihn heute nachmittag beim Springturnier gesehen hättest, sagtest du das vermutlich nicht«, erwiderte ich ärgerlich und berichtete, was wir erlebt hatten.

Eigentlich hatte ich erwartet, daß Bob uns auslachen würde. Aber er blickte betroffen drein, und ich sagte: »Es ist halb so schlimm. Wir werden drüber hinwegkommen.«

»Mag sein«, antwortete Bob. »Trotzdem habe ich ein etwas schlechtes Gewissen, weil ich in der letzten Zeit meine Aufgabe als Trainer des Pony-Clubs vernachlässigen mußte. Nun, jetzt bin ich bis Anfang Oktober hier. Ich werde jeden Tag zum Wiesenhof kommen und sehen, daß ich euch wieder in die alte Form bringe.«

»Da wird sich Frau Justine ja freuen«, bemerkte ich spöttisch. Frau Justine Sheringham-Brown, eine international berühmte Springreiterin, war nämlich die Besitzerin des Wiesenhofs und die beste Reitlehrerin, die man sich denken konnte.

»Außerdem hast du eine Kleinigkeit vergessen«, fuhr ich fort. »Während du bis zum Oktober deine Ferien genießt, müssen wir armen Würstchen in der Schule unsere Hirne ausrenken. Dienstag geht's wieder los!«

»Verflixt, daran hatte ich nicht gedacht!« sagte er.

»Wir haben nicht mal so viel Zeit, um vom südlichsten bis zum nördlichsten Punkt Englands oder umgekehrt zu reiten«, stellte Charlie fest.

Auf Bobs verwunderten Blick wiederholten wir ihm unser Gespräch von vorhin.

»Morgen früh ist Mitgliederversammlung«, schloß ich, »aber ich zweifle, ob dabei etwas Vernünftiges herauskommen wird.«

Bobs graue Augen in dem tiefgebräunten Gesicht blitzten auf. »Schön – oder vielmehr nicht schön – ihr müßt am Dienstag wieder zur Schule. Aber im September habt ihr noch mal eine Woche Ferien, und bis dahin sind es nur drei Wochen. Acht ganze Tage! Stellt euch mal vor, was der Pony-Club in dieser Zeit alles fertigbringen kann!«

»O doch, ich kann's mir schon vorstellen, nachdem ich erlebt habe, daß man innerhalb von zwei Stunden seinen guten Ruf total verlieren kann!« erwiderte ich bitter.

»Aber Claire, nimm das nicht so tragisch!« ermunterte mich Bob. »Paß mal auf, du siehst die ganze Welt schon wieder anders an, wenn du was Ordentliches im Magen hast. Mach jetzt, daß du nach Hause kommst und zu Abend ißt. Morgen um zehn bin ich da.«

Während wir weiterritten, meinte Charlie: »Ich mag Bob, er ist wirklich nett. Und ich glaube, er hat uns allen gefehlt, als er so lange fort war. Natürlich haben wir allerlei unternommen und Spaß dabei gehabt, aber wir waren wie ein Schiff ohne Kapitän. Ich weiß nicht, ob du verstehst, was ich meine.«

»Ja, das verstehe ich, Charlie. Es ist gut, daß Bob jetzt für eine Weile bei uns sein wird.«

Wir waren vor meinem Haus angekommen, und Charlie sagte mir Lebewohl. Sie gab mir Mistys Zügel und schwang sich auf ihr Fahrrad, das an unserer Hausmauer lehnte.

Bob hat eine Idee

Pünktlich um zehn waren alle da, und es begann die Mitgliederversammlung des Pony-Clubs. In diesem Jahr war Jane-Anne Searsby zur Vorsitzenden gewählt worden; sie klopfte mit dem Griff ihrer Reitgerte auf die Tischplatte, und die Gespräche verstummten.

»Meine Damen und Herren«, begann Jane-Anne ganz förmlich. Das paßte zu ihr, sie hätte niemals gesagt: »Alles mal herhören!« oder: »Also, Kinder, paßt mal auf!«, wie es einige von uns bestimmt getan hätten. »Zunächst möchte ich Bob Barclay herzlich in unserem Kreis begrüßen. Wir haben ihn leider lange Zeit nicht gesehen, weil er sich mit größtem Eifer seinem Studium gewidmet hat —«

»Ph – Eifer!« murrte seine Schwester Kathryn. »Wenn man das Eifer nennen will, daß einer durch halb Europa gondelt und sich tagelang in die Sonne legt!«

»Ruhe, bitte!« forderte Jane-Anne. »Wie ich schon sagte, wir freuen uns, daß du wieder bei uns bist, Bob.«

Bob nickte und lächelte, und jemand rief halblaut: »Hört, hört!«

Jane-Anne fuhr fort: »Heute sind wir zusammengekommen, um einen Entschluß zu fassen, einen Plan zu machen. Es handelt sich darum, wie wir uns selbst beweisen können —«

»Und Neill Crumb!« tönte eine Stimme, die wahrscheinlich John gehörte.

Nach einem kurzen tadelnden Blick in seine Richtung wiederholte Jane-Anne: »Wie wir uns selbst beweisen können, daß die Katastrophe von gestern nichts war als ein dummer Zufall und daß unser Pony-Club nach wie vor zu beachtlichen Leistungen fähig ist. Immerhin dürfen wir Amanda dazu gratulieren, daß sie die einzige Rosette für uns gewonnen hat.«

Es wurde Beifall geklatscht und Bravo gerufen, und die schüchterne Amanda wurde ganz verlegen. Dann begann die ernsthafte Beratung darüber, wie wir unseren schwer angeschlagenen Ruf zurückgewinnen wollten.

»Wir könnten einen Basar veranstalten mit Verkaufsständen und Losbuden, vielleicht in eurem Obstgarten, Claire«, schlug Susan vor.

»Falls ihr denkt, ich setzte mich in den nächsten drei Wochen in jeder freien Minute hin und strickte Teewärmer, dann seid ihr auf dem Holzweg«, kündigte Kathryn an.

Joanna meinte: »Wenn wir einen Flohmarkt machten, dann ließen wir andere Leute die Teewärmer stricken.«

»Bloß nicht so was!« widersprach John. »Da müßte ich womöglich Honig und hausgemachte Marmelade verkaufen und hätte sämtliche Wespen der Gegend um mich; oder ich kriegte den ehrenvollen Auftrag, muffig riechende alte Schuhe zu verhökern.«

»Wie wäre es, wenn wir gute Taten vollbrächten«, ließ sich Sara hören, »zum Beispiel für alte Leute einkaufen gingen oder Hunde spazierenführten?«

»Zu spät, das besorgt schon der Frauenverein«, sagte Rupert. »Im übrigen sind das alles keine Unternehmungen, bei denen unsere Ponys mitmachen könnten, und das wäre doch wohl wichtig. Schließlich sind wir Reiter.«

»Auf den Ponys sollten die Kinder vom städtischen Waisenhaus reiten«, war Emmys Vorschlag. »Die armen Dinger haben sonst nicht viel Freude.«

»Denkste!« rief John. »Mit den Jungen aus dem Waisenhaus haben wir letzten Winter Handball gespielt und die saftigste Niederlage aller Zeiten eingesteckt: einundzwanzig zu drei! Und wenn du glaubst, die Kinder da im Heim wären jämmerliche, verschüchterte Geschöpfe, dann irrst du gewaltig!«

Bob, der bisher schweigend zugehört hatte, meldete sich jetzt: »Habt ihr nichts dagegen, wenn ich auch etwas dazu sage?«

Alle starrten ihn an, und Jane-Anne antwortete: »Wieso sollten wir? Du gehörst doch nach wie vor zu uns, Bob. Also, schieß los!«

Bob lächelte ihr zu und fuhr fort: »Ich habe den Eindruck, ihr möchtet gern etwas ganz Tolles tun, was euch und der Welt beweist, daß der Pony-Club auch mal einen Rückschlag hinnimmt und hinterher in alter Frische aufsteht.«

»Achtung, Achtung!« rief Kathryn dramatisch. »Sie hören jetzt den erleuchtetsten Geist des Königreichs!«

Ohne den Zwischenruf seiner Schwester zu beachten, redete Bob weiter: »Ich schlage vor, wir unternehmen einen weiten Ritt, eine richtige Reise im Sattel. So etwas haben wir noch nie gemacht, und ich kann mir vorstellen, daß unterwegs allerlei Anforderungen an uns gestellt werden.«

Für eine Weile war es still in der Sattelkammer. Das mußten wir alle erst einmal verdauen. Dann fing ich an zu fragen: »Eine Reise – was für eine Reise? Und wohin? Und wie lange sollen wir unterwegs sein?«

»Nun, wenn ihr eine Woche Herbstferien habt«, antwortete Bob, »könnte die Sache acht Tage dauern, von Samstag bis Samstag. Dann habt ihr noch den Sonntag zum Ausruhen, ehe die Schule wieder anfängt.«

»Mensch, das ist eine großartige Idee!« schrie John und sprang auf. »Ich stimme dafür! Und ihr anderen?«

»Wenn es dir nichts ausmacht, John, bin ich vorläufig noch immer die Vorsitzende des Pony-Clubs«, erinnerte ihn Jane-Anne mit kühler Stimme. Sie war ein hochgewachsenes, schlankes Mädchen, trug ihr glattes, blondes Haar in einer Pagenfrisur und hatte grüne Augen, die warm und freundlich, aber auch plötzlich eiskalt und abweisend dreinblicken konnten. »Ich denke, bevor wir abstimmen, müßten wir uns erst mal über die Sache unterhalten. Zum Beispiel, wo wir übernachten wollen. Der Gedanke, unter dem Sternenhimmel zu kampieren, ist zwar romantisch, aber wir dürfen nicht vergessen, daß dann Ende September ist, also Herbst, und daß die Nächte zu dieser Zeit recht kalt und feucht sein können.«

»Ja, und außerdem gibt es Spinnen und Ohrwürmer, die einem in den Schlafsack kriechen«, bemerkte Joanna schaudernd.

Philippa und Amanda stießen halblaute Entsetzensschreie aus, aber Bob, der seinen schönen Plan gefährdet sah, sagte rasch: »Natürlich übernachten wir nicht im Freien, ihr Dummerchen! Es gibt genug Schlafgelegenheiten speziell für Reisende zu Pferd. Ich bin gern bereit, alles zu erkunden und Quartier für uns zu bestellen, wenn wir uns entschieden haben, ob und wohin wir reiten wollen.«

»Hat jemand einen Vorschlag?« fragte Jane-Anne. Man merkte ihr an, wie erleichtert sie war, daß sie nicht ihren Schlafsack unter einen Baum legen und ihn mit einer Anzahl unbekannter und lästiger Tiere teilen mußte.

Wir dachten alle angestrengt nach, aber es war gar nicht so einfach, einen brauchbaren Plan zu äußern. Der Gedanke war neu für uns, wir mußten uns erst einmal daran gewöhnen.

Dann nahm Bob, der sich offenbar schon mit der Idee eingehend beschäftigt hatte, wieder das Wort: »Natürlich sollten wir nicht einfach acht Tage lang irgendwo in der

Gegend herumreiten, sondern uns ein Ziel setzen. Ich wüßte etwas Interessantes. In Zeitungen und im Fernsehen war in letzter Zeit öfter von einer Gegend an der südenglischen Küste die Rede. Dort ist ein altes Kulturgebiet in Gefahr, unter der Betondecke einer Autobahn begraben zu werden. Ich nehme an, ihr wißt, was ich meine.«

Er blickte sich in der Runde um und grinste ein bißchen, als er unsere verblüfften Gesichter sah. Wenn man, wie wir, den ganzen Sommer über mit Ponys beschäftigt ist und noch dazu in einem Reitstall, dann sind die Tage so mit fieberhafter Tätigkeit angefüllt, daß man beim besten Willen nicht dazu kommt, etwas anderes zu lesen als Zeitschriften über Reiterei oder Bücher über Ponys. Und wenn abends im Fernsehen Sendungen über kulturelle Themen kommen, dann liegen Leute wie wir längst völlig erschöpft im Bett.

Erstaunlicherweise war es Charlie, die plötzlich sagte: »Ja, sicher, es handelt sich um die Senke von Dinsbury.«

»Bravo, Charlie!« lobte Bob erstaunt. »Und um die anderen zu informieren: Bei Dinsbury ist ein Gräberfeld aus der Römerzeit, und in der Gegend gibt es zahlreiche Fundstätten, die auf noch ältere Besiedlung schließen lassen. Viele davon wurden erforscht, die Funde wurden in Museen gebracht. Die Stellen stehen unter Naturschutz. Aber mit der Senke von Dinsbury ist es etwas anderes.«

»Wieso?« wollte Rupert wissen.

»Zu Anfang dieses Jahrhunderts wurden dort Ausgrabungen vorgenommen, aber mit geringem Erfolg. Die Archäologen meinten, es sei nichts weiter zu finden, und man kümmerte sich nicht mehr darum. Darauf berufen sich heute die

Leute, die genau über dieses Gelände eine Autobahn bauen wollen. Kaum hatten sie jedoch mit den Vorbereitungen begonnen, da meldete eine Schutzgemeinschaft, die eigens zu diesem Zweck in aller Eile gegründet worden war, Protest gegen den Bau an. Sie fordert, daß die Gegend verschont und die Autobahn woanders oder überhaupt nicht gebaut wird. Wissenschaftler vermuten, daß sich dort in der Erde doch noch Dinge befinden, die von historischem Wert sind und vielleicht aus der Keltenzeit stammen.«

»Aber wenn man glaubt, es sei noch was zu finden«, meinte Rupert, »warum geht man nicht hin und forscht nach, anstatt zu protestieren?«

»Weil zu solchen Nachforschungen nicht nur eine behördliche Genehmigung, sondern auch eine sachkundige Leitung nötig ist«, antwortete ihm Bob. »So etwas kann man nicht einfach mit Hacke und Schaufel machen. In diesem Sommer habe ich in Griechenland ein paar Tage bei einem Ausgrabungsteam verbringen können und dabei gesehen, mit welcher Sorgfalt man vorgehen muß, damit nicht das geringste Teil eines Fundstückes zerstört wird, das vielleicht unersetzbar ist.«

»Können wir überhaupt in acht Tagen bis nach Dinsbury und zurück kommen?« fragte ich.

Bob nickte. »Das ließe sich gut machen. Wir richten es so ein, daß die Ponys niemals zu lange laufen müssen, sondern in regelmäßigen Abständen Ruhepausen haben. Wenn wir am Dienstag gegen Mittag nach Dinsbury kämen, bräuchten wir erst am folgenden Nachmittag den Rückweg anzutreten. Also hätten sie dort einen vollen Tag Ruhe.«

John konnte nie lange den Mund halten. »Das klingt doch alles fabelhaft! Wäre die Vorsitzende vielleicht geneigt, jetzt abstimmen zu lassen?«

Jane-Anne überhörte den spöttischen Ton und verkündete: »In Ordnung. Wer dafür ist, daß wir nach Dinsbury reiten, der hebe die Hand.«

Dreizehn Hände gingen hoch.

»Hoffentlich ist niemand von uns abergläubisch«, bemerkte Joanna. »Sonst heißt es nachher, es sei etwas schiefgegangen, weil wir dreizehn sind.«

»Ich glaube nicht, daß jemand aus diesem Grund gegen unser Vorhaben sein wird«, sagte Jane-Anne, und John fügte hinzu: »Und wenn, dann kann derjenige oder diejenige ja zu Hause bleiben.«

»Ich fürchte sowieso, ich kann nicht mitkommen«, meldete sich Charlie. »Nicht aus Aberglauben, sondern wegen der Kosten. Ihr wißt, wie mein Vater ist.«

Charlies Vater war ein Altwarenhändler, und sie beklagte sich dauernd über seinen Geiz. Nie bekäme sie neue Kleider, sondern müßte immer die Sachen tragen, die andere Leute weggegeben hätten. Wenn sie jemals im Leben ein eigenes Pony kriegte, dann könnte es nur eins sein, das jemand ihrem Vater mitgäbe, wenn er bei seinen Fahrten durch die Stadt die alten Sachen abholte, die die Leute nicht mehr haben wollten. Wir nahmen diese Klagen immer mit einigem Zweifel auf, denn Charlies Vater war uns eigentlich ganz nett und vernünftig vorgekommen, wenn wir ihn getroffen hatten.

»Nein, Charlie«, sagte Jane-Anne, »darüber brauchst du

dir keine Sorgen zu machen. Vermutlich stimmt der Schatzmeister mir zu, wenn ich behaupte, wir haben genug Geld in unserer Kasse, um die Ausgaben für dich zu übernehmen. Du hast stets regelmäßig deinen Beitrag an den Club bezahlt. Wenn wir das Geld haben, warum sollten wir es nicht nehmen, wenn es gebraucht wird?«

Der Schatzmeister, Emmy Cotterill, bestätigte, es seien fünfzehn Pfund und dreiundsiebzig Pence in der Kasse, und Bob meinte, dies werde für Charlies Übernachtung und Beköstigung gut ausreichen. Wir beschlossen einstimmig, daß der Club für Charlie bezahlte, falls ihr Vater sich weigerte, ihr etwas zu geben.

»Nun muß jeder von uns mit seinen Eltern reden«, stellte Bob fest. »Ich rechne inzwischen die Route genau aus, wähle so viele Nebenstraßen und Landwege wie möglich und suche die billigsten Übernachtungsquartiere aus. Am Dienstagnachmittag rufe ich euch alle nacheinander an und sage euch genau, was es kosten wird. Dann können wir auf einer Versammlung entscheiden, ob wir den Ritt unternehmen wollen oder nicht.«

Jane-Anne hatte einen Vorschlag: »Laßt uns doch gleich am Dienstagabend zusammenkommen, vielleicht gegen halb acht. Am ersten Schultag nach den Ferien gibt es hoffentlich noch nicht so viele Hausaufgaben. Außerdem tut uns an so einem betrüblichen Tag eine kleine Aufmunterung bestimmt gut.«

»In Ordnung«, sagte Bob. Als wir aufstanden, blinzelte er mir zu. Das hieß: »Fein! Alles ist so gelaufen, wie ich es von Anfang an gewollt habe!«

Der Aufbruch

Am Montag halfen wir den ganzen Tag in der Reitschule. Frau Justine ließ gerade an die Stallgebäude einen neuen Flügel mit sechs Pferdeboxen anbauen, damit sie im kommenden Jahr ihren Pferdebestand vergrößern konnte. Der Wiesenhof hatte einen guten Ruf, immer mehr Leute nahmen an den Reitkursen teil oder stellten ihre Pferde dort ein. Einige der Ponys, die schon dagewesen waren, als Frau Justine den Wiesenhof übernahm, lebten jetzt im Ruhestand. Andere wurden nur noch für die kleineren und leichteren Kinder verwendet, doch auch sie brauchten nicht mehr viel zu arbeiten. Sie alle würden den Rest ihres Lebens ruhig und friedlich auf der Weide verbringen, denn es war nicht Frau Justines Art, ein Pferd wegzugeben und töten zu lassen, wenn es nicht mehr voll leistungsfähig war.

»Das ist einfach wunderbar!« sagte Frau Justine, als wir ihr von unserem Plan berichteten. »Ihr glaubt nicht, wie ich euch beneide. Eine Woche herrliche Freiheit, und mit den Ponys unterwegs! Ich wünschte wahrhaftig, ich könnte mitkommen!«

»Gäbe es keine Möglichkeit, daß Sie mal von hier fortkönnten?« fragte Kathryn hoffnungsvoll. Sie war krebsrot im Gesicht, weil sie gerade dabei war, ihre Juno gründlich zu striegeln.

»Leider nicht«, antwortete Frau Justine. »Von einem Betrieb wie diesem kann man sich nicht so leicht losmachen. Im Notfall würde sich Andy zwar um die Pferde kümmern, aber ich kann ihm nicht zumuten, mit den Reitschülern fertig zu werden. Denkt bloß mal an die Blanding-Zwillinge!«

Das mußten wir einsehen. Die Blanding-Zwillinge, zur Zeit der Schrecken der gesamten Reitschule, würden dem gutmütigen, stets freundlichen Andy glatt auf der Nase herumtanzen und nur tun, was ihnen beliebte. Er war der Sohn von Lord Lansberry, und Frau Justine hatte ihn im vorigen Sommer kennengelernt, als sie mit dem Lord über die Durchführung unserer Schnitzeljagd zu Pferde gesprochen hatte. Wir hatten so eine Ahnung, als ob sie sich eines Tages mit Andy verloben würde, und wir freuten uns darauf, weil wir ihn alle gern mochten. Er war nicht nur ein glänzender Reiter und begeisterter Pferdefreund, sondern uns standen auf dem weiten Gelände, das seinem Vater gehörte, unzählige herrliche Reitmöglichkeiten zur Verfügung.

»Ich denke, ihr werdet auch ein Packpferd brauchen«, sagte Frau Justine jetzt.

Wir starrten sie an – daran hatten wir noch nicht gedacht.

»Und jeder von euch braucht einen Schlafsack«, fuhr sie fort, »für den Fall, daß ihr mal auf dem Fußboden schlafen müßt, in einer Scheune oder auf einem Dachboden. Soviel ich weiß, müssen Leute, die zu Pferd reisen, für alle Möglichkeiten gerüstet sein. Nehmt auch einen kleinen Kocher mit, denn es kann sein, daß ihr einmal Hunger bekommt, und es ist weit und breit kein Gasthaus zu finden.«

»Lieber Himmel«, stöhnte Kathryn und lehnte sich gegen Junos Schulter, »mit so was habe ich überhaupt nicht gerechnet. Solch ein Überlandritt scheint mehr Schwierigkeiten zu bringen, als wir uns träumen lassen.«

»Dafür kann man aber auch ungeheuer viel Spaß dabei haben.«

Es war gut, daß wir drei Wochen Zeit hatten, um alles vorzubereiten. Wie vereinbart, trafen wir uns am Dienstagabend in meiner Sattelkammer. Nachdem ein bißchen über den Schulbeginn gejammert worden war, kamen wir zur Sache. Bob hatte eine Landkarte mitgebracht und zeigte uns, wo die Senke von Dinsbury lag. Mit rotem Filzstift hatte er den Weg markiert, den wir nehmen wollten.

Sämtliche Eltern hatten unserem Vorhaben zugestimmt, sogar Charlies Vater. Zu ihrem Erstaunen hatte er sich sogar erboten, die Kosten für ihre Teilnahme zu bezahlen, und sie berichtete uns das stolz. Dann kamen wir auf Frau Justines Rat zu sprechen, ein Packpferd mitzunehmen.

»Wie wäre es, Claire«, sagte Bob, »wenn du dazu deinen Misty hergäbst? Dann könnte er dabei sein, ohne zu sehr angestrengt zu werden. Charlie könnte Eddy reiten, Frau Justine leiht ihn ihr bestimmt.«

Ich war sofort einverstanden. Charlie hatte Misty in der letzten Zeit öfter geritten, aber ich hatte mir schon überlegt, daß ein so weiter Ritt für das alte Pony vielleicht zu anstrengend wäre. Anderseits wollte ich ihn nicht gern allein zu Hause lassen. Wenn er jedoch nur das Gepäck zu tragen hatte, das leichter war als Charlie, dann konnte er gut mitkommen.

»Nun wäre wohl alles geregelt«, meinte Bob. »Ich habe

schon vorsorglich die Nachtquartiere telefonisch bestellt, und morgen werde ich die Vereinbarungen schriftlich bestätigen. Für eine so große Gruppe ist es nicht ganz einfach, Unterkunft zu bekommen, zumal mit Pferden. Es sind interessante Plätze, nicht zwei von ihnen einander gleich. Ich verrate euch nichts Näheres, außer daß ganz sicher kein Fünf-Sterne-Hotel dabei ist.«

Wir konnten es kaum noch erwarten, und ich weiß nicht, wie wir es fertigbrachten, die drei Wochen in der Schule ohne allzu große Schwierigkeiten zu überstehen. Vielleicht waren unsere Lehrer nach den langen Sommerferien ebensowenig begeistert von dem Schulbetrieb wie wir. Auch Neill Crumb konnte uns nicht aus der Ruhe bringen. Natürlich hatte er durch allerlei üble Tricks herausgefunden, was wir vorhatten. Jedesmal, wenn er unseren Weg kreuzte, setzte er sein überhebliches, höhnisches Grinsen auf und machte mit dem zur Erde gekehrten Daumen das Zeichen der Niederlage.

»Wetten, daß ihr's niemals schafft!« schrie er bei der einzigen Gelegenheit, als er uns so nahe kam, daß wir ihn hören konnten.

»Jetzt schaffe ich's ganz bestimmt!« knurrte Kathryn, während wir wie auf Verabredung alle Neill den Rücken zukehrten. »Und wenn ich die letzten Meter auf Händen und Knien kriechen und Junos Zügel mit den Zähnen halten müßte!«

Gegen Ende der dritten Woche schienen die Stunden überhaupt nicht mehr vergehen zu wollen. Doch dann kam endlich der herrliche Freitag, an dem wir Herbstferien bekamen und atemlos nach Hause rannten. Ich hatte seit Tagen alles bereitgelegt. Zuerst war es ein ungeheurer Haufen von Dingen, von denen ich dann immer mehr wegnahm, weil sie nicht unbedingt nötig waren und weil ich an Misty dachte, der ja die Last tragen mußte. Den anderen Mitgliedern vom Pony-Club hatte ich gedroht, sie müßten alles, was ein bestimmtes Gewicht überstieg, in ihren eigenen Satteltaschen mitschleppen. Alle versprachen, es sich gut zu überlegen und nur das Nötigste mitzunehmen. Doch der Begriff »nötig« ist natürlich sehr dehnbar.

Am Abend vor dem Aufbruch konnte ich mich nicht entscheiden, was besser war: zeitig oder spät zu Bett zu gehen. Meine Mutter, praktisch wie immer, riet mir: »Wenn du dich zeitig hinlegst, schläfst du vor Aufregung doch nicht ein. Also kannst du auch aufbleiben und dir das Fernsehspiel ansehen.«

Das tat ich und schlief prompt mitten im Spiel in meinem Sessel fest ein. Hinterher war ich so müde, daß ich gegen Mitternacht in mein Bett taumelte und sofort weiterschlief. Frisch und munter wachte ich gegen sieben Uhr auf. Meine Eltern kamen herunter, um mit mir zu frühstücken und mich fortreiten zu sehen.

Ich war um acht im Wiesenhof und sah zu, wie Misty beladen wurde. Er drehte verwundert den Kopf, um die beiden großen Packtaschen aus Segeltuch zu betrachten, die an beiden Seiten neben seinem Sattel hingen. Ich redete ihm beruhigend zu, führte ihn ein wenig herum und gab ihm ein paar Zuckerstückchen. Daraufhin hatte er gegen die Neuerung nichts mehr einzuwenden.

Als letzte kamen Emmy und Sara Cotterill außer Atem durchs Hoftor gefegt.

»Sachte, sachte!« warnte Bob. »Wir haben noch einen weiten Weg vor uns.«

»Ich weiß. Aber Sand mußte sich natürlich noch mal wälzen, nachdem er gerade fertig gestriegelt war, und ich durfte ihn zweimal abwaschen«, beklagte sich Emmy. Sand und Pebble, die Ponys der beiden Schwestern, sahen einander absolut ähnlich, äußerlich jedenfalls; beide waren falbfarben mit schwarzen Mähnen und Schweifen. Aber im Charakter waren sie grundverschieden. Während Pebble sanft war wie ein Kaninchen, schien in Sand eine ganze Horde nichtsnutziger Affen zu stecken. Seine besondere Leidenschaft war es, sich in schlammigen Stellen zu wälzen, und es war zu bewundern, wie er solche Stellen fast überall fand.

Wir beruhigten erst einmal Emmy und befestigten ihr Gepäck neben dem vorhandenen. Nun wollten wir starten, da rief Frau Justine: »Halt, wartet – Pebble lahmt!«

»Oh, oh, er lahmt, und ich kann nicht mit!« jammerte Sara und blieb unbeweglich im Sattel sitzen.

»Natürlich, immer diese Mädchen!« brummte John. »Na, los, Sara, steig ab und sieh erst mal nach, was los ist!«

Frau Justine hatte schon Pebbles Hinterbein angehoben. »Nichts Schlimmes, er hat nur ein Eisen verloren. Aber ich muß schon sagen, Sara, vor einem solchen Ritt sollte man sich darum kümmern!«

»Ich dachte, es sei alles in Ordnung«, erwiderte Sara und fing an zu weinen.

»Also müssen wir eben erst mal zum Hufschmied«, bestimmte Bob. »Hoffentlich müssen wir dort nicht lange warten.«

Zum Glück war das nicht der Fall. Pebble wurde sofort beschlagen. Aber der gesamte Pony-Club zappelte während der kurzen Zeit vor Ungeduld, und Sara bekam noch einige Freundlichkeiten zu hören. Als das Eisen angebracht war und sie bezahlen mußte, entdeckte sie, daß sie sich nun viel weniger Eis kaufen könnte, als sie gedacht hatte. Fast wäre sie deswegen noch einmal in Tränen ausgebrochen.

»Es war ganz allein dein eigener Fehler«, tadelte Rupert. »Und im übrigen möchte ich mal wissen, woher du unterwegs das viele Eis kriegen willst. Auf Wiesen und in Wäldern stehen keine Eishändler herum, auf dem Ausgrabungsgelände in Dinsbury wohl ebenfalls kaum. Wir wollen froh sein, wenn wir hin und wieder Zeit haben, an irgendeinem Dorfladen haltzumachen.«

»Hört jetzt mit dem Gegacker auf und bildet so was wie eine ordentliche Gruppe!« befahl Bob. »Und denkt bitte an die Verkehrsvorschriften – haltet auf Landstraßen eure Ponys dicht am Rand. Ich werde mit Jane-Anne zusammen voranreiten. Claire, du führst doch Misty am Zügel, würdest du den Schluß übernehmen?«

»Als gute Freundin werde ich mit dir gemeinsam den Staub schlucken«, sagte Kathryn und lenkte Juno neben Brock ans Ende der Reihe.

Ganz unerwartet kam die Sonne hinter den Wolken hervor, und die Landschaft strahlte in wunderbaren Herbstfarben. In diesem Jahr hatte die Laubfärbung schon Ende August begonnen; jetzt zeigten die Bäume warme Gelb-, Rot- und Brauntöne. Die Sonne wärmte noch gut, und wir waren froh, daß wir nur leichte Pullover anhatten. Die langfristige Wettervorhersage war günstig gewesen, doch hatten wir für alle Fälle Strickjacken und Regenumhänge eingepackt.

»Kinder, das ist das wahre Leben!« jubelte Joanna, die neben Amanda trabte, weil deren Pony Truffle sich mit Joannas Jester besonders gut verstand. »Endlich, endlich sind wir auf der großen Reise!«

Das stimmte jedoch nicht ganz, denn auf einmal fiel es Charlie ein, daß sie ihre Zahnbürste vergessen hatte. Wir mußten umkehren und im nächsten Laden in Gooseley eine kaufen.

Auf dem Hayfield-Hof

Wir hatten eine beträchtliche Strecke zurückgelegt, als Bob, den wir scherzhaft unseren Reisemarschall nannten, meinte, es sei Zeit zur Mittagspause. Lauter Beifall antwortete ihm, denn in der letzten Stunde hatten unsere Mägen geknurrt vor Hunger. Wir sahen uns nach einem geeigneten Rastplatz um. Am liebsten hätten wir uns gleich neben dem Weg gelagert und die Ponys auf der Wiese grasen lassen, wo saftiges Gras stand. Aber Bob hielt uns vor, daß alle diese Wiesen Privatbesitz seien und hart arbeitenden Bauern gehörten. Es sei keine gute Empfehlung für den Pony-Club, wenn unsere Tiere das Gras niedertraten und fraßen.

Unser Problem wurde rasch und erfreulich gelöst. Eine junge Frau trieb eine kleine Herde junger Ochsen von einer Weide auf den Weg. Auf unsere Frage, wo wir rasten und unsere Ponys grasen lassen könnten, antwortete sie: »Aha, ein Ferienausflug? Wenn ihr mögt, könnt ihr gleich hier bleiben. Nur hinterlaßt bitte keine Abfälle. Da drunten ist ein Flüßchen, wo ihr die Ponys tränken könnt.«

»Da drunten«, wiederholte Jane-Anne, als die Frau sich mit einem freundlichen Gruß entfernt hatte. »Das klingt wie aus einem alten Volkslied. Ich wußte nicht, daß jemand heutzutage so eine Redewendung noch gebraucht.«

Wir ritten ans Flußufer, nahmen den Ponys Sättel und Zaumzeug ab, legten ihnen Halfter an, ließen sie trinken und banden sie dann mit langen Seilen an die Bäume.

»So«, sagte John und rieb sich die Hände wie ein Kaufmann, der einen guten Handel abgeschlossen hat. »Wer ist für eine Tasse schönen heißen Tee?«

»Heißer Tee, bei dem Wetter!« rief Kathryn und ließ sich ins Gras fallen. »Eine gutgekühlte Limonade wäre mir lieber!«

Die meisten stimmten ihr zu, und John machte ein enttäuschtes Gesicht, weil er doch so gern seinen funkelnagelneuen Kocher eingeweiht hätte.

Um ihm eine Freude zu machen, sagte ich: »Also, ich hätte gern ein bißchen Tee, John. Und vielleicht könntest du mir auch diese Dose mit Selleriesuppe warmmachen.«

»Das ist eine Idee!« fiel Joanna ein. »Ich habe eine Büchse Bohnen, die würden zu meinem Schinkenbrot gut schmecken.« Schon wühlte sie in ihrem Gepäck.

Philippa meinte kichernd: »Nun fehlte bloß, daß ihr den Büchsenöffner vergessen habt!«

»Haben wir aber nicht, kluges Mädchen!« erwiderte John und kramte eifrig Kocher und Zubehör aus dem Gepäck, das Misty getragen hatte. »Übrigens, wir haben nicht allzuviel Wasser bei uns. Meint ihr, man könnte das Wasser für den Tee aus dem Fluß nehmen? Es wird ja abgekocht.«

»Solange keine Kröten drin sind, ist mir's recht«, bemerkte Kathryn, die ja keinen Tee trinken wollte.

Ich schüttelte mich. »Tee mit Krötenwasser möchte ich nicht haben!«

»Für Kröten ist nicht die richtige Jahreszeit«, erklärte Rupert. »Jetzt gibt es eher Wassermolche und Stichlinge.«

»Wenn ihr in der Wüste Sahara wärt und halbtot vor Durst, würde euch sogar Krötenwasser nichts ausmachen«, sagte John. Aber er nahm für den Tee doch etwas von dem Wasser, das wir in einer Plastikflasche mitgebracht hatten, und stellte das Töpfchen über den Kocher. Er wühlte suchend in seinen Taschen, seine Bewegungen wurden immer hastiger, sein Gesicht immer verlegener.

Jane-Anne hatte ihn beobachtet, während sie eine mit Cornedbeef und Tomatenscheiben belegte Schnitte aß. »Laß mich raten, was du suchst – Streichhölzer, ja?«

»Hat jemand Streichhölzer bei sich?« fragte John ziemlich kleinlaut. Alle schüttelten die Köpfe.

»Runde eins geht an Neill Crumb!« verkündete Charlie.

»Ihr Jungen gebt doch immer so an mit dem, was ihr bei den Pfadfindern lernt, wenn ihr das Überleben in der Wildnis übt«, hielt ihnen Joanna vor. »Da müßtet ihr doch auch Feuer machen können, indem ihr zwei Holzstäbe aneinander reibt oder so?«

»Das dauert Stunden«, erklärte Susan, die selbst bei einer Pfadfinderinnengruppe war. »Wir haben es mal versucht, auch mit Steinen, aber dabei nur wunde Finger erreicht.«

»Ich habe mal in einem Buch gelesen«, berichtete Emmy, »wie ein Schiffbrüchiger auf einer verlassenen Insel Feuer machte; er ließ die Sonne durch sein Brillenglas auf dürres Gras scheinen.«

»Das versuche ich mal«, meinte John.

»Ich möchte doch lieber auch Limonade trinken«, meldete ich mich. »Und die Suppe kann ich ein andermal essen.«

Aber das gefiel John nicht. Er wollte unbedingt seinen Kocher benutzen und fragte herum, wer ihm eine Brille leihen könnte. Leider hatte niemand eine; die Mitglieder des Pony-Clubs waren offenbar alle mit vorzüglichen Augen gesegnet. Dies wäre nun ein guter Anlaß gewesen, die Sache auf sich beruhen zu lassen. Doch John gab nicht auf. Er nahm sein Taschenmesser und entfernte das gewölbte Glas an seiner Armbanduhr.

»Du bist verrückt, John«, sagte Bob. »Es kommt Staub in die Uhr, und du mußt sie reparieren lassen. Das ist die Sache doch nicht wert. Warum wartest du nicht, bis wir irgendwo Streichhölzer kaufen können?«

»Jetzt, wo ich einmal dabei bin?!« rief John störrisch. Er suchte nach dürrem Gras, fand aber in dieser saftigen Wiese am Flußufer keins.

»Hier, versuch es mit einem Stückchen Papier!« Charlie reichte ihm einen Zettel.

Wir aßen und tranken, und John verbrachte eine Ewigkeit bei seinen Bemühungen, das Papier anzuzünden. Endlich sah er ein, daß er keinen Erfolg haben würde; das Papier war nicht einmal angesengt. Ärgerlich legte er den Zettel fort und drückte das Glas wieder auf seine Uhr.

»Vielleicht klappt das nur auf einsamen Inseln«, meinte Philippa.

»Oder in Büchern«, fügte Amanda hinzu.

»O nein, es entstehen häufig Waldbrände, weil gedankenlose Leute beim Picknicken leere Flaschen einfach liegenlassen«, berichtigte Bob. »Aber diese Flaschen liegen lange Zeit am gleichen Platz, und die Sonne scheint stundenlang durch das Glas, bis sich eines Tages das trockene Gras daneben entzündet. Wenn John den ganzen Nachmittag hierbliebe und sein Uhrglas über das Papier hielte, finge es wohl wirklich Feuer. Na, jedenfalls werden wir daran denken, Streichhölzer zu kaufen, sobald wir durch eine Ortschaft kommen.«

»Es lebe das schlichte Streichholz!« rief Kathryn. »Wer hat es eigentlich erfunden? Weiß das jemand?« Niemand wußte es, nicht einmal Rupert. Aber weil wir ja sowieso unterwegs waren, um historische Studien zu treiben, schlug ich nach der Heimkehr im Lexikon nach und fand heraus, daß der Engländer John Walker im Jahr 1827 das Streichholz erfunden hatte.

Bob mahnte zum Aufbruch. Wir packten unsere Sachen zusammen und schlenderten zum Ufer, um die Ponys zu satteln.

»Seht nach den Hufen, ehe ihr aufsitzt, und zwar in Zukunft jedes Mal!« erinnerte uns Bob. »Und welcher Schlamper hat da einen Plastikbeutel im Gras liegenlassen? Wenn einer von den Ochsen das Ding schluckt, kann er daran eingehen!«

Rasch vergewisserten wir uns, ob nichts auf der Wiese zurückgeblieben war, und dann ritten wir weiter, Bob und Jane-Anne an der Spitze. Im Lauf des Nachmittags kamen wir an einen kleinen Dorfladen, und jeder kaufte, was ihm unterwegs an unentbehrlichen Dingen eingefallen war: Bob einen weiteren Film für seinen Fotoapparat, John sechs Schachteln Streichhölzer, Amanda eine Packung Papiertaschentücher, Emmy einen Kugelschreiber und jeder eine Riesenportion Eis. Ich nahm zwei Schachteln Keks, die wollte ich den Ponys schenken, weil sie so brav waren.

Als wir das Dorf hinter uns hatten, dachten wir daran, daß wir nun bald zu unserem ersten Nachtquartier kommen würden. Bob hatte uns nur gesagt, es heiße Hayfield-Hof. Wir waren gespannt darauf und zugleich ein bißchen ängstlich, ob es nicht zu primitiv sein würde. Der Name stand in großen weißen Buchstaben neben einem Gattertor an der Straße; wir brauchten also nicht erst lange zu suchen und zu fragen.

»Wer am Schluß reitet, denkt bitte daran, das Tor zu schließen!« ordnete Bob an.

»Du brauchst uns nicht an die einfachsten Regeln für ländliche Reiter zu ermahnen, teurer Bruder«, bemerkte Kathryn, die die letzte war. »Schließlich sind wir keine Anfänger.«

Wir näherten uns dem Haus und wurden plötzlich durch lautes Gebell erschreckt. Zwei Bullterrier rasten auf uns zu und wirkten ungemein gefährlich mit ihren großen dreieckigen Köpfen und den weit aufgerissenen breiten Mäulern, in denen Reihen kräftiger weißer Zähne blitzten.

Na, das kann unangenehm werden! dachte ich. Die meisten Hunde, auch wenn sie sich noch so wild gebärden, haben einen instinktiven Respekt vor Pferden; sie springen zwar kläffend um sie herum, vermeiden aber sorgfältig die

Reichweite der Hufe, damit sie keinen Tritt abkriegen. Bullterrier sind anders, sie kennen überhaupt keine Furcht.

»Ganz still stehen«, befahl Bob, und das taten wir. Nach einer Weile hörten die Hunde auf zu bellen, kamen näher, wedelten heftig und bettelten winselnd, daß wir absäßen, damit wir sie streicheln und sie uns lecken könnten.

»Ihr seid ja ein Paar feine Burschen!« lobte Rupert, der ein großer Hundefreund war. Er war so damit beschäftigt, die beiden zu streicheln und zu klopfen, daß er den großen weißen Gänserich nicht bemerkte, der um die Hausecke gekommen war und plötzlich nach Ruperts Arm pickte.

»Paß auf – der Gänserich!« rief Sara, aber da war es schon zu spät.

»Au!« schrie Rupert und sprang zurück. So ein Schnabelhieb kann ganz schön weh tun. Der Vogel streckte seinen Hals vor, zischte und wollte noch einmal zustoßen. Rupert sprang aus der Nähe der Ponys fort und floh, der Gänserich verfolgte ihn halb laufend, halb flatternd. Hinterdrein rannten die Hunde und kläfften sich vor Aufregung die Seele aus dem Leib.

Bob warf seine Zügel Jane-Anne zu, die ihrerseits Mühe hatte, ihren Vollblutrappen Sir Galahad zu beruhigen; er war angesichts des wild flügelschlagenden, zischenden Vogels in Panik geraten. Amanda war dicht am Losheulen, Sara jammerte verzweifelt: »Hilfe! Hilfe!« Emmy hatte damit zu tun, Sand daran zu hindern, daß er dauernd im Kreis herumtanzte, und Eddy, mit Charlie auf dem Rücken, hatte einen hastigen Rückzug in Richtung auf das Tor angetreten, vielleicht in der Hoffnung, es würde sich durch ein Wunder öffnen und ihn hinauslassen. Kathryn, die auch noch nicht abgesessen war, lag über Junos Hals und krümmte sich vor Lachen. Ich hielt Brock ganz still und beobachtete aufmerksam, weil ich wußte, wie gefährlich gereizte Gänseriche sein können.

Die Tür vom Wohnhaus flog auf, und heraus kam eine magere junge Frau in ausgeblichenen Blue jeans und einer karierten Bluse. Unter ihren dunklen Haaren hingen lange

Zigeunerohrringe hervor. Sie schwenkte einen Besen und schlug nach dem Gänserich, der daraufhin aufhörte zu zischen und empört schnatternd hinter der Hausecke verschwand.

»Tut mir furchtbar leid!« rief die junge Frau. »Ich wollte ihn anbinden, bevor ihr kamt. Aber da kam ein Telefonanruf, der endlos dauerte. Der Gänserich ist unser Wächter, müßt ihr wissen, er läßt keinen Fremden auf den Hof. Die Hunde sind für diesen Zweck völlig nutzlos, das habt ihr ja erlebt. Hoffentlich hat er dir nicht allzu weh getan. Laß mal sehen!« wendete sie sich zu Rupert.

Er schob seinen Hemdärmel zurück, aber außer einem roten Fleck war nichts zu sehen. Die Bäuerin sagte, wir sollten sie Janet nennen, und zeigte uns eine Wiese, auf die wir die Ponys bringen konnten, und die Scheune, in der wir schlafen sollten.

»Wenn ihr die Ponys versorgt und eure Sachen ausgepackt habt, kommt ins Haus zum Essen. Da drüben in dem Schuppen ist Futter für die Pferde, nehmt euch, was ihr braucht.«

Wie es sich für gute Reiter gehört, kümmerten wir uns zuerst um die Pferde, dann brachten wir das Gepäck in die Scheune und besahen uns unser Nachtquartier.

»Ich habe noch nie in einer Scheune geschlafen«, murmelte Philippa.

»Seht mal, da ist eine Leiter«, sagte John. »Ich schlage vor, wir Jungen schlafen dort oben.«

»Gute Idee, John«, meinte Bob und kletterte nach oben. Als sein Kopf auf dem Heuboden erschien, flatterte eine

Henne aufgeregt gackernd dicht an ihm vorbei, über unsere Köpfe hinweg und verschwand durch die Scheunentür.

»Da – Frühstück!« Bob hielt ein großes braunes Ei in der Hand.

Wir verteilten unsere Schlafsäcke und beeilten uns, ins Haus zu kommen, denn wir hatten Hunger.

»Wie findet ihr diese Janet?« fragte Kathryn auf dem Weg. »Ich hatte mir eine Bäuerin eigentlich anders vorgestellt, dick und kräftig und gemütlich.«

»Ich auch«, stimmte ich ihr zu. »Und ich hoffte, mal ein richtiges ländliches Essen zu bekommen. Aber jetzt scheint es mir, als kriegten wir nichts als eine Scheibe Knoblauchwurst, ein Stückchen Käse und einen Kanten Schwarzbrot, vielleicht noch einen Becher Milch.«

»Trotzdem ist Janet richtig nett, und das ist die Hauptsache«, fügte Kathryn hinzu.

Die Hunde kamen uns entgegen und begrüßten uns wie alte Freunde. Der Gänserich war auch wieder im Hof; sein eines Bein war an einen Zaunpfahl gefesselt. Er zischte feindselig und wollte auf uns losstürzen, aber das Seil hielt ihn zurück.

»Bäh!« machte Rupert, und Emmy streckte dem angriffslustigen Tier die Zunge heraus.

Jane-Anne meinte spöttisch: »Wie unheimlich tapfer wir auf einmal alle sind!«

In der Küche stand Janet, und ein herrlicher Duft schlug uns entgegen.

»Kommt mit ins Eßzimmer«, forderte sie uns auf und ging voran in einen riesigen Raum, wo es an der Decke mächtige dunkle Eichenbalken, an den Wänden blinkendes Kupfergeschirr und auf dem Fußboden mehrere verblichene Orientteppiche gab. Ein langer ovaler Tisch in der Mitte war mit silbernem Besteck, glitzerndem Kristall und feinem Porzellan gedeckt. Ein fünfarmiger Silberleuchter trug grüne Kerzen.

»Vielleicht möchtet ihr nach oben gehen und euch ein wenig frischmachen«, schlug Janet vor. »Dort, die Treppe hinauf. Das Badezimmer ist rechts, die erste Tür.«

Ungefähr eine Stunde später, als wir das tollste Abendessen verzehrt hatten, das ich seit langem erlebt hatte, kam Paul, der Bauer, nach Hause.

»Wir spülen gleich das Geschirr«, bot Jane-Anne an, aber Janet duldete es nicht.

»Das machen Paul und ich nachher. Ihr könnt euch jetzt in die Halle setzen, wenn ihr Lust habt, noch ein bißchen aufzubleiben. Wir haben an der anderen Seite des Hauses unser kleines Wohnzimmer, ihr stört uns also nicht. Frühstück gibt es um acht. Ich hoffe, ihr schlaft gut.«

Bis neun saßen wir noch in der Wohnhalle. Dann waren wir alle müde, gähnten immer lauter und häufiger und beschlossen, in die Scheune zu gehen und uns für die Nacht fertig zu machen. Drinnen war es stockfinster, und wir waren froh, daß John eine Taschenlampe hatte, damit wir unsere Schlafsäcke und die Jungen die Leiter zum Heuboden fanden.

»Das ist sehr praktisch, so brauchen wir keinen Umkleideraum für euch Mädchen«, bemerkte Bob.

Sobald die Jungen oben waren, zog wir uns im Dunkeln aus und schlüpften in die Schlafsäcke.

»Komisches Gefühl«, sagte Emmy. »Wie das Stroh knistert!«

»Hoffentlich gibt's hier keine Mäuse«, ließ sich Charlie hören.

Jane-Anne fuhr in die Höhe. »Oh, daran habe ich gar nicht gedacht! Das wäre furchtbar! Hättest du das bloß nicht gesagt, Charlie! Ich werde kein Auge zutun können!«

»Es müssen nicht unbedingt Mäuse sein«, kicherte Charlie, »aber vielleicht gibt es Flöhe.«

»Also, selbst wenn es welche gäbe, was ich bezweifle, dann wäre bestimmt mehr als ein Flohstich nötig, um mich zu wecken«, meinte Kathryn und kuschelte sich gemütlich zurecht. »Aber ich hoffe sehr, daß keiner von euch schnarcht. Das würde mich nämlich stören!«

»Ruhe da unten!« rief eine Jungenstimme vom Heuboden.

Es wurden noch ein paar Freundlichkeiten und Gutenachtwünsche getauscht, dann senkte sich Stille über unsere erste Nacht auf dem großen Ferienritt.

Zwischenfall im Wald

Wir wachten am Morgen alle zeitig auf und waren fertig angezogen, als Janet ihren Kopf in die Scheunentür steckte und rief: »Frühstück!« Sie trug einen langen Jeansrock und einen ärmellosen blauen Pullover mit einer bunten, dreireihigen Perlenkette und sah noch weniger aus wie eine Bäuerin als gestern.

Die Ponys waren frisch und ausgeruht. Sand war es gelungen, eine morastige Stelle zu finden, auf der er sich gründlich gewälzt hatte; nun sah er aus, als sei er in einem Moor versunken gewesen. Emmy mußte ihn im Hof mit dem Schlauch abspritzen, um wenigstens den ärgsten Dreck herunterzubekommen.

Es war etwas neblig, aber es schien, als sollten wir einen schönen Herbsttag bekommen. Beinahe mit Bedauern trennten wir uns von Janet und ihrem Hof, aber wir fühlten uns doch großartig, als wir nach einem guten Frühstück im Sattel saßen und auf die Straße hinausritten. Auf dem Rückweg würden wir wieder hier übernachten, das war schon ausgemacht.

»Paßt gut auf euch auf und geht nicht verloren!« rief Janet und winkte uns vom Hoftor aus nach. Die beiden Bullterrier umsprangen sie und bellten wieder einmal wie verrückt.

Die Straße machte eine Kurve, und von Janet war nichts mehr zu sehen. Wir hörten auf zu rufen und zu winken, richteten die Augen nach vorn, gespannt, was der neue Tag uns bringen würde.

Der dünne Morgennebel hob sich bald, und die Sonne schien warm, fast zu warm auf uns herab.

»Seht mal, die vielen Brombeeren!« rief Susan, als wir durch einen Heckenweg ritten. »Könnten wir nicht welche pflücken? Das wäre ein feiner Nachtisch für heute mittag!«

»Gut«, entschied Bob. »Zwanzig Minuten können wir uns dafür Zeit nehmen. Ich wollte sowieso meine Karte herausholen und nachsehen, ob wir auf dem richtigen Weg sind. – Vergeßt nicht, daß es im September viele Wespen gibt, laßt euch nicht stechen!«

»Bloß gut, daß wir einen angehenden Arzt bei uns haben!« ulkte Kathryn und wich geschickt der Reitkappe aus, die ihr Bruder nach ihr warf und die nun Charlie traf.

Wir nahmen Plastikbeutel aus unseren Satteltaschen und begannen eifrig Beeren zu pflücken.

»So große, saftige und süße Brombeeren habe ich überhaupt noch nicht gegessen«, meinte Philippa, die schon einen dunkelblauen Mund hatte. »Im Laden bekommt man so etwas nicht.«

»Vielleicht kommt es daher, daß wir nach Süden reiten und es hier wärmer ist«, vermutete Rupert, der gern für alles eine Erklärung suchte. Er schlug vergeblich nach einem Insekt, das um seinen Kopf kreiste. »Aber die Gegend scheint auch für die Wespen günstig zu sein; so viele hab' ich sonst nirgends erlebt.«

»Das sind keine Wespen, das sind Bienen«, sagte Charlie.

Ich hörte auf zu pflücken und blickte hoch. Charlie hatte recht: Die Luft war erfüllt von summenden Bienen. Auf einmal wurde das Summen lauter, und ich stieß einen Schreckensschrei aus. Ein großer Bienenschwarm hing dicht über unseren Köpfen an einem Baumast wie eine riesige, überreife Frucht, die jeden Augenblick herunterfallen konnte.

»Schnell, weg hier!« schrie ich, und wir rannten, was wir

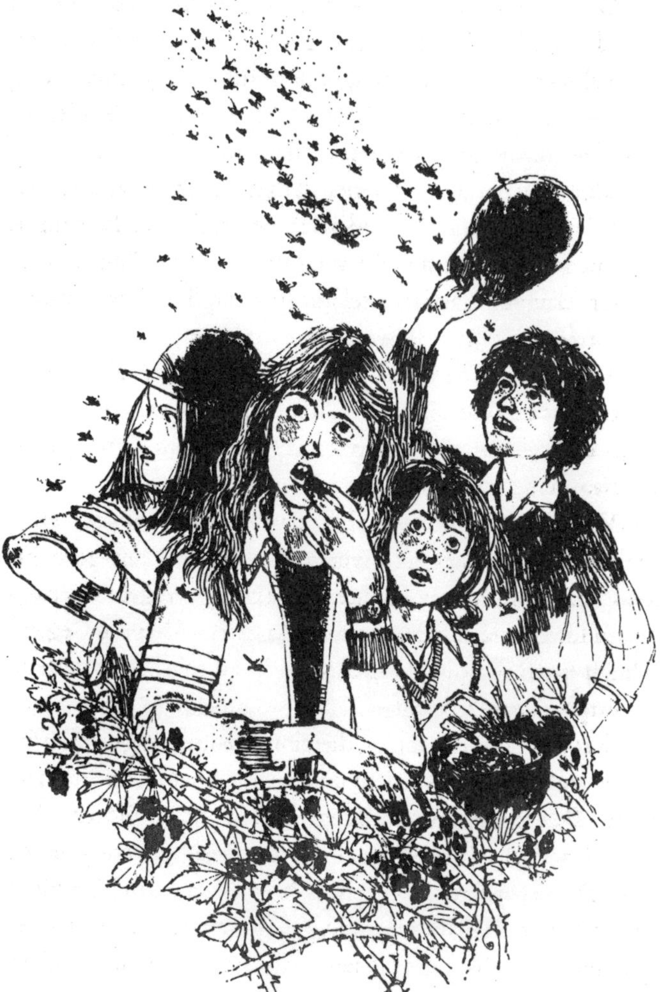

konnten. Es war höchste Zeit, denn Sekunden später löste sich der Schwarm tatsächlich vom Baum und setzte sich in Bewegung. So rasch waren wir selten auf den Ponys gewesen.

In scharfem Trab ritten wir den Wiesenweg entlang, bis Bob, der die Nachhut bildete, Halt gebot. Vorsichtig blickten wir uns um, aber weit und breit war keine Biene mehr zu sehen. Wir atmeten auf.

»Ich darf mir gar nicht ausmalen, was passiert wäre, wenn wir nur eine Minute länger dort geblieben wären«, keuchte Jane-Anne. »Es ist kein Spaß, in einen Bienenschwarm zu geraten, wenn man nicht zufällig der Imker ist.«

»Ich habe gar nicht gewußt, daß sie noch im September schwärmen«, fügte Amanda hinzu.

»Aber jetzt weißt du's«, erwiderte Joanna.

»Vielleicht haben sie die Brombeeren bewacht«, vermutete Susan, »und das ist der Grund, warum die Beeren so groß und überreif sind – niemand hat gewagt, sie zu pflücken.«

Sara spann den Faden weiter. »Sie gehören einer Hexe, die hat die Beeren verzaubert, und jeder, der davon ißt, kommt zu Schaden.«

»Hört um Himmels willen mit dem Quatsch auf!« rief John ärgerlich. »Ihr könnt einen ja wahnsinnig machen mit eurem Geschwätz!«

»Auf jeden Fall werde ich meine nicht essen«, beschloß Emmy und leerte ihren Plastikbeutel in den Graben neben dem Weg. Sara und Amanda taten das gleiche.

John sah kopfschüttelnd zu und warnte: »Glaubt nur

nicht, daß ich euch nachher was von meinen Beeren abgebe!«

Bob unterbrach das Gespräch. »Ich habe auf der Karte nachgesehen. Wir können hier abbiegen, es gibt einen Abkürzungsweg durch den Wald.« Und er ritt wieder an die Spitze des Zuges.

Über ein Feld, auf dem ein Schwarm Kiebitze sich an den Früchten der üppig wachsenden Saudisteln gütlich tat, kamen wir zum Waldrand. Auf dem weichen Boden schallten die Huftritte hohl und gedämpft. Hier wuchsen hauptsächlich Silberbirken, die viel Sonnenlicht durchließen. Der ganze Wald war erfüllt von Licht und hellem Schatten.

»Schön ist es hier!« sagte Susan. »Wenn wir eine besonders sonnige Stelle finden, sollten wir eigentlich Mittagsrast halten, auch wenn es noch ein bißchen zeitig ist.«

»Seht mal, da!« rief John, der in einiger Entfernung einen umgestürzten Baumstamm entdeckt hatte. »Ich springe drüber. Macht jemand mit?«

»Ja, ich«, antwortete Emmy. »Ich muß nur erst meine Satteltaschen loswerden. Hältst du sie inzwischen, Sara?«

John hielt es nicht für nötig, seine Satteltaschen abzuschnallen, sondern lenkte Patch im leichten Galopp auf den Baumstamm zu. Das Hindernis war nicht hoch, und sie kamen glatt hinüber. Um so mehr wunderte es uns, daß auf der anderen Seite das Pony auf seine Knie fiel und John über den Pferdehals nach vorn stürzte.

Wir rannten hin und standen um Patch herum, der sich anscheinend unverletzt aufrappelte. John saß da, hielt sich mit schmerzverzerrtem Gesicht die Schulter und stöhnte.

Blitzschnell war Bob abgesessen und kniete neben John, der zusehends blasser wurde. Kathryn nahm Patch am Zügel und sprach beruhigend auf ihn ein.

»Der blutet ja!« rief Joanna und zeigte auf Blutspuren im Waldboden, wo Patch mit dem Vorderhuf aufgetreten war. Kathryn hob das Pferdebein an, und wir sahen eine tiefe Wunde am Hufballen.

»Und da haben wir die Ursache!« stellte Kathryn zornig fest. Dicht neben dem Baumstamm lag ein Haufen Glasscherben; es sah aus, als hätte jemand Flaschen zerschlagen und die Scherben einfach liegenlassen.

»So eine Gemeinheit!« schimpfte Rupert. »Wenn ich die Kerle bloß erwischen könnte, ich würde ihre dummen, gedankenlosen Köpfe in die Scherben stoßen!«

»Das wünschte ich ihnen auch«, gab ihm Bob recht. Er hatte Johns Arm untersucht und meinte, es handele sich um ein ausgekugeltes Schultergelenk. »Das bedeutet, daß wir die Unfallstation des nächsten Krankenhauses aufsuchen müssen. Warte eine Minute, John. Nein, steh nicht auf, bleib ruhig sitzen. Ich mache dir eine Schlinge, die den Arm hält, dann tut es nicht mehr so weh.«

»O bitte, Bob, nicht in ein Krankenhaus!« bat Kathryn. »Das würde Stunden dauern. Kannst du den Arm nicht einrenken? Schließlich studierst du doch Medizin!«

»Ja, aber bei meinem Studium habe ich gelernt, daß es gefährlich und schädlich ist, wenn jemand sich an einer Hilfeleistung versucht, die nur eine erfahrene und geübte Person ausführen kann!« entgegnete er scharf. »Etwas anderes wäre es, wenn wir etwa im Weltraum oder in einer

Wand des Mount Everest wären; da müßte man versuchen, selbst zu helfen. Hier aber ist Hilfe durchaus erreichbar, also werden wir sie suchen.«

Sara jammerte: »Das ist der Fluch der Hexe! Wir hätten die Brombeeren nicht pflücken dürfen!«

»In diesem Fall wären wir dran, Pippa und ich«, bemerkte Charlie, »denn wir haben beim Pflücken pfundweise gegessen.«

Philippa nickte. »Ja, Charlie, ich denke, wenn das mit der Hexe stimmte, müßten wir beide uns jetzt in eine schwefelgelbe Wolke auflösen, es sei denn, wir verwandelten uns in häßliche Kröten.«

»Quak-quak!« machte Charlie, und Sara blickte beschämt auf ihre Stiefelspitzen.

Bob hatte ein Handtuch hervorgezogen und riß es längs durch, um für John eine Armschlinge zu machen. Dann sah er sich den Huf des Ponys an und holte aus dem Gepäck, das Misty trug, den Verbandkasten.

»Ich kann die Wunde desinfizieren, aber sie ist sehr tief, und an dieser Stelle läßt sich kein Verband anlegen«, sagte er. »Patch wird auch eine Spritze gegen Wundstarrkrampf brauchen, falls er im vorigen Jahr keine bekommen hat.« Er blickte fragend zu John hinüber, und der schüttelte den Kopf.

»Also müssen wir nicht nur zu einem Krankenhaus, sondern auch noch zu einem Tierarzt«, stellte Susan ärgerlich fest. »John, du bist wirklich ein Kindskopf! Hättest du nicht unbedingt mit deinen Springkünsten protzen müssen, dann wäre das alles nicht passiert.«

»Ich wollte nicht protzen!« schrie John beleidigt. »Fehlt nur noch, daß du behauptest, ich hätte die Scherben selbst hingeworfen!«

Die Anstrengung beim Schreien ließ seine Schulter stärker schmerzen, und er brach mit einem Stöhnen ab. Susan sah empört aus, und über uns allen lag eine unbehagliche Stimmung.

Wir machten uns bereit, weiterzureiten und ärztliche sowie tierärztliche Hilfe zu suchen. Das Gepäck, das bisher Misty getragen hatte, wurde Patch aufgeladen. Charlie, als die leichteste, stieg auf Misty, und Bob half John auf Eddys Rücken.

Gemeinsam mit Bob beugten Kathryn und ich uns noch einmal über die Karte. »Hier sind wir«, zeigte er mit dem Finger. »Und das nächste Krankenhaus ist vermutlich in Sandingfort.«

»Das ist ja fast eine Stunde zu reiten!« sagte Kathryn erschrocken. »Gibt es nichts, das näher liegt?«

»Nur Dörfer und kleine Kaffs, die bestimmt kein Krankenhaus haben.«

»Wie wäre es hiermit?« Ich deutete auf ein Dorf. »Vielleicht wohnt dort ein Arzt. Und selbst wenn wir keinen finden, liegt es beinahe auf dem Weg nach Sandingfort.«

»Gut, versuchen können wir's ja.«

Wir saßen auf, ordneten uns in die gewohnte Reihenfolge und setzten schweigend unseren Ritt durch den Wald fort. Wie lange würde es dauern, bis wir Hilfe für John und Patch fanden? Würden wir so viel Zeit verlieren, daß wir unser Tagesziel nicht erreichten? Und was dann?

Die Strecke bis zu dem Dorf schien uns endlos. Aber das ist immer so, wenn man etwas herbeisehnt. Endlich tauchten Schornsteine und Dächer von Häusern auf, die am Fuß eines steilen Hügels gebaut waren. Patch hinkte stärker, und uns war klar, daß Hilfe dringend not tat.

Das Dorf war wie ausgestorben, als wir durch die einzige Straße ritten; aber das war nicht verwunderlich. Heute, am Sonntag, saßen die meisten Bewohner wahrscheinlich um diese Zeit in der Kirche. Ein kleiner Gemischtwarenladen war geöffnet. Ich gab Kathryn die Zügel meines Ponys und ging hin, um nach einem Arzt zu fragen. Im Laden roch es nach Bonbons und reifen Äpfeln, und aus dem Raum dahinter drang Küchengeruch, der mich daran erinnerte, daß wir seit einer Ewigkeit nichts gegessen hatten. Eine große, breitschultrige Frau kam herein, und ich trug meinen Wunsch vor.

»Dann müßt ihr zu Doktor Breakwell«, sagte sie. »Ich komme mit hinaus und zeige dir, wo es ist.«

Sie quetschte sich hinter dem Ladentisch hervor, und wir traten auf die sonnenbeschienene Straße. Mit ausladenden Bewegungen ihrer molligen Arme gab sie uns die Richtung an, wo wir das Doktorhaus finden würden. Wir bedankten uns und trotteten weiter.

Bald waren wir am Ziel, und Bob drückte auf die Klingel. Mitten in der massiven Eichentür war ein Löwenkopf aus Messing mit einem Ring zwischen den Zähnen, der als Türgriff diente.

Die Tür öffnete sich mit einem Knarren, und vor uns stand eine seltsame Gestalt. Der Mann war klein und dünn und trug schwarze Hosen mit schmalen weißen Nadelstreifen, dazu einen altmodischen schwarzen Gehrock. Sein weißes Haar stand in flauschigen Büscheln vom Kopf ab und sah in der Mitte aus wie der Schopf eines Kakadus. Auf seiner Nase balancierte ein Kneifer, der mit einer schwarzen Schnur am obersten Rockknopf gesichert war. Über die Gläser des Kneifers hinweg sah er uns fragend an: »Ja?«

»Doktor Breakwell?« fragte Bob höflich.

Der Mann beugte sich vor, legte die gebogene Hand hinter ein Ohr und rief: »Lauter, mein Junge! Du mußt wissen, ich höre nicht mehr gut!«

Kathryn zog hastig ihr Taschentuch heraus und tat, als müßte sie sich die Nase putzen, sonst wäre sie vor Lachen herausgeplatzt. Auch die anderen versuchten, ihr Grinsen zu verbergen. Der Doktor schien es nicht zu bemerken, sondern hörte aufmerksam zu, was Bob ihm mit lauter Stimme erklärte. Danach drehte er sich um und winkte, wir sollten ihm folgen.

»Natürlich nicht alle, verstanden!« schrie er, bevor er im Hausflur verschwand.

»Gütiger Himmel«, seufzte John, als wir ihm aus dem Sattel halfen. »Was der wohl mit mir anstellen wird? Ich wünschte nur, Neill Crumb wäre hier. Er würde bersten vor Vergnügen.« Damit ging er hinter dem Doktor her.

Während die anderen draußen blieben, begleiteten Bob, Kathryn, Rupert und ich John. Wenn wir ihm auch nicht helfen konnten, so könnten wir doch vielleicht einspringen, wenn Bob vom Schreien heiser werden sollte.

»Setz dich, Junge«, sagte der Doktor in dem Zimmer, das

ihm wohl als Behandlungsraum diente. John saß unbehaglich auf dem Stuhl, und wir drückten uns möglichst dicht an die Wandtäfelung.

Der Arzt zog ein großes Taschentuch hervor und schnaubte sich geräuschvoll die Nase. »Scheußliche Erkältung«, bemerkte er. »Jeden Herbst, pünktlich wie ein Uhrwerk. Im Frühjahr Heuschnupfen und im Winter Hexenschuß. Ganz steifer Rücken, kann mich kaum rühren. Muß auf einem Brett schlafen.«

Kathryn stieß einen unterdrückten Laut aus, den sie geschickt in ein Hüsteln verwandelte. John zappelte vor Nervosität und bemühte sich auszusehen, als hörte er interessiert zu.

»Nun nimm mal die Schlinge ab, Junge«, ordnete der Doktor an, und John gehorchte. Bei der Bewegung hatte er wieder stärkere Schmerzen und mußte laut stöhnen. Doktor Breakwell hatte sich auf einen Schemel gesetzt und tastete Johns Schulter mit behutsamen Fingern ab. Dann lehnte er sich zurück und schien seinen Patienten zu vergessen. Statt dessen fragte er Bob, wohin unser Ritt gehen sollte. Als Bob es ihm laut schreiend erklärte, hob der alte Herr den Kopf, und sein weißes Haar stand buchstäblich zu Berge. »Zur Senke von Dinsbury wollt ihr, ja?« wiederholte er und ließ den Klemmer von der Nase rutschen. »Das ist gut, das ist großartig! Möchte am liebsten selber noch mal hin, ehe sie es zupflastern!«

Keiner von uns war auf das gefaßt, was nun geschah. Der Doktor sprang von seinem Schemel auf, trat mit einem raschen Schritt hinter John, ergriff seinen Arm und zog kräftig daran. John brüllte auf und fuhr in die Höhe, und gleich darauf zeigte sein Gesicht einen verblüfften Ausdruck, denn er merkte, daß er auf einmal seinen Arm wieder bewegen konnte und kaum noch Schmerzen verspürte.

»Ist in ein paar Tagen ganz weg«, verkündete der Doktor, und wir begriffen, daß all sein Reden nur dazu gedient hatte, John abzulenken und sich entspannen zu lassen. »Kann sein, daß es manchmal noch ein bißchen weh tut. Dann nimmst du die Schmerztabletten, die ich dir mitgebe.«

Aus einer Schreibtischschublade nahm er ein Schächtelchen und gab es John mit der Weisung, nicht mehr als eine Tablette innerhalb von vier Stunden zu nehmen.

»Wir sind Ihnen sehr dankbar, Herr Doktor!« schrie Bob. »Was sind wir Ihnen schuldig, bitte?«

Der Arzt schüttelte energisch den Kopf. »O nein, nein, nichts! Es war mir eine Freude.«

»Dann jedenfalls herzlichen Dank«, wiederholte Bob. »Nun brauchen wir noch einen Tierarzt. Können Sie uns sagen, wo wir ihn finden? Johns Pony ist in einen Haufen Scherben gesprungen und hat sich bös am Hufballen verletzt. Es wird wohl eine Tetanusspritze brauchen, denke ich.«

Der Doktor rieb sich das Kinn. »Unser Tierarzt ist gerade heute verreist. Aber das macht nichts. Was meint ihr, wie vielen Lämmern ich in den letzten fünfzig Jahren auf die Welt geholfen habe!«

»Soll das heißen, daß er den Tierarzt vertreten will?« fragte Kathryn kichernd, als wir hinter ihm hinausgingen.

Doktor Breakwell untersuchte Patchs Huf und nickte

Bob zu. »Jawohl, du hast recht. Erst mal eine kleine Spritze, dann wird er schon in Ordnung kommen.«

Er verschwand im Haus und war nach unglaublich kurzer Zeit mit einer riesigen Spritze und einem weißen Glasgefäß zurück. Nachdem er die Spritze emporgehalten und ein wenig Flüssigkeit herausgedrückt hatte, gab er Patch rasch und geschickt die Injektion dicht über dem Widerrist, während Bob und Rupert auf seinen Wink hin das Pony am Zaumzeug festhielten. Patch zuckte ein wenig zusammen und warf den Kopf zurück, verhielt sich aber sonst ganz vernünftig.

»Tapferer Kerl«, lobte der Doktor und klopfte ihm den Hals. »Nun wollen wir mal deinen Fuß in Ordnung bringen, was?«

Er hob den Deckel von dem Glasgefäß, und sofort verbreitete sich ein ekelhafter Gestank. Der Arzt nahm eine Handvoll graue Paste heraus und schmierte sie über die klaffende Wunde unter dem Huf.

»Altes überliefertes Bauernrezept«, murmelte er. »So was kriegt ihr in keiner Stadtapotheke, weiß Gott nicht. Wenn das hier getrocknet ist, wird er nicht mehr hinken, und es gibt auch keine Entzündung.«

Emmy hielt sich die Nase zu und murmelte: »Wenn ich ein Krankheitskeim wäre, würde ich mich bei dem Gestank sofort zusammenkrümmen und eingehen.«

Seltsamerweise mußte der Doktor die halblaute Bemerkung gehört haben, denn er stieß ein kurzes, knurrendes Lachen aus. Dann setzte er den Kneifer wieder auf die Nase und blickte uns an.

»Wann habt ihr zum letzten Mal was gegessen?« wollte er wissen. Bob berichtete, wir hätten auf dem Hayfield-Hof gefrühstückt und seitdem außer einigen Keks und ein paar von den unseligen Brombeeren nichts weiter zu uns genommen. Anstatt Mittagspause zu machen, hatten wir ja nach Hilfe für John und Patch suchen müssen.

»Genau wie ich mir's dachte!« knurrte der Doktor. »Viel zu lange für heranwachsende junge Leute. Jetzt bringt mal eure Ponys dreihundert Meter die Straße hinunter auf die Wiese mit der verdorrten Eiche in der Mitte. Die Wiese gehört mir. Hatte mal ein altes Jagdpferd, längst gestorben, aber nie vergessen. Dort laßt ihr die Ponys grasen und kommt wieder her. Meine Haushälterin macht euch was zu essen.«

»Aber Herr Doktor – wir sind dreizehn!« rief Bob.

»Ist schon gut, Junge. Sie würde eine Armee verpflegen, wenn ich's ihr sagte.« Damit drehte er sich um und ging ins Haus. Wir hörten ihn noch murmeln: »Kartoffelchips – das mögen sie alle.«

»Wie schön das war und wie traurig zugleich, als er über sein altes Pferd sagte: Längst gestorben, aber nie vergessen«, meinte Jane-Anne, als wir zu der Wiese mit der verdorrten Eiche ritten.

»Er muß ein sehr guter Mensch sein«, sagte Amanda, und John fügte hinzu: »Und ein tüchtiger Arzt. Ich glaube, Patch hat schon aufgehört zu hinken.«

»Ist euch auch aufgefallen, wie der Doktor mit jeder Minute jünger zu werden schien?« fragte ich.

»Wirklich, du hast recht«, bestätigte Joanna. »Er hatte

einen ganz beschwingten Schritt, als er eben ins Haus ging.«

»Also, wenn ihr mich fragt«, sagte Kathryn, »dann ist er nur taub, wenn es ihm paßt. So wie meine Urgroßmutter. Die erfährt auf diese Weise die interessantesten Dinge.«

»Es würde mich nicht wundern«, grinste Rupert, »wenn er in diesen Minuten in der Küche stünde, um seiner Haushälterin beim Kartoffelschälen zu helfen.«

Wir fanden die Weide, nahmen den Ponys Sattel- und Zaumzeug ab und verbargen es hinter einer Hecke, daß es von der Straße aus nicht zu sehen war. Dann beeilten wir uns, zum Doktorhaus zu kommen, denn erst jetzt spürten wir, wie hungrig wir waren.

Schlechtes Wetter

Die Kartoffelchips waren heiß und knusprig, und es gab wahre Berge davon, dazu Brötchen mit Butter, frische Eier und Tee aus einer riesigen Kanne, die unerschöpflich zu sein schien. Zum Schluß kam die Haushälterin, eine zierliche Dame mit grauen Haaren und rosigen Wangen, die aussah, als säße sie den ganzen Tag in einem Salon und häkelte zarte Spitzen, statt für eine Schar verhungerter Ponyreiter eine Mahlzeit aus dem Nichts zu zaubern, herein und brachte eine Apfeltorte, die beinahe so groß war wie sie selbst. Sie setzte die Torte auf den Tisch, holte von der Anrichte eine Schale mit Schlagsahne und bat uns zuzulangen.

»Hmmm«, machte Emmy schließlich, lehnte sich zurück und strich sich über ihr rundes Bäuchlein, »also, wenn das eine Reise zu Pferd ist, möchte ich wissen, warum wir so was nicht schon längst mal gemacht haben?«

»Ich kann mir nicht helfen«, erwiderte Kathryn, »ich habe die Befürchtung, daß unsere Glücksserie bald mal aufhören muß. So wunderbar kann es ja nicht weitergehen, bis wir nach Dinsbury kommen.«

»Na, hör mal – wunderbar?!« protestierte John. »Darf ich daran erinnern, daß meine Schulter gemein weh getan hat und der arme Patch auch ganz schön was hat aushalten müssen? Wenn du das wunderbar nennst –«

»Ja, aber denk mal an Janet und an alles, was wir hier erlebt haben!«

Ich stand auf und nahm einen Stapel Teller vom Tisch. »Hört jetzt auf zu streiten! Diesmal müssen wir aber wirklich den Abwasch besorgen.«

Die freundliche Haushälterin wollte nichts von unserer Hilfe wissen, fügte sich dann aber doch. Es war nicht viel für uns zu tun übriggeblieben, denn das meiste Geschirr hatte sie schon gespült, während wir uns voll Apfeltorte stopften.

Bob bedankte sich noch einmal herzlich bei dem Doktor für alles. Wir würden uns aber wohler fühlen, sagte er, wenn wir für die Hilfe und Gastfreundlichkeit wenigstens etwas bezahlen dürften. Das sei Quatsch, erwiderte der Doktor. Wir sollten ihm lieber versprechen, auf dem Rückweg wieder herzukommen und genau zu erzählen, wie es in der Senke von Dinsbury aussähe. Das versprachen wir natürlich gern. John bekam eine kleine Dose mit der schrecklich stinkenden, aber so fabelhaft wirksamen Salbe, die er heute abend und am nächsten Morgen auf Patchs Huf streichen sollte. Dann nahmen wir Abschied und holten unsere Ponys von der Weide.

Als wir dort wegritten, warf ich einen Blick zurück und stellte mir vor, daß in mondhellen Nächten der Geist des alten Jagdpferdes neben der verdorrten Eiche graste. Zu den anderen sagte ich nichts davon, weil ich nicht ausgelacht werden wollte.

Da Doktor Breakwell geraten hatte, Patch in den nächsten vierundzwanzig Stunden noch zu schonen, blieb Patch weiterhin Packpferd, und Charlie ritt auf Misty, John auf Eddy. Es schien Misty zu gefallen, daß er wieder einen Reiter tragen konnte, denn er schritt munter aus, und ich glaube wahrhaftig, daß er Patch einen triumphierenden Blick zuwarf.

Bald erreichten wir die Straße, die zu der Obstplantage führte, wo wir die nächste Nacht verbringen sollten. Um etwas von der Zeit einzuholen, die wir bei Doktor Breakwell verloren hatten, trabten wir so oft wie möglich, beobachteten aber stets sorgsam, ob Patch nicht wieder zu hinken anfinge. Aber er tat es nicht.

Auf dem Gelände wimmelte es von Pflückern. Es waren mehrere Klassen einer höheren Schule, die sich hier in den Ferien Geld verdienen wollten. Es wurde auch sonntags geerntet.

Nachdem wir uns gemeldet und – zu Jane-Annes Entsetzen – erfahren hatten, daß wir in Zelten schlafen würden, gingen wir hinaus zu den Pflückern. Einige wuchteten schwere Säcke voller Äpfel auf die Waage. Nachdem das Obst gewogen worden war, kam es in große Holzkisten, die zu den Einzelhändlern transportiert wurden. Andere standen auf hohen dreieckigen Leitern, ihre Köpfe waren im Laub verborgen.

»Was sind das für Äpfel?« fragte ich einen großen Jungen, der gerade von seiner Leiter stieg. »Ich dachte, Äpfel würden im Spätsommer geerntet.«

»Kommt auf die Sorte an«, antwortete er. »Dies sind Bramleys, die werden spät reif.«

Mir fiel ein, daß in unserem Garten ein Baum mit Bramleys stand, die sogar erst Anfang Oktober geerntet wurden. Meine Mutter wickelte die Früchte in Zeitungspapier ein, damit sie sich bis Weihnachten frisch hielten.

Eine Glocke läutete, und alle stiegen von den Leitern herunter.

»Halb sechs, Arbeitsschluß«, erklärte mir der Junge, mit dem ich gesprochen hatte und der David hieß. »Um sechs gibt's Tee und was zu essen in dem großen Holzschuppen da drüben. Seid pünktlich!«

»Wir müssen erst unsere Ponys versorgen.«

»Gut, aber beeilt euch! Wir sind nämlich alle furchtbar hungrig, und im Nu ist alles verputzt!«

Wir befolgten seinen Rat und liefen in den Hof, wo wir die Futterkammer gleich entdeckten. Leider waren nicht genug Eimer für vierzehn Pferde vorhanden. Kathryn und ich sahen uns um und brachten eine Fußbadewanne, einen

Pflanztrog und eine Holzkiste herbei. Sobald die Ponys auf der Wiese hinter unseren Zelten zufrieden kauten, rannten wir zu dem Schuppen, der als Eßsaal diente.

Nach der Mahlzeit wurden Tische und Bänke rasch beiseite geräumt, so daß in der Mitte des Raumes ein großer freier Platz entstand. Wir waren gespannt, was nun geschehen würde. Da kamen David und einige andere Jungen mit allerlei Musikinstrumenten herein. Es sollte getanzt werden!

Wir waren gewohnt, daß Schulorchester meist das allerletzte waren und man sie nur anhörte, wenn es gar nicht anders ging. Hier wurden wir angenehm enttäuscht, die Musikanten waren wirklich gut. Zu unserem eigenen Erstaunen waren wir bald mitten unter den Tanzenden. Sogar Jane-Anne erhob sich, als ein Junge sie höflich aufforderte, und sie tanzte besser als wir alle zusammen.

»Warum holt so ein guter Tänzer nicht mal mich?« beklagte sich Joanna betrübt. »Die mit mir tanzen, haben alle zwei linke Füße.«

»Na, das paßt ja dann zu deinen zwei rechten Füßen«, murmelte Kathryn vor sich hin.

Als der Tanz zu Ende war, gingen wir hinaus zu dem Platz, wo für uns Zelte neben denen der Obstpflücker aufgestellt waren. Es war sehr angenehm, daß helle Lampen in regelmäßigen Abständen verteilt waren; so mußte man nicht in der Dunkelheit herumsuchen und geriet womöglich in ein falsches Zelt.

Ehe wir uns schlafen legten, sahen wir noch einmal nach den Ponys. Die meisten kamen sofort an die Umzäunung, um uns zu begrüßen. Ich streichelte Mistys weiche Nase und schaute an seinem Kopf vorbei dorthin, wo Brock stand und mit gespitzten Ohren zu uns herüberblickte. Er schien unschlüssig, ob er auch herankommen sollte. Schließlich drehte er sich um und trabte zurück in die Dunkelheit. Ich seufzte innerlich. Aber ich dachte daran, daß Misty sich in der ersten Zeit ähnlich verhalten hatte, bis er begriff, daß er wirklich zu mir gehörte. Brock war erst seit neun Wochen bei mir und hatte vorher einem Jungen gehört, dem es nur darauf ankam, Wettbewerbe zu gewinnen, der aber keinerlei Freundlichkeit für sein Pferd aufbrachte.

In den Zelten war es sehr eng, aber bei richtiger Einteilung gelang es uns, alle nacheinander aus den Kleidern und in die Schlafanzüge zu kommen und unsere Schlafsäcke auf dem dicken Zeltboden auszurollen.

Ringsum klangen Stimmen, man sang, man rief sich alles mögliche zu, aus dem nahen Wald tönten Eulenrufe. Ich drückte den Kopf in mein Kissen und dachte: Bei dem Krach kann ja kein Mensch schlafen. Aber es war ein herrlicher Tag...

Das nächste, an das ich mich erinnere, war eine Hand, die mich an der Schulter rüttelte. Ich fuhr hoch und dachte, das Zelt stehe vielleicht in Flammen. Aber es war heller Morgen, und Kathryn versuchte mich wachzubekommen. Sie war schon angezogen, hatte ihre Juno gestriegelt und wollte wissen, ob ich gedächte, den ganzen Tag hier liegenzubleiben. David hatte ihr gesagt, in zehn Minuten gäbe es Frühstück.

In Windeseile fuhr ich in meine Kleider, raste zum

Waschraum und dann zur Pferdeweide. Eben hatte ich die Bürste für Misty herausgeholt, da klang die Frühstücksglocke. Sara war mit Pebble fertig und half Emmy, Sand zu striegeln, der tatsächlich einmal kein Fleckchen moorige Erde gefunden hatte, um sich zu wälzen. Zum Ausgleich dafür starrte sein langer Schweif von oben bis unten von Kletten, die mühevoll einzeln herausgelöst werden mußten.

»Ich schaffe es nicht!« rief Emmy verzweifelt und zog eine Klette zusammen mit mehreren schwarzen Haaren aus Sands Schweif. »Und ich sterbe vor Hunger! Bis ich hinkomme, ist nichts mehr da!«

»Das gleiche wird mit dem Schweif deines Ponys passieren, wenn du so weitermachst«, tadelte Bob, der vorbeikam. »Laß das bis nachher, ich mache es dann.«

»Bob, du bist ein Engel!« sagte Emmy dankbar, und die beiden molligen Schwestern rannten zur Eßbaracke.

Bob kämmte Mistys Schweif, während ich die Hufe auskratzte. »Heute ist das Wetter nicht so gut«, meinte er. »Ich fürchte, wir bekommen Regen. Auf jeden Fall sollten wir unsere Regenmäntel zur Hand haben, wenn wir losreiten.«

»Hoffentlich bleibt das Wetter nicht lange schlecht«, antwortete ich. »Es wäre doch jammerschade, wenn wir den Rest unserer Reise in strömendem Regen zurücklegen müßten. Und ich denke mir, da unten bei Dinsbury muß es bei schlechtem Wetter ziemlich trostlos sein.«

Wir nahmen uns vor, Brock später zu putzen, und liefen, um noch etwas vom Frühstück zu erwischen. Die Obstpflücker waren schon fertig, hatten uns aber genug übriggelassen. Danach rannten wir zur Weide zurück, holten das Versäumte nach, packten unsere Sachen zusammen und sattelten die Ponys. Bob und Rupert bedeckten das Gepäck, das Patch trug, mit einer großen Kunststoffplane. Sobald Bob unsere Rechnung bezahlt hatte, ritten wir los, begleitet von den Abschiedsgrüßen der Obstpflücker, die uns von den Bäumen herunter zuriefen, wir sollten auf dem Rückweg wieder vorbeikommen.

Wir waren noch nicht eine halbe Stunde unterwegs, da fing es an zu regnen. Zuerst war es ein gleichmäßiges leichtes Nieseln, das uns nicht sehr störte. Doch dann öffnete der Himmel seine Schleusen, und der Regen kam in wahren Güssen herab. Alle schimpften und versuchten, sich fester in ihre Regenmäntel zu hüllen.

»Huh, mir rinnt das Wasser den Nacken hinunter!« jammerte Susan.

»Dann schlag doch den Kragen hoch, Dummerchen«, riet ihr John, dessen Schulter heute wieder weh tat und der deshalb in schlechter Stimmung war.

»Hab' ich doch längst getan«, antwortete Susan, »aber es hilft gar nichts.«

»Brauchste dir heute abend nicht den Hals zu waschen«, brummte John.

»Guckt euch mal Brock an«, lenkte Kathryn ab, die sich ihre Laune niemals durch das Wetter verderben ließ, »bei der Nässe ist sein Fell genauso dunkel wie Sir Galahads.«

Alle Ponys waren pitschnaß, das Wasser rann in kleinen Bächen an ihren Hälsen und Flanken herunter. Bob drehte sich im Sattel um und rief, wir sollten Ausschau halten nach

185

einem geschützten Platz. Das war nicht so einfach, denn die Gegend hatte sich allmählich in eine Moor- und Heidelandschaft gewandelt. Die Obstfarm hatte am Rand eines fruchtbaren Landstriches gelegen, nun war der Boden kahl.

Mit Erleichterung erblickten wir endlich auf einem kleinen Hügel vor uns ein Gehölz und trieben die Ponys zu rascherer Gangart an. Die wenigen Bäume trugen nur spärliches Laub, und der Regen drang durch, aber ein wenig Schutz boten sie doch. Dann entdeckten wir zwei alte Buchen, die dicht beieinander standen und mit ihren Blättern eine Art Dach bildeten.

»Sind wir hier auch sicher?« fragte Amanda ängstlich. »Ich meine, wegen der Blitze?«

»Was für Blitze?« erwiderte Rupert. »Sei nicht so dämlich, Amanda! Dies ist ein heftiger Regen, aber kein Gewitter. Komm, John, nun hast du Gelegenheit, deinen großartigen Kocher vorzuführen. Ich denke, ein warmer Schluck täte uns allen gut.«

John packte die Kochgeräte aus und zündete stolz den Kocher an. Ich schlug vor, schon jetzt unsere Mittagsmahlzeit zu halten, und öffnete meine Dose mit Selleriesuppe. Joanna brachte ihre Büchse mit Bohnen, und mehrere andere hatten sich beim Einkauf in dem Dorfladen Konserven besorgt, die sie jetzt wärmen ließen.

Auf einem winzigen Kocher dauert es natürlich eine Ewigkeit, bis alles nacheinander warm ist, und so brauchten wir für unsere Mahlzeit zweieinhalb Stunden. Es war nur ein einziges Kochtöpfchen vorhanden und keine Gelegenheit, es auszuspülen; deshalb schmeckten die Speisen, die als letzte hineinkamen, ein bißchen merkwürdig. Aber Philippa meinte, bei ihren Spaghetti störe das keineswegs, denn die Reste von Selleriesuppe, gebackenen Bohnen, Fischklößchen in Käsesoße und sauren Nieren verliehen ihnen nur einen herzhafteren Geschmack.

Während wir so nacheinander warteten und aßen, sahen wir uns die Schäden an, die der Regen angerichtet hatte, und stellten erleichtert fest, daß sie nicht schlimm waren. Das wichtigste war, daß Schlafsäcke und Reservekleidung trocken geblieben waren dank der guten Verpackung unter der Plastikplane. Charlie holte ein Handtuch heraus und rubbelte ihre feuchten Haare, bis sie in die Höhe standen, und danach trocknete sie Mistys Fell. Sie fing am Kopf an, und als sie bei den Beinen angekommen war, sah das Handtuch aus wie ein Stallappen.

Weil das Essen so lange dauerte, achteten wir gar nicht auf das Wetter und waren angenehm überrascht, daß der Regen merkbar nachgelassen hatte.

»Ich denke, es wird höchste Zeit, daß wir uns auf den Weg machen«, meinte Bob. »Wir haben noch eine ordentliche Strecke vor uns, und wir wollen doch möglichst vor Anbruch der Dunkelheit in unserem Nachtquartier sein. Bei meiner Berechnung hatte ich angenommen, daß wir heute gut vorankommen würden, weil wir wenig auf Straßen und viel querfeldein reiten können. Es ist zu dumm, daß der Regen schon so bald kam und auch noch so heftig.«

»Tut nichts, das ist ein guter Grund, ein paar Galoppstrecken einzulegen, falls der Boden nicht zu schlüpfrig ist«, sagte Kathryn, während sie Junos Sattelgurt festzog.

»Das bezweifle ich«, mischte sich Rupert ein. »Bei einem so starken Regen wird nicht nur die Oberfläche feucht, sondern der Boden durch und durch naß und sehr weich.«

Bevor wir losritten, schmierte John noch einmal etwas von Doktor Breakwells schrecklich stinkender Wundersalbe auf Patchs verletzten Fuß, obwohl das vielleicht gar nicht nötig war, denn das Pony hatte seit einem ganzen Tag nicht mehr gehinkt. Dann saßen wir auf, schlugen unsere Mantelkragen hoch und ritten hinaus aus dem Schutz des Blätterdaches.

Das Moorland war ein wenig hügelig, und jedesmal, wenn man auf eine Anhöhe kam, hatte man einen neuen Ausblick auf die weite, sanftgewellte Landschaft, die mit Ginsterbüschen, dornigem Gestrüpp und Heidekraut bewachsen war und sich bis in die Unendlichkeit auszudehnen schien. Es führten viele schmale Pfade hindurch, auf denen wir reiten konnten, ohne irgendwo hängenzubleiben.

Wir trabten, galoppierten und ritten im Schritt, immer abwechselnd. Nach ungefähr zwei Stunden hielt Charlie an und erklärte, sie ritte nicht einen Schritt weiter, wenn Misty nicht eine Weile rasten könnte.

»Seine kurzen Beine müssen doppelt so viele Schritte machen wie die von Ikarus oder gar Sir Galahad«, sagte sie. »Und man darf auch nicht vergessen, daß er nicht mehr der jüngste ist. Meinetwegen könnt ihr mich hier zurücklassen, ich komme dann nach, wenn Misty sich ausgeruht hat.«

Wir sahen ein, daß sie recht hatte, und blieben im Schutz einer Feldsteinmauer stehen.

»Immerhin haben wir ein ganz schönes Stück bewältigt«, teilte Bob uns mit. »Wenn wir jetzt etwa eine Stunde Schritt reiten und dazwischen ein bißchen traben, kommen wir nicht viel später ans Ziel, als ich berechnet habe.«

»Ich wünschte, es gäbe dort massenhaft warmes Wasser!« sagte Jane-Anne. »Es wäre himmlisch, mal wieder baden zu können.«

Vorsichtig erkundigte sich Sara: »Schlafen wir wieder in einer Scheune, Bob?«

»Sollte die Antwort ja sein, dann ist hoffentlich wenigstens das Dach dicht«, fügte Joanna hinzu und wischte sich einen Regentropfen von der Nasenspitze.

Bob lächelte und sagte, wir würden uns wundern. Als er uns dann durch ein schmiedeeisernes Parktor führte, über dem »Timbers« stand, hegten wir die schönsten Erwartungen. Das Anwesen sah nicht danach aus, als ob man hier die Gäste in einer Scheune übernachten ließe.

»Eher in Himmelbetten mit vier Pfosten«, vermutete Susan. »Und falls wir uns in die Betten teilen müssen, hätte ich gern eine Außenseite.«

Wir hielten vor der Haustür, und Bob läutete. Nach einer Weile läutete er noch einmal und noch einmal, aber niemand kam.

»Hier ist irgendwas nicht in Ordnung, das spüre ich in meinen Knochen«, verkündete Kathryn in dramatischem Ton.

»Unsinn! Entweder sind sie gerade am Telefon, um eine Anmeldung von Gästen anzunehmen, oder im Keller, um den Wein auszusuchen, den sie uns heute abend vorsetzen wollen«, sagte ich so zuversichtlich ich konnte. Ich hatte bemerkt, daß Philippa, Amanda und Sara recht mutlos aussahen.

Bob ließ seinen Finger lange auf dem Klingelknopf, und wir hörten, wie es drinnen im Haus laut und anhaltend läutete. Aber es geschah nichts.

»Wage niemand zu behaupten, wir wären an die falsche Adresse gekommen, oder ich hätte die Daten verwechselt!« drohte Bob. »Denn das ist nicht wahr. Aber was zum Kuckuck ist hier los?«

In einem Anfall von Ungeduld packte er den dicken schwarzen Türknauf und drehte daran. Langsam öffnete sich die schwere Tür.

Das verlassene Haus

»Na«, sagte Rupert, als wir uns von unserem Schreck erholt und gemerkt hatten, daß aus dem Haus nichts Böses auf uns zukam, »immerhin scheinen sie hier nicht zu fürchten, daß Einbrecher kommen.«

Wir betraten zögernd die Halle, und Bob ordnete an: »Wartet hier! Ich will feststellen, ob nicht doch jemand da ist oder man uns wenigstens einen Zettel mit einer Nachricht hinterlassen hat.«

Er ging davon, und bald darauf hörten wir ihn an verschiedenen Stellen rufen: »Hallo, ist jemand da?«

Emmy kicherte nervös. »Ein bißchen unheimlich ist es

doch. Wie in einem Hitchcock-Krimi. Man erwartet jeden Moment, daß jemand aus der Küchentür getaumelt kommt mit einem Messer im Rücken.«

Als sich in diesem Augenblick die Küchentür wirklich öffnete, stießen Sara und Amanda gellende Schreie aus und beruhigten sich erst, nachdem sie sicher waren, daß es wahrhaftig Bob war, der herauskam, und zwar heil und gesund.

Er schüttelte den Kopf. »Das Haus ist wie ausgestorben. Und nirgends wenigstens ein Zettel mit einer Nachricht. Ich kann das nicht verstehen. Ich habe telefonisch mit der Besitzerin gesprochen, als ich unser Quartier bestellte. Sie heißt Frau Greene.«

»Vielleicht ist sie nur mal rasch fortgegangen, um noch etwas zu besorgen«, vermutete Joanna.

»Ja, und sie hat gar nicht daran gedacht, daß der nächste Laden drei Meilen entfernt ist«, setzte Philippa spöttisch hinzu.

»Früher oder später werden wir schon erfahren, was hier los ist«, erklärte Bob. »Aber wenn wir nun mal da sind, bleiben wir auch. Zunächst sorgen wir für die Ponys.«

»Die ertrinken ja beinahe bei diesem Regen«, sagte Kathryn. »Seht nur, es gießt wieder wie aus Kübeln.«

»Sie werden nicht ertrinken«, erwiderte Bob, »weil es nämlich verschiedene Nebengebäude gibt, auch Stallungen, das habe ich durchs Fenster gesehen.«

Tapfer stürzten wir uns in den strömenden Regen und führten unsere triefenden Ponys an die Rückseite des Hauses. Dort fanden wir vier geräumige Pferdeboxen, in die wir acht Ponys stellen konnten. Wir mußten nur darauf achten, welche sich gut miteinander vertrugen: Jester mit Truffle, Misty mit Juno, Ikarus mit Patch und Sand mit Pebble.

»Hier hat Sand wenigstens keine Gelegenheit, sich in irgendwelchem Dreck zu wälzen«, meinte Emmy befriedigt.

In eine der Garagen, die zum Glück leerstanden und einen sauberen Betonboden ohne Ölflecke hatten, brachten wir Jane-Annes Rappen Sir Galahad und Susans Palominostute Phantom, in die andere meinen Brock und den kleinen Schecken Eddy. Nun mußten wir noch Tex und Bobalink unterbringen. An der Hausseite entdeckten wir eine Art Veranda, die sich notfalls dafür eignete. Wir brachten die Fußmatten und Topfpflanzen, die darin waren, in die Küche und führten die beiden Ponys hinein.

»Es gibt nur ein Problem«, meinte Jane-Anne. »Was ist, wenn die Leute mitten in der Nacht mit einem großen Rolls-Royce heimkommen und in eine der Garagen hineinfahren, ohne zu merken, daß sie voll Ponys ist?«

»Stimmt, das könnte passieren«, gab Bob zu. »Wir müssen ans Garagentor ein Schild heften, das im Scheinwerferlicht sofort zu erkennen ist. John und ich werden das machen, und ihr anderen seht euch nach Stroh und Pferdefutter um.«

Wir waren alle schon reichlich müde, und es fiel uns schwer, jetzt noch die Ponys trockenzureiben und zu versorgen. Wenigstens schienen die Besitzer des Grundstücks darauf eingerichtet zu sein, größere Reitergruppen unterzubringen, denn wir fanden außer dem Stroh reichlich Heu und mehrere Säcke gutes Futter und mindestens zwanzig Wassereimer und Futtergefäße.

Jeder Knochen tat uns weh, als wir endlich ins Haus zurückkamen. Dort hatten Bob und John im Kamin ein Feuer angezündet, vor dem sie ihr Warnungsschild trockneten. Sie hatten draußen ein Stück weiße Zaunlatte gefunden und darauf mit schwarzer Farbe »ACHTUNG! PONYS!« gemalt.

»Warmes Wasser ist massenhaft da«, berichtete Bob. »Ihr könnt hinaufgehen und baden, während wir uns ums Essen kümmern. In der Küche sind genügend Vorräte, man muß uns also erwartet haben. Es gibt zwei Badezimmer. Wenn jeder nicht länger als zehn Minuten drinbleibt und nicht allzuviel Wasser verbraucht, reicht es für uns alle.«

Den ganzen Abend über warteten wir darauf, daß die Haustür ging oder das Telefon läutete, aber nichts geschah. Bei diesem schlechten Wetter wurde es zeitig dunkel, und der Regen rauschte noch immer herunter. Ehe wir schlafen gingen, zogen wir die Regenmäntel über und sahen noch einmal nach den Ponys. Sie standen alle ruhig da und kauten Heu oder schliefen mit gesenkten Köpfen. Das Schild mit der Aufschrift »ACHTUNG! PONYS!« war noch nicht ganz getrocknet, aber Bob brachte es quer vor den Garagentoren an und meinte, selbst wenn die Schrift ein bißchen verwischt würde, wäre es unmöglich, daß jemand, der es sah, mit Vollgas in die Garage hineinbrauste.

Wir gingen in die Küche, um unsere nassen Mäntel aufzuhängen, und entdeckten in einem runden Weidenkorb einen Siamkater mit schokoladefarbenem Gesicht und hellblauen Augen. Er schaute uns an, sprang aus dem Korb, rieb seinen Kopf an Kathryns Beinen und miaute. Das Mädchen wusch das Freßnäpfchen aus und tat etwas Katzenfutter hinein, das sie im Kühlschrank fand.

»Die Sache wird immer rätselhafter«, sagte Rupert. »Was sind das für Leute, die eine Anmeldung für dreizehn Reiter und vierzehn Ponys annehmen, dann einfach davongehen und ihre Katze in einem unverschlossenen Haus zurücklassen?«

»Es muß eine Erklärung dafür geben«, erwiderte Bob. »Wir werden auf dem Rückweg auf jeden Fall wieder herkommen, dann erfahren wir, was los war.«

Mehrere Betten im oberen Stockwerk waren offenbar für uns vorbereitet, aber angesichts der merkwürdigen Umstände beschlossen wir, sie nicht zu benutzen, sondern uns in unseren Schlafsäcken auf den weichen Schlafzimmerteppichen zur Ruhe zu legen.

Sehr bald waren wir alle fest eingeschlafen. Aber nach einer Zeit, die mir unglaublich kurz vorkam, war ich wieder hellwach und wunderte mich, warum. Es war noch dunkle Nacht, und ich hörte die anderen regelmäßig atmen.

Da flüsterte jemand: »Bist du auch wach, Claire?«
»Ja, wer ist das?« fragte ich ebenso leise.
»Ich, Charlie. Hast du's auch gehört?«
»Irgendwas hat mich geweckt, aber ich weiß nicht was.«

Wir lauschten beide angestrengt. Dann hörte ich ein Geräusch, das mir eine Gänsehaut über den Körper laufen ließ: ein schwaches, unaufhörliches Klopfen, das von unten kam.

»Was kann das sein?« wisperte Charlie. »Einbrecher?«
Das war möglich. Es klang so, als ob jemand behutsam Schubladen oder Schranktüren öffnete; da der Regen nachgelassen hatte, konnte man jeden Laut wahrnehmen.
»Ich werde Bob wecken.« Ich schlüpfte aus dem Schlafsack und ging zur Tür, Charlie dicht hinter mir. Zu unserer großen Erleichterung sahen wir Bob, der auf dem Flur stand und eben nach dem Lichtschalter griff. Im nächsten Augenblick war das Treppenhaus hell erleuchtet. Bob lehnte sich über das Geländer.
»Ist da jemand?« rief er hinunter. »Wer immer Sie sind, Sie tun gut daran, schleunigst zu verschwinden, ehe wir die Polizei rufen! Wir sind dreizehn Leute!«
Einige Türen öffneten sich, und verschlafene, verwunderte Gesichter zeigten sich. Auf einmal lachte Bob, der aufmerksam in die Halle geblickt hatte, laut auf. Wir rannten zu ihm und sahen es nun auch: Die Halle stand fast einen halben Meter unter Wasser, das sanft gegen die Wände und die unteren Treppenstufen schwappte, und obendrauf schwamm der Siamkater in seinem Weidenkorb, der hier und da gegen einen Schrank oder eine Tür stieß. Das war das leise Klopfen gewesen!
»Eine Überschwemmung!« quietschte Emmy.
Der Kater im Korb guckte zu uns herauf und miaute kläglich.
»Ach, du armes Ding! Warte, ich komme und rette dich!« Rupert krempelte seine Pyjamahosenbeine auf, rannte die Treppe hinunter und watete durch das Wasser, das ihm bis zu den Waden reichte. Als der Korb mit dem Kater in seine

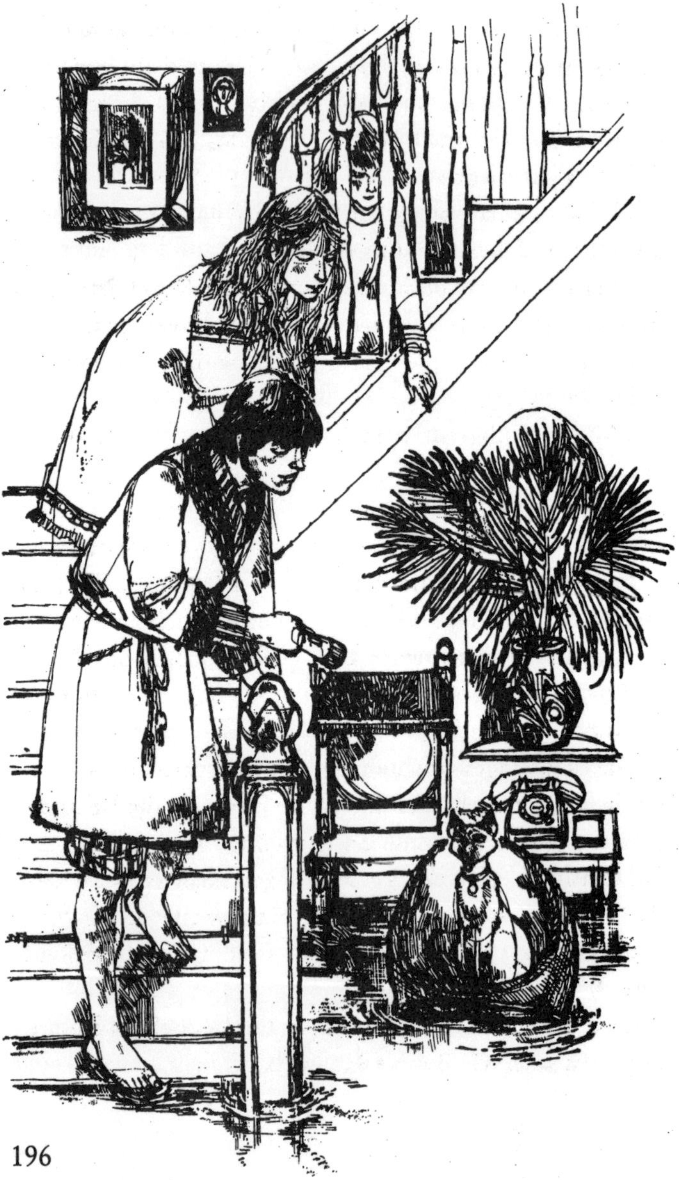

Nähe kam, nahm er das Tier heraus und setzte es auf eine Treppenstufe, wo es sofort begann, sich gründlich zu putzen.

»Was ist mit den Ponys?« fragte Kathryn. »In der Veranda ist bestimmt auch Wasser, und das mögen Tex und Bobalink gar nicht.«

»John, Rupert – wir gehen und sehen nach!« ordnete Bob an. »Ihr Mädchen bleibt hier!«

»Ich denke nicht daran!« widersprach ich und lief zurück in das Schlafzimmer, um einen dicken Pullover anzuziehen. Natürlich wollten alle mitkommen, und so wateten wir durch die überflutete Halle.

»All die kostbaren Teppiche!« klagte Jane-Anne. »Welch ein Jammer!«

»Und die schönen Polstermöbel!« fügte Susan hinzu. »Es wird Tage dauern, bis alles einigermaßen getrocknet ist.«

In der Veranda standen die beiden Ponys tatsächlich bis fast zu den Knien im Wasser und schienen sich zu wundern.

»Zunächst müssen wir mal feststellen, woher das Wasser kommt«, sagte Bob. »Ich vermute, es ist eine Regenrinne verstopft.«

Die drei Jungen gingen nach oben, erschienen bald wieder in Bademänteln und hatten die Hosen in die Reitstiefel gesteckt. Bob hatte seine Taschenlampe mitgebracht, und auf einem Regal in der Veranda lagen noch zwei Lampen, die trocken geblieben waren. Im Haus warteten wir Mädchen; es war ungemütlich, und unsere Füße wurden mit jeder Minute kälter.

Zum Glück hatten die Jungen bald den Schaden entdeckt. Es war, wie Bob vermutet hatte, ein Regenrohr, das durch Laub verstopft war. Das Wasser, das sonst abgeflossen wäre, hatte sich auf dem Dach gestaut, war an der Außenwand herabgelaufen und unter der Haustür in die Halle gedrungen. Nach wenigen Minuten waren die Blätter aus dem Rohr gestoßen, und aus der Halle gurgelte das Wasser durch die Haustür ins Freie.

Wir gaben uns alle Mühe, die Reste von Feuchtigkeit mit Besen und Lappen zu entfernen, aber gegen die Schicht von schleimigem Dreck, die den Fußboden bedeckte, konnten wir nichts tun.

»Die armen Leute müssen ja einen Schlag kriegen, wenn sie nach Hause kommen«, meinte Jane-Anne.

»Wir haben noch nach den anderen Ponys gesehen«, sagte Bob. »In die Ställe und Garagen ist das Wasser nicht gekommen, weil sie höher liegen. Könnt ihr die Veranda einigermaßen trocken fegen? Dann schüttet Rupert frisches Stroh hinein.«

Als das Wasser uns geweckt hatte, war es halb drei Uhr morgens gewesen, und als wir alles Nötige getan hatten, erschienen am Himmel schon helle Streifen, die den Morgen ankündigten.

»Ein paar Stunden müssen wir aber noch schlafen«, sagte Kathryn. »Ich fühle mich wie ein ausgeleiertes Gummiband.«

Todmüde stiegen wir die Treppe hinauf und krochen wohlig aufatmend in unsere warmen Schlafsäcke.

Wir wachten erst auf, als es schon heller Tag war, und als wir hinunterkamen, zeigte es sich, daß wir noch immer allein im Haus waren, abgesehen von dem Kater, der den Rest der Nacht in einem Sessel verbracht hatte.

»Ach, das hatte ich vergessen!« rief Bob. »Ich hätte die Polizei anrufen und melden müssen, was hier passiert ist.«

Er hob den Hörer ab, aber es kam kein Freizeichen.

»Wahrscheinlich hat das Unwetter irgendwo die Telefonleitung zerstört«, meinte Rupert.

»Dann müssen wir einen Umweg machen und bei der nächsten Polizeistation vorbeireiten«, entschied Bob.

Wir wollten gerade in Klagen über die Verzögerung ausbrechen, da ratterte vor dem Haus ein Karren: Der Milchmann war da. Bob lief hin und erklärte, wir seien hier angemeldet gewesen und haben das Haus verlassen gefunden.

Der Milchmann kratzte sich den Kopf. »Komisch – als ich gestern hier war, haben sie vier Flaschen Milch extra bestellt, weil sie Gäste erwarteten.«

»Das sind wir«, sagte Bob.

»Wißt ihr was«, schlug der Milchmann vor, »meine nächste Kundin ist Frau Miller, ein Stück die Straße hinunter. Sie ist mit Frau Greene befreundet und weiß bestimmt, was los ist. Ich sage ihr Bescheid.«

»Sehr nett von Ihnen«, bedankte sich Bob. »Wir haben nämlich heute ein gutes Stück Weg vor uns. Die Polizei konnten wir auch nicht erreichen, die Leitung funktioniert nicht.«

»Überlaßt nur alles mir«, versprach der Mann noch einmal.

Er fuhr davon, und wir beeilten uns, zu frühstücken,

unsere Sachen zusammenzupacken und die Ponys zu satteln.

»Alles fertig?« rief Bob und setzte sich an die Spitze des Zuges.

»Ja«, gähnte Kathryn, »aber wenn wir nicht bald losreiten, schlafe ich im Sattel ein.«

»Also, los denn!« kommandierte Bob, und wir ritten in der gewohnten Reihenfolge durch das schmiedeeiserne Tor auf die Landstraße.

Gefährliche Begegnung

Am Vormittag kam die Sonne heraus und bescherte uns einen sommerlich blauen Himmel und angenehme Wärme. Man hätte nicht glauben sollen, daß noch zwölf Stunden vorher der kalte Regen in Schwaden heruntergekommen war. Nachdem wir mehrere Meilen zurückgelegt hatten, begann die Gegend sich zu verändern. An Stelle der Heide- und Moorlandschaft trat der kahle, karg bewachsene Kreideboden der südenglischen Küste. Die Sonne schien so warm, daß wir unsere Jacken auszogen.

»So muß es in der Sahara sein«, meinte Joanna. »Mir ist, als müsse jeden Moment ein Kamel auftauchen.«

»Von einem Kamel merke ich zwar nichts«, sagte Susan, »aber ein großer Hund folgt uns seit einiger Zeit.«

Wir blickten uns um, konnten aber keinen Hund sehen.

»Er scheint sich hinter einen Hügel geduckt zu haben«,

erklärte Susan. »Er sah aus wie ein heller Jagdhund, sandfarben, sehr groß und mit einem langen Schwanz.«

»Vielleicht gehört er Leuten, die hier Picknick machen, und streift ein bißchen in der Gegend herum«, vermutete John.

Kaum hatte er das gesagt, da klang aus der Ferne ein Ton, leise, aber deutlich. Wir horchten auf und hielten die Pferde an.

»Was kann das sein?« fragte Emmy.

»Klingt wie eine Fabriksirene«, meinte Rupert.

Der Ton dauerte einige Minuten lang an, und er schien aus der Richtung zu kommen, in die wir ritten. Dann brach er plötzlich ab, und jetzt hörten wir Glocken läuten.

»Wochentags um diese Zeit – das ist doch merkwürdig«, bemerkte Kathryn.

»Seht!« rief Charlie. Sie stand aufrecht in den Steigbügeln und zeigte nach vorn, wo ein weißes Pony in vollem Galopp schräg auf unseren Pfad zukam. Es trug keinen Reiter, Zügel und Bügel flatterten lose.

»Wo kommt das denn her?« wunderte sich John.

»Wichtiger ist, wohin es läuft«, rief Bob. »Jane-Anne, Kathryn, Claire, kommt mit mir! Ihr anderen bleibt hier, damit wir es nicht erschrecken!«

Trotz des ungewöhnlichen Anlasses genossen wir den kurzen Galopp. Der kleine Schimmel kam auf uns zu, und man merkte, daß er von Angst gejagt wurde. Wir trieben unsere Ponys an, und sie rannten mit fliegenden Hufen dem reiterlosen Pferd entgegen. Jetzt gab Bob ein Handzeichen, wir sollten uns trennen. Kathryn und ich hielten auf die

Flanke zu, die uns zugewandt war, Jane-Anne und Bob ritten einen Bogen, um an die andere Seite des flüchtenden Ponys zu kommen.

Die weiße Stute war etwas langsamer geworden, aber es dauerte noch ein paar Minuten, bis wir sie erreicht hatten und neben ihr waren.

»Kannst du sie fassen, Claire?« keuchte Bob, nachdem er vergeblich nach dem Zügel gegriffen hatte. Das fremde Pony wich ihm aus, kam dadurch näher zu mir, und es gelang mir, den Zügel zu packen. Die Schimmelstute spürte den Ruck am Zügel, bäumte sich auf und versuchte sich loszumachen, aber ich hielt Brock immer neben ihrem Kopf, aus dem Galopp wurde Trab und schließlich Schritt, und dann standen wir.

»Armes Ding!« Bob war abgesessen und sah nach, ob das Pony, das am ganzen Leib zitterte, verletzt war. Er konnte nichts feststellen, doch das Tier stand mit rollenden Augen da und war mit Schweiß bedeckt.

»Sie scheint einen furchtbaren Schreck erlebt zu haben«, sagte Bob. »Wir müssen uns nach dem Reiter umsehen. Vielleicht liegt er verletzt irgendwo.«

Als er wieder im Sattel saß, kamen die anderen heran.

»Charlie glaubt, sie habe jemand rufen gehört«, sagte Philippa aufgeregt. »Wir wollten schon nachsehen, aber dann dachten wir, ihr solltet erst Bescheid wissen.«

»Komm, Charlie, zeig uns, woher das Rufen kam!« forderte Kathryn sie auf und wendete Juno.

Die Kirchenglocken hatten aufgehört zu läuten, und als wir jetzt angestrengt lauschten, war es totenstill. Die letzten

Morgennebel hatten sich verzogen, das Land lag im klaren Herbstlicht vor uns.

»Da!« schrie Charlie. »Da war es wieder! Habt ihr es gehört?« Wir hatten es alle gehört: Aus einiger Entfernung klang ein schwacher, aber unmißverständlicher Hilferuf.

»Hallo!« rief Charlie laut. »Wir können dich hören – ruf noch mal!«

Wieder kam ein Ruf, und John sagte bestimmt: »Da drüben!« Er trabte an, und wir folgten ihm.

»Ruf weiter!« schrie Bob, und wir merkten, daß wir dem Rufer näher kamen. Jetzt konnten wir auch Worte verstehen: »Hilfe! Ich bin hier unten!«

»Wo – unten?« fragte Rupert und zügelte Tex. Zu seinem Erstaunen antwortete die Stimme fast unter den Hufen seines Ponys. Er hielt an, saß ab und gab jemand die Zügel. Einige von uns taten das gleiche. Vorsichtig schritten wir die Umgebung ab, bis wir, verborgen unter langem Gras, eine Grube im Boden entdeckten. Wir knieten nieder, schoben die Grasbüschel beiseite und blickten hinab.

»Ach bitte, holt mich doch hier heraus!« bat die Stimme, die einem etwa achtjährigen Kind gehörte, dessen blasses Gesicht wir in der Grube erkannten.

»Natürlich holen wir dich raus«, versprach Bob. »Hab nur ein bißchen Geduld!«

Die Grube war nicht allzu tief, hatte aber so steile Wände, daß man daran keinen Halt finden konnte.

John machte einen Vorschlag: »Wenn du dich hinunterbeugst, Bob, und wir halten deine Beine fest, müßtest du eigentlich ihre Hände fassen können.«

Wir versuchten es, aber obwohl das Kind sich auf die Zehenspitzen stellte und Bob kopfunter in die Grube hinabhing, gelang es nicht, daß sie einander an den Händen fassen konnten.

»So geht es nicht«, stellte Bob fest, als er wieder oben war. »Ich muß hineinspringen und sie hinaufheben.«

»Dann laß mich nach unten«, sagte Rupert. »Ich hebe sie hinauf. Du bist der schwerste von uns, wir könnten Mühe haben, dich nachher heraufzuziehen. Aber du hast Kraft und kannst mich leicht nach oben ziehen.«

»In Ordnung«, stimmte Bob zu. »Sei vorsichtig beim Springen, es könnte tiefer sein als es aussieht.«

Rupert beugte sich über die Grube und rief: »Geh ganz an den Rand, Kleine, damit ich dich nicht trete, wenn ich jetzt hinunterkomme!«

Er drehte sich um, ließ sich auf Hände und Knie nieder und kroch rückwärts an den Grubenrand. Er schob die Beine hinunter, bis er nur noch an den Fingerspitzen hing; dann ließ er los und verschwand. Wir beugten uns vor und sahen ihn neben dem Kind stehen.

»So, Rupert, nun los!« sagte Bob. »Herauf mit ihr!«

Rupert bückte sich tief, daß das Kind auf seinen Rücken klettern konnte, richtete sich behutsam auf, gab sich mit gespreizten Beinen einen festen Stand und drückte beide Hände gegen die Grubenwand. Das Kind konnte jetzt auf seinen Schultern stehen, und von oben beugte sich Bob herunter, von vier Leuten an beiden Beinen festgehalten.

»Nicht an den Stiefeln halten, da könnte er rausrutschen!« warnte Kathryn.

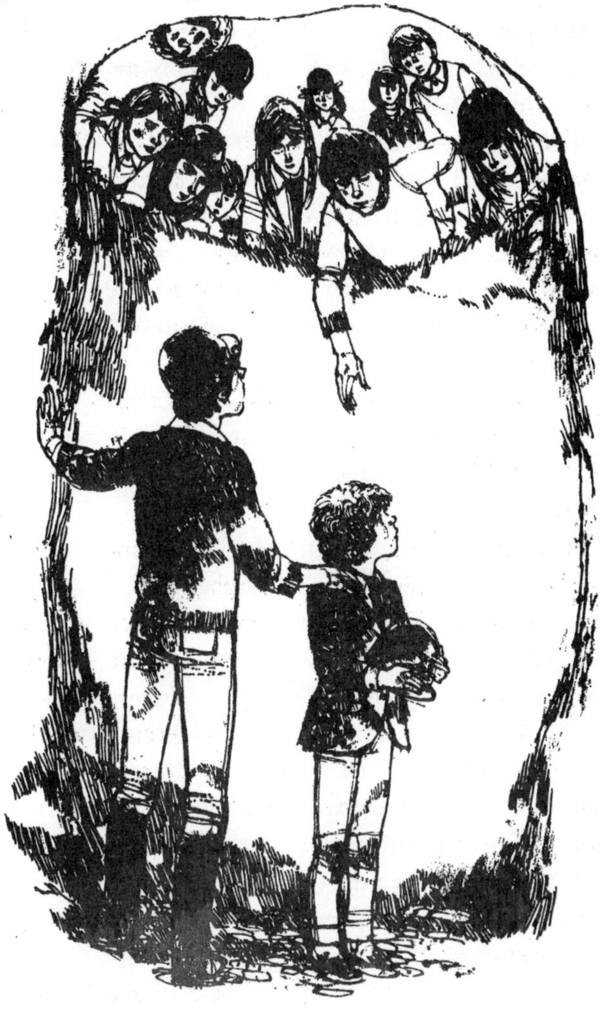

»Jetzt!« rief Bob, und viele Hände halfen ihm, auf dem Rasen rückwärts zu kriechen. Er hielt das schmächtige Kind, das seine Arme um Bobs Hals geklammert hatte. Als es sicher oben war, prüfte er kurz, ob es keine sichtbaren Verletzungen hatte, und wendete sich dann erneut der Grube zu, um Rupert herauszuhelfen.

Es dauerte nur Sekunden. Rupert faßte Bobs Hände und spazierte an der Grubenwand empor, bis er sich am Rand halten und selbst herausziehen konnte.

Das Kind stand zwischen uns und sah aus, als könnte es sich kaum noch auf den Beinen halten. Es hatte große braune Augen und kurze goldblonde Locken, die unter einer dunkelbraunen Reitkappe hervorquollen. Seine Kleidung war elegant und offensichtlich teuer, nur jetzt mit Erde und Staub beschmutzt.

»Na, Kleine«, sagte Bob und schaute, die Hände in die Hüften gestützt, auf sie hinunter. »Da hast du aber Glück gehabt, daß wir zufällig hier vorbeikamen!«

»Vielen Dank – ich bin euch so dankbar – aber es ist besser, wenn wir hier fortgehen – wegen des Löwen«, stotterte das Kind atemlos. Es lief zu dem weißen Pony, das Charlie am Zügel hielt, und versuchte in den Sattel zu kommen, was ihm aber nicht gleich gelang.

»Halt mal, einen Moment!« rief John. »Was redest du da von einem Löwen?«

»Der Löwe – habt ihr denn nicht die Sirene und die Glocken gehört? Das bedeutet, daß ein wildes Tier aus dem Naturschutzpark ausgebrochen ist. Ich hab's gesehen – diesmal ist es ein Löwe.«

Erschrocken und doch ungläubig starrten wir das Kind an, bis Amanda plötzlich sagte: »Ach, du lieber Himmel! Der große Hund, der uns gefolgt ist —«

»Der helle Jagdhund mit dem langen Schwanz — das war ein Löwe!« schrie Susan und preßte sich die Hand auf den Mund.

»Du Schaf«, meinte John, »Löwen haben eine Mähne, aber Jagdhunde nicht!«

»Löwinnen auch nicht«, stellte Jane-Anne sachlich fest. Sie hatte Mühe, Sir Galahad zu beruhigen, der auf der Stelle tänzelte und Schweißflecken auf dem Fell hatte.

»Seht nur, das Pferd wittert es!« rief das Kind. »Genauso ging es meiner Snowbird. Sie warf mich ab und ging durch, und ich fiel in die Grube.«

Als wollte sie das Gesagte bestätigen, tat Snowbird einen Satz zur Seite und stieß dabei unsanft gegen Eddy. Charlie konnte gerade noch die Hand ausstrecken und den kleinen Schimmel am Zügel fassen. Misty warf den Kopf auf und wieherte leise, und Jester stieß ein schrilles Wiehern aus, nachdem er die Nase in die Luft gehoben hatte. Tex rollte wild mit den Augen, Juno stampfte auf den Boden und schien auf und davon rennen zu wollen.

»Er ist ganz in der Nähe, sie wissen es!« sagte das Kind.

Bob traf sofort seinen Entschluß. »Alles aufsitzen, rasch!« Seine Stimme klang gepreßt bei dem Bemühen, ruhig zu wirken. Wir ließen uns das nicht zweimal sagen; wer noch nicht aufgesessen war, beeilte sich, in den Sattel zu kommen.

»Dicht beieinander bleiben!« befahl Bob. »Sobald jemand das Tier sieht, meldet er es. Und falls es Miene macht, uns anzugreifen, reite ich ihm allein entgegen und versuche es abzulenken. Verstanden?«

Niemand wagte zu widersprechen. Dicht aneinandergedrängt, aufgeregt und voller Angst trabten wir in die Richtung, die das Kind uns zeigte; dort war es zu Hause. Niemand sprach, jeder warf ab und zu einen Blick über die Schulter rückwärts und seitwärts. Mir fiel ein Afrikafilm ein, in dem eine Löwin ihre Beute aus einer Zebraherde aussuchte, das Tier immer mehr von den anderen abdrängte und es jagte, bis sie es einholte und mit einem gewaltigen Sprung niederwarf. Wenn ich mir vorstellte, daß es Bob und Ikarus so gehen sollte, wurde mir ganz kalt vor Entsetzen. Das Ganze kam mir vor wie ein schrecklicher Alptraum. Konnte so etwas wirklich am hellen lichten Tag mitten in England passieren?

Ein gellender Schrei riß mich aus diesen Gedanken. Emmy hatte die Löwin gesehen. »Da drüben, hinter dem kleinen Erdhügel!« Sie deutete auf eine Stelle knapp zweihundert Meter links von uns – das war für eine rennende Löwin keine große Entfernung.

»O Claire, ich hab' solche Angst!« flüsterte Amanda und drängte Truffle noch näher an Brock heran.

Bob hatte seinen Platz an der Spitze verlassen und hielt sich zwischen uns und dem Erdhügel, hinter dem das Tier war. Seine Stimme klang beherrscht und streng: »Los jetzt in einem gleichmäßigen Galopp! Nicht durchdrehen, dicht zusammenbleiben und um alles in der Welt nicht runterfallen!«

Weder wir noch die Ponys brauchten eine besondere Ermunterung zum Galoppieren. Wir fühlten uns alle hilflos, denn das kahle, baumlose Land ringsum bot keinen Schutz vor der Gefahr, die auf uns lauerte.

Bob blieb zurück und hatte Mühe, Ikarus zu halten, der hinter den anderen herstürmen wollte. Erst als wir einige hundert Meter entfernt waren, folgte er uns langsam.

Auf einmal hörten wir Motorengeräusch, und vor uns tauchte ein Jeep auf. Die Karosserie war mit schwarzweißen Zebrastreifen bemalt und trug die Aufschrift »Wildschutzpark« in grünen Buchstaben.

»He, ihr da!« schrie der Fahrer aus seinem Fenster. »Habt ihr den Alarm nicht gehört? Es ist ein gefährliches Tier entkommen!«

»Doch, wir haben es gehört«, antwortete Rupert und lenkte Tex neben den Jeep. »Aber wir sind fremd in dieser Gegend und wußten zuerst nicht, was das Sirenensignal bedeuten sollte.«

Jetzt kam auch Bob heran. Man sah ihm an, wie erleichtert er über die Anwesenheit der Wildparkwärter war. »Die Löwin scheint da drüben hinter der kleinen Erdwelle zu stecken«, meldete er.

»Sehr gut. Bleibt bitte hier, haltet eure Ponys dicht beieinander«, ordnete der Fahrer an. »Und was auch geschieht, bleibt ruhig und bewegt euch möglichst wenig.«

Der Jeep fuhr in die Richtung, die Bob gezeigt hatte. Als das Fahrzeug in die Nähe des Hügels kam, schoß die Löwin hervor und floh. Ihr großer gelbbrauner Körper leuchtete im Sonnenlicht.

Sara kreischte auf: »Sie kommt direkt auf uns zu!«

»Sei still und sitz ruhig!« befahl John scharf und griff nach Pebbles Zügel.

Bei Saras Schrei stutzte die Löwin, warf sich dann herum und schlug die entgegengesetzte Richtung ein. Rüttelnd und hüpfend jagte der Jeep hinterher. Dann bremste er, damit einer der Wärter zielen konnte. Das Betäubungsgewehr machte kein Geräusch, so daß wir nicht wußten, wann der Schuß abgefeuert wurde. Wir sahen nur, daß die Löwin mitten im Sprung zusammenzuckte, sich umdrehte und wütend nach dem kleinen Pfeil zu schnappen suchte, der in ihrer Flanke steckte. Ganz langsam gaben die Beine unter ihr nach, sie sank zur Seite und blieb bewußtlos liegen. Die Männer sprangen aus dem Wagen und hoben das Tier in den Laderaum. Mit einem hellen Hupensignal fuhren sie davon.

»Habt ihr gesehen, wie groß das Biest war?« fragte Rupert. »Ein hübscher Jagdhund, wahrhaftig! Wer in aller Welt kann denn einen ausgewachsenen Löwen mit einem Jagdhund verwechseln?«

»Nun, beispielsweise eine gewisse Susan Mainwaring«, grinste John und warf seiner Schwester einen spöttischen Blick zu.

»Wir haben nur gesagt, das Tier war sehr groß«, verteidigte Amanda sich und Susan.

»Und wer kann schließlich erwarten, mitten in England eine Löwin in der Landschaft umherlaufen zu sehen?« warf ich ein, um die beiden zu unterstützen.

»Sehr richtig«, stimmte Kathryn zu. »Was meint ihr, wenn wir gewußt hätten, was für ein Tier das war – wären wir dann dageblieben, um die kleine – wie heißt du überhaupt?« wendete sie sich an das Kind.

»Roderick Sutter«, antwortete schüchtern das goldlockige Kind, das wir alle für ein Mädchen gehalten hatten.

»Du hast ein wunderschönes Pony, Rod«, sagte Charlie zu dem kleinen Jungen, der durch unser losbrechendes Gelächter ganz verwirrt war.

»Sie ist ein Vollblut und heißt Snowbird«, erklärte er ihr. »Ich habe sie erst knapp ein Jahr, und ich hatte sie gerade soweit, daß wir im nächsten Sommer am Junioren-Turnier teilnehmen konnten. Jetzt hat sich aber meine Mutter entschlossen, hier wegzuziehen und nach Amerika zu gehen. Nächsten Monat will sie fort, und Snowbird soll verkauft werden, weil wir sie nicht mitnehmen können. Deshalb bin ich mit ihr ausgerissen. Und dann begegneten wir der Löwin.«

Wir brauchten ein paar Minuten, um diese Neuigkeiten zu verdauen; schließlich trifft man ja nicht jeden Tag ein Kind, das mit seinem Pony von zu Hause ausgerissen ist, und dann noch eine entlaufene Löwin.

»Also, Roderick«, sagte Bob ernst, »was du auch vorgehabt haben magst – ich finde, du solltest jetzt doch erst mal mit deiner Mutter reden.«

Der kleine Junge schaute auf seine Hände und erwiderte mit einem Seufzer: »Ich glaube, du hast recht.«

Dann fragte Bob, wo er eigentlich wohne. Es sei am besten, wenn wir ihn nach Hause begleiteten, bevor wir weiterritten nach Stonehaven, wo wir für die nächste Nacht angemeldet waren.

Als Roderick den Namen Stonehaven hörte, blickte er uns verwundert an. »Sagtest du Stonehaven? Aber dort könnt ihr nicht übernachten!«

»Warum denn nicht?«

»Weil es da vorgestern nacht gebrannt hat und fast alle Gebäude zerstört sind.«

Auf historischem Boden

»Ist denn so was möglich?« rief Kathryn außer sich. »Man könnte meinen, Neill Crumb habe die Strecke vor uns abgeritten und dafür gesorgt, daß uns eine Schwierigkeit nach der andern begegnet: der Bienenschwarm, die Flaschenscherben im Wald, das verlassene Haus –«

»– eine nächtliche Überschwemmung, eine entlaufene Löwin und ein abgebrannter Bauernhof«, fuhr Rupert fort.

»Ich habe allerdings auch den Eindruck, als habe sich alles gegen uns verschworen«, mußte Bob zugeben.

»Vom nächsten Postamt werde ich meine Eltern anrufen und ihnen sagen, sie sollten diese Woche besser keinen Wettschein ausfüllen«, verkündete Charlie.

Da fuhr ich auf. »Was seid ihr alle für dumme Pessimisten! Schließlich war doch dieser Ritt nicht als gemütliche Erholung geplant, sondern als eine Bewährungsprobe, bei der wir beweisen sollten, daß der Pony-Club aus allen Schwierigkeiten mit fliegenden Fahnen herauskommt. War es nicht so? Ich bin überzeugt, wir finden auch heute nacht irgendeine Unterkunft.«

»Ja, zum Beispiel bei uns«, piepste Roderick mit seiner zarten Stimme. »Wir haben eine Menge Platz. Wenn ihr bei uns übernachtet, verschiebe ich vielleicht mein Ausreißen bis übermorgen.«

Wir konnten uns zwar nicht vorstellen, daß jemand auf den unerwarteten Besuch so vieler Menschen und Pferde eingerichtet sein könnte; aber es stellte sich heraus, daß Rodericks Behauptung, sie hätten eine Menge Platz, nicht übertrieben war. Das Haus, in dem er mit seiner Mutter wohnte, war ein Herrensitz, wie man sie in Filmen sieht. Es lag nahe bei der Senke von Dinsbury. Über gepflegte Rasenflächen ritten wir an einem marmornen Schwimmbecken vorbei, in dem türkisgrünes Wasser in der Sonne blitzte und blinkte.

In dem Innenhof, wohin Roderick uns führte, saß eine zierliche Dame an einer Schreibmaschine; sie trug ein langes, weichfließendes buntes Gewand, und eine große Sonnenbrille war modisch auf die blonden Locken zurückgeschoben.

»Meine Mutter schreibt nämlich«, erklärte Roderick. »Meist Liebesromane. Ich finde sie scheußlich, aber viele Leute sind ganz närrisch danach und kaufen sie.«

Wir starrten die elegante Dame gebannt an, denn keiner von uns hatte jemals eine Schriftstellerin leibhaftig vor sich gesehen. Als sie sich erhob und mit graziösen Schritten auf uns zuging, kam ich mir auf einmal ausgesprochen schmutzig und zerknittert vor.

»Wo bist du gewesen, Rodi?« rief sie ihrem Sohn entgegen. »Du solltest doch heute nicht ausreiten, weil der Wildschutzpark Alarm gegeben hatte. Erst vor kurzem kam das Entwarnungssignal. Letztes Mal war nur ein Elch ausgebrochen, aber diesmal scheint es etwas Gefährlicheres gewesen zu sein.«

»Etwa eine Löwin?« fragte Kathryn.

»Mama«, unterbrach Roderick sie hastig, »ich habe ein paar Freunde mitgebracht, die gern über Nacht hierbleiben möchten. Sie waren in Stonehaven angemeldet, aber das ist ja niedergebrannt.«

»Ach, ihr Pechvögel!« rief Frau Sutter. »Rodi, sag der Köchin, sie möchte Mittagessen vorbereiten für – laß sehen – eins, zwei, drei –«

»Es tut mir leid, aber wir sind dreizehn«, sagte ich kleinlaut.

Sie holte Luft. »Na, dann lohnt es sich ja. Soll das heißen, daß ihr mehrere Tage im Sattel unterwegs wart?«

»Seit Samstagmorgen«, bestätigte Jane-Anne.

»Du liebe Güte, da könntet ihr bestimmt ein Buch schreiben über alle eure Erlebnisse!«

»Es ist tatsächlich einiges geschehen«, gestand John. »Trotzdem glauben wir nicht an das abergläubische Gerede —« Er brach ab, weil seine Schwester ihm einen Tritt gegen den Knöchel versetzt hatte.

»Immerhin hätten wir Roderick nicht retten können, und wer weiß, ob nicht die Lö-« Auch Emmy unterbrach sich, nachdem Joanna sie kurz, aber heftig in die Rippen geboxt hatte.

»Also, so ganz werde ich aus euren Reden nicht klug, meine Lieben«, sagte Frau Sutter lächelnd. »Vermutlich seid ihr müde vom vielen Reiten. Auf jeden Fall bitte ich euch, jetzt eure Ponys zu versorgen und dann ins Haus zu kommen, damit ihr euch vor dem Essen noch ein wenig frisch machen könnt.«

Wir führten die Ponys in die umzäunte Weide, die Snowbird mit zwei großen Pferden teilte, die Rodericks Eltern gehörten; jedes bekam ein Häufchen Heu, und dann gingen wir zurück ins Haus.

Frau Sutter war es inzwischen gelungen, den Besitzer von Stonehaven telefonisch zu erreichen und zu melden, daß man dort nicht auf uns zu warten und kein anderes Quartier für uns zu suchen brauchte. Wir Mädchen fanden Platz in den Gästezimmern im oberen Stockwerk, und die Jungen wurden in einem Wohnwagen untergebracht, der im Park hinter dem Haus stand und drei Schlafkojen hatte.

Als wir uns später bei Rodericks Mutter für das fabelhafte Mittagessen bedankt hatten, waren wir von Spannung und ungeduldiger Erwartung erfüllt. Wir waren ja dicht vor dem Ziel unserer Reise – nur ungefähr drei Kilometer entfernt war die Ausgrabungsstelle in der Senke von Dinsbury.

»Ich würde gern – es ist wohl nicht möglich, daß ich mitkomme?« bat Roderick zaghaft. »Wißt ihr, Snowbird soll doch nächste Woche verkauft werden, und ich habe nicht mehr viel Gelegenheit, sie zu reiten.«

»Natürlich kannst du mitkommen, wenn deine Mutter nichts dagegen hat«, antwortete Bob.

Frau Sutter nickte Roderick zu, und er stieß einen Jubelschrei aus, der keinen Zweifel mehr daran ließ, daß er wirklich ein Junge war und kein Mädchen. Uns allen voran rannte er hinaus, um sein Pony zu satteln.

Ursprünglich hatten wir vorgehabt, die Ponys in Stonehaven zu lassen und die kurze Strecke von dort bis zu der umstrittenen Autobahn-Baustelle zu Fuß zu gehen. Indessen hatten wir uns aber überlegt, es sei richtig, daß die Ponys bis zum Schluß bei uns waren. Nur Misty sollte auf der Weide bleiben, denn wir brauchten für diesen Weg kein Packpferd, und mir war es lieb, daß er auf diese Weise eine längere Ruhepause hatte.

Unterwegs zeigte uns Roderick die rauchgeschwärzten Ruinen von Stonehaven und erzählte, nur der heftige Regen hätte verhindert, daß auch die übrigen Gebäude noch niedergebrannt wären. Wir blickten einander an und dachten an die Sintflut in Timbers. So ein Regen konnte also auch sein Gutes haben.

Musik klang uns in der klaren Luft entgegen, und wir dachten zuerst, es seien Camper mit einem Transistorradio. Als wir näher kamen, sahen wir eine Menschenmenge, die sich auf engem Raum drängte. Die Musik wurde lauter, ebenso die Stimmen der Leute, und schließlich merkten wir, daß da so eine Art Jahrmarkt oder Volksfest im Gange war.

Etwas abseits hielten wir an und blickten den Abhang hinunter auf die Menschenansammlung. In der Mitte stand ein großes, rotweiß gestreiftes Zelt, umgeben von Verkaufsständen, wo es Würstchen, Bonbons, Eis und alle möglichen Andenken gab und wo man sich die Zukunft voraussagen lassen konnte. Bunte Fahnen und Bänder wehten im leichten Wind. Wir wunderten uns, wohin wir da geraten waren.

»Na, ihr kommt ja reichlich spät!« rief vorwurfsvoll eine Männerstimme neben uns. Erstaunt blickten wir den Sprecher an. Er war gekleidet, wie man sich einen keltischen Krieger vorstellt, sah uns mißbilligend an und fragte: »Wieso seid ihr so angezogen?«

»Das gleiche könnten wir Sie fragen«, gab Bob zurück.

Der Mann schaute uns erstaunt an. »Ihr seid doch die Kinder vom Pony-Club, oder nicht? Sie haben versprochen, zu kommen und im Festzug die Fahnen und Spruchbänder zu tragen, und zwar in historischen Kostümen.«

Bob schüttelte den Kopf. »Bedaure. Wir gehören zwar zu einem Pony-Club, aber wir kommen vom Wiesenhof, aus

Gooseley und Coppington und sind nur zu einem kurzen Besuch hier. Wir wollten den Ausgrabungsplatz sehen, bevor die Autobahn darübergebaut wird.«

»Gerade das will unsere Bürgervereinigung ja verhindern!« rief der Mann und schwang sein breites Schwert so heftig, daß Amandas und Philippas Ponys erschrocken zurückwichen.

»Meinen Sie, daß Sie Aussichten haben, den Bau zu stoppen?« fragte Bob interessiert.

Der Krieger verzog das Gesicht. »Ehrlich gesagt, es besteht nicht viel Hoffnung, wenn nicht ein Wunder geschieht. Auf jeden Fall wollen wir die Öffentlichkeit aufmerksam machen, daß hier etwas im Gange ist, was nicht wiedergutzumachen wäre. – Aber wo bleiben bloß diese nichtsnutzigen Kinder mit ihren Ponys?«

»Können wir Ihnen irgendwie helfen?« erbot sich Jane-Anne.

Kaum hatte sie es ausgesprochen, da wurden wir durch die Absperrung zu dem großen Zelt geschoben, wo uns der Krieger Spruchbänder und weite Kittel zeigte, auf denen in großen Buchstaben stand: »Rettet das Gräberfeld von Dinsbury!«

»Wunderbar! Ganz wunderbar!« rief er, als wir die Fahnen aufnahmen und in die Kittel schlüpften. »Jetzt reitet ihr damit draußen zwischen den Leuten herum. Das Fernsehen will auch kommen. Also, wenn ihr irgendwo eine Kamera seht, dann bewegt euch schön langsam und haltet die Schriften so, daß sie zu lesen sind. Und wenn euch jemand interviewen will, so erzählt, woher ihr kommt, daß ihr den weiten Ritt extra unternommen und eure Herbstferien geopfert habt, um unsere gute Sache zu unterstützen! Die Öffentlichkeit muß aufmerksam gemacht werden.«

»So hatten wir es uns eigentlich nicht vorgestellt«, meinte Susan und zog ihren Kittel zurecht.

Roderick rief begeistert: »Das ist ganz groß – noch viel schöner, als von zu Hause ausreißen! Wie froh bin ich, daß gerade ihr mich gefunden und aus der Grube herausgeholt habt!«

Kathryn und ich trugen ein Spruchband zwischen uns und mußten darauf achten, daß Brock und Juno immer im gleichen Abstand blieben, damit die Schrift gut zu lesen war.

»Ich habe gar nicht nachgesehen, was draufsteht«, sagte Kathryn. John und Rupert, die hinter uns kamen, lasen uns vor: »Keine Autos über historischem Boden!«, und dafür lasen wir ihr Transparent, auf dem stand: »NEIN zur Autobahn in der Dinsbury-Senke!«

Wir kamen uns tüchtig und zugleich ein bißchen komisch vor, als wir mit den Parolen durch die Menschenmenge ritten, die anscheinend nur hier war, um sich zu amüsieren.

Wenn man als Reiter die Stange an einem Ende eines Transparents zu halten hat, muß man sich nach seinem Partner richten, der die andere Stange trägt, und ist ziemlich beschränkt in seiner Bewegungsfreiheit. Die Leute in den weiten Kitteln mit den Aufschriften hatten es viel besser. Das wußten sie und nutzten es aus. Emmy und Sara hatten sofort heraus, wo die Stände mit Eis und Zuckerwatte waren. Sie zogen ihre Kreise immer in der Nähe und konnten sich jederzeit mit Nachschub versehen.

Charlie und Philippa ließen sich ihre Zukunft wahrsagen. Philippa war entzückt, als sie erfuhr, daß sie eine Reise unternehmen und überhaupt ein sehr abwechslungsreiches Leben führen werde. Charlie hingegen war enttäuscht.

»Alles großer Quatsch und Schwindel!« brummte sie. »Die Frau sah überhaupt nicht aus wie eine Wahrsagerin. Sie hatte einen gewöhnlichen grünen Hosenanzug an, und keine Spur von einem goldenen Ohrring oder so was.«

»Auch keine Kristallkugel?« fragte Kathryn. »O je! Wie hat sie dir denn deine Zukunft vorausgesagt?«

»Sie nahm nur meine Hand, und die hat sie nicht mal richtig angeguckt. Als ich sie dann fragte, wann ich endlich ein Pony bekommen würde, sah sie mich mit hochgezogenen Augenbrauen an und sagte: ›Aber du hast doch schon eins!‹ Ich antwortete, daß ich keins habe, weil Eddy ja nicht mir gehört, da meinte sie: ›Ich sehe es hier. Dann ist es eben nicht Eddy.‹ Und das war's. Fünfzig Pence im Eimer, für nichts und wieder nichts. Mein Vater darf das gar nicht erfahren.«

Bob und Rupert erschienen und meldeten, die Mitglieder des anderen Pony-Clubs seien jetzt eingetroffen und würden uns ablösen. Wir sollten die Fahnen, Transparente und Kittel an sie abgeben.

»Gut so«, bemerkte Bob. »Wenn wir das Zeug loswerden, können wir endlich die Ausgrabungsstätte ansehen, wozu wir ja schließlich hergekommen sind.«

»Wir sollen Doktor Breakwell darüber Bericht erstatten«, erinnerte Susan. »Na, dem haben wir überhaupt eine Menge zu erzählen!«

Wir ritten aus der Menschenmenge heraus zu der Stelle, wo der einheimische Pony-Club wartete. Die Jungen und Mädchen waren als Briten aus alten Zeiten verkleidet, das heißt, sie trugen einfach Säcke, die mit Stricken gegürtet waren, und auf ihre Gesichter war dunkelbraunes Make-up dick aufgeschmiert.

»Ehrlich, ich komme mir ein bißchen lächerlich vor«, gestand uns ein größeres Mädchen. »Aber für die Kleineren war es eine herrliche Ausrede, ein paar Tage lang Ohren und Hälse nicht waschen zu müssen.«

Als sie sich entfernt hatten, wendeten wir uns unserem eigentlichen Ziel zu. Merkwürdig – obwohl die Demonstration und der ganze Rummel doch der Erhaltung des Gräberfeldes gelten sollte, kümmerte sich anscheinend kein Mensch darum. Das Gelände war leer und verlassen. Die angefangene Autobahn mit ihrer Baustelle schnitt wie eine helle Narbe mitten durch die Landschaft. Davor lag das umstrittene Stück Land, mit Seilen abgesperrt. An seinem Rand war eine tiefe, lange Rinne, wo ein Bulldozer das Erdreich aufgerissen hatte, bevor seine Arbeit durch die Bemühung der Bürgervereinigung gestoppt wurde.

Wir saßen ab und lehnten uns über die Absperrseile.

»Hm, das ist es also, weswegen wir den weiten Weg gemacht haben«, sagte Kathryn.

»Das klingt, als wärst du enttäuscht«, bemerkte Bob.

»Na ja, eigentlich ist es doch nichts als eine Bodensenke, wie man sie anderswo auch sehen kann«, meinte Joanna, und auch ihre Stimme klang nicht gerade begeistert.

»Was habt ihr denn erwartet?« fragte Rupert. »Daß Knochen und Schädel, Keulen und Schwerter herumliegen? Wenn die hier zu sehen wären, dann hätten sie kaum einen Alterstumswert.«

»Es ist dennoch spannend«, sinnierte Bob. »Ich hoffe, die Leute behalten recht, die behaupten, daß der Beginn neuer Ausgrabungen sich lohnte. Nur weil vor ein paar Dutzend Jahren jemand gemeint hat, hier sei nichts mehr zu finden, muß das doch nicht unbedingt stimmen. Wer hat es denn nachgeprüft?«

Wir führten die Ponys am Zügel und schritten langsam um die Senke herum. Sie war größer, als es aus der Ferne den Anschein gehabt hatte.

»Hier ließe sich ein prima Springparcours anlegen«, meinte Kathryn.

»Es scheint durch den Straßenbau noch nicht viel zerstört zu sein«, sagte John. »Ich kann gut verstehen, daß man versuchen will, noch etwas zu finden. Soviel ich in der Schule mitbekommen habe, hat es in dieser Gegend schon vor undenklichen Zeiten menschliche Siedlungen gegeben. Haben die alten Knaben damals nicht ihre Toten mit Waffen, Schmuck und Schätzen, Lebensmitteln und allen möglichen Geräten begraben, die sie in ihrem künftigen Dasein nötig haben würden?«

»Das verwechselst du mit den ägyptischen Pyramiden, mein Lieber«, spottete seine Schwester. »Jetzt weiß ich, warum unter deiner letzten Geschichtsarbeit steht: ›Mehr Aufmerksamkeit im Unterricht erwünscht.‹«

Einige nahmen für John Partei, andere für Susan, und es entspann sich ein hitziger Streit. Bob machte dem Wortwechsel ein Ende und sagte, wenn wir genug gesehen hätten, sollten wir zum Haus Sutter zurückkehren, damit die Ponys sich gründlich ausruhen könnten. Philippa, Joanna und die beiden Cotterill-Mädchen wollten unbedingt noch einmal zum Festplatz, um zu sehen, ob die Leute vom Fernsehen inzwischen angekommen wären.

»Ich möchte so gern mal in die Kamera winken«, verlangte Emmy. »Unsere Mami weiß, daß wir hier sind, sie sieht uns bestimmt.«

»Sei nicht so albern!« tadelte Jane-Anne. »Ich persönlich verabscheue Leute, die in die Kamera winken.«

Den Mädchen war es aber gleichgültig, was Jane-Annes

persönliche Ansicht war. Sie bestanden auf ihrem Wunsch, und nachdem wir ihnen eingeschärft hatten, daß wir uns zehn Minuten und keine Sekunde länger dort aufhalten würden, trabten wir zum Festplatz.

Natürlich war es Charlie, die mit ihren scharfen Augen als erste den Übertragungswagen der BBC-Fernsehgesellschaft entdeckte. Wir drängten uns zwischen die Menge, die das Fahrzeug umlagerte. Von den Pferderücken aus konnten wir alles gut sehen, wenn auch nicht alles hören, was gesagt wurde. An der Rückseite des Wagens richtete ein Mann eine Kamera auf zwei Personen, von denen eine ein Mikrophon in der Hand hielt. Das schien der Reporter zu sein. Seine Gesprächspartnerin war eine Dame in mittleren Jahren, die einen weiten grauen Mantel trug. Ihre Haare waren in der Form einer zusammengerollten Wurst um ihren Kopf gelegt, und ihr Gesicht erinnerte an ein liebenswürdiges Pferd, was mich sofort für sie einnahm. Nahe bei ihr hockte der keltische Krieger und hielt seinen Schwertgriff umfaßt, als wäre er zu jeder Sekunde bereit, sie zu beschützen.

»Ob die Dame vielleicht irgend etwas mit Altertumsforschung zu tun hat?« fragte Amanda plötzlich. Ich erwiderte, das sei wohl möglich, aber ebensogut könne sie zur Bürgervereinigung gehören oder sogar Bürgermeisterin einer benachbarten Stadt sein. »Warum fragst du?« fügte ich an.

Sie hielt mir auf der flachen Hand eine Tonscherbe hin, die mit verkrusteter Erde bedeckt war. »Als wir vorhin durch die Vertiefung gingen, die der Bulldozer in den Boden gerissen hat, bin ich mit dem Fuß gegen das hier gestoßen; wenn sie etwas von Altertümern versteht und mir sagt, daß es sich lohnt, dann nehme ich es mit für unsere Sammlung in der Schule.«

Ich sah mir die Scherbe an und bemerkte: »Das würde ich für ein Stück von einem zerbrochenen Teebecher halten, den ein Camper weggeworfen hat. Aber versuchen können wir's ja. Wenn du magst, gehe ich mit.«

Die schüchterne Amanda nahm mein Angebot dankbar an. Wir riefen den anderen zu, wir wären in ein paar Minuten wieder da, gaben ihnen unsere Ponys zu halten und strebten zwischen den Zuschauern zum Fernsehwagen. Das Interview war eben zu Ende. Während die Techniker ihr Aufnahmegerät zusammenpackten, drehte sich die graugekleidete Dame mit einem netten Lächeln um und blickte uns fragend an. Das ermutigte uns, sie wegen Amandas Fund zu befragen.

Während ich die nötigen Erklärungen abgab, hielt Amanda ihr scheu die Tonscherbe hin. Die Dame nahm sie auf ihre Handfläche, schaute sie eine Weile schweigend an und fragte dann, ohne den Blick von der Scherbe zu heben: »Und wo, genau, habt ihr das gefunden?«

Amanda beschrieb es, und die Dame kratzte mit dem Fingernagel ein wenig Erde von dem Fundstück ab.

»Beim Hammer Thors!« rief sie auf einmal mit unterdrückter, beinahe ehrfürchtiger Stimme.

Sofort war der Fernsehreporter wieder da und blickte gespannt über ihre Schulter. »Irgend etwas Interessantes, Frau Professor?«

Sie schaute ihn mit einem abwesenden Blick an und nickte nur. Dann begann sie langsam zu sprechen, und soweit wir sie verstehen konnten, hatte Amanda so beim Umherschlendern ein Stück von einer Urne gefunden, die vor mehreren tausend Jahren in der Senke von Dinsbury begraben worden war.

Charlie hat Glück

»Wir können ja in der Zeitung inserieren: ›Pony-Club vom Wiesenhof. Rettung von Kindern aus Erdgruben. Einfangen entsprungener Raubtiere. Auffinden prähistorischer Schätze‹«, scherzte Kathryn. Es war kurz vor neun Uhr abends, und wir hockten dicht gedrängt in dem Wohnwagen, wo die Jungen ihr Nachtquartier hatten: wir vom Pony-Club und Roderick Sutter. Wir warteten auf die Neun-Uhr-Nachrichten vor dem kleinen tragbaren Fernsehgerät, das wir aus der Halle geholt hatten. Wir traten einander auf die Zehen und bohrten uns gegenseitig die Ellenbogen in die Rippen, als wir uns alle vierzehn auf die drei Liegen quetschten. Aber es beklagte sich niemand, dazu waren wir viel zu aufgeregt.

Nach Amandas erstaunlichem Fund war folgendes geschehen. Die Fernsehleute hatten ihre Geräte schleunigst wieder ausgepackt. Die Dame im grauen Mantel mit der Wurstfrisur hatte die Tonscherbe triumphierend vor der Kamera emporgehalten und erklärt: »Dieses kleine Bruchstück wird genügen, um den Weiterbau der Autobahn sofort zu verhindern und intensive Grabungen zu veranlassen.« Wir erfuhren, daß sie Professorin für Archäologie an der Universität von Cambridge war.

Die zustimmenden Rufe aus der Menge freuten sie offensichtlich, und sie fuhr fort: »Mit Unterstützung des zuständigen Ministers werden wir sehr rasch erreichen, daß Fachkräfte hier an die Arbeit gehen.«

Danach gerieten wir in den Mittelpunkt der Aufmerksamkeit. Kameraauge und Mikrophon richteten sich auf uns. Wir mußten schildern, woher wir kamen, was wir vorgehabt und was wir erlebt hatten. Zum Schluß fragte Bob den Aufnahmeleiter, wann die Sendung laufen würde, und bekam die Antwort: »Wenn alles glattgeht, heute abend in den Neun-Uhr-Nachrichten. Wir schicken den Film auf schnellstem Weg ins Studio.«

Frau Sutter hatte uns allen erlaubt, unsere Eltern anzurufen und ihnen kurz zu sagen, sie sollten um neun die Nachrichten ansehen. Dann hatten wir uns in den Wohnwagen gezwängt, um das Geschehene gründlich zu besprechen, während wir auf die Sendung warteten.

»Ruhe jetzt!« befahl Bob und drehte den Ton lauter, als das Gesicht des Nachrichtensprechers auf dem Bildschirm erschien. Zuerst, bei den politischen Meldungen, zeigte er die übliche sachlich-ernste Miene. Aber dann verriet sein Gesicht Anteilnahme, als er sagte: »Und nun die Nachricht von einer hochinteressanten Entdeckung, die ganz zufällig gemacht wurde. In der Senke von Dinsbury fand heute

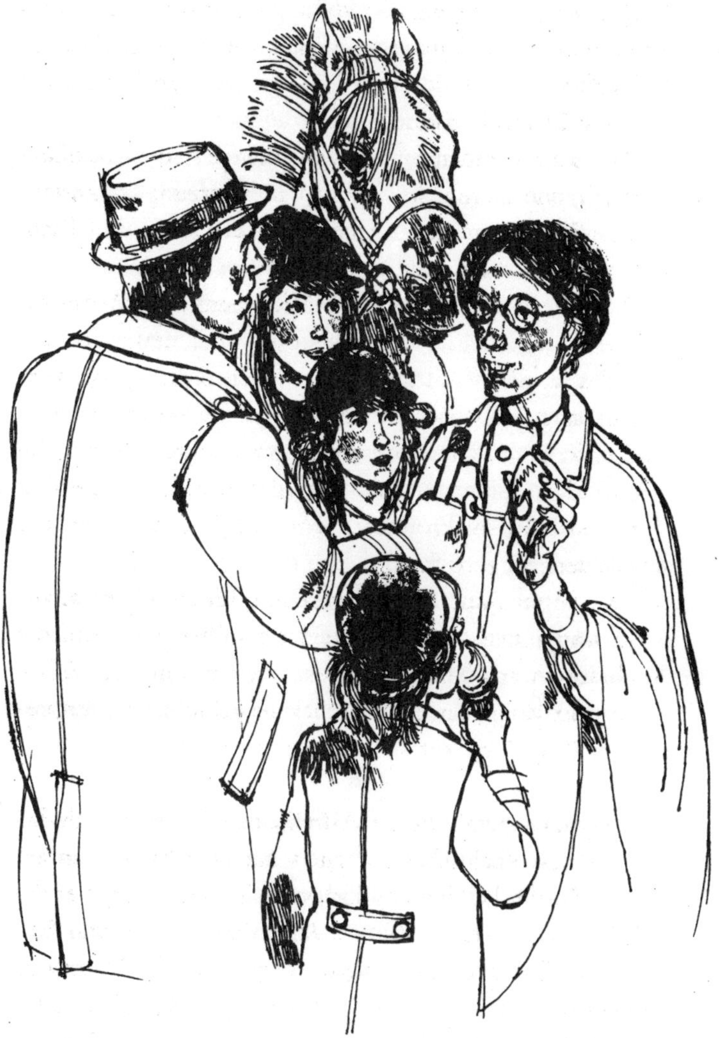

nachmittag ein zwölfjähriges Mädchen eine Tonscherbe, die vermutlich mehrere tausend Jahre alt und von großer kulturhistorischer Bedeutung ist. An dieser Stelle wurden vor einigen Jahrzehnten bereits archäologische Grabungen vorgenommen, dann aber als ergebnislos abgebrochen. Die Bürgervereinigung zum Schutz der Dinsbury-Senke hatte gerade an diesem Tag zu einer Demonstration aufgerufen, um den Bau einer Autobahn über dieses Gebiet zu verhindern. Näheres berichtet nun unser Reporter Jeremy Cox.«

Der Ansager am Studiotisch verschwand, und auf einmal waren wir wieder mitten in der Menschenmenge von heute nachmittag. Bob hatte sofort gemerkt, daß um Amanda und mich etwas Besonderes vorzugehen schien. Er war mit den übrigen herangeritten, und nun stand der gesamte Pony-Club um die Professorin und den Reporter herum.

»Seht doch, da bin ich!« Emmy sprang aufgeregt in die Höhe und schubste dabei Charlie und John auf den Boden.

»Und da ich!« schrie Sara, als die Kamera bei einem kurzen Schwenk zwei runde Gesichter erfaßte, die hinter riesigen Portionen von rosa Zuckerwatte halb versteckt waren.

Dann erschien Jeremy Cox und hielt sein Mikrophon vor Amandas Gesicht, das vor Aufregung dunkelrot war. Hastig stotterte sie auf seine Fragen ihre Schilderung hervor, wie sie zufällig mit dem Fuß gegen die Tonscherbe gestoßen sei und gedacht habe, wenn das vielleicht etwas Altertümliches wäre, könnte sie es für unser Schulmuseum in Coppington mitnehmen. Ich stand neben ihr, um ihr notfalls eine Antwort vorsagen zu können.

Mit Erleichterung bemerkte ich, daß ich auf dem Bildschirm gut aussah und gar nicht, als hätte ich einen tagelangen Ritt bei Wind und Wetter hinter mir. Ich machte dem Pony-Club also keine Schande.

Als Amanda geendet hatte, wendete sich der Reporter zu der Professorin, damit sie sich über die wissenschaftliche Bedeutung des Fundes äußerte. Heldenhaft ertrug er es, daß Ikarus, der ihm seinen Kopf auf die Schulter gelegt hatte, ihm freundschaftlich ins Ohr prustete und Tex mit neugierig rollenden Augen an seiner Rocktasche kaute, wo er Zucker zu finden erwartete. Endlich erschienen Bob und John und führten die Ponys fort. Offensichtlich aufatmend fuhr der Reporter fort: »Nun möchte ich mich noch ein wenig mit den Kindern unterhalten, die alle zu einem Reitklub gehören –«

»Pony-Club«, verbesserte Kathryn, indem sie einen Schritt vortrat und einen kurzen Seitenblick in die Kamera warf. »Der Pony-Club vom Wiesenhof aus Coppington in den Midlands.« Sie sprach sehr laut und deutlich, damit es keinen Zweifel geben konnte, um welchen Pony-Club es sich handelte.

»Also gut, sie gehören zu einem Pony-Club«, sagte der Reporter leicht verärgert über die Unterbrechung und drehte Kathryn den Rücken zu. Nun stand er dicht vor Charlie, die ihn ansah und ruhig ein Gummibonbon kaute.

»Möchtest du unseren Zuschauern deinen Namen sagen?« forderte er sie auf und hielt das Mikrophon vor ihren Mund.

»Charlie«, antwortete sie kurz.

»Und wie gefällt es dir hier, Charlie?«

Einen Augenblick überlegte sie. »Eigentlich recht gut. Aber diese Wahrsagerin kann ich Ihnen nicht empfehlen, die –« Weiter kam sie nicht; eine Hand, die sehr nach Bob aussah, kam von der Seite ins Bild und zog Charlie weg.

Danach gab der Reporter mit säuerlicher Miene an das Studio zurück, und dort sah der Nachrichtensprecher ganz so aus, als ob er sich nur mit Mühe das Lachen verbisse.

»Eine nette, unternehmungslustige junge Gesellschaft«, bemerkte er und las dann die übrigen Tagesnachrichten.

»Schade, daß wir an Neill Crumb kein Telegramm geschickt haben, damit er sich dies ansehen konnte«, meinte Jane-Anne. »Aber da die Nachrichten im ganzen Land gesendet werden, erfährt er auf jeden Fall früher oder später davon, auch wenn er es nicht selbst gesehen hat.«

»Ich bin bloß froh, daß Bob Charlie unterbrochen hat, als sie anfangen wollte, sich über die Wahrsagerin zu beschweren«, sagte Rupert. »Sonst hätten wir möglicherweise bei unserer Heimkehr eine Anzeige wegen Geschäftsschädigung oder übler Nachrede vorgefunden.«

Energisch widersprach Charlie: »Die Frau darf aber den Leuten nicht was Falsches sagen, zum Beispiel, man hätte ein Pony gekriegt, wenn es gar nicht wahr ist!«

Da äußerte sich Roderick zum erstenmal: »Vielleicht hat die Wahrsagerin gewußt, was ich vorhatte.« Wir starrten ihn verständnislos an.

»Falls du damit dein Ausreißen meinst«, sagte John, »so warte damit bitte, bis wir weit fort sind. Ich finde, wir haben so viele Aufregungen gehabt, daß es bis Weihnachten reicht.«

»Das meine ich nicht«, erwiderte Roderick. »Sondern daß ich Charlie meine Snowbird schenken will.«

Für einige Augenblicke war es ganz still. Man hätte die berühmte Stecknadel zu Boden fallen hören können. Als niemand etwas sagte, fuhr Roderick fort: »Ich weiß, daß Charlie als einzige von euch kein eigenes Pferd hat und doch so sehr gern eins hätte. Und ich will Snowbird nicht irgend jemandem geben; bei Charlie bin ich sicher, daß sie lieb zu meinem Pony sein wird. Ich werde meine Mutter bitten, daß ich ihr Snowbird geben darf. Wenn sie es nicht erlaubt, reiße ich noch mal aus, und diesmal komme ich bestimmt nicht zum Essen nach Hause!«

»Also, Roderick«, sagte Bob freundlich, »soweit es uns betrifft, besonders Charlie, ist dein Gedanke natürlich großartig. Aber du kannst deiner Mutter nicht solche Bedingungen stellen. Snowbird ist ein sehr wertvolles Tier, das eine Menge Geld gekostet hat –«

»Genau gesagt dreihundert Pfund«, erklärte Frau Sutter, die an der Tür des Wohnwagens erschien und die letzten Worte gehört hatte. Ein Schwall kühler Luft kam herein. »Aber ich habe nichts dagegen, wenn Rodi es tun möchte. Ich habe schon mit Sorge daran gedacht, wie er drüben in Amerika Sehnsucht nach seinem Pony haben würde. Es ist etwas anderes, ob man in unserer Gegend hier ausreißt oder in der Wüste von Nevada. Nachdem wir nun darüber einig sind, daß Charlie Snowbird bekommt, schlage ich vor, daß wir zu Abend essen. Es sei denn, der Ruhm ist euch so zu Kopf gestiegen, daß ihr eure Mahlzeit nicht mit einer einfachen Schriftstellerin teilen mögt.«

Sie ging zurück zum Haus, und mit lautem Freudengeschrei rannten wir hinter ihr her.

So behaglich wie in dieser Nacht hatte ich nicht mehr in einem Bett gelegen, seitdem ich von zu Hause fortgeritten war. Als ich aufwachte, schien die Sonne hell ins Zimmer, und es war zehn Uhr vormittags.

»Nun mal raus, du Faultier!« rief Kathryn, die mit einer Tasse Tee hereinkam. »Einige von uns sitzen noch beim Frühstück, aber die meisten sind schon im Schwimmbecken. Nur Charlie nicht. Die läßt Snowbird nicht aus den Augen und aus den Händen, als fürchtete sie, das Pony könnte sich plötzlich in Luft auflösen, und das Ganze wäre nur ein Traum gewesen.«

Nachdem ich gefrühstückt hatte, ging ich zu den anderen ins Schwimmbecken. Wir hatten keine Badeanzüge mit, denn mit einem geheizten Becken hatten wir nicht gerechnet auf unserem Ausflug. Aber Frau Sutter, deren Gäste nach den Sommerfesten im Garten gern noch ein wenig schwammen, hatte eine ganze Anzahl von Badesachen und lieh uns einige davon.

So lange wir konnten, blieben wir bei Sutters. Am Spätnachmittag mahnte Bob zum Aufbruch, weil wir noch bei Tageslicht in Timbers sein wollten. Das trieb uns zur Eile, denn keiner von uns wäre gern im Dunkeln in dem geheimnisvollen Haus angekommen, das wir nur leer und verlassen kannten.

Ebenso wie Doktor Breakwell weigerte sich Frau Sutter entschieden, für Unterbringung und Bewirtung Geld von uns anzunehmen. Sie hatte inzwischen aus Roderick die Wahrheit über die Begegnung mit der Löwin herausgefragt und sagte, sie sei tief in unserer Schuld, und es sei nur richtig, wenn Charlie Snowbird bekäme.

Charlie und Roderick versprachen einander oft zu schreiben. Charlie wollte genau berichten, wie Snowbird sich bei uns einlebte, und Roderick lud sie ein, ihn im nächsten Sommer in Kalifornien zu besuchen.

Seine Mutter fügte hinzu: »Ich würde mich freuen, wenn ich euch alle eines Tages in unserer neuen Heimat begrüßen könnte.« Und sie winkte uns lebhaft nach, als wir dann ein bißchen betrübt losritten.

»Ich würde mich auch freuen«, bemerkte John leise. »Wenn sie hier in England schon in diesem Stil leben – stellt euch mal vor, wie das dann in Amerika sein wird!«

»Wie bei einem Filmstar«, meinte Susan träumerisch.

Charlie saß strahlend auf ihrem neuen Pony, und das Gepäck wurde auf Misty und Eddy verteilt, die von Kathryn und mir am Zügel geführt wurden. Patch war längst wieder gesund.

An der Stelle, wo wir die Löwin gesehen hatten, lief einigen von uns ein leiser Schauder über den Rücken, auch mir. Natürlich war das töricht, denn heute gab es keinen Alarm, und es würde vielleicht jahrelang keinen mehr geben. Doch es war ein Erlebnis gewesen, das man nicht so schnell vergessen konnte.

Gerade noch vor Einbruch der Dunkelheit kamen wir an dem schmiedeeisernen Tor von Timbers an. Die Torflügel standen weit offen, aber auf uns wirkte das eher unheimlich als einladend. Wieder kam auf unser Läuten niemand an die Haustür, und wieder war die Tür nicht verschlossen, als Bob den Knauf drehte. Wir warteten draußen, während Bob und Rupert hineingingen, um zu sehen, ob noch immer niemand heimgekehrt wäre. Nach wenigen Minuten kamen sie zurück, und Bob hielt einen Briefbogen in der Hand.

»Alles in Ordnung!« rief er. »Hier steht, es tue ihnen unendlich leid, daß wir sie nicht angetroffen haben. Wir sollen die Nummer 704 anrufen, dann werde man uns alles erklären.«

Also nahmen wir den Ponys Sattel- und Zaumzeug ab und führten sie auf die Weide, die an den Garten grenzte. Im Haus wählte Bob am Telefon die Nummer 704. Es meldete sich eine Frau Miller, die sagte, sie wohne in der Nähe und werde in einer halben Stunde dasein, wir sollten es uns inzwischen gemütlich machen. Im Kamin brauche das Feuer nur angezündet zu werden, und in der Küche stehe eine Mahlzeit bereit.

Auf dem Herd fanden wir einen großen Topf mit wohlschmeckender Suppe, die wir nur heiß zu machen brauchten, und unter einem weißen Tuch auf dem Tisch einen verlokkend bunten Salat und einen Obstkuchen. Wir kauten noch genußvoll, als draußen ein Wagen bremste und Frau Miller kam. Sie machte für uns alle Tee, holte sich einen Stuhl heran und berichtete, was geschehen war.

Herr und Frau Greene hatten an jenem Abend auf uns gewartet, da brachte ein Polizist ihnen die Nachricht, daß ihr einziger Sohn, der seine Ferien als Austauschstudent in

Italien verbrachte, bei einem Autounfall schwer verletzt worden sei. Sie sollten sofort zu ihm kommen. In höchster Eile brachen die Eltern auf, steckten nur ihre Pässe und etwas Geld ein und fuhren zum Flugplatz. Von dort aus wollten sie vor dem Abflug Frau Miller anrufen und ihr wegen der erwarteten Gäste Bescheid sagen. Da jedoch durch den heftigen Regen die Telefonleitungen in der Gegend zerstört waren, bekamen sie keine Verbindung. Dann wollten sie telegrafieren, doch ihr Flug wurde aufgerufen, und es blieb ihnen keine Zeit mehr dazu.

In dem italienischen Krankenhaus fanden sie ihren Sohn glücklicherweise außer Lebensgefahr. Aber es war lange nach Mitternacht, alle Poststellen waren geschlossen; sie konnten also noch immer keine Nachricht nach England geben.

»Am nächsten Morgen«, fuhr Frau Miller fort, »kam endlich der Milchmann, den ihr bei eurem Aufbruch getroffen habt. Ich fuhr gleich hierher, sah mir den Schaden an und beauftragte dann eine Firma, die Teppiche und Polstermöbel zum Trocknen und Reinigen abzuholen. Es dauerte nicht lange, da funktionierte das Telefon wieder, und meine Freundin konnte mir aus Italien melden, daß es ihrem Sohn bessergehe und sie in wenigen Tagen zurückkommen werden.«

»Nur gut, daß sich alles aufgeklärt hat«, sagte ich. »Es kam uns nämlich ein bißchen unheimlich vor.«

»Ja, wirklich«, stimmte Frau Miller mir zu. »Es muß ziemlich seltsam für euch gewesen sein, in ein leeres Haus zu kommen, in dem man euch doch offensichtlich erwartet hatte. Ich habe inzwischen alle Betten ausgelüftet und einige von meinen eigenen Teppichen hergebracht, damit es ein bißchen wohnlicher ist. Ruft mich morgen an, bevor ihr abreitet; ich komme dann und spüle das Geschirr und räume auf.«

Wir dankten ihr für ihre Mühe, und sie fuhr nach Hause. Gleich darauf erinnerte uns der Siamkater daran, daß er Hunger hatte. Als er satt war, setzte er sich in der Halle vor das Kaminfeuer auf einen weichen Schafwollteppich und putzte sich sorgfältig. Es schien ihm nichts auszumachen, daß auch Sara, Emmy und Philippa es sich auf diesem Teppich bequem gemacht hatten.

Der Pony-Club kehrt heim

»Ist es nicht merkwürdig, daß einem der Rückweg immer viel kürzer vorkommt als der Hinweg?« fragte Joanna, als wir zwei Tage später von der Obstplantage aufbrachen, wo wir wieder im Zeltlager übernachtet hatten. »Heute besuchen wir noch Doktor Breakwell, und morgen um diese Zeit sind wir schon beinahe zu Hause.«

»Mir fällt es richtig schwer, mich von hier zu trennen«, meinte Susan. »Es war klasse von den Jungen im Zeltlager, daß sie gestern abend so ein tolles Fest für uns veranstaltet haben.«

»Ja, ja, meine Liebe, wir sind eben jetzt Berühmtheiten«, grinste John.

»Einer wollte sogar von mir ein Autogramm haben«, kicherte Amanda.

»Ich darf gar nicht dran denken, daß wir nach all der Freiheit so bald schon wieder in der Schule sein und obendrein für das schreckliche Weihnachtskonzert üben müssen«, seufzte Kathryn.

»Du hast recht«, bestätigte Jane-Anne. »Deshalb finde ich, wir sollten diese letzten Tage und Stunden noch richtig genießen. Was haben wir nicht alles gesehen, gehört und erlebt – und unsere Ponys waren einfach fabelhaft!«

Wir stimmten ihr alle zu, und wir merkten einander an, wie der Gedanke an das Ende unseres Rittes uns betrübte. Ich selbst habe keine Geschwister, bin meist allein gewesen und gehöre auch nicht zu einer Pfadfinderinnengruppe; von nächtlichem Gesang am Holzfeuer hielt ich nicht viel. Aber nachdem ich jetzt eine volle Woche lang jede Stunde mit zwölf anderen zusammengelebt hatte, fürchtete ich, es würde mir in meinem Elternhaus wohl ziemlich langweilig und eintönig vorkommen.

»Ist es nicht komisch, daß uns kein einziges Mißgeschick mehr zugestoßen ist, seitdem wir von Dinsbury fortgeritten sind?« fragte Philippa plötzlich. »Auf dem Hinweg sind so viele Dinge passiert, daß man dauernd darauf wartete, was nun als nächstes kommen würde; es gab Minuten, da glaubte ich, daß wir unser Ziel niemals erreichen würden.«

»Beschrei es mal lieber nicht zu früh, Pippa!« warnte Jane-Anne.

Sie hatte es kaum ausgesprochen, da mußten wir uns alle durch einen hastigen Sprung in den Straßengraben retten, weil ein Auto in voller Fahrt uns überholte und der angehängte Wohnwagen gefährlich von einer Seite zur anderen schwankte.

Das Ganze verschwand wie ein Spuk, und nachdem wir uns und unsere Ponys beruhigt hatten, schimpften wir gewaltig über den verrückten, gewissenlosen Fahrer.

John ballte seine Faust hinter dem Fahrzeug her. »Das ist so einer von den gemeinen Kerlen, die alte Leute zu Tode erschrecken und eine Spur von überfahrenen Tieren hinter sich zurücklassen.«

Wirklich fanden wir hinter der nächsten Kurve eine große Krähe mitten auf der Fahrbahn liegen. John sprang ab und hob den Vogel behutsam auf. Als er ihn Bob zeigte, begann die Krähe zu zappeln und zu krächzen. Anscheinend war sie nicht ernsthaft verletzt, sondern nur erschreckt von dem Zusammenprall. John setzte sie am Straßenrand aufs Gras, und sie hüpfte empört schimpfend unter die Hecke.

Doktor Breakwell stand auf seiner Türschwelle, als hätte er genau gewußt, zu welcher Stunde wir kämen. Er begrüßte uns, sah sogleich nach Johns Schulter und Patchs Huf und lud uns dann ein, uns zu setzen und ihm zu berichten, was wir erlebt und gesehen hatten. Es muß wohl kaum erwähnt werden, daß wir wieder großartig bewirtet wurden. Alles, was wir in der Obstplantage und bei Frau Miller in Timbers schon erzählt hatten, mußten wir wiederholen, und ich fragte mich, wie oft wir es in den nächsten Tagen noch tun müßten.

Deshalb waren wir beinahe erleichtert, als sich am

nächsten Abend auf dem Hayfield-Hof herausstellte, daß Janet uns nicht auf dem Bildschirm gesehen hatte und nichts von unserer »Berühmtheit« ahnte. Wir konnten also schweigen. Als aber später Paul heimkam und beide so nett zu uns waren, bekamen wir Gewissensbisse und sagten, wir hätten nur bisher nichts erwähnt, weil wir es ihnen gemeinsam erzählen wollten. So erfuhren also auch sie unsere Abenteuer.

Aufmerksam hörten sie zu, ohne uns zu unterbrechen. Janet beugte sich mit großen Augen vor und hatte ihre Knie mit den Händen umfaßt. Paul sog an seiner Pfeife, lachte ab und zu und sagte: »Donnerwetter!« oder: »Was du nicht sagst!« Man merkte, wie sie unseren Bericht genossen.

Als wir am anderen Morgen fortritten, holte Janet ihren Mann aus dem Stall, damit er sich auch von uns verabschieden konnte, und wir mußten ihnen versprechen, sie im nächsten Sommer zu besuchen.

Uns war ganz eigenartig zumute, als wir nach Gooseley kamen. Als erstes erreichten wir mein Elternhaus. Im Vorgarten stand meine Mutter und tat so, als ob sie eifrig im Chrysanthemenbeet jätete, damit es nicht so aussähe, als hätte sie schon lange nach mir Ausschau gehalten. Sobald sie die Hufschläge hörte, richtete sie sich auf, zog ihre Gartenhandschuhe aus und kam an den Zaun.

»Wie schön, daß du wieder da bist!« rief sie mit einem glücklichen Lächeln. Auf einmal fand ich es gar nicht so schlecht, wieder zu Hause zu sein.

»Habt ihr es sehr eilig, oder könnt ihr noch eine halbe Stunde hierbleiben?« fragte sie dann die anderen.

Alle stimmten zu, und wir führten die Ponys auf unsere Obstwiese. Tatsächlich fand Sand nach wenigen Sekunden die einzige matschige Stelle, auf der er sich wälzen konnte, wobei er mit allen vieren begeistert in der Luft strampelte.

»Dies schreckliche Tier!« jammerte Emmy.

»Mach dir nichts draus, Emmy«, tröstete Jane-Anne.

»Morgen hast du ja reichlich Zeit, ihn zu waschen und zu putzen. Und ich finde, er hat sich den Spaß redlich verdient.«

»Jetzt bin ich ganz sicher, daß seine Vorfahren Nilpferde gewesen sein müssen«, seufzte Emmy.

Im Wohnzimmer saß ein Mann, den ich noch nie gesehen hatte. Er hieß Taviss und kam vom Coppington-Kurier. Da Gooseley und Coppington in der Fernsehsendung erwähnt worden waren, wollte er nun von uns Näheres hören, um in seiner Zeitung darüber zu berichten.

»Unser Ruhm ist uns vorausgeeilt«, sagte John feierlich.

Herr Taviss stenografierte mit, was wir erzählten. Aber als wir zu dem Zwischenfall mit der Löwin kamen, stutzte er, und sein Gesicht zeigte einen ungläubigen Ausdruck. Dies hielt er wohl doch für eine Übertreibung.

Da schaltete sich meine Mutter ein: »Es stimmt, davon habe ich im Rundfunk gehört. Hätte ich gewußt, daß ihr gerade dort in der Gegend wart, ich wäre vergangen vor Aufregung!«

Als Herr Taviss aufstand, um sich zu verabschieden, nahm meine Mutter einen Brief von ihrem Schreibtisch und erklärte nach einer kurzen, wirkungsvollen Pause: »Übrigens, dies hätte ich beinahe vergessen. Der Brief ist an euch alle gerichtet, und er kommt von BBC London.«

Im nächsten Augenblick saß Herr Taviss wieder auf seinem Stuhl und sah gespannt zu, wie Jane-Anne den Umschlag öffnete, der an den »Pony-Club vom Wiesenhof, Gooseley« adressiert war. Sie las laut vor. Der Produzent der Fernsehreihe »Blauer Peter« lud uns ein, am nächsten Donnerstag ins Studio nach London zu kommen, um in der Sendung mitzuwirken.

»Oh, so was!« flüsterte Joanna überwältigt. »Meint ihr, daß wir in unseren Reitsachen kommen sollen? Ich möchte eigentlich lieber mein neues langes Kleid tragen!«

»Wichtiger ist, ob der Schulleiter uns überhaupt freigibt!« warf John ein.

Wir waren alle überzeugt, daß er das gewiß tun würde, denn unser Schulleiter war sehr stolz auf seine Schule und nahm jede Gelegenheit wahr, um das allgemeine Interesse auf sie zu lenken.

Schließlich nahmen wir voneinander Abschied, sagten uns Dutzende von Malen Lebewohl und verabredeten, am anderen Morgen in meiner Sattelkammer zusammenzukommen, um die Antwort an die BBC aufzusetzen. Die Reiter und Reiterinnen wendeten sich in verschiedene Richtungen zu ihren Elternhäusern. Nur Charlie blieb noch eine Weile da und half uns, denn ihre Snowbird sollte vorläufig bei Brock und Misty in unserer Koppel bleiben, bis Charlie ihrem Vater die große Neuigkeit beigebracht hatte. Sie glaubte ihn gut genug zu kennen, daß sie keinen Widerspruch erwartete. Ihr Vater hatte immer Sinn für ein gutes Geschäft besessen – und wenn Snowbird kein gutes Geschäft war, was sollte es dann wohl sein?

Die Ponys bekamen ein Festmahl und als Nachtisch halbierte Möhren und Äpfel und ein paar Zuckerstückchen. Sie mußten doch dafür belohnt werden, daß sie eine so weite Reise in unbekannte Gegenden tapfer und ohne Schwierigkeiten durchgestanden hatten.

Charlie ritt auf Eddy zum Wiesenhof, um ihn dort abzugeben, wo sie vor einer Woche auf ihm fortgeritten war und wo ihr Fahrrad wartete.

In der Nacht lag ich in meinem Bett unter dem Dachgiebel und erlebte in Gedanken die ganze Reise noch einmal. Es war wunderschön gewesen, alles. Selbst wenn Amanda nicht zufällig die Tonscherbe gefunden hätte, die für die Altertumsforschung so bedeutsam war und uns von einer Minute zur anderen berühmt machte – es hatte sich wirklich gelohnt. Für mich besonders. Denn durch das ständige Beisammensein hatte Brock sich an die anderen Ponys angeschlossen und besonders an Misty, und er wußte nun endlich, daß er zu mir gehörte. Wenn ich ans Koppelgatter kam, lief er mit den anderen herbei und schmiegte seine weiche Nase in meine Hand.

Mit einem zufriedenen Seufzer drehte ich mich auf die Seite und freute mich auf einen langen, tiefen Schlaf. Morgen war Sonntag.

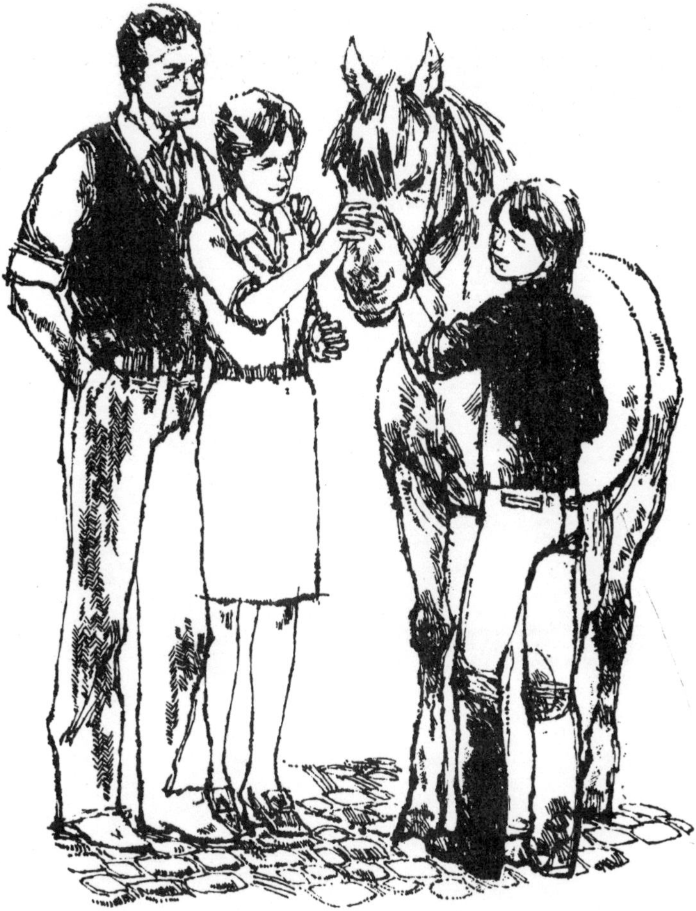

Der Pony-Club vom Wiesenhof

Blick durch den Zaun

Als ich erfuhr, daß der Wiesenhof zu neuem Leben erwachen sollte, geriet ich ganz aus dem Häuschen. Sofort schwang ich mich auf mein ehrwürdig altes, aber noch zuverlässiges Fahrrad, um mir die Sache selbst anzusehen. Auf dem Weg von Coppington zum Wiesenhof machte ich mir klar, was das für mich, die Pferdenärrin, bedeutete: Pferde in nächster Nähe!

Manche Leute behaupten, Namen hätten keine Bedeutung für das Leben eines Menschen. Bei mir ist das aber gewiß der Fall. Meine Eltern haben mich nach irgendeinem Onkel, der Philipp hieß, Philippa genannt, das bedeutet »Pferdefreundin«, und genau das bin ich geworden.

Der Wiesenhof mitsamt dem alten Reitstall war am Zusammenfallen gewesen, und die wenigen müden, betagten Pferde, die darin standen, waren halb verhungert und wurden nicht mehr gepflegt, weil die Besitzerin selbst alt und krank war. Da hatten sich ein paar Kinder aus der Umgebung, ebensolche Pferdefreunde wie ich, zu einem Pony-Club zusammengetan und sich um die Tiere gekümmert. Und dann geschah etwas Unerwartetes und Herrliches. Die bekannte Turnierreiterin Justine Sheringham-Brown erwarb das Grundstück, ließ es renovieren, eröffnete eine neue Reitschule und schaffte einige gute Pferde an. Die alten Tiere durften dableiben und einen ruhigen Lebensabend genießen. Die Kinder vom Pony-Club waren weiterhin täglich im Wiesenhof, halfen die Pferde pflegen und durften dafür reiten, wann sie wollten.

Ich radelte am Zaun entlang und reckte meinen Hals, bis ich eine Stelle fand, an der ich einen guten Blick auf den Hof und die Ställe hatte. Meine Geduld wurde nicht lange auf die Probe gestellt, denn bald kamen fünf Reiter in langsamem Schritt über den Hof. Voran Justine Sheringham-Brown in korrekter Reitkleidung, schwarzer Jacke und Kappe, schneeweißer Bluse und hellen Reithosen. Ihre langen braunen Haare lagen, von einem Netz umschlossen, als Knoten in ihrem Nacken. Sie saß nicht auf ihrem berühmten Springpferd Jolly Roger, sondern auf der klapprigen Stute Rhona, die schon seit vielen Jahren auf dem Wiesenhof lebte und die sie mit übernommen hatte. Alle anderen Reiter waren Kinder auf Ponys: ein Junge auf einem kleinen Schecken und drei Mädchen verschiedenen Alters auf einem Braunen, einem Grauen und einem Rotschimmel.

Ich hatte meine Arme auf die Umzäunung gelegt, stützte das Kinn in eine Hand und musterte die Reiter. Dann suchte ich mir eins der Mädchen aus, das ungefähr so alt sein mochte wie ich, und übte im stillen Kritik an allem, was es tat: Sitz, Zügelhaltung, Schenkelhilfe und so weiter. Leider beschränkte sich meine Kenntnis der Reitkunst auf das, was ich mitbekam, wenn ich in jedem Sommer für ein paar Ferienwochen bei einer Tante zu Besuch war. Sie hatte das unerhörte Glück, mit einem Landwirt verheiratet zu sein und zwei eigene Pferde zu besitzen.

Die Reitergruppe bewegte sich am Rand der Wiese entlang auf mich zu, und ich wurde ganz aufgeregt. Wenige Schritte von mir entfernt kamen sie vorbei, und ich schnupperte begeistert den Geruch von Pferden und Lederzeug und hörte das Knarren der Sättel.

Justine Sheringham-Brown warf mir einen kurzen Blick zu und lächelte. Dann rief sie über die Schulter zurück: »An-traben!«, und ihre Stute fiel sofort in einen langsamen Trab, ohne daß ich bemerkt hätte, wie sie ihr Hilfen gab.

Die Kinder brachten ihre Ponys mit mehr oder weniger Mühe zum Traben und trotteten schließlich in einer Reihe über die Wiese. Eins von den Mädchen sah ganz nett aus, aber auch sie hielt die Hacken viel zu weit hinten und saß nicht gerade.

Das Mädchen auf dem Grauen, das ich vorhin betrachtet hatte, ritt miserabel. Kaum hatte ihr Pony sich in Trab gesetzt, da wurde sie blaß, klammerte sich am Sattelknopf fest und sah aus wie eine leere Flasche, die auf bewegten Wellen treibt.

Jetzt lenkte Frau Sheringham-Brown ihr Pferd seitlich aus der Reihe heraus, ließ die Kinder an sich vorbeireiten und rief ihnen Anweisungen zu.

»Zieh deinen Bauch ein bißchen ein, Joanna!« empfahl sie dem molligen Mädchen auf dem Rotschimmel. »Nicht so weit zurücklehnen! Und die Hände nicht so hoch halten, die gehören auf den Pferdehals! So ist's besser. Nun noch die Schultern etwas nach vorn und die Beine in eine Linie mit dem Sattelgurt! Nein, nicht hinuntergucken – das mußt du ganz instinktiv machen!«

Joanna gab sich sichtlich Mühe, die Befehle zu befolgen, und ein paar Minuten sah es ganz manierlich aus. Aber nach und nach fiel sie in die alten Fehler zurück. Inzwischen hatte die Lehrerin ihre Aufmerksamkeit dem Mädchen auf dem Grauen zugewendet.

»Festeren Knieschluß, Cora! Laß den Sattelknopf los und halt die Zügel korrekt! Jack muß fühlen, daß du durch den Zügel Kontakt zu seinem Maul hast. Ja, gut so! Streck den Rücken und laß dich nicht so fallen! Das Ganze halt!«

Die Pferde standen, und die Kinder mußten mehrmals absteigen und aufsitzen. Cora hatte viel Mühe, wieder in den Sattel zu kommen, obwohl ihr Pony ganz brav stillstand, als ob es ihr helfen wollte. Sie setzte ihren Fuß in den Steigbügel und versuchte hochzuspringen, aber es gelang ihr nicht. Sie hopste immerzu an einer Stelle auf und ab. Ich dachte: Wenn sie das noch eine Weile macht, versinkt sie im Boden und kommt drüben in Australien wieder ans Tageslicht. Die Idee schien mir so komisch, daß ich mir auf die Lippe beißen mußte, um nicht laut herauszuplatzen. Endlich raffte sie sich zu einem gewaltigen Sprung auf, vielleicht weil sie Angst hatte, daß sie sonst bis zum Abend hier hüpfen müßte, und dann saß sie glücklich im Sattel. Die anderen spendeten lauten Beifall, der allerdings ein wenig spöttisch klang.

Diese Cora war als Reiterin wirklich das allerletzte, und doch beneidete ich sie glühend. Sie durfte auf einem Pony sitzen – und ich stand auf der anderen Seite des Zauns und hatte keinerlei Hoffnung, ein solches Glück zu erleben.

Plötzlich schoß ein verwegener Gedanke durch meinen Kopf. Warum sollte ich eigentlich nicht auch reiten können, wenn ich es mir so sehnlich wünschte? Vermutlich hatte nicht jedes der Kinder, die hier ritten, ein eigenes Pferd. Was ich brauchte, war also Geld, um Reitstunden bezahlen zu können. Von meiner Mutter bekam ich jede Woche fünfundzwanzig Pence Taschengeld. Wenn ich es ein paar Wochen lang sparte, anstatt es für Pferdebücher und Schokolade auszugeben, dann könnte ich mir gewiß ab und zu eine Reitstunde leisten.

Bei dieser Vorstellung klopfte mein Herz heftig. Ich blickte den Reitern nach und radelte dann zum Hoftor. Dort wartete ich geduldig, bis die Kinder ihre Reitstunde beendet haben und herauskommen würden, um nach Hause zu gehen.

Wie komme ich zu Geld?

Als erste kam Cora. Ich nahm all meinen Mut zusammen und trat auf sie zu.

»Bitte, kann ich dich mal was fragen?«

Offenbar war sie in einer Art Tagtraum gewesen – was ich ganz verständlich fand bei jemand, der eine volle Stunde lang hatte reiten dürfen. Sie schreckte zusammen und starrte mich mehrere Sekunden aus aufgerissenen blauen Augen an. Erst dann antwortete sie: »O ja, natürlich. Was möchtest du denn wissen?«

»Kannst du mir sagen, wieviel eine Reitstunde kostet?« stammelte ich und wurde rot vor Verlegenheit. Meine Eltern hatten mir eingeprägt, daß es unfein ist, in der Öffentlichkeit über Gelddinge zu sprechen, und daß es sich nicht gehört, fremde Leute zu fragen, was sie für irgend etwas bezahlt haben. Deshalb setzte ich hinzu: »Ich hoffe, du hältst mich nicht für dreist?«

Cora starrte mich noch immer leicht verblüfft an. Sie sah gar nicht aus, wie man sich eine junge Reiterin vorstellt: ein bißchen sportlich-knabenhaft etwa und gebräunt vom Aufenthalt in der frischen Luft. Ihre Haut war hell und zart, mit einem Hauch von Rosa auf den Wangen, und lange blonde

Haare umgaben ihre Schultern wie ein goldglänzender Umhang.

»Aber nein«, begann sie endlich, »es macht mir gar nichts aus, dir den Preis zu sagen. Acht Pfund fünfzig für zehn Stunden. Man kann keine Einzelstunden nehmen, nur den ganzen Kursus, und muß im voraus zahlen.«

Ich spürte förmlich, wie mir das Herz in die Schuhe rutschte. Acht Pfund fünfzig! Ich rechnete im Kopf mit einem Tempo, das meinen Lehrer in fassungsloses Staunen versetzt hätte, daß ich genau vierunddreißig Wochen lang mein gesamtes Taschengeld sparen müßte, um so viel zusammenzubekommen.

Einen Augenblick lang wagte ich mir vorzustellen, daß Mutter mir das Taschengeld für vierunddreißig Wochen im voraus geben würde. Aber dieser Gedanke war so verrückt und unmöglich, daß ich ihn gleich wieder fallenließ. Auf meinem Gesicht mußte sich meine Enttäuschung gezeigt haben, denn Cora sagte ganz freundlich: »Wenn du ein eigenes Pony hast, kostet es nur fünf Pfund fünfzig.«

»Danke«, erwiderte ich mit einem kurzen, freudlosen Lachen.

Die Hoffnung, jemals im Sattel zu sitzen, entschwand in nebelhafte Ferne.

Das blonde Mädchen blickte mich an und fragte in ungläubigem Ton: »So gern möchtest du reiten lernen?« Und als ich antwortete, ich könnte mir nichts Schöneres wünschen, starrte sie mich an, als ob mir plötzlich ein zweiter Kopf gewachsen wäre.

»Also, ich hasse es!« stieß sie hervor, und nun war ich es,

die sie ungläubig anstarrte. »Reiten ist das letzte, was ich mag. Ich möchte Tänzerin werden!«

Ja, dachte ich, Tänzerin – dafür scheint sie geschaffen. Ich konnte sie mir gut auf der Bühne vorstellen, wie sie in weißem Ballettrock und Satinschuhen auf Zehenspitzen graziös einen Solotanz vorführte.

»Weißt du«, sagte sie in vertraulichem Ton, »meine Mutter ist eine leidenschaftliche Reiterin. Sie hat alles schon geritten: Rennen, Dressur, Springen, Jagden, Schaureiten, Vielseitigkeitsprüfungen, also einfach alles. Und sie möchte, daß ich dasselbe tue. Aber ich mag nun mal nicht. Ich kann dir gar nicht sagen, wie sehr mir Pferde und Reiten zuwider sind!«

Trotz meines grenzenlosen Erstaunens, daß ein Mensch so denken konnte, regte sich in mir ein leises Mitempfinden. Mir ging es so ähnlich mit der Musik. Meine Mutter war in ihrer Jugend eine hervorragende Pianistin gewesen und hatte glänzende Kritiken bekommen. Als sie heiratete, gab sie die Karriere als Künstlerin auf. Jetzt erteilte sie wenigstens noch musikbegabten Kindern Klavierunterricht. Aber ich hatte es nicht weiter gebracht als bis zu ein paar dürftigen Melodien, die ich auf einer krächzenden Geige hervorbrachte, und Mutter war darüber betrübt, das wußte ich, auch wenn sie nicht viel sagte.

Ich mußte jetzt über vieles nachdenken. Darum verabschiedete ich mich von Cora und radelte davon. Sie wirkte ganz verloren, wie sie da auf der Landstraße stand und wartete, daß ihre Mutter sie mit dem Wagen abholte.

Für mich galt es nun also, acht Pfund fünfzig zusammenzubekommen. Wenn man das so vor sich hin sagte, klang es nicht allzu schlimm. Aber als ich später allein in meinem kleinen Zimmer war, wurde mir klar, daß dieses Ziel für mich etwa so leicht erreichbar war wie eine Reise zum Mond.

Als ich mein Sparschwein geleert hatte, sah die Sache noch düsterer aus. Ich förderte zwei Büroklammern zutage, fünf Haarklemmen, drei verschiedene Knöpfe, die mit Hilfe eines geschmolzenen Fruchtbonbons aneinanderklebten, eine fast wertlose ausländische Münze und neuneinhalb Pence.

Das einzige, was ich tun konnte, war Geld verdienen. Ich beschloß, mein Glück zuerst bei Mutter zu versuchen, und zwar sofort. Ich ging die Treppe hinunter und fragte munter: »Kann ich irgend etwas für dich tun, Mami?«

Sie blickte mich von der Seite an und erkundigte sich: »Was ist denn mit dir los?«

Ich erzählte ihr von der Reitschule, und sie meinte: »Acht Pfund fünfzig ist eine Menge Geld. Gibt es nicht billigere Möglichkeiten?«

»Ich möchte aber nicht irgendwohin, wo es billiger ist«, antwortete ich. »Ich möchte auf den Wiesenhof.«

Mutter seufzte ein bißchen über meinen Starrsinn. »Zufällig habe ich einige Besorgungen zu machen«, sagte sie dann. »Ich werde dir alles aufschreiben.«

Sie gab mir die Liste und zwei Pfund. »Wenn du alles besorgt hast, kannst du den Rest behalten.«

Ich hüpfte vor Freude. Es waren nur acht Sachen zu kaufen, die konnten nicht allzu viel kosten, und es müßten mindestens fünfzig Pence übrigbleiben, dachte ich. Im Eiltempo sauste ich auf meinem Rad zu den Läden. Aber als ich dann sechs Besorgungen erledigt hatte, war das Geld fast alle, und ich wußte nicht, ob der Rest noch für die Packung Tafelsalz und das Puddingpulver reichen würde. Ich ging in mehrere Geschäfte und verglich die Preise, und schließlich erstand ich das Salz für siebeneinhalb und das Puddingpulver für fünfzehn Pence. Es war nicht die Marke, die Mutter immer verwendete, aber dafür war das Pulver eben billiger. Als ich die schäbigen vier Pence betrachtete, die mir nun gehörten, begann ich zu verstehen, warum die Erwachsenen so oft über die hohen Lebenshaltungskosten klagten.

Nach meiner Heimkehr hatte ich eine glorreiche Idee. Ich holte sämtliche Schuhe der Familie zusammen und putzte sie. Für diese gute Tat würde ich bestimmt ein paar Pence bekommen. Nachdem ich jedoch schwarze Schuhcreme auf den Wohnzimmerteppich und braune auf meine weißen Söckchen geschmiert hatte, stellte ich die Schuhe schweigend an ihren Platz zurück und dachte, es sei besser, wenn so wenig wie möglich über mein Unternehmen verlautete.

Während ich verzweifelt auf dem Teppich an dem schwarzen Fleck herumrieb, der erst ziemlich klein gewesen war und nun zusehends größer wurde, je mehr ich mich bemühte, ihn zu entfernen, fiel mir ein, daß ich ja ein Stück Zeitungspapier hätte unterlegen können, bevor ich mit dem Schuheputzen begann.

Der Gedanke an die Zeitung brachte mich darauf, mir mal die Anzeigen anzusehen, in denen Stellen angeboten wurden. Natürlich wußte ich, daß Kinderarbeit verboten war; aber was war schließlich dabei, wenn ich irgend jemand eine kleine

Gefälligkeit erwies und er mich dafür mit ein paar kleinen Münzen belohnte?

Leider waren alle Stellenangebote für Erwachsene bestimmt, außer einem, in dem ein »kräftiger Jugendlicher« gesucht wurde. Sekundenlang erwog ich, mir die Haare ganz kurz zu schneiden und Jungenkleidung anzuziehen – aber dann sah ich ein, daß mich dennoch kein Mensch für »kräftig« halten würde.

Neben den Stellenanzeigen war die Rubrik »Tiermarkt«. Es wurden Hunde, Katzen, Ziegen und Kaninchen angeboten, und natürlich Pferde. Diese Anzeigen las ich voll Interesse, und eine fiel mir besonders ins Auge: »Junge oder Mädchen gesucht für die Betreuung eines Jagdpferdes während der Sommerferien. Keinesfalls Anfänger, nur erfahrene Reiter mögen sich melden.«

Da hast du's, dachte ich betrübt, du kannst dich nicht mal um einen so verlockenden Posten bewerben, weil dir das Geld fehlt, um richtig reiten zu lernen!

Mechanisch las ich jetzt die Anzeigen, die sich mit verlorenen und gefundenen Gegenständen beschäftigten. Unglaublich, was die Leute so alles verloren! Eine Dame bat um Nachricht, ob jemand ihren weißbraunen Spaniel gesehen habe, der auf den Namen Gipsy hörte und zuletzt im Stadtpark gesehen worden sei. Gipsys Zuhause war nicht weit von unserer Straße entfernt – und am Schluß stand das lockende Wort »Belohnung«. Hier bot sich mir vielleicht eine Gelegenheit, zu etwas Geld zu kommen. Ich schob ein Sesselbein über den Schuhcremefleck auf dem Teppich in der Hoffnung, daß Mutter ihn nicht entdeckte, bevor ich noch einmal versuchen konnte, ihn zu entfernen. Dann suchte ich mir ein Stück Strick und machte mich auf den Weg zum Stadtpark.

Das war ein Irrtum

Im Park jagten sich viele Kinder um die Baumstämme oder vergnügten sich auf Schaukeln, Wippen und Rutschbahnen. Ich fragte einige, ob sie einen weißbraunen kleinen Hund gesehen hätten. Sie waren so sehr in ihre Spiele vertieft, daß sie entweder gar keine Antwort gaben oder nur den Kopf schüttelten. Vermutlich wäre ihnen der Hund nicht einmal aufgefallen, wenn er sie angebellt hätte. Es liefen ja auch genug im Park herum.

Ich ging weiter, schwenkte meinen Strick und schaute mich aufmerksam nach allen Richtungen um. Plötzlich klang hinter mir eine schrille Kinderstimme, und ein kleines Mädchen kam mir vom Spielplatz nachgelaufen.

»Da war doch ein Hund«, japste sie, »jetzt weiß ich's wieder. Er ist im Planschbecken rumgelaufen und dann weg!«

Das könnte er gewesen sein! dachte ich. Spaniels lieben Wasser.

»Hast du gesehen, wohin er gelaufen ist?« fragte ich hoffnungsvoll.

»Da drüben, zum Teich!« Die Kleine zeigte mit der Hand die Richtung.

Ich dankte ihr und ging den Hügel hinunter zum Teich. Die Wasserfläche, von dichtem Buschwerk umgeben, sah wenig einladend aus. Sie war mit schleimiger grüner Entengrütze bedeckt und bildete im Sommer eine Brutstätte für zahllose Mücken und Fliegen. Das Ufer, das aus festem Rasengrund bestand, fiel steil ab und ging in dicken schwarzen Schlamm über.

Ich gab gut acht, daß ich nicht abrutschte, und schaute mir den Teich und seine Umgebung an. Und da – ich stieß einen unterdrückten Freudenschrei aus – da stand am Ufer gegenüber ein Hund, auf den die Beschreibung in der Zeitung genau paßte! Ein Spaniel, weißbraun!

»Gipsy! Gipsy!« rief ich leise. Der Hund drehte seinen Kopf zu mir und wedelte.

»Komm, komm her, Gipsy, sei ein guter Hund!« lockte ich und hoffte, er würde um den Teich herum zu mir laufen. Statt dessen machte er einen weiten Satz, platschte in das dreckige Wasser und paddelte eifrig auf mich zu. Unter mir erreichte er das Ufer und mühte sich vergeblich, aus dem Schlamm herauszukommen. Es blieb mir nichts anderes übrig, als bis zu den Knöcheln in den feuchten Schlick zu waten und zu versuchen, den Hund am Halsband zu fassen.

Nun gelang es ihm, festen Boden unter die Pfoten zu bekommen. Er schüttelte sich ausgiebig, bespritzte mich dabei von oben bis unten mit Tümpelwasser und blickte mich dann erwartungsvoll an, während Entengrütze von seinen Ohren tropfte. Sein Fell war mit schwarzen Schlammstreifen bedeckt.

Mit einiger Anstrengung befreite ich meine Füße aus der dunklen Masse, in der sie eingesunken waren. Es gab ein schmatzendes Geräusch, als ich sie herauszog. Ich knotete das Seil an das Halsband des Hundes, und er wedelte, als sei er froh, daß sich endlich jemand seiner annahm.

Auf dem Weg zu dem Haus, das in der Zeitungsanzeige angegeben war, trocknete die warme Mittagssonne uns beide. Ich bemerkte, daß wir einen unangenehmen fauligen Geruch ausströmten.

»Macht nichts, Gipsy«, sagte ich zu meinem Begleiter. »Dein Frauchen wird sich freuen, dich wiederzuhaben.« Und ich werde mich freuen, die Belohnung zu kriegen, dachte ich, während ich an der Haustür läutete.

Drinnen tönte lautes Hundegebell. Ehe ich Zeit hatte, mich zu wundern, öffnete sich die Tür, und eine Frau stand vor mir. Mit einer Hand hielt sie am Halsband einen Hund, der Gipsy so ähnlich war, als sei er sein Spiegelbild. Die beiden Hunde wedelten sich an und tobten dann unter gellendem Gebell im Vorgarten herum.

»Ich habe Ihren Hund zurückgebracht!« schrie ich durch den Lärm und hatte dabei das Gefühl, daß es sich hier um einen schrecklichen Fehler handelte, und daß ich es war, die diesen Fehler gemacht hatte.

»Das ist sehr nett gemeint von dir«, schrie die Frau zurück, »aber ich habe ihn gestern abend gefunden!«

»Verflixt«, antwortete ich. »Dann muß dieser hier jemand anderem gehören.«

»Das nehme ich auch an«, erwiderte die Frau. »Aber hab vielen Dank für deine Mühe!«

Ich bekam Gipsy Nummer zwei zu fassen und zog mich mit ihm in Richtung Park zurück. Geschieht mir recht! dachte ich unterwegs. Das kommt davon, wenn man aus dem Pech eines anderen Menschen Gewinn ziehen will! Aber wohin nun mit dem Hund? Ich suchte am Halsband nach einer Adresse, aber das kleine Metallschild trug keine Gravierung. Im geheimen machte ich dem unbekannten Hundebesitzer bittere Vorwürfe wegen dieser Nachlässigkeit. Hatte es sich nicht gerade eben gezeigt, daß irgendeine dumme Person den Hund aus Versehen entführen konnte?

Im Park lief ich mit meinem Findling über die Wege und die Wiesen in der Nähe des Teiches, an dem ich ihm begegnet war; ich hoffte, er werde einen bekannten Geruch aufnehmen und mich zu seinem Herrchen oder Frauchen führen. Doch er schien ganz zufrieden in meiner Gesellschaft.

Plötzlich kam ein schriller Pfiff über die Wiese, und ein großer Junge, vielleicht fünfzehn Jahre alt, lief mit wildem Armeschwenken auf uns zu. Ich brauchte nur den Hund anzusehen, um zu wissen, wem er gehörte.

»He, was hast du mit Gyp gemacht?« keuchte der Junge und nahm seinen Hund in die Arme, unbekümmert um den Schmutz und den Gestank. »Wie kommt er in diesen Zustand?«

Ich erklärte ihm, so gut ich konnte, was geschehen war. Als ich erwähnte, ich habe versucht, Geld für Reitstunden zu verdienen, heiterte sich seine finstere Miene auf, und er schaute mich freundlich an.

»Das kenne ich«, antwortete er. »Allerdings habe ich das Glück, oft reiten zu können, aber ich habe kein eigenes Pony und spare wie wild, um eins zu bekommen. Zwölf Pfund fünfzig habe ich bis jetzt zusammen.«

Mir stockte der Atem bei der Vorstellung einer solchen Summe, und ich wollte gerade eine Menge Fragen an den Jungen stellen, da rief jemand: »Nun komm endlich, Rupert, wir warten!« In einiger Entfernung standen zwei andere Jungen und winkten drängend.

»Entschuldige, ich muß gehen«, sagte Rupert. »Ich halt' dir die Daumen, daß du bald deine Reitstunden kriegst!«

»Danke«, murmelte ich, drehte mich um und ging heim. Das Stück Strick baumelte an meiner Hand. Ich hatte ein Gefühl wie eine böse Vorahnung, und es trog mich nicht.

Mutter hatte den Schuhcremefleck auf dem Teppich natürlich entdeckt, und als sie meine weißen Söckchen sah, sagte sie, die würden nie mehr sauber, und ich könnte sie in den Mülleimer werfen. Dann mußte ich meine schlammbedeckten Schuhe abwaschen und zum Trocknen in die Sonne stellen. Ehe ich mein Mittagessen bekam, wurde ich ins Bad gesteckt, um mich gründlich abzuschrubben. Die Luft war mit

Spannung geladen, und es fielen Ausdrücke wie »unverantwortlich« und »gedankenlos«.

Nach dem Essen versuchte ich Mutter zu versöhnen, indem ich ihr ohne Aufforderung abwaschen half. Aber ich war so fahrig, daß ich den Henkel vom Milchkännchen abbrach. Dafür bekam ich keine Schelte, mußte aber alles Geld aus meiner Sparbüchse kramen und gehen, um mir ein Paar neue Söckchen zu kaufen.

Selbst die billigsten verschlangen meine gesamte Barschaft. Ich war so enttäuscht, daß ich mich entschloß, gar nicht erst mit dem Sparen anzufangen, sondern mein Taschengeld am nächsten Wochenende für einen Besuch der Blumenschau auszugeben, die in Coppington stattfand und mit einem Reitturnier verbunden war.

Reitturnier in Coppington

Der nächste Samstag war so schön, wie ein Tag im Juni nur sein kann: warm und trocken, windstill und mit wolkenlos blauem Himmel. Um zwölf Uhr sollten die Reitveranstaltungen beginnen; aber Mutter hatte noch eine Klavierstunde zu geben, und Vater war unterwegs, um einem Kunden Pläne und Kostenvoranschläge für Einbauschränke in seinem Schlafzimmer zu zeigen. So wurde es ein Uhr, bis wir essen konnten.

Als ich den letzten Bissen geschluckt hatte, raste ich in höchstem Tempo zu der Wiese, wo die Vorführungen schon

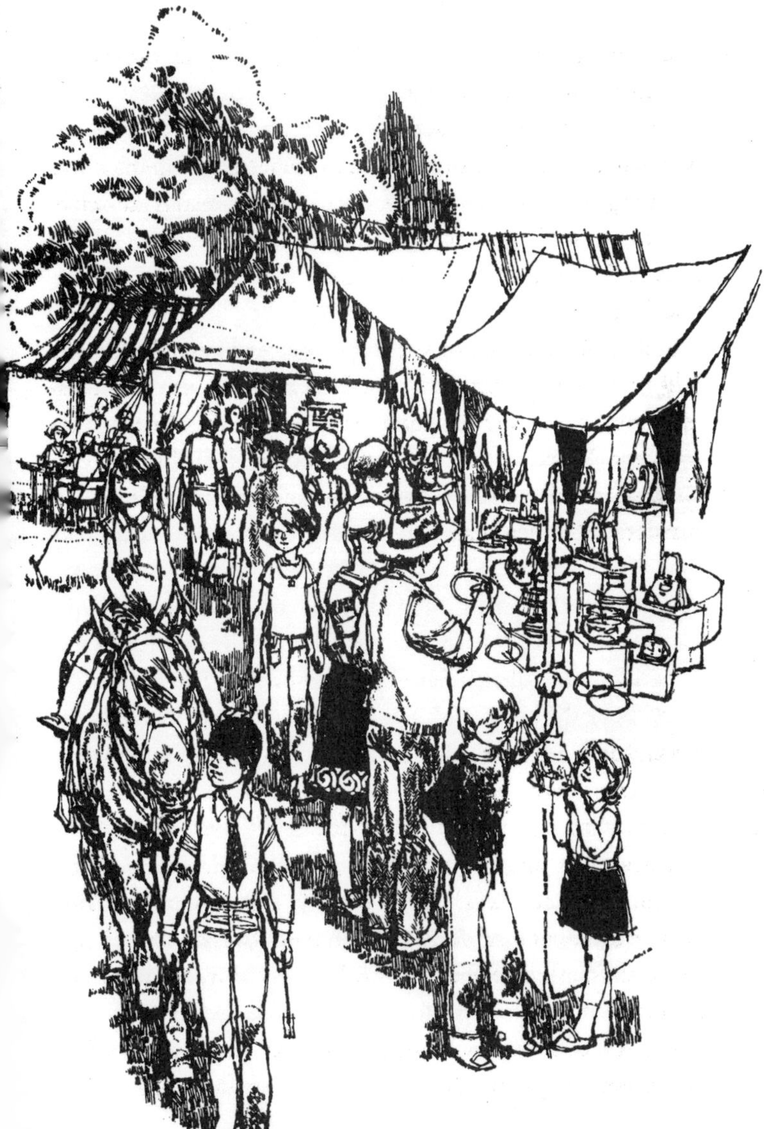

in vollem Gang waren. Ich zahlte mein Eintrittsgeld – fünfzehn Pence! – und suchte einen Platz, wo ich mein Rad sicher unterbringen konnte. Nachdem ich das Hinterrad festgeschlossen hatte, stürzte ich mich erwartungsvoll in die buntgekleidete Menge, die sich zwischen den beflaggten Zelten umherschob.

Es gab zwei Reitplätze, und ich drängelte mich an dem einen bis zu dem Seil vor, das die Absperrung bildete. Aber der gute Überblick, den ich nun hatte, war nicht viel wert, denn hier war nichts Besonderes los. Es schien sich um eine Reitvorführung für Kinder unter zehn Jahren zu handeln. Ein winziges Mädchen saß auf einem ebenfalls winzigen Pony. Beide waren so makellos ausgestattet, als kämen sie direkt aus dem Schaufenster eines Sportmodegeschäfts. Das Kind trug eine dunkelblaue Reitkappe, dazu passende blaue Jacke, sandfarbene Hosen, gleichfarbige Handschuhe und blanke Lackstiefel. Das Pony hatte Doppelzügel, wertvolles Zaumzeug und einen hellen Sattel mit blinkenden Steigbügeln.

Im Schritt gingen sie ganz korrekt, wie nach dem Lehrbuch. Auch der Trab sah recht ordentlich aus. Aber beim versammelten Galopp ging die Sache schief. Der Trensenzügel löste sich und flatterte um die Knie des Ponys, das dadurch nervös wurde und den Kopf aufwarf. Nun zerrte die Reiterin am Kandarenzügel. Das nahm das Tier übel und bockte, und die Kleine flog über die Pferdeschulter auf den Rasen.

Von seiner Last befreit, sauste das Pony im Triumphgalopp im Ring umher. Die Mutter des Mädchens, gefolgt von einer Schar von Verwandten, rannte zu ihrem Kind, während einige Helfer versuchten, das Pony einzufangen. Das kleine

Mädchen lag bäuchlings da, hämmerte mit den Fäusten auf den Boden und kreischte vor Wut.

Ich mochte mir solch unsportliches Benehmen nicht länger ansehen und ging zum anderen Ring, wo ein Springen stattfand. Dort traf ich Cora, die lustlos hinter ihren Eltern hertrottete. Sie zog eine furchtbare Schmollfratze und schien in übelster Laune zu sein. Ihre Mutter bemerkte das anscheinend gar nicht, sondern meinte munter: »Schau nur mal, da drüben, Liebling –« Dann unterbrach sie sich und rief entsetzt: »Meine Güte – sieh nur!«

Wir sahen es alle. In der Reitbahn kämpfte ein rothaariger, sommersprossiger Junge mit seinem Pferd, das mit rollenden Augen in wildem Galopp auf ein Hindernis zuraste und sich nicht um Zügel oder Schenkeldruck kümmerte. Es krachte mitten in den Aufbau hinein, daß Ziegelsteine und Latten umherflogen. Nachdem es noch die Hecke völlig niedergetrampelt hatte, nahm es plötzlich Kurs auf das Absperrseil. Die Zuschauer, die dort standen, stoben auseinander wie Blätter vor dem Sturm.

Als die allgemeine Aufregung sich ein wenig gelegt hatte, war die Stimme des Ansagers wieder zu hören. Er kündigte an, jetzt werde ein Stechen ausgetragen zwischen Kathryn Barclay und Claire Forrester, die beide den Parcours fehlerfrei bewältigt hatten.

»Die kenne ich«, murmelte Cora mißgelaunt. »Erstklassige Reiterinnen. Gehören zum Pony-Club im Wiesenhof und helfen Frau Sheringham-Brown in ihrem Reitstall.«

Mein Interesse war geweckt, und ich beobachtete, wie die Helfer die Hindernisse aufstellten, die das durchgehende

Pferd umgeworfen hatte. Mit geübten Griffen brachten sie Steine und Stangen an ihre Plätze und bauten die Hecke wieder auf. Kaum waren sie aus der Bahn gelaufen, da ritt Kathryn auf ihrer braunen Stute Juno ein.

Nach den beiden mißlungenen Ritten, die ich bisher gesehen hatte, war es ein Genuß, Kathryn zuzusehen. Juno trug ihren Kopf hoch, ihre Augen glänzten, und ihre Ohren waren aufmerksam nach vorn gerichtet, als sie den ersten Sprung anging, einen Doppeloxer. Mit fliegendem Schweif war sie hinüber und näherte sich der Hecke, die sie glatt nahm. Dann kamen ein Gatter und ein zweifacher Sprung, und auch hier hielten sich Pferd und Reiterin vorzüglich. Aber die Mauer, die für das Stechen erhöht worden war, mußte dem Pferd wohl erschreckend vorkommen. Juno sprang mit einem deutlichen Zögern ab, streckte sich zwar über dem Hindernis, blieb jedoch mit der Hinterhand hängen und riß einige Mauersteine herunter. Ein langgezogenes, enttäuschtes »Ooh!« kam von den Zuschauern. Ein paar Sekunden lang war Juno verwirrt und warf den Kopf hin und her. Doch schon hatte Kathryn sie energisch unter Kontrolle und in einen gleichmäßigen Galopp gebracht. Sie nahmen den Wassergraben, die dreifache Kombination, ein Heckenrick und zum Schluß einen Hochweitsprung, alles ohne Fehler. Kathryn streichelte Junos Hals, als sie unter lautem Beifall des Publikums aus der Bahn ritt.

»Kathryn Barclay mit Juno: vier Fehlerpunkte«, meldete der Ansager. »Und nun startet Claire Forrester auf Misty Morning.«

Misty Morning war ein kleines weißes Pony und sah aus,

als sei seine Reiterin ihm entwachsen. Denn Claire war ein großes, schlankes Mädchen von ungefähr sechzehn Jahren. Ihre langen, lockigen Haare wurden von einem Band im Nacken zusammengehalten, und ihre Füße reichten bis unter den Bauch ihres Pferdes.

Dieser kleine Kerl schafft doch die Hindernisse niemals, dachte ich. Seine Beine sind einfach zu kurz, und Claire muß ein ganz schönes Gewicht haben, trotz ihrer Schlankheit. Während ich dies überlegte, war Misty Morning schon vor dem ersten Hindernis und sprang hinüber, als wäre es nur ein Zweig, der auf der Erde lag. Mir blieb der Mund offenstehen, als ich zusah, wie Pferd und Reiterin den Parcours fehlerfrei in glänzendem Stil bewältigten, einschließlich der Mauer.

»Hast du das gesehen?« rief ich Cora zu und klatschte in die Hände, bis sie weh taten. »Waren die beiden nicht einfach wunderbar?«

»Ja, wunderbar«, wiederholte Cora, vermutlich weniger aus Überzeugung, sondern weil ihre Mutter neben ihr stand.

Nach der Siegerehrung, der Überreichung der Schleifen und der Ehrenrunde beschloß ich, wegzugehen und mir ein Eis zu kaufen. Auf diese Weise kam ich aus Coras Nähe fort. Dann wollte ich versuchen, zu dem Platz zu gelangen, wo die Pferde angebunden waren. Vielleicht konnte ich Juno und Misty Morning aus der Nähe sehen, sie sogar streicheln, wenn ich Glück hatte. Ich rief Cora einen flüchtigen Gruß zu und schlenderte in Richtung Erfrischungszelt, das auf der gegenüberliegenden Seite der Reitbahn war.

Gerade als ich mit meinem Eis aus dem Zelt kam, lief ein winziger schwarzer Pudel auf mich zu. Sein Halsband war mit bunten Steinen besetzt, und zwischen den Ohren trug er eine blauseidene Schleife. Seine Leine schleifte hinter ihm am Boden.

»Halt sie fest, o bitte, halt sie fest!« schrie eine helle Stimme. Ohne hinzusehen, wer da gerufen hatte, tat ich einen raschen Schritt und setzte meinen Fuß auf die Leine. Mit einem empörten Aufjaulen blieb der Pudel stehen, ich ergriff die Leine und schaute mich nun nach der Ruferin um.

Sie war etwa so groß und so alt wie ich. Als sie auf mich zuhinkte, bemerkte ich an ihrem Bein eine tiefe, klaffende Wunde, aus der Blut sickerte.

»Was ist dir denn passiert?« fragte ich entsetzt.

»Ich sollte mich um Fifi kümmern«, antwortete sie mit einer Stimme, der man anhörte, daß das Mädchen Schmerzen litt. »Aber die Leine rutschte mir aus der Hand. Fifi gehorcht niemals, und sie kam natürlich auch nicht zurück, als ich sie rief. Ich weiß, daß sie wie verrückt kläfft, wenn Pferde in der Nähe sind, und deshalb wollte ich sie unbedingt fangen, bevor sie in die Reitbahn lief. Da bin ich über ein Halteseil hinter dem Zelt gestolpert und lang hingefallen.«

»Dein Bein sollte aber schleunigst behandelt werden«, meinte ich. »Ist jemand mit dir hier?«

»Ja, meine Mutter. Da drüben.« Das Mädchen zeigte in die Richtung, wo die Pferdeboxen waren.

»Dann komm«, sagte ich. »Ich gehe mit und halte deine Fifi.«

So schnell es ihre Verletzung erlaubte, strebten wir zu den Boxen. Neben einer Hecke war ein großer Junge dabei, ein braunes Pony zu satteln. Als wir vorbeikamen, blickte er auf und grinste. Er schien die Wunde am Bein meiner Begleiterin nicht zu bemerken, sondern schaute nur mich an.

»He, bist du nicht das Mädchen, das im Park herumläuft und Hunde stiehlt?« rief er munter. »Neulich meinen Gyp, heute den Pudel – und was für einer wird's morgen sein?«

Ich erkannte ihn wieder: Rupert aus dem Stadtpark.

Willst du das weiße Kaninchen sein?

Er grinste mich noch immer an, aber ich kann nicht sagen, daß seine Bemerkung mir in diesem Augenblick besonders komisch vorkam. Ich hatte wegen dieser Geschichte genug auszustehen gehabt. Deshalb erwiderte ich: »Hoffentlich bist du inzwischen vernünftig genug gewesen, Namen und Adresse auf Gyps Halsband eingravieren zu lassen.«

Er wurde ein bißchen rot, und seine abstehenden Ohren erschienen noch größer, als sie schon waren. »Ja, das hab' ich gemacht«, sagte er. »Übrigens war das doch nur Spaß mit dem Hundestehlen. Oder hast du wirklich – Mensch, Emmy, was ist denn mit deinem Bein los?« unterbrach er sich.

Das Mädchen neben mir wollte es ihm gerade erklären, da kam jemand gerannt und rief atemlos: »Emmy, komm rasch! In ein paar Minuten sind wir dran!«

Verblüfft starrte ich die Gestalt an, die jetzt vor uns stand. Ein Mädchen wie aus einem alten Bilderbuch: blaues Kleid, weiße Schürze und weiße Strümpfe, schwarze Knöpfstiefel; lange, glatte Haare, die bis zur Hüfte herabfielen. Unter ihren

Arm hatte sie einen rosa Flamingo geklemmt, dem man auf den ersten Blick kaum ansah, daß er aus Stoff gemacht war.

Emmy bemerkte mein Staunen und erklärte: »Es ist für den Kostüm-Wettbewerb. Sara ist Alice im Wunderland, und ich sollte das weiße Kaninchen sein. Aber jetzt, mit diesem Bein –«

Wir stützten sie, als sie zu dem kleinen Wohnwagen hinkte, der als Ankleidekabine diente. In der Tür stand Emmys Mutter, das weiße Kaninchenkostüm über dem Arm. Aus dem Inneren des Wagens sprach jemand zu ihr, und ich erkannte sofort die Stimme von Justine Sheringham-Brown.

Jetzt kam sie heraus, sah Emmys Bein und entschied sofort, sie könne natürlich keinesfalls mitreiten, sondern müsse im Krankenhaus behandelt werden und eine Spritze gegen Wundstarrkrampf bekommen. Vielleicht müsse die Wunde auch genäht werden.

Um den Wohnwagen hatte sich eine Menschenmenge gesammelt. Ich sah Kathryn Barclay und Claire Forrester, und neben ihnen stand ein kleineres Mädchen im Kostüm einer Hexe. Als wir mit Emmy und ihrer Mutter zu dem Auto gingen, das sie zum Krankenhaus bringen sollte, trabte ein schmales, schwarzhaariges Mädchen auf einem Scheckenpony heran, schwenkte eine gelbe Schleife und rief: »Dritte! Stellt euch das vor! Trixie war einfach großartig!«

»Fein gemacht, Charlie!« lobte Kathryn. »Aber du solltest allmählich aufsitzen, Sara. Wahrscheinlich müßt ihr auf das weiße Kaninchen verzichten.«

»Zu schade«, meinte Emmys Mutter. »So viele Stunden habe ich an dem Kostüm gearbeitet, und es ist so hübsch geworden. Nun war alle Mühe umsonst.«

»Warum kann es nicht jemand anderes anziehen?« schlug Claire vor. »Es gibt bestimmt irgendein Mädchen, dem es passen würde. Wie ist es mit dir, Charlie?«

»Auf gar keinen Fall!« protestierte Charlie, die eigentlich Charlotte hieß. Später fand ich heraus, daß im Pony-Club beinahe alle Namen abgekürzt wurden.

In diesem Augenblick hörte ich eine Stimme, die mir bekannt vorkam, drehte mich um und sah Coras Mutter eilig auf uns zukommen. Tochter und Mann folgten ihr notgedrungen, aber offensichtlich nicht allzu begeistert.

»Zufällig habe ich gehört, um was es sich handelt«, brachte die Dame atemlos hervor. »Und ich glaube, meine Cora würde liebend gern für Emmy einspringen. Nicht wahr, Liebling?«

Cora antwortete ihr nicht, sondern blickte entsetzt und zugleich gebannt auf Emmys Wunde. »Ich glaube, mir wird übel«, hauchte sie.

Falls ihre Mutter es gehört hatte, so achtete sie nicht darauf. Ungerührt fuhr sie fort: »Sie hat genau die richtige Größe. Ich bin sicher, das Kostüm paßt ihr wie angegossen. Nicht wahr, Liebling?«

»Furchtbar, dieses Bein!« murmelte Cora. »All das Blut!« In Wirklichkeit hatte die Wunde längst aufgehört zu bluten.

»Ich weiß doch, daß sie schon eine tüchtige kleine Reiterin ist«, erklärte Coras Mutter laut, damit es auch gewiß jeder hörte. »Sie erzählt mir immer, was sie in den Reitstunden lernt, und welch schöne Fortschritte sie jede Woche macht. Nicht wahr, Liebling?« Und sie lächelte ihre Tochter aufmunternd an.

»Mir wird bestimmt gleich übel«, flüsterte Cora, die jetzt ganz grün im Gesicht war.

»Ist irgend etwas nicht in Ordnung, Liebling?« fragte die Mutter, der nun endlich doch etwas aufzufallen schien.

»Oh«, stöhnte Cora und preßte eine Hand auf ihren Mund und die andere auf ihren Magen. »Oh, oh!«

Während die Eltern sie wegführten, sagte Kathryn zu mir: »Das macht Cora absichtlich, glaub es mir! Wenn sie nur nicht reiten muß!«

Durch den Lautsprecher kam die Aufforderung, die Teilnehmer am Kostüm-Wettbewerb sollten sich auf dem Abreitplatz einfinden.

»Na, und was ist mit meiner kleinen Freundin hier?« rief Rupert plötzlich und wies auf mich. »Sie hat wohl auch die richtige Figur, und ich weiß, sie wäre selig, wenn sie reiten könnte. Ich laufe schnell hin und melde dem Ansager die Änderung der Namen. Inzwischen kann sie sich umziehen. Übrigens, wie heißt du eigentlich?« Völlig überrumpelt sagte ich meinen Namen, und er sauste fort.

»Lieb von dir! Vielen Dank!« rief Emmys Mutter aus dem anfahrenden Wagen. »Und viel Glück!«

Justine Sheringham-Brown stand neben mir und fragte: »Hast du nicht neulich am Zaun gestanden und unserer Reitstunde zugesehen?« Ich nickte nur und folgte ihr mit schlotternden Knien in den Wohnwagen, wo mehrere Frauen mir das Kaninchenkostüm anzogen. Es saß ein bißchen knapp, aber sie quetschten mich unter vielem Gekicher hinein und waren zufrieden, daß es nicht aus den Nähten platzte, wenn ich Luft holte. Dann traten wir aus dem Wagen, und Rupert half mir auf das kleine scheckige Pony, das Charlie am Zügel hielt.

»Möchtest du, daß jemand mitgeht und Trixie am Zügel führt?« fragte Frau Sheringham-Brown. »Ich weiß ja gar nicht, ob du reiten kannst.«

»Danke, so viel schon«, antwortete ich. Wenn ich in den Ferien auf dem großen Jagdpferd meiner Tante sitzen konnte, wenn auch laienhaft, dann würde ich wohl mit dieser braven kleinen Stute fertig werden, dachte ich.

»Beeil dich, es ist höchste Zeit!« rief Sara, Emmys Schwester. Sie saß auf dem braunen Pony, das Rupert vorhin gesattelt hatte. Alle anderen Teilnehmer waren schon auf dem Abreitplatz versammelt. Es gab drei Hexen, was die kleine Hexe Amanda sehr ärgerte, einen Robinson, einen Seeräuber, zwei Indianer, einen arabischen Sultan, einen Raumfahrer, einen Jockey und einen Jungen, dessen Kostüm ganz aus Zeitungen in verschiedenen Sprachen bestand und eine große Schlagzeile trug: »Aus aller Welt.«

Wir ritten ein, und als ich aus dem Lautsprecher meinen Namen schallen hörte: »Philippa Springer auf Trixie als weißes Kaninchen«, da hatte ich das Gefühl, als erlebte ich alles nur im Traum. Aus lauter Nervosität trieb ich Trixie heftiger an, als es nötig gewesen wäre, und sie rammte prompt das Hinterteil des Pferdes vor uns, auf dem der Junge in dem Zeitungskostüm saß. Sofort legte sein Pony die Ohren zurück und schlug aus. Der Reiter drehte sich um und schrie mich wütend an: »Paß gefälligst auf, wohin du reitest, ja?«

Ich nickte, und dabei fühlte ich, wie meine langen Pelzohren nach vorn fielen. Vor Verlegenheit wurde mir noch heißer, als es in dem dicken Kostüm ohnehin schon war. Aber ich hätte in jedem Kostüm Hitze oder Kälte ertragen, wenn ich nur das Glück genießen konnte, auf einem Pferd zu sitzen.

Endlich standen wir in einer Reihe, und die Richter betrachteten uns gründlich, während wir nun in langsamem Schritt an ihnen vorbeiritten. Nach einigen Runden wurden wir hinausgeschickt, saßen voller Spannung auf unseren Ponys und warteten darauf, daß die Gewinner aufgerufen wurden.

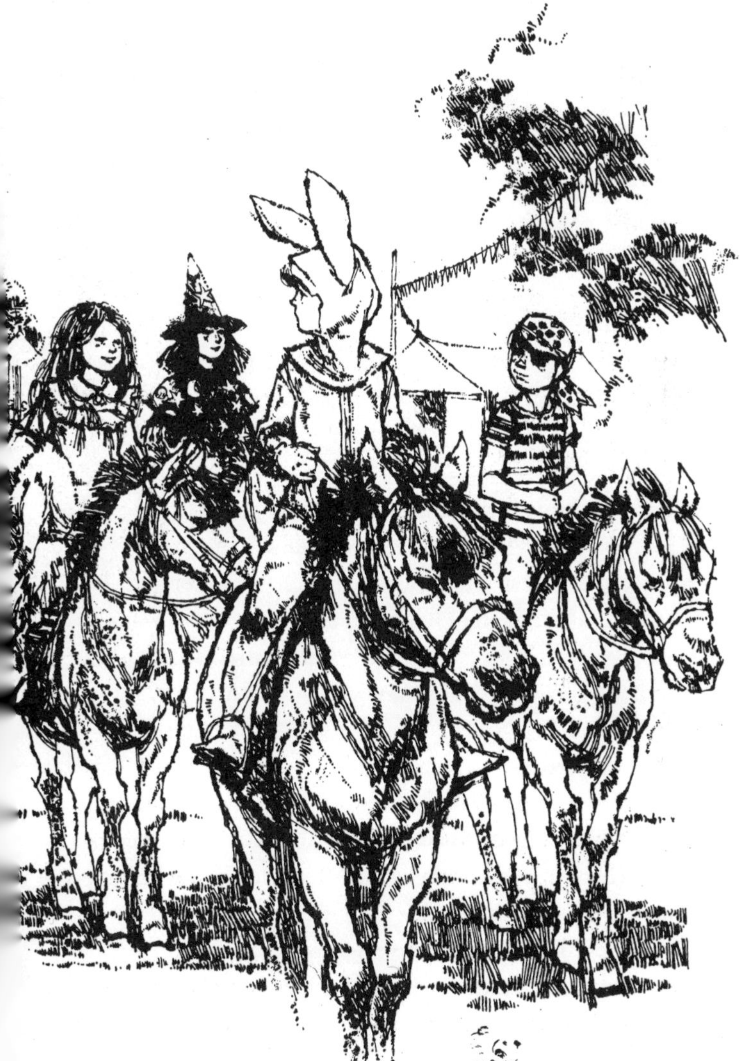

Jetzt tönte es aus dem Lautsprecher: »Hier die Ergebnisse des Kostüm-Wettbewerbs. Erster Preis für Neill Crumb, im Kostüm ›Aus aller Welt‹.« Wie weggeblasen war der zornige Ausdruck vom Gesicht des Jungen und machte einem breiten Grinsen Platz, als er zur Richtertribüne ritt, um seinen Preis entgegenzunehmen.

»Zweiter Preis für Philippa Springer als weißes Kaninchen!« verkündete der Ansager, und ich wollte mich gerade umschauen, wer das wohl sei, als mir klarwurde, daß ich ja gemeint war. Ich weiß nicht mehr, wie ich in den Ring kam. Unter dem Beifallklatschen der Zuschauer bekam ich eine blaue Schleife ausgehändigt und stieß mit unsicherer Stimme ein »Danke« hervor.

Der dritte Preis wurde dem arabischen Sultan zugesprochen, der zum Entzücken des Publikums auf einem Esel ritt. Den vierten Preis bekam Sara als Alice im Wunderland. Ich war froh darüber, denn es hätte mir sehr leid getan, wenn sie leer ausgegangen wäre. Für ihre Mutter, die für Sara und Emmy die Kostüme genäht hatte, war es natürlich ein doppelter Triumph.

Beim Hinausreiten wurden Sara und ich von vielen Kindern begrüßt und beglückwünscht, die ich vorher schon gesehen hatte, und von ebensovielen, die ich noch nicht kannte. Später erfuhr ich, daß sie alle zum Pony-Club gehörten oder Schüler der Reitschule im Wiesenhof waren.

Als ich absaß, sagte Justine Sheringham-Brown zu mir: »Das hast du gut gemacht, Philippa. Nein, steck die Schleife nicht an Trixies Zaumzeug; die mußt du mit nach Hause nehmen und als Andenken behalten. Ich bin sicher, Frau

Cotterill, Emmys Mutter, ist auch damit einverstanden, daß du den Geldpreis bekommst.«

»Ich glaube nicht, daß man ihr Geld anbieten sollte«, mischte sich ein großer, dunkelhaariger Junge ein und zwinkerte mit seinen grauen Augen. Er sah Kathryn so ähnlich, daß ich sofort wußte, er war ihr Bruder. »Man wird annehmen, dem Karnickel sei ein Sack Möhren lieber.«

Beim Pony-Club

Die Mitglieder des Pony-Clubs hatten in fast jedem Wettbewerb einige der ersten Plätze belegt. Es war ein erfolgreicher Tag für alle gewesen, aber niemand hatte ihn wohl so genossen wie ich. Wie hätte ich ahnen können, daß es mir vergönnt sein würde, auf einmal mit so vielen Reitern und Pferdefreunden zusammenzutreffen! Als sie ihre Sachen zusammenpackten, um heimzukehren, stand ich herum und war traurig. Es war so schön gewesen – und nun war es schon zu Ende!

Claire Forrester zog Mistys Sattelgurt fest, und ich ging hin und streichelte seine weiche Nase. Er blies seinen Atem sanft in meine Handfläche und bettelte um einen Leckerbissen. In meiner Tasche fand ich nur ein altes, klebriges Fruchtbonbon, aber Claire meinte, ich könne es Misty geben. Er kaute so eifrig darauf herum, als hätte er wer weiß was für einen riesigen Happen bekommen.

»Willst du in unseren Club eintreten?« fragte Claire und lächelte mich freundlich an. »Wer Pferde so gern hat wie du, dem gefällt es bestimmt bei uns.«

»Aber ich habe ja kein Pferd«, stammelte ich.

»Das spielt keine Rolle«, antwortete sie. »Rupert, Charlie und die beiden Cotterills haben auch keins. Im Wiesenhof stehen genug Ponys, und du kannst jederzeit reiten; und wenn du bei der Stallarbeit hilfst, gibt dir Frau Justine ab und zu eine Reitstunde als Vergütung. Sie leiht uns auch ihre Pferde zu besonderen Gelegenheiten wie Turnieren und Schaureiten. Überlege es dir mal! Und wenn du eintreten willst – während der Schulzeit arbeiten wir jeden Abend im Wiesenhof, an den Wochenenden und in den Ferien eigentlich den ganzen Tag. Irgendwen von uns findest du immer dort.«

»Und der Beitrag für den Club?« fragte ich vorsichtig.

Sie lachte. »Du bist knapp mit dem Taschengeld, ja? Das sind die meisten von uns. Du gibst einfach so viel, wie du erübrigen kannst. Wir müssen ja die Pferde nicht mehr ernähren, seit Frau Justine den Wiesenhof übernommen hat, und so kommen wir mit dem Geld ganz gut zurecht.«

Sie ritt davon, und ich stand da und wußte nicht, wie mir geschehen war. Der Gedanke, ein Mitglied des Pony-Clubs werden und auf dem Wiesenhof arbeiten zu dürfen, überwältigte mich so, daß ich schon ein ganzes Stück auf der Landstraße entlanggegangen war, bis ich merkte, daß ich mein gutes altes Fahrrad vergessen hatte. Ich rannte zurück und holte es, befestigte die blaue Schleife an der Lenkstange und strampelte heim.

Was würde Mutter sagen, wenn ich meine Erlebnisse erzählte! Alles war so schnell über mich hereingebrochen. Eben noch war ich ein betrübter Zaungast gewesen ohne jede Hoffnung, einmal das begehrte Ziel zu erreichen – und im nächsten Augenblick nahm ich hoch zu Roß an einem Wettbewerb teil und gewann einen Preis, den ich eigentlich gar nicht verdient hatte! Es gab bestimmt nur wenige Menschen auf der Erde, die heute so glücklich waren wie ich!

Am nächsten Morgen konnte ich es kaum erwarten, zum Wiesenhof zu kommen. In passender Kleidung, alten Kordhosen und Baumwollbluse, fuhr ich los und kurvte in elegantem Bogen durch das offenstehende Tor in den Hof. Dort stand Misty; sein Halfterseil war an einem Eisenring in der Stallmauer befestigt. Er wandte den Kopf schläfrig zu mir herum, und ich gab ihm ein Stück Möhre, das ich in unserer Speisekammer stibitzt hatte. Dann suchte ich Claire, sie konnte ja nicht weit sein. Aus einem der Ställe kamen Geräusche, die eifrige Arbeit verrieten, und dort fand ich Claire beim Ausmisten.

»Hallo, noch ein Frühaufsteher!« begrüßte sie mich. »Komm her, ich zeige dir, wie man einen Stall ausmistet. Aber erst probiere mal die hier auf – Frau Justine duldet nämlich nicht, daß wir ohne Kappe reiten.«

Entzückt blickte ich auf die schokoladenbraune Reitkappe, die sie mir hinhielt. Ich setzte sie auf, und sie war ein bißchen zu weit; später fütterte Mutter das Hutband mit Seidenpapier ab und nähte noch ein Stück Gummiband ein, und dann paßte sie gut. Claire erzählte mir, sie habe die Kappe einst von Kathryn geschenkt bekommen, als sie reiten lernte, deshalb trennte sie sich nur ungern von ihr. Aber sie meinte, durch die angestrengte Arbeit in der Schule sei ihr Gehirn offenbar größer geworden, und sie habe sich wohl oder übel eine neue Kappe kaufen müssen.

Ich entdeckte mit Staunen, daß es auch gelernt sein will, einen Stall auszumisten. Es galt nicht nur, wie ich immer gemeint hatte, einfach alles, was im Stall lag, hinauszuschaffen und auf einen großen Haufen zu werfen, um dann im Stall frische Streu auszubreiten. Zunächst mußte man den feuchten Mist vom trockengebliebenen Stroh trennen; das geschah mit einer großen zweizinkigen Mistgabel. Dann kam das trokkene Stroh wieder auf den Stallboden, und das übrige wurde in einer eisernen Schubkarre in den Hof gefahren, wo es neben dem Gemüsegarten zu einem ordentlichen Haufen geschichtet wurde.

Bei gutem Wetter wurden nur die ältesten Ponys nachts in den Stall gebracht, und aus Gründen der Sicherheit kamen auch Frau Justines wertvolle Turnierpferde, Jolly Roger und Sweet Chestnut, herein. Die Ponys von Bob und Kathryn Barclay, Amandas kleiner Brauner, ebenso Eddi, ein fünfjähriger Apfelschimmel mit weißen Fesseln und weißer Blesse, den Frau Justine gekauft hatte, blieben bis zum Einbruch des Winters Tag und Nacht im Freien.

Zwei Wochen später begannen die Sommerferien. Ein Teil der Clubmitglieder wurde in Badeorte verschleppt von wohlmeinenden Eltern, die einfach nicht begreifen konnten, daß ihre Kinder lieber die langen, heißen Sommertage in Pferdeställen und auf Koppeln verbringen und so oft wie möglich reiten wollten, anstatt an einem überfüllten Strand mit fremden Kindern Ball zu spielen.

Joanna flog mit ihrer Familie nach der Mittelmeerinsel Malta, wo sie in einem Luxushotel wohnten. Emmy und Sara Cotterill, Jane-Anne Searsby und John und Susan Mainwaring fuhren in drei verschiedene Seebäder. Amanda Brownswood ging für drei Wochen auf eine Schottlandreise und hatte mir angeboten, während dieser Zeit ihr Pony zu reiten.

In der zweiten Augustwoche waren sie dann endlich alle wieder da, und wir konnten miteinander Frau Justine helfen, die ihre ersten Hausgäste in der Reitschule erwartete. Es waren eine Familie und eine einzelne Dame, und sie kamen am gleichen Tag an.

Die einzelne Dame war Fräulein Flora Grimley, aber sie hatte gar nichts Grimmiges an sich. Und die Familie bestand aus Professor Tufton, seiner Frau und zwei Söhnen. Bei ihrer Anmeldung hatten sie an Frau Justine geschrieben, sie seien für sechs Wochen auf eine amerikanische Ranch eingeladen worden, und dort werde doch gewiß erwartet, daß sie reiten könnten.

»Sechs Wochen auf einer Ranch!« rief John, als er es hörte, schlug sich mit der Hand gegen die Stirn und ließ sich mit einer theatralischen Bewegung rückwärts ins Stroh fallen. »Könnt ihr euch was Tolleres vorstellen?«

»Aber ihr Brief klingt so, als würden sie allerlei Ansprüche stellen«, bemerkte Jane-Anne, eine hochgewachsene, meist ziemlich ernste Fünfzehnjährige. »Ich muß sagen, ich bin nicht wild darauf, sie kennenzulernen.«

Als erste kam Fräulein Grimley in einem Taxi von der Bahnstation. Der Fahrer trug ihr Gepäck in die Diele, wo Rupert und Bob es übernahmen und in das Zimmer brachten.

Wir hatten die Ankunft des Fräuleins vom Garten aus beobachtet, und Kathryn urteilte: »Hmm, ein bißchen alt, aber sonst anscheinend nicht übel. Sie erinnert mich an eine Lehrerin, die ich im ersten Schuljahr hatte.«

»Bestimmt tun ihr nach der ersten Reitstunde alle Knochen einzeln weh«, meinte Jane-Anne.

»Das kann man nie wissen«, entgegnete Claire. »Manchmal erlebt man Überraschungen.«

Aber es zeigte sich, daß Fräulein Grimley in diesem Punkt keine Überraschung war. Sie hatte keine Ahnung von Pferden oder vom Reiten und bekam am Anfang täglich nur zwei Reitlektionen zu je zehn Minuten. Mehr hielt sie nicht aus. Aber es schien ihr auf dem Wiesenhof zu gefallen. Sie spazierte in den Ställen umher, unterhielt sich mit uns und half sogar beim Lederputzen. Oft ging sie in die Küche zu »Madame«, Frau Justines Mutter, die Französin war, den Haushalt führte und vorzüglich kochte. Dann tauschten die beiden stundenlang europäische und exotische Rezepte aus.

Weniger angenehm waren die anderen Gäste. Das heißt, der Professor und seine Frau waren eigentlich nett, nur meist ein wenig geistesabwesend. Sie schienen sich überhaupt nicht darum zu kümmern, was ihre Söhne Dirk und Dave trieben, und diese beiden waren wirklich eine Landplage. Den Eltern wäre es vermutlich gar nicht aufgefallen, wenn die Jungen die ganze Woche über nicht ein einzigesmal in den Sattel gekommen wären. Aber Frau Justine fand, sie sei es ihrem guten Ruf und dem Namen ihrer Reitschule schuldig, daß die Jungen regelmäßig Unterricht bekamen; also versuchten wir ihr zu helfen, diesen Vorsatz zu verwirklichen.

Jeden Morgen nach dem Frühstück verschwanden die beiden jungen Tuftons und versteckten sich an den unmöglichsten Plätzen. Und jeden Morgen suchten wir so lange, bis wir sie fanden und sie zum Stall schleppten, damit sie ihre Reitstunde bekämen. Charlie hatte eine richtige Wut auf sie, weil sie sich beschwerten, die Ponys seien alt und langweilig. Sobald sie sich unbeobachtet glaubten, trieben sie ihre Tiere zu immer schnellerer Gangart an; dann klammerten sie sich an die Zügel und rissen die Ponys im Maul. Es war ihnen gleichgültig, daß sie selbst im Sattel hin und her geschleudert wurden.

Als die Woche um war, hatten wir alle reichlich genug von ihnen und atmeten auf, als die Eltern die Koffer packten. Die lieben Söhne benutzten die Zeit, um wieder einmal spurlos zu verschwinden. Diesmal suchten wir sie nicht.

»Ich wünschte, sie versänken im Treibsand und tauchten nie mehr auf!« seufzte Charlie.

»Ein himmlischer Gedanke!« stimmte Kathryn ihr zu. »Nur schade, daß es hier im Umkreis von vielen hundert Meilen keinen Treibsand gibt!«

Schließlich erschienen Dirk und Dave mit wahren Engelsmienen, beide mit Armen voll der herrlichsten duftenden Rosen, die sie sofort zu »Madame« trugen. Sie wußte sich vor Entzücken nicht zu fassen und fragte nicht, wie die Jungen zu den kostbaren Blumen gekommen seien – was Frau Justine sofort getan hätte.

Eine halbe Stunde später löste sich das Rätsel. Gerade war das knatternde Motorgeräusch von dem alten Wagen der Tuftons in der Ferne verklungen, da stürmte der Besitzer des Nachbargrundstücks, der eine Gärtnerei betrieb, zornrot im Gesicht auf unseren Hof und wollte wissen, ob jemand ihm erklären könne, wie innerhalb einer Stunde von dem Beet mit seinen wertvollsten, preisgekrönten Rosen sämtliche Blüten verschwunden waren.

Es kostete Frau Justine viel Mühe und gutes Zureden und

überdies einen ansehnlichen Geldbetrag, bis der erboste Rosenzüchter einigermaßen beruhigt war.

Die Abreise von Fräulein Grimley war erfreulicher. Ihre Reitkunst hatte zwar nur bescheidene Fortschritte gemacht, aber das ging uns ja nichts an. Als sie kurz nach dem Mittagessen wegfuhr, händigte sie Claire eine riesige Packung Schokolade aus, die für uns alle bestimmt war. Strahlend sagte sie: »Ihr wart so nett und reizend! Ich hoffe, ich sehe euch alle eines Tages wieder!«

»Immerhin, so was kriegt man nur selten zu hören«, grinste John, während wir hinter dem Taxi herwinkten, das Fräulein Grimley zum Bahnhof brachte.

Aber es gab noch mehr Lob. Frau Justine verkündete bald darauf: »Ich muß sagen, ihr seid in dieser ganzen Zeit richtige Engel gewesen und verdient eine Belohnung. Morgen nachmittag lade ich euch zu Tee und Sahnetorte ins ›Wedgwood‹ ein.«

Ein Ausritt

Der nächste Tag war vom Morgen an heiß und sonnig. Dennoch arbeiteten wir eifrig, um am Nachmittag Zeit für den Ausritt zu haben. Während Fräulein Grimley und die Tuftons dagewesen waren, mußte eine Menge Arbeit liegenbleiben. Pünktlich um drei Uhr standen alle Ponys tadellos geputzt und gezäumt im Hof, und Kathryn hatte die alte Rhona für Frau Justine gesattelt.

»Ich rufe sie«, sagte Claire und wollte ins Haus gehen. Da erschien in der Einfahrt ein Auto, an das ein kleiner Pferdetransporter gehängt war. Claire blieb wie angewurzelt stehen, und wir alle sahen verblüfft zu, wie sich die Wagentüren öffneten und Cora und ihre Eltern ausstiegen.

»So'n Mist! Ich hatte gehofft, wir wären sie für immer los!« flüsterte Kathryn neben mir. »Sie hat sich doch seit Wochen nicht mehr sehen lassen.«

»Und ausgerechnet jetzt muß sie kommen«, murrte Rupert.

»Noch dazu mit einem eigenen Pony!« vollendete Joanna.

»Die miesesten Leute haben immer das meiste Glück«, stellte Charlie neidvoll fest, und ich mußte ihr im stillen recht geben: Es schien wirklich ungerecht, daß gerade Cora, die das Reiten verabscheute und daraus nie ein Hehl gemacht hatte, ein eigenes Pony bekam, das sie gar nicht gewollt hatte.

Frau Justine kam aus dem Haus und begrüßte Coras Eltern. Cora selbst warf uns einen kurzen, finsteren Blick zu und starrte dann auf das Hofpflaster. Natürlich barsten wir fast vor Neugier, aber sie stand mit einer gelangweilten Miene da, während ihr Vater die Türen des Transporters öffnete. Herr Small führte das Pony sorgsam heraus, und es schaute sich voll Neugier in der fremden Umgebung um.

Es war ein Schecke – oder wie soll man ein Pferd bezeichnen, das ganz weiß ist und bei dem nur Kopf, Mähne, Schweif und ein großer Fleck auf dem Rumpf, geformt wie eine Landkarte von Australien, braun sind? Das Tier hob den Kopf, schnupperte in die Luft, rollte dann mit den Augen und blickte die anderen Ponys unter einem dichten, gerade geschnittenen Stirnschopf hervor an. Nun zog es die Oberlippe hoch und entblößte die Zähne.

Cora sprang mit einem Angstschrei zur Seite. »Seht ihr – er ist bösartig!«

»Unsinn!« erwiderte Frau Justine, ging zu dem Pony und streichelte es. Es schnupperte an ihrer Tasche, die niemals leer war, und sie gab ihm ein Stück Zucker und klopfte seine flachen braunen Wangen. »Er hat nur eine Grimasse gemacht, um zu zeigen, daß er sich hier fremd fühlt, wo er noch niemand kennt. Er hat einen sehr klugen Blick, und ich bin sicher, er ist ein lieber Kerl und wird bald Freundschaften schließen. Wie heißt er?«

»Der Verkäufer nannte ihn Tex«, antwortete Herr Small, »und wir haben den Namen nicht geändert.«

»Paßt gut zu ihm«, meinte Frau Justine. »Mit dieser ungewöhnlichen Zeichnung sieht er tatsächlich einem Texas-Kälbchen ähnlich. Wir sind gerade im Begriff, einen Ausritt zu unternehmen und irgendwo Tee zu trinken. Wenn Cora mag, kann sie gern mitkommen. Haben Sie Sattel und Zaumzeug mitgebracht?«

Das hatten sie – leider. Wir unterdrückten unsere enttäuschten Seufzer und halfen Cora schließlich sogar noch beim Satteln.

Es war eine schöne Strecke, die es erlaubte, abwechselnd im Schritt, Trab und Galopp zu reiten. Wir kamen zu der Teestube und hielten unsere Pferde an.

»Wartet hier einen Augenblick«, sagte Frau Justine und saß ab. »Ich habe gestern angerufen, und man hat mir zugesagt, es werde jemand da sein, der sich um die Pferde kümmert.« Sie gab Bob Rhonas Zügel und ging ins Haus.

Das »Wedgwood« war ein malerisches Lokal. Es bestand aus zwei aneinandergebauten uralten Häuschen, die im Innern verbunden waren. Die Räume waren zartblau ausgemalt, es gab dunkle Eichenbalken, niedrige Zimmerdecken und viel glänzendes Messing. Zum Tee servierte man wunderbare winzige Weißbrotschnitten ohne Rinde, mit köstlichen Leckerbissen belegt, und Kuchenstückchen mit so dikker Sahneschicht, daß man beim Hineinbeißen achtgeben mußte, nicht die Hälfte auf den Schoß zu bekommen.

Während wir warteten, blickte ich mich um und freute mich, wie hübsch und friedlich hier alles war. Es waren nur wenige Leute zu sehen, außer einer Familie, die kurz nach uns gekommen war. Ihr Auto war mit Gepäck vollgestopft, und auf dem Wagen waren Liegestühle und ein zusammenklappbarer Kinderwagen befestigt. Sie schienen entweder in Urlaub zu fahren oder davon zurückzukommen.

Ich döste ein wenig im Sattel und bekam nur nebenbei mit, wie der Wagen geparkt wurde, wie zwei Kinder heraussprangen und gleich anfingen, auf der Wiese neben der Teestube Ball zu spielen. Der Fahrer holte das Sportwägelchen vom Dach und faltete es auseinander, und seine Frau setzte das Baby hinein, das sie inzwischen aus dem Auto geholt hatte. Sie sicherte den kleinen Wagen mit der Bremse und beugte sich noch einmal in das Auto, um irgend etwas herauszunehmen.

Was nun folgte, zog wie ein beklemmender Film an meinen Augen vorüber. Der Lieferwagen einer Bäckerei, der an der anderen Straßenseite geparkt hatte, setzte sich auf einmal in Bewegung und fuhr rückwärts; vermutlich wollte der Fahrer wenden. Der Wagen mit dem Baby stand so hinter ihm, daß der Fahrer ihn nicht in seinem Rückspiegel bemerken konnte.

Wie gelähmt starrte ich auf das, was da geschah. Merkten denn die Eltern nicht, in welcher Gefahr ihr Kind sich befand? Das Baby strampelte und stieß fröhliche kleine Schreie aus. Und der Lieferwagen kam näher und näher –

Da ließ die Lähmung nach, die mich gepackt hatte. Ich zeigte auf den Kinderwagen und schrie laut. Alle Gesichter wendeten sich mir erstaunt zu, und dann hörte ich erschreckte Ausrufe. Der erste, der sich bewegte, war Bob. Er warf John Rhonas Zügel zu, trieb seinen Ikarus zum Galopp an und raste zu dem Kinderwagen. Ich wagte kaum hinzusehen vor Angst, er käme zu spät oder würde mit überrollt. Aber es gelang: Ohne das Tempo zu verringern, ritt Bob dicht hinter dem Lieferwagen vorbei, beugte sich im Sattel herab und packte den Griff des Kinderwagens. Da die Bremse angezogen war, rollte der kleine Wagen nicht, sondern schleifte am Boden, sprang ein paarmal hoch und kippte um, als Bob sein Pferd jetzt anhielt. Das Baby fing an zu schreien vor Schreck, der Vater kam aus dem Auto und brüllte Bob an, was ihm einfiele. Die Mutter hatte jedoch inzwischen begriffen, was geschehen war – oder vielmehr gottlob nicht geschehen war. Zuerst war sie wie erstarrt und konnte keinen Ton herausbringen. Sie saß auf der niedrigen Mauer vor der Teestube und preßte das Baby an sich. Erst nach einer Weile hörten ihre Knie und Hände auf zu zittern.

Der Fahrer des Lieferwagens war sehr aufgeregt und außer sich bei dem Gedanken, daß er beinahe, ohne es zu ahnen, ein Kind getötet hätte. Die Eltern, die sich einigermaßen beruhigt hatten, versicherten ihm, er trage keinerlei Schuld; wenn überhaupt jemand schuldig sei, dann seien sie es, weil sie das Sportwägelchen hinter seinem Wagen abgestellt hatten, ohne damit zu rechnen, daß er rückwärts fahren würde. Der Vater wollte Bob ein Geldgeschenk geben, doch Bob weigerte sich, es anzunehmen. Der Herr ließ sich aber heimlich von Frau Justine Bobs Adresse geben, und zwei Tage späger bekam er mit der Post einen Dankbrief und einen Geschenkgutschein. In dem Umschlag lag auch ein Büchergutschein »für das Mädchen, das die Warnung gegeben hat« – und das war ich. Natürlich freute ich mich mächtig, lief sofort los und kaufte mir zwei Pferdebücher.

»Uff!« machte Kathryn, als die Aufregung sich endlich gelegt hatte und wir im »Wedgwood« beim Tee saßen. »Dank dem Himmel für deine scharfen Augen, Pippa. Sonst säßen wir jetzt nicht so fröhlich hier und genössen diesen tollen Sahnekuchen.«

»Der Dank gebührt Dirk und Dave«, antwortete ich kichernd.

»Wieso diesen beiden Scheusalen?« fragte Joanna erstaunt. »Was haben die damit zu tun?«

»Na ja, wenn sie nicht gewesen wären, dann hätten wir uns vielleicht nicht diesen Ausflug mit Frau Justine verdient«, erklärte ich. »Und wenn wir nicht hierher gekommen wären, hätte Bob keine Gelegenheit gehabt, das Baby zu retten. Meine Mutter sagt immer: Wenn erst mal alles schiefgegangen ist, kann's nur noch besser werden. Das stimmt doch in diesem Fall genau, nicht?«

Eine Weile saßen wir alle schweigend und nachdenklich da. Dann meinte John: »Vielleicht gibt es tatsächlich so was wie Schicksal, wer weiß? Aber inzwischen kann mir mal jemand bitte die rosa Kremschnitte herüberreichen?«

Ein feiner Plan

»Habt ihr schon gehört, daß das Reitturnier in Garner's End auf einen späteren Termin verschoben ist?« rief John einige Tage später, als er und seine Schwester Susan auf ihren Ponys in den Wiesenhof kamen. Sie stiegen ab und banden die Zügel an die Eisenringe in der Stallwand.

»O nein!« klagte Kathryn und blieb mit ihrer Schubkarre voll Pferdemist stehen. Claire kam aus dem Stall, Mistys Striegel in der Hand.

»Warum denn nur?« fragte sie. »Ich habe mich so darauf gefreut! Wenn du keine besseren Nachrichten bringen kannst, John, dann bleib lieber weg!«

»Sehr liebenswürdig!« entgegnete John verärgert. »Meinst du, ich habe das Turnier höchstpersönlich abbestellt?«

»Sie hat doch bloß Spaß gemacht«, verteidigte Kathryn ihre Freundin.

Ich seufzte und dachte: Da haben wir's schon wieder mal! In der letzten Zeit war jedermann so reizbar, und dauernd gab es Wortwechsel und Streitereien ohne einen richtigen Anlaß. Außerdem waren alle ärgerlich, daß Cora jetzt täglich zum Reiten kam, weil ihre Eltern hofften, sie würde sich auf diese Art rascher an ihr neues Pony Tex gewöhnen. Es wäre nicht so schlimm gewesen, wenn Cora nicht pausenlos gejammert hätte. Nichts paßte ihr. Beim Satteln und Zäumen schien sie zehn linke Daumen zu haben. Sie behauptete, der Sattelgurt sei so glatt, daß er ihr immer wegrutschte. Die Steigbügelriemen waren ihr zu hart, die Löcher darin zu klein und der Sattel zu schwer. Sie konnte nicht einmal ihrem Pony das Zaumzeug anlegen, weil Tex seine Zähne zeigte und sie Angst hatte, er würde sie beißen.

»Das Schlimme bei dir, Cora«, sagte Claire eines Morgens, »ist, daß du gar nicht lernen willst, wie man es macht.«

Kathryn fügte hinzu: »Mein alter Mallehrer pflegte zu sagen, wenn ich mich beklagte, daß die Borsten aus meinem Pinsel fielen oder die Farbe von der Staffelei auf meine Schuhe tropfte: ›Ein schlechter Handwerker, der sein Werkzeug tadelt!‹«

Cora drehte sich auf dem Absatz um, rannte in die nächste Stalltür und blieb schmollend drinnen.

Auf das Reitturnier in Garner's End hatten wir uns besonders gefreut, weil es mal eine Abwechslung bedeutet hätte. Heute war ein drückend schwüler Morgen, und wir waren alle unlustig. In der Pause gingen wir hinaus auf die Wiese, tranken gekühlten Orangensaft und klagten uns gegenseitig vor, was für ein Pech wir doch hätten. In diesem Zustand fand uns Frau Justine.

»Hallo, was ist los?« fragte sie. »Ihr seht aus, als hättet ihr alle miteinander das Taschengeld vom ganzen Monat verloren.«

»Es ist noch schlimmer«, erklärte ihr Kathryn. Sie berichtete vom Ausfall des Reitturniers und schloß: »Es wäre für Bob und Claire und Rupert so gut gewesen, wenn sie mal von der Sorge um ihre Zensuren abgelenkt worden wären, die jeden Tag mit der Post kommen können. Jeden Morgen um halb acht saust Bob runter, um zu sehen, ob etwas da ist. Und wenn wieder nichts gekommen ist, läuft er rum wie ein Bär, der Schädelbrummen hat.«

Frau Justine lächelte. »Prüfungen und Zensuren sind stets etwas Unangenehmes. Aber es ist nun mal so, daß jeder einen gewissen Bildungsstand erreichen muß, wenn er etwas werden will. Sogar du, Kathryn, mußt mindestens vier ›Gut‹ haben, wenn du später bei mir arbeiten willst.«

Kathryn zog eine Grimasse, und Frau Justine sprach weiter: »Ich habe den Eindruck, daß ihr alle eine kleine Aufmunterung brauchen könntet. Wenn das Reitturnier ausfällt, müssen wir uns eben etwas anderes ausdenken.«

An diesem Nachmittag ritt Frau Justine auf Jolly Roger fort und ordnete strikt an, daß keiner von uns ihr folgen dürfte. Was hatte sie Geheimnisvolles zu erledigen? Wir vergingen fast vor Neugier, und sogar Claire, Bob und Rupert vergaßen über der Spannung ihre Sorgen um die Examensergebnisse. Unsere listigen Versuche, von »Madame« etwas zu erfahren, prallten alle an ihrem freundlichen »Wartet nur, ihr werdet sehen!« ab.

Volle zwei Tage ließ Frau Justine uns zappeln, dann rief sie uns in ihr Arbeitszimmer. »Ich sagte euch ja neulich schon, daß ich mit meiner Mutter für zehn Tage nach Frankreich will, wo sie ihre Verwandten besuchen möchte. Morgen früh um zehn Uhr fahren wir ab. Deshalb bringe ich Sweetie und Jolly Roger heute nachmittag zu Freunden, die nicht allzu weit von hier eine Pferdefarm haben. Ich will unbedingt vermeiden, daß den Tieren irgend etwas zustößt, während ich fort bin.«

»Aber es würde doch keinem Menschen einfallen, ihnen etwas anzutun!« rief Emmy.

»Leider gibt es überall Schurken, die zu allem fähig sind, sogar in der noblen Welt der Reiterei«, erwiderte Frau Justine. »Und weil schon alles mögliche passiert ist, werde ich kein Risiko eingehen. – Aber ihr sollt euch mal dies hier ansehen.« Sie entfaltete auf dem Tisch eine große Landkarte, und schon ein flüchtiger Blick verriet uns, daß sie unsere Gegend darstellte.

»Da ist die Kirche in Gooseley«, sagte Joanna.

»Und hier Durrants Farm«, zeigte Claire.

»Da ist die Reihe von Kastanienbäumen, wo wir uns im vorigen Herbst im Nebel verirrt haben, weißt du noch, Claire?« kicherte Charlie.

»Also, wie ihr schon gemerkt habt«, schaltete sich Frau Justine ein, »handelt es sich um eine Karte unserer Umgebung. Hier wißt ihr gut Bescheid und könnt euch an bekannten Gebäuden, Bäumen, Hügeln und so weiter orientieren. Ich habe vor, euch auf eine Schnitzeljagd zu schicken. Wenn morgen wieder gutes Wetter ist, kann es gleich früh losgehen, denn ich möchte gern noch hier sein, wenn ihr aufbrecht. Hoffentlich könnt ihr alle dabeisein, denn es macht nicht nur viel Spaß, sondern es gibt auch später schöne Preise für die Sieger.«

Sie wartete geduldig, bis unser Jubelgeschrei abgeklungen war, und bestimmte dann: »Der Sicherheit wegen reiten immer zwei zusammen, ein jüngeres Kind mit einem älteren.«

»Puh!« rief John. »Dann kriege ich vielleicht wieder irgendein verrücktes Mädchen als Partnerin!«

»Wie sagtest du soeben?« erkundigte sich Jane-Anne mit eisigem Spott. »Ich glaube mich zu erinnern, daß ich bei der

Schatzsuche bedeutend mehr Gegenstände gefunden habe als du, mein lieber John!«

Auf Frau Justines fragenden Blick erklärte ihr Bob: »Das war im vorigen Herbst, als wir eine Schatzsuche veranstalteten.«

»Prima war das!« sagte Rupert.

»Und es ist nichts Besonderes dabei passiert bis darauf, das Claire und Charlie sich im dichten Nebel verirrten, sich beinahe zu Tode froren und von einem wütenden Bullen verfolgt wurden«, ergänzte Kathryn trocken.

»Nun, diesmal ist Nebel kaum zu befürchten«, meinte Frau Justine lächelnd. »Und wenn ihr einem Bullen begegnet, dann ist es eure eigene Schuld; denn ich habe dafür gesorgt, daß euch keine derartige Gefahr droht. Ich habe Lord Lansberry besucht, und er hat mir erlaubt, den größten Teil des Jagdweges über sein Gelände zu legen. Deshalb braucht ihr keine belebten Straßen zu überqueren, sondern nur stille Landstraßen und Feldwege.«

»Was haben wir eigentlich zu tun?« fragte Amanda.

»Das will ich euch erklären. Für jedes Paar, das zusammen reitet, habe ich eine Anzahl von Umschlägen vorbereitet; sie sind numeriert, ihr müßt sie der Reihe nach öffnen und dürft keine Zahl überspringen. Denn sie sind so angeordnet, daß sie einen bestimmten Weg verlangen. Am letzten Punkt, den ihr am Vormittag erreicht, erwartet euch ein Picknickpaket, aus dem ihr euer Mittagessen nehmen könnt.«

»Oh, das ist gut!« Joannas Zwischenruf kam aus tiefstem Herzen, und wenn man ihre rundliche Gestalt ansah, wußte man, daß dies kein Zufall war.

»In jedem Umschlag«, fuhr Frau Justine fort, »ist in Form eines Rätsels der Hinweis auf das nächste Ziel, das ihr finden müßt, und ein Zettel, auf dem ihr bestätigen müßt, daß ihr dort wart. Dann öffnet ihr den nächsten Umschlag und reitet weiter.«

»Und was ist, wenn man einen Platz nicht finden kann?« wollte John wissen.

»Dann muß man den nächsten Umschlag aufmachen, aber dadurch verliert man Punkte«, war die Antwort.

»Wenn man sich aber verirrt und nicht dorthin kommt, wo es die Picknickpakete gibt?« Amandas Stimme klang besorgt.

»Es gibt einen besonderen Umschlag für Notfälle«, beruhigte sie Frau Justine. »Darin ist dieser Platz angegeben. Ihr kennt ihn alle, und falls ihr bis zur Mittagszeit nicht sämtliche Plätze gefunden habt, reitet ihr direkt dorthin. Nach dem Essen beginnt der zweite Teil der Schnitzeljagd, und zur Teezeit seid ihr alle hoffentlich heil und munter zurück im Wiesenhof.«

»Das wird bestimmt fein!« freute sich Rupert. »Darf ich mal von Ihrem Apparat aus das Wetteramt anrufen, Frau Justine?«

Das Wetteramt versprach für morgen schönes und sehr warmes Wetter, meist trocken, doch seien Gewitterschauer am Nachmittag möglich.

»Dann genügt es wohl, einen Anorak mitzunehmen?« fragte Emmy.

»Ach, Quatsch!« meinte John. »Ich nehme nicht mal eine Jacke mit. Ein Tropfen Regenwasser hat noch keinem geschadet, noch dazu bei den Temperaturen im August.«

»Aber ich habe Angst vor Gewittern, und Rätsel raten kann ich überhaupt nicht!« jammerte Cora, die bisher geschwiegen hatte. Alle schauten sie an, und Kathryn sagte, als habe sie nichts gehört: »Laßt uns jetzt unsere Partner ziehen, dann wissen wir schon das Schlimmste.« Wir verstanden alle, was sie damit meinte: Wer hat das Pech, mit Cora reiten zu müssen?

Zettel mit den Namen der jüngeren Kinder wurden in einen Hut getan, und die älteren mußten jeder einen herausnehmen.

»Claire, würdest du anfangen?« bat Frau Justine. Ich hielt den Atem an und wünschte heftig, sie möchte meinen Namen ziehen. Die beiden, mit denen ich am liebsten geritten wäre, waren Claire und Rupert, aber Claire noch lieber.

»Pippa für mich!« rief Claire, und ich war glücklich, daß sie darüber erfreut schien. Kathryn zog Susan, John Emmy, sehr zu seinem Mißvergnügen, und Jane-Anne bekam Amanda als Partnerin. Bob holte Charlies Namen aus dem Hut und meinte grinsend: »Wehe dir, wenn du dich unterwegs nicht ordentlich benimmst, mein Kind!«

»Und wehe dir, wenn du zu schnell reitest!« erwiderte sie schlagfertig. »Du weißt, was für lange Beine dein Ikarus hat im Vergleich zu meiner Trixie!«

»Jetzt Joanna!« forderte Kathryn auf, und es war deutlich zu merken, wie Joanna bemitleidet wurde, als sie Cora zog. Frau Justine sah aus, als wollte sie etwas sagen, doch schien sie sich anders zu besinnen und schwieg. Sie mochte wohl denken: Los ist Los, und wenn man daran etwas ändert, ist das Spiel nicht mehr fair.

Als letzte blieben Rupert und Sara übrig, und nun waren alle Paare bestimmt. Rupert, Charlie, Emmy, Sara und ich besaßen kein eigenes Pony, und wir durften unsere Reittiere aus dem Bestand des Wiesenhofs auswählen.

»Ich möchte gern Trixie haben!« meldete sich Charlie sofort.

»Nun du, Pippa«, sagte Rupert höflich und ließ mir damit die Wahl zwischen den übrigen Ponys. Am liebsten hätte ich Eddi gehabt, das jüngste und munterste der neuen Ponys, aber ich wußte, wie gern auch Rupert ihn ritt, und deshalb wählte ich Jack Frost. Er war, wenn er wollte, recht schnell und würde nützlich sein, wenn es galt, rasch irgendwohin zu gelangen und dadurch Punkte zu retten. Dann entschieden sich die anderen für ihre Ponys.

Nach dem Mittagessen kümmerte sich jeder noch einmal gründlich um sein Pony. Wir striegelten, kratzten Hufe aus, bürsteten Schweife und Mähnen, putzten Lederzeug. Cora hatte große Schwierigkeiten, als sie ihrem Tex den Schweif waschen wollte. Zuerst tat sie zuviel flüssige Seife in das Wasser, stieß dann den Eimer um, so daß der Hof, in dem wir standen, kniehoch mit Seifenschaum bedeckt war; ihre schikken hellen Reithosen waren sofort durchnäßt. Sie jammerte mal wieder und hatte Angst, daß Tex scheuen und sie treten könnte, und im übrigen schimpfte sie auf die blöde Schnitzeljagd, die sie gar nicht mitmachen wollte.

»Das könnte dir wohl so passen, Kindchen«, sagte Claire so spöttisch, wie ich sie noch niemals hatte reden hören. »Aber du mußt schon deshalb mitmachen, weil deine Eltern freundlicherweise einen erheblichen Teil der Geldpreise gestiftet haben. Stell dir mal vor, wie sie sich freuen werden, wenn du etwas davon gewinnst!«

Ich hatte inzwischen Jack Frost auf Hochglanz gebracht, ging in einem Anfall von Großmut hinüber und bot Cora an, ich würde Tex' Schweif waschen. Dankbar nahm sie an und ging, um ihre Hosen zu trocknen.

Die Schnitzeljagd beginnt

Von acht Uhr an war in den Ställen im Wiesenhof ein Betrieb wie noch nie. Aufgeregte Kinder rannten aneinander vorbei, ergriffen irgendwelche Gegenstände, verloren andere, suchten verzweifelt danach. Als Frau Justine Punkt neun Uhr aus der Haustür trat, war die Ordnung leidlich wiederhergestellt. Alle Ponys waren gezäumt und gesattelt und alle Reiter furchtbar nervös.

In einer Hand hielt Frau Justine einen Stoß Umschläge und in der anderen einen Hut. Wieder zogen wir Lose, diesmal ging es um die Reihenfolge des Aufbruchs. Claire und ich bekamen Nummer drei, das bedeutete, daß wir nicht mehr lange warten mußten, und wir waren froh darüber.

Als erste starteten Bob und Charlie.

»Ich schicke euch in Abständen von fünf Minuten los«, sagte Frau Justine. »In der Zeit kann ein Pony schon ein gutes Stück Weg zurückgelegt haben, und ihr tretet einander nicht auf die Hacken. Es soll doch jeder den Weg selbst finden, nicht im Schlepptau von anderen. Hier sind eure Umschläge, Bob und Charlie. Verliert sie nicht, und viel Glück!« Sie blickte auf ihre Uhr. »Jetzt öffnet euren ersten Umschlag und lest, was auf dem Zettel steht. Ich notiere die Startzeit in dem Augenblick, wenn ihr durchs Hoftor hinausreitet.«

Sie überreichte Bob eine Anzahl von Umschlägen, er nahm den obersten und öffnete ihn. Sein Pony stand so dicht neben Charlies, daß sie beide lesen konnten, was auf dem Zettel stand.

»Oh, das ist ja – « sagte Charlie laut.

»Psst!« rief Bob. »Nichts verraten! Nun komm!«

Er trieb Ikarus zum leichten Trab an, und Charlie folgte auf Trixie.

Die Minuten schienen uns endlos, und Kathryn klagte: »Jetzt muß es aber soweit sein, Frau Justine! Sie sind doch seit einer Ewigkeit weg!«

»Genau dreieinhalb Minuten«, stellte Frau Justine lächelnd fest.

»Na, bloß gut, daß wir nicht als letzte starten müssen«, meinte Kathryn. »Sonst hätte ich beim Aufbruch keinen einzigen Fingernagel mehr – alle abgeknabbert vor Ungeduld!«

Frau Justine kündigte an: »Das zweite Paar fertig machen! Öffnet euren ersten Umschlag, und dann los!«

Mit einem erstaunten Ausdruck auf den Gesichtern ritten Jane-Anne und Amanda vom Hof.

Ich war froh, daß Claire unsere Umschläge hatte, denn mir wären sie vor Aufregung bestimmt aus den Händen gefallen. Als wir aufgerufen wurden, hielt Claire mir den Zettel hin, und wir lasen schweigend: »Wenn in Garner's End zu Weihnachten und am Karfreitag nichts abgeholt wird – wann dann?«

In diesem Augenblick setzte mein Denkvermögen aus, genau wie bei einer schwierigen Matheprüfung. Ich starrte den Satz hilflos an, als sei er chinesisch geschrieben. Da sagte Claire: »Los, komm!«, und ich hörte hinter uns rufen: »Viel Glück!«

»Hast du eine Ahnung, was das heißt?« fragte ich, als ich neben Claire ritt.

»Auf jeden Fall müssen wir erst mal nach Garner's End.

Dazu nehmen wir den kürzeren Weg über die Wiesen, dort können wir ohne Unterbrechung galoppieren und viel Zeit sparen. Zunächst lassen wir aber die Ponys traben, damit sie locker werden.«

Auf den Wiesen ritten wir dann Galopp, und die Hufschläge klangen hohl auf dem weichen Boden. Am Zaun, der die Wiese von der Landstraße trennte, hielten wir an, ritten durch das Gatter und sahen uns den Zettel noch einmal genau an.

»Abgeholt – das kann verschiedene Bedeutungen haben«, sagte Claire. »Schulbusse holen die Kinder ab, Müllmänner die Abfälle. Die arbeiten übrigens nicht an den Feiertagen, die Müllmänner meine ich. So etwas könnte es sein.« Sie seufzte. »Nun fehlte bloß, daß wir am falschen Platz sind und eigentlich am Rathaus in Coppington nach den Mülltonnen sehen müßten.«

»Aber wenn da steht ›Garner's End‹, dann hat Frau Justine das auch gemeint. Ich denke, wir finden die Spur dort irgendwo«, beharrte ich.

Langsam ritten wir die Straße entlang auf die Teestube zu, die schon zu Garner's End gehörte. Und beinahe hätten wir beide den roten Briefkasten übersehen, der an einem Telegrafenpfosten befestigt war. Da drehte sich Claire noch einmal zur Seite und stieß einen Freudenschrei aus.

»Da – das ist es, Pippa! Sieh, was dransteht: ›Abholung täglich 12 Uhr, sonntags 13.30. Keine Abholung an Feiertagen.‹ Schnell, schreib es auf!«

Ich kritzelte unseren Fund eifrig auf den Zettel.

Claire riß den zweiten Umschlag auf, und wir lachten vor

Freude, weil wir fanden, daß die nächste Aufgabe leicht war. Unser Erfolg hatte uns zuversichtlich gemacht.

Die Sonne schien warm, unsere Ponys waren noch frisch und munter, und die Wiesen waren bunt von Blumen. Alles war so schön und einfach – wer hätte ahnen sollen, was uns an diesem Tag noch zustoßen sollte?

Als alles vorüber war und wir wieder zusammenhängend denken und reden konnten, bemühte ich mich, mir klarzumachen, wie die anderen versucht hatten, ihr Ziel, den Platz mit den Picknickpaketen zu erreichen, ohne den Umschlag »für den Notfall« aufzumachen.

Als Kathryn und Susan den Briefkasten gefunden hatten und ihren zweiten Umschlag öffneten, waren sie zunächst verwirrt, denn der Hinweis auf den zweiten Platz las sich beinahe wie ein Gedicht:

»Wohl hab' ich Flügel, doch fliege ich nicht.
Hoch in der Luft ist mein Kopf,
fest in der Erde mein Fuß.
Menschen und Tieren zugleich
diene ich täglich und gut.«

Susan hatte es in feierlichem Ton vorgelesen, als ob sie in der Schule ein Gedicht vortrüge. Nun guckten die beiden Mädchen einander an.

»Hmm – « machte Kathryn. »Gib mir mal den Zettel, Susan. Vielleicht kommt mir eine Idee, wenn ich es selbst lese.«

Sekundenlang dachten sie angestrengt und schweigend nach.

»Es könnte eine Wasserpumpe sein«, meinte Susan.

»Weißt du, die hohen Windräder, die auf den meisten Farmen stehen. Kopf hoch in der Luft, fest in der Erde der Fuß – das stimmt doch. Drüben auf Porters Hof ist das nächste, ich habe es von der Straße aus gesehen.«

»Ja, natürlich!« freute sich Kathryn. »Das muß es sein. Also, auf zu Porters Hof!«

Bob und Charlie standen an der Wasserpumpe auf Porters Hof und lasen, was als drittes Ziel auf ihrem Zettel stand. Bob las vor: »Einsam steht ein saurer Geselle, umgeben von Siamesen, Persern und Ägyptern.«

»Mensch!« rief Charlie. »Das ist aber wirklich knifflig! Ein saurer Geselle? Ist das einer, der beleidigt ist? Und umgeben von all diesen fremdländischen Leuten – die gibt es doch hier gar nicht!«

»O ja, die gibt es«, sagte Bob lachend, »nur sind es keine Leute, sondern Katzen. Siamesen, Perser und Ägypter, das sind Katzenrassen. Jetzt müssen wir nur herausfinden, wo es hier in der Gegend auffällig viele Katzen gibt.«

Er sah Charlie an, doch sie hob die Schultern.

»Wart einmal – da ist doch diese Reihe von Häuschen, in denen die Landarbeiter von Lord Lansberry wohnen. Und heißt der Weg davor nicht Katzensteig? Schnell, laß uns hinreiten!«

Kaum waren sie an Ort und Stelle, da fiel ihnen im Vorgarten des ersten Hauses ein riesiger Essigbaum auf.

»Wir haben es!« rief Bob triumphierend. »Der saure Geselle ist der Essigbaum, und er steht am Katzensteig. Schreib's auf, Charlie! Nun den Umschlag Nummer vier!«

311

Auch John und Emmy waren bis zum Katzensteig gekommen, hatten den Namen notiert und den vierten Umschlag geöffnet. Statt eines schwierigen Rätsels stand auf dem Zettel nur ein klarer Hinweis: »Hinter dem Haus von Sam Smith führt ein Pfad am Kanal entlang. An der zweiten Brücke, von der Gartenpforte aus gerechnet, ist am Geländer eine Zahl mit einem Messer eingeritzt. Diese Zahl soll aufgeschrieben werden.«

»Ein Glück!« stöhnte Emmy. »Das erfordert kein Nachdenken. Mein armes Gehirn ist schon ganz kaputt.«

Die Sonne brannte jetzt heiß herab, und die Reiter waren dankbar, wenn ab und zu eine kleine Wolke an ihr vorüberzog und ein wenig Schatten spendete. Es wehte kein bißchen Wind, und Emmy litt unter der drückenden Hitze.

»Hätte ich nur statt der langen Reithosen meine Shorts angezogen!« klagte sie. »Meine Beine sind wie zwei Bratwürste auf dem Rost.«

Sie kamen zum Kanal und ritten im Schritt auf dem schmalen Uferpfad. Das Wasser war dunkel und fast unbewegt, Wasserkäfer liefen über die Oberfläche, Libellen schwirrten in der Luft.

»Sieht das nicht einladend aus?« fragte Emmy. »Ich würde gern mal hineinwaten. Du nicht, John?«

»Vermutlich ist es sehr tief, weil es ein künstlich angelegter Kanal ist«, antwortete er. »Ein falscher Schritt, und du sinkst unter. Übrigens glaube ich, auf dem Grund liegen massenhaft zerbrochene Flaschen, alte Kinderwagen und tote Hunde.«

»Huh!« Emmy schauerte. »Du kannst einem aber wirklich jede Freude vermiesen, John!«

Die Zahl, die in das Geländer der zweiten Brücke eingeschnitzt war, hieß 1876 und wurde aufgeschrieben.

»Mehr als hundert Jahre alt!« staunte Emmy.

»Genau so alt fühle ich mich allmählich auch«, sagte John und wischte sich den Schweiß von der Stirn. »Aber nun müßte eigentlich der Umschlag kommen, in dem unser Picknickplatz verraten wird. Hoffentlich ist es nicht zu weit, und hoffentlich gibt es da Schatten!«

Es war nicht weit, das sahen sie, als sie aus dem Umschlag eine sauber gezeichnete Karte zogen, die das Anwesen von Lord Lansberry zeigte. Neben dem kleinen See im Park war ein Wäldchen mit einer Wiese, und dort war vermerkt: »Picknickplatz!«

»Fabelhaft!« meinte John und lenkte sein Pony auf den Heckenweg. »Dort gibt's wirklich Schatten. Los, Emmy, noch mal ein bißchen Tempo, damit wir bald da sind!«

Im Gewitter

»Nein, hier kann es nicht sein, Joanna«, sagte Cora und blickte sich mutlos um.

Für die Mädchen war es kein erfolgreicher Vormittag gewesen. Sie waren beide nicht begabt im Rätselraten, und es hatte sehr lange gedauert, bis sie die Wasserpumpe gefunden hatten. Danach drängte Joanna zur Eile, damit sie wenigstens etwas von der verlorenen Zeit aufholen könnten. Aber Cora hatte Angst, Tex anzutreiben, weil sie glaubte, sie sei noch nicht genügend vertraut mit ihm, und sie jammerte wieder einmal, er habe einen so harten Galopp, daß es ihr bei jedem Sprung weh täte; das einzige, was sie schaffte, war ein beschleunigter Trab.

Sie ritten einen Feldweg entlang und wurden von einer Schafherde, die ihren Weg kreuzte, lange aufgehalten. Auf der Suche nach dem »sauren Gesellen« und den merkwürdigen Ausländern, die ihn umgeben sollten, waren sie rettungslos in die Irre geritten, weil sie sich einfach nicht denken konnten, was gemeint war. Nach einem langen, heißen Ritt gerieten sie in die Ruinen eines alten Zisterzienserklosters.

»Hier ist es bestimmt nicht«, wiederholte Cora kläglich.

Joanna hörte gar nicht zu. Vorsichtig lenkte sie ihren Jester durch einen halbverfallenen Torbogen, gab acht, daß das Pony nicht über Steinbrocken stolperte, und blickte sich zugleich aufmerksam um, ob sie nicht doch irgendeinen Hinweis auf die richtige Spur entdeckte. Soeben war ihr eingefallen, daß es sich bei dem einsamen Gesellen vielleicht um einen Mönch und bei den Ausländern um Rassekatzen handeln könnte. Deshalb sagte sie vor sich hin: »Ob die Mönche etwa Katzen gezüchtet haben?«

»Und was sollten sie mit Katzen angefangen haben?« klang hinter ihr Coras Stimme. »Kaninchen und Schweine, das kann ich mir vorstellen, wegen des Fleisches. Aber Katzen?«

Joanna seufzte. »Du magst recht haben. Auf alle Fälle schreibe ich mal den Namen des Klosters auf, und wir öffnen den nächsten Umschlag.« Sie taten es und erfuhren, daß sie zum Haus von Sam Smith und weiter zu einer der Kanalbrücken reiten sollten.

»Weißt du, wo das ist?« fragte Cora. »Ich bin ja hier noch fremd und weiß nicht so Bescheid.«

»Doch, ich weiß«, antwortete Joanna mit gepreßter Stimme, denn sie war nun sicher, daß sie meilenweit von der richtigen Strecke abgekommen waren und einen sehr weiten Ritt vor sich hatten. »Es ist jenseits der Hügel da rechts. Du, Cora, ich denke, wir reiten nicht zu der Brücke. Sonst schaffen wir es niemals, mittags am Picknickplatz zu sein, nicht mal nachmittags. Und schau dir mal den Himmel an: der ist ganz dunkel geworden! Ich schlage vor, wir sehen in den Umschlag für Notfälle und beeilen uns, zu dem Picknickplatz zu kommen.«

In dem schönen alten Park, der zum Herrenhaus von Lord Lansberry gehörte, ruhten sich die Teilnehmer der Schnitzeljagd, die bisher angekommen waren, zufrieden im Schatten einer hohen alten Kiefer aus. Wenige Schritte von ihnen entfernt rieselte ein klarer Bach in den kleinen See hinein, und die Ponys tranken gierig das frische Wasser.

»So, das ist erst mal genug«, sagte Kathryn und zog Junos Kopf vom Wasser fort. »Wir wollen nicht riskieren, daß du dir eine Kolik holst. Später kannst du noch mal trinken, wenn du abgekühlt bist.«

Wir hatten die Sättel abgenommen und ließen die Tiere grasen, während wir uns auf unsere Eßpakete stürzten.

»Sollten wir nicht auf die anderen warten?« fragte Bob.

»O bitte nicht! Ich habe solchen Hunger!« protestierte Susan und biß im nächsten Augenblick in ein verlockend aussehendes Stück Pastete.

»Ich hoffe, die übrigen werden bald kommen«, meinte Rupert. »Seht ihr die kleinen Wolkenballen, die im Westen aufziehen? Das sind Cumuluswolken«, erklärte er in lehrhaftem Ton. »Ihr werdet auch bemerkt haben, wie schwer und feucht die Luft geworden ist.«

Wir nickten, und er fuhr fort: »Das bedeutet, daß die Cumuluswolken allmählich wachsen und Cumulonimbuswolken nach sich ziehen, die Regen und auch Gewitter mitbringen können.«

»Wenn das so ist«, riet Charlie, »dann wäre es wohl gut, wenn wir die leckeren Dinge hier rasch aufessen und uns beeilen, zum Wiesenhof zurückzukommen.«

»Sind denn jetzt alle da?« erkundigte sich Claire. In diesem

Moment trabten John und Emmy in den Park, glitten erleichtert von ihren Ponys und nahmen die Sättel ab.

Bob blickte sich um. »Alle außer Joanna und Cora«, verkündete er. »Das habe ich beinahe gefürchtet. Hat jemand die beiden unterwegs gesehen?«

Allgemeines Kopfschütteln. »Diese Joanna!« tadelte Kathryn. »Ich hab' ja immer gesagt, sie ist schon zu spät gekommen, als bei der Schöpfung der Verstand verteilt wurde.«

»Es muß nicht ihre Schuld sein«, entgegnete Bob. »Ich werde mal einen kleinen Erkundungsritt machen. Man kann nie wissen, ob nicht zum Beispiel ein Pony ein Hufeisen verloren hat oder etwas Ähnliches passiert ist.« Ohne Ikarus erst den Sattel aufzulegen, schwang er sich auf den Pferderücken und ritt davon.

»Immerhin waren Joanna und Cora die vorletzten beim Start«, bemerkte Rupert, »also ist es möglich, daß sie noch unterwegs sind. Wir sind zwar im Abstand von fünf Minuten losgeritten, aber das bedeutet noch lange nicht, daß alle fünf Minuten jemand hier ankommen muß.«

Dann vergaßen wir die beiden Mädchen, denn wir hatten einander viel zu berichten über unsere Schnitzeljagd. Jeder hatte andere Erlebnisse gehabt beim Suchen der Ziele, und wir waren enttäuscht, daß das Wetter uns vermutlich zwingen würde, das Unternehmen abzubrechen.

Nach einer Weile kam Bob zurück, allein, und hatte keine Spur von den Mädchen gefunden. Wir wurden unruhig, denn es war jetzt sicher, daß sehr bald ein Gewitter losbrechen würde. Große dunkelgraue Wolken mit gelben Rändern bedeckten fast den ganzen Himmel und hingen so tief herab, daß es schien, als berührten sie die Wipfel der hohen Bäume. Die Sonne war verschwunden. Das einzige, was noch an einen Sommertag erinnerte, war eine drückende, feuchte Hitze, die das Atmen schwermachte.

»Wir müssen tatsächlich auf den zweiten Teil unserer Schnitzeljagd verzichten«, meinte Bob enttäuscht. »Aber sicher können wir das ein andermal nachholen. Was mir Sorge macht, sind diese beiden Mädchen. Seid so gut, räumt den Picknickplatz sauber auf und sattelt die Ponys. Ich gehe inzwischen ins Schloß und bitte, daß ich dort telefonieren darf. Es könnte ja sein, daß Joanna und Cora aufgegeben haben und nach Hause geritten sind.«

Wir taten, was er uns gesagt hatte, und er ging zum Herrenhaus. Als er zurückkam, waren wir zum Aufbruch bereit. Über uns lag etwas wie eine seltsame Lähmung, die nur zum Teil dem drohenden Gewitter zuzuschreiben war.

»Sind sie aufgetaucht?« rief Bob uns entgegen. Er war der älteste und fühlte sich für unsere Sicherheit verantwortlich. »Zu Hause sind sie auch nicht. Claire, kommst du mit und hilfst sie suchen? Die anderen können inzwischen hier auf uns warten.«

Natürlich erhob sich daraufhin ein vielstimmiger Protest, denn wir wollten alle mit auf die Suche gehen. Genau im richtigen Augenblick kam die Natur Bob zu Hilfe. Aus der dicksten, dunkelsten Wolke flammte ein blendender Blitz, und fast gleichzeitig tönte ein zischendes Geräusch, als würde ein riesiges Tuch zerrissen, gefolgt von einem dumpfen, langanhaltenden Dröhnen, als rollten hundert leere Eisenfässer einen Berg hinab. Noch bevor der Donner verhallt war, blitzte es wieder, noch stärker als vorher. Amanda wurde blaß und drückte sich die Hände auf die Ohren.

»Es ist genau über uns!« schrie Bob. »Schnell, die Ponys!«

Juno scheute und stieg auf die Hinterbeine. Mehrere Ponys wieherten schrill vor Angst, und Jane-Annes Vollblutrappe Sir Galahad bäumte sich auf und stürmte mit rollenden Augen davon, ehe jemand ihn halten konnte.

»Um Himmels willen!« schrie Jane-Anne. »Der Blitz wird ihn erschlagen!«

»Wir müssen sofort unter diesen hohen Bäumen weggehen!« brüllte Rupert.

»Alle zum Bootshaus!« befahl Bob. »Beeilt euch!«

Einige stiegen auf die ungesattelten Ponys und ritten, die anderen zogen die Tiere am Zügel hinter sich her. Jack Frost stand zitternd da, und ich redete beruhigend auf ihn ein, obwohl ich selbst vor Angst schlotterte.

Bevor wir das Bootshaus erreichten, fing es an zu regnen. Riesige Tropfen klatschten nieder, knallten mit Wucht auf unsere Gesichter und unsere Kleider.

Durchnäßt und keuchend drängten wir uns durch die Tür in die Holzhütte, nachdem wir die Ponys am Geländer der überdachten Anlegestelle festgebunden hatten. Charlie bestand darauf, Trixie mit ins Bootshaus zu nehmen. Dort stand die kleine alte Stute ruhig in einer Ecke.

»Wo mag nur Sir Galahad sein?« jammerte Jane-Anne durch den Lärm eines Donners. Sie, die sonst immer beherrscht war, konnte nur mit Mühe die Tränen zurückhalten. »Er ist so sensibel. Ich habe Angst, daß er sich zu Tode stürzt!«

»Ach, Unsinn«, sagte Bob scharf. »Er ist sensibel, aber auch klug, vergiß das nicht. Ernsthaft – wenn Joanna und Cora nur halb so viel Instinkt fürs Überleben hätten wie dein Pferd, dann würde ihnen nicht viel passieren.«

Als er das sagte, wurde uns klar, daß wir über unseren eigenen Sorgen die beiden Vermißten ganz vergessen hatten, die vielleicht irgendwo zu Tode erschreckt im tobenden Unwetter standen.

Die Suche

Allmählich zog das Gewitter ab. Noch immer flammten Blitze, aber zwischen ihnen und dem folgenden Donner wurden die Zeiträume länger, und der Donner war nicht mehr so krachend laut, ein Zeichen, daß das Unwetter sich entfernte. Endlich ließ auch der Regen nach, es rieselte nur noch schwach vom Himmel. Wir machten uns auf, um im Park nach Sir Galahad zu suchen.

Nach allen Richtungen liefen wir und riefen seinen Namen, und schließlich entdeckten Kathryn und Claire ihn in einem dichten Rhododendrongebüsch, völlig durchnäßt, aber wohlbehalten.

»So, und nun müssen wir also nach zwei dummen Mädchen suchen«, seufzte Bob, als wir alle uns wieder versammelt hatten. »Kann sich jemand denken, wo wir anfangen sollten? Bis wohin könnten sie gekommen sein? Die Rätsel waren doch alle so leicht zu lösen und die Plätze so gut zu finden – wie konnte dabei eigentlich etwas schiefgehen?«

»Vielleicht sind sie nicht solche erleuchteten Köpfe wie du«, erwiderte Charlie ärgerlich. »Die Sache mit dem Essigbaum zum Beispiel war ganz schön knifflig. Ich hätte das allein nie herausgefunden.«

Bob starrte sie an, und ein Grinsen erschien auf seinem Gesicht. »Charlie, du bist ein Genie! Du hast mich drauf gebracht – das ist die Stelle, wo die beiden in die Irre geraten sind! Vielleicht haben sie den ›sauren Gesellen‹ für einen Mönch gehalten, einen Missionar etwa, der von Ausländern umgeben ist, und sind deshalb zur Klosterruine geritten.«

»Du liebe Güte!« rief Kathryn. »Das wäre möglich. Aber dann brauchten sie ja eine Ewigkeit, um hin und zurück zu kommen. Wenn sie wirklich dort sind, sollten wir uns beeilen.«

»Halt mal, Katy«, sagte Bob. »Ich denke, die jüngeren von uns reiten jetzt nach Hause und sehen, daß sie trockenes Zeug an den Leib kriegen. Emmy zittert schon vor Kälte.«

Alle blickten auf Emmy, die sich alle Mühe gab, warm und vergnügt auszusehen, was ihr allerdings nicht gelang.

»Also, ich komme mit«, erklärte Rupert entschieden. »Wer heimreiten will, kann es tun.«

»So geht es nicht!« fiel ihm John ins Wort. »Alle für einen und einer für alle, wie bei den Musketieren, nicht? Abgesehen von dem Gewitter war dieser Tag herrlich, und ich denke nicht dran, vorzeitig nach Hause zu reiten. Zu dumm, daß diese blöden Mädchen uns den ganzen Spaß verderben!«

»Wenn ihnen ernsthaft etwas Schlimmes zugestoßen sein sollte, dann wirst du diese Worte bereuen!« tadelte Jane-Anne.

»Was sollte ihnen in dieser Gegend schon passieren?« warf Susan ein. »Es ist doch eine offene Landschaft, keine großen Straßen, kein Verkehr.«

»Vergiß nicht, daß es einige Sandgruben gibt«, sagte ich. »Nach einem Gewitterregen, wie wir ihn vorhin hatten, steht darin bestimmt Wasser. Nimm mal an, Cora ist aus irgendeinem Grund hineingeraten und kann nicht wieder heraus?«

Bei dieser Vorstellung vergaßen wir alle, daß wir kalt und naß waren und einige von uns eigentlich nach Hause reiten sollten. Wir folgten Bob, der die Richtung zur nächsten

Sandgrube einschlug. Es kam uns zustatten, daß Lord Lansberry ein begeisterter Reiter war, der auch seinen Mitmenschen gern Gelegenheit zu weiten, ungestörten Ritten geben wollte; deshalb standen auf seinem Besitz keine Schilder mit der Aufschrift »Privatbesitz. Betreten verboten. Zuwiderhandelnde werden angezeigt« oder »Frei laufende Hunde werden erschossen«. Wir konnten quer durchs Gelände reiten bis zu der Hügelkette, an deren Hang sich die Sandgruben hell abhoben. Im Schein der Abendsonne, die durch die Wolken drang, sahen sie rötlich-gelb aus.

»Haltet eure Augen offen, Leute!« rief Bob. »Wir kommen in die Nähe der Klosterruine, und hier können sie überall sein, wenn unsere Vermutung von vorhin richtig ist. Vielleicht sollten wir uns in mehrere Suchkolonnen teilen.«

Aber es zeigte sich, daß dies nicht notwendig war. Charlies scharfe Augen erspähten zuerst eine Gestalt auf einem Pferd, ungefähr eine halbe Meile entfernt; sie bewegte sich langsam von den Hügeln fort in Richtung auf Garner's End.

»Das ist eine von ihnen!« sagte Claire erleichtert. »Aber welche? Und wo ist die andere?«

Kaum hatte Charlie auf die Reiterin gedeutet, setzten Rupert, Kathryn und Jane-Anne ihre Tiere in Galopp, schrien und schwenkten die Arme. Die Reiterin bemerkte sie und hielt auf sie zu. Nun sahen wir, daß es Joanna auf Jester war, und daß sie Tex am Zügel mitführte.

Wir trieben nun alle unsere Ponys an und trafen bald auf Joanna. Sie war völlig durchnäßt, ihre blonden Haare klebten an den runden Wangen. Sie machte einen unglücklichen Eindruck. Während Tropfen über ihre Stirn und von ihrer Nase herabrannen, berichtete sie unter Schniefen und Schlucken, wie Cora und sie sich verirrt, dann ihren Irrtum erkannt und versucht hatten, die Picknickstelle zu erreichen, als gerade das Gewitter losbrach. Beim ersten Donner hatte Jester sich aufgebäumt und seine Reiterin beinahe abgeworfen. Es war Joanna gelungen, sich am Sattelknopf zu halten und wieder festen Sitz zu finden; aber dabei hatte sie ihren Knöchel im Steigbügel verrenkt. Er schmerzte stark und schwoll an.

Tex, der zuerst vernünftig gewesen war, wurde von Jesters Aufregung angesteckt und fing nun auch an zu tänzeln und unruhig zu stampfen. Cora hatte sich furchtbar erschrocken, obwohl Joanna ihr erklärte, das Pony sei nur erregt, und das Stampfen und Schnauben habe nicht viel zu bedeuten; vielleicht wollte Tex auch nur die Aufmerksamkeit auf sich lenken, wie er es gern tat.

Cora war abgesessen und hatte gesagt, sie wolle Tex am Zügel heimführen. Das sei töricht, hatte Joanna geantwortet, denn erstens sei der Weg zu Fuß anstrengend, und außerdem habe man das Pferd vom Sattel aus besser in der Gewalt. Daraufhin hatte Cora geschrien, Joanna sei an allem schuld und habe sie beide in diese mißliche Lage gebracht. Wenn sie wolle, möge sie ruhig heimreiten, und Tex könne sie auch mitnehmen; sie, Cora, werde bis zur nächsten Straße laufen und versuchen, ein Auto anzuhalten.

»Ach, du grüne Neune!« ächzte Kathryn. »Und was geschah dann?«

»Dann«, berichtete Joanna, »stolzierte sie davon und ließ sich durch nichts zurückhalten. Ich suchte mit den Ponys unter einem Torbogen in der Klosterruine Schutz. So allein war

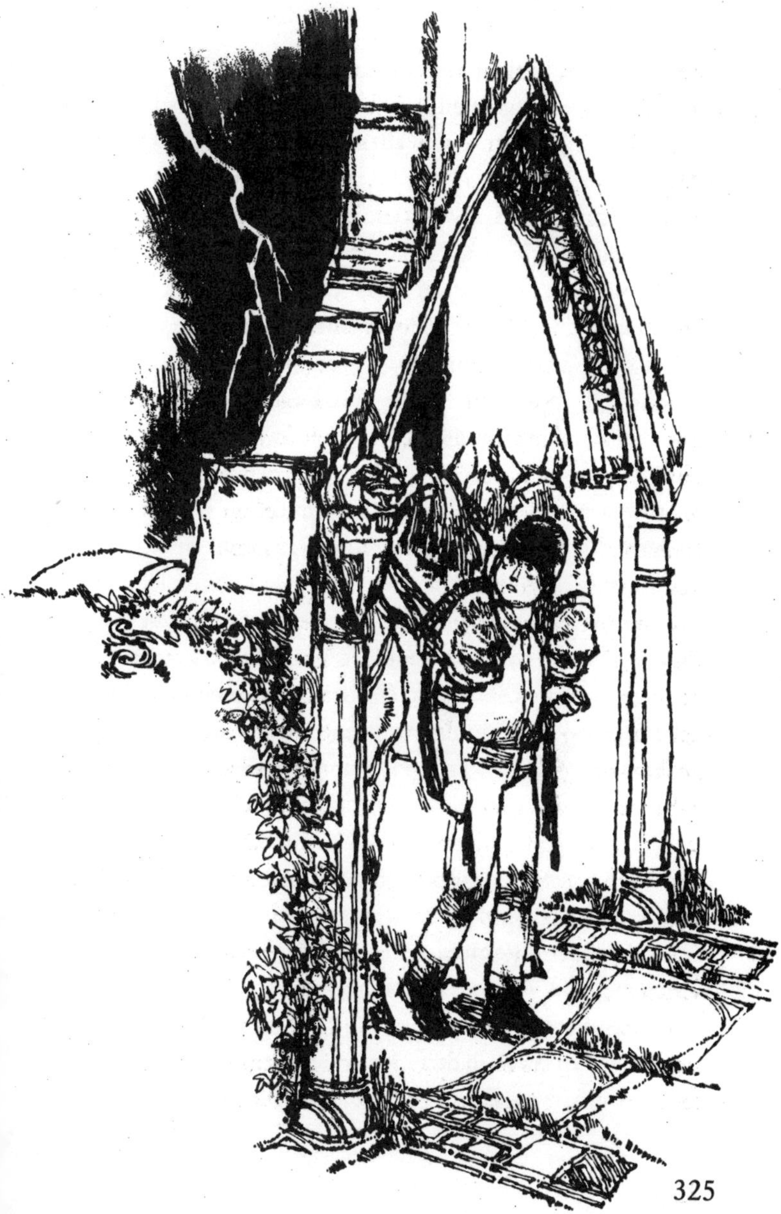

es schrecklich, ganz unheimlich, und ich erwartete jeden Augenblick, daß Dracula sich aus der Luft auf uns stürzte.«

»Oder sich aus einem der alten Gräber erhob«, sagte John mit düsterer Stimme.

»Na, zum Glück hat er keins von beiden getan«, bemerkte Bob trocken. »Hätte mich in einem alten Kloster auch gewundert. Aber wie ist es mit deinem Knöchel, Joanna? Meinst du, daß du einen Galopp schaffst, oder wenigstens einen raschen Trab?«

»Ich will versuchen, ohne Steigbügel zu galoppieren«, antwortete sie. »Es tut nur gemein weh, wenn ich den Fuß irgendwo aufsetze.«

Kathryn nahm die Zügel von Tex, und Bob sagte entschieden, er wolle jetzt nichts mehr hören. Er und Claire würden nach Cora suchen, und alle anderen hätten sofort nach Hause oder zum Wiesenhof zu reiten, je nachdem, was näher wäre, und zu sehen, daß sie schleunigst trocken würden. Er sähe nicht ein, warum die Schnitzeljagd noch mit einer Serie von Schnupfen oder gar Lungenentzündungen enden sollte.

Er ritt mit Claire davon, und wir folgten seinem Rat. Jetzt wirkte sich alles, was wir erlebt hatten, erst richtig aus. Eine trübe Stimmung lag über uns wie eine dunkle Wolke. Als wir uns dem Wiesenhof näherten, gab Kathryn Rupert den Hausschlüssel und sagte, sie wolle Joanna heimbringen und feststellen, ob ihre Eltern da seien, damit sofort etwas für den Knöchel getan werden könne, der inzwischen dick angeschwollen war.

Wir anderen ritten in den Hof und hörten drinnen im Haus das Telefon läuten. Rupert war wie der Blitz aus dem Sattel, stürzte zur Haustür, und es gelang ihm, den Hörer gerade noch rechtzeitig abzunehmen, bevor der Anrufer auflegte.

»Nun ratet mal, wer das war!« rief Rupert, als er wenige Minuten später zurückkam. »Also, ich kann euch sagen, ich habe mich beherrschen müssen, um höflich zu bleiben.«

»Wer denn?« riefen wir im Chor.

»Die Mutter unserer lieben Cora«, antwortete er, und sein Gesicht war rot vor Ärger. »Sie rief an, um uns mitzuteilen, daß ihr kostbares Töchterlein wohlbehalten heimgekommen sei und wir uns keine Sorgen zu machen brauchten. Was denkt sie sich denn, daß wir uns um eine Gans wie Cora Sorgen machen?«

»Und hat sie nach Tex gefragt?« wollte Kathryn wissen.

»Mit keiner Silbe.«

»Ich hoffe nur, daß Bob und Claire nicht zu lange umherreiten auf ihrer Suche«, meinte Emmy.

»Und ich hoffe nur, daß Cora nicht so bald wagt, sich hier wieder zu zeigen«, fügte Charlie hinzu.

Aber ihre Vermutung erwies sich als irrig, denn als wir am folgenden Morgen zum Wiesenhof kamen, war Cora schon da. Wie immer trug sie schicke Reithosen und dazu eine hellblaue Bluse.

Allerlei Ärger

»Ihr braucht nicht zu denken, daß ich von mir aus gekommen bin«, empfing sie uns. »Meine Mutter bestand darauf.«

»Gut«, erwiderte Claire kühl, »wenn du nun schon mal da bist, dann kümmere dich gefälligst um dein Pony. Das arme Tier hat gestern genug ausgestanden, als du es mitten in dem Unwetter regelrecht verlassen hast. Du solltest dich seiner heute besonders sorgfältig annehmen.«

Cora zeigte eine störrische Miene.

»Weißt du eigentlich, daß die arme Joanna mit einem bös verstauchten Knöchel zu Hause liegt und große Schmerzen hat?« hielt ihr Kathryn vor. Sie hatte sonst für Joanna nicht allzu viel übrig; aber für Cora hatte sie im Augenblick noch weniger übrig.

»Dafür kann ich doch nichts«, verteidigte sich Cora.

»Indirekt schon«, gab Kathryn scharf zurück. »Hättest du dich um dein Pony gekümmert, wie es sich gehört, dann wäre Joanna viel eher nach Hause gekommen und behandelt worden, und es wäre mit ihrem Knöchel nicht so schlimm geworden. Jetzt wird es Tage dauern, bis sie wieder reiten kann.«

Cora stand da und blickte zu Boden. Ihre Lippen zitterten, und Tränen traten in ihre Augen, als Claire und Kathryn sich jetzt abrupt von ihr abwendeten. Dann warf sie mir einen raschen Blick zu, als erhoffte sie von mir ein wenig Unterstützung. Aber obwohl sie mir in gewisser Weise leid tat, war ich ihr böse wegen der selbstsüchtigen Art, in der sie Joanna mit den beiden Ponys mitten im Unwetter alleingelassen hatte. Ich drehte mich also auch um, ging in die Sattelkammer, hängte meine Jacke an einen Haken und holte Geräte, um Jack Frost zu striegeln.

Wo Cora an diesem Vormittag auftauchte, war die Stimmung eisig. Bob, der vielleicht ausgleichend gewirkt hätte, war nicht da; er besuchte einen Freund in London. Rupert war der einzige, der nicht abweisend zu Cora war.

Während der Stallarbeit dachten Susan, Sara und Emmy sich ein Spottverschen aus, das sie nach einer bekannten Kinderlied-Melodie sangen und das von einem Mädchen handelte, das sich vor dem Gewitter fürchtete und vor lauter Angst in einen Schrank kroch. Sie wiederholten es immer wieder, bis Claire energisch forderte, sie sollten mit dem Unsinn aufhören.

Tex war vorübergehend in der Box untergebracht, die Sweet Chestnut gehörte, denn über seinem Stand war das Dach undicht, und die Jungen mußten erst hinaufsteigen und es reparieren. Während Cora Tex striegelte, erschienen John und Charlie kichernd im Stallgang und hielten ein großes Blatt Papier zwischen sich. Sie schlichen hinter Coras Rücken zur Tür und hefteten dort das Blatt mit Klebestreifen fest. Sofort drehten sich alle Köpfe zu der Tür, und bald schallte der ganze Stall von unbändigem Gelächter. John hatte mit Filzstift eine herrliche Karikatur gemalt; darauf war eine Gewitterwolke zu sehen, aus der Regen strömte. Im Hintergrund rannte eine kleine Gestalt davon, gefolgt von einem gescheckten Pony, aus dessen Maul eine Sprechblase stieg: »He, Cora, warte auf mich!« Hinter Tex galoppierte Jester, Joanna hing unter dem Bauch des Pferdes und klammerte sich an den Sattelgurt.

Cora hörte das Lachen, drehte sich um und sah die Ursache. Mit einem Sprung war sie bei der Tür, riß das Blatt ab und zerknüllte es. Ihr Gesicht war hochrot vor Wut, als sie auf den Hof lief und das Papierknäuel in eine Pfütze warf.

Dann rannte sie in die Sattelkammer und knallte die Tür hinter sich zu.

Einige von uns gingen zum Mittagessen nach Hause, aber die meisten hatten belegte Brote mit. Als wir in die Sattelkammer kamen, wo wir essen wollten, sahen wir, daß auch Cora sich etwas mitgebracht hatte.

»Ich dachte, du gingst immer zum Essen nach Hause«, bemerkte Susan.

»Heute nicht. Mutti will, daß ich den ganzen Tag hierbleibe«, antwortete Cora und hatte noch immer die Augen voll Tränen.

»Warum gehst du nicht raus und ißt dein Brot auf dem Feld?« fragte John. »Dann könntest du dich gleich ein bißchen nützlich machen und Unkraut zupfen.«

»Weshalb sollte ich das?« wunderte sich Cora.

»Weil du eine blöde Kuh bist, deshalb!« rief Emmy.

»Eine ganz blöde Kuh!« echote Sara.

»Und warum geht ihr nicht selbst aufs Feld und eßt euer Brot dort?« schrie Cora.

»Das ist eine gute Idee!« stimmte John ihr zu. »Ich finde, hier drinnen ist eine scheußliche Luft, findet ihr nicht auch?« Er hielt sich mit einer übertriebenen Gebärde des Ekels die Nase zu und ging hinaus. Wir folgten ihm, unsere Brote in der Hand.

Wir saßen kauend am Feldrand und ergingen uns in Vermutungen über die Ergebnisse der Schnitzeljagd. Frau Justine würde nach der Rückkehr von ihrer Reise unsere Zettel prüfen und die Preise verteilen. Oder war alles ungültig, weil das Gewitter uns gezwungen hatte, die Suche abzubrechen? Nun, auf jeden Fall hatten wir unsere Ablenkung und unser Abenteuer gehabt.

Nach einer Weile stellte Jane-Anne fest: »Das mit dem Essen auf dem Feld war keine gute Idee, John. Hier belästigen uns die Wespen, und das Gras ist noch nicht wieder trocken. Ich glaube, mein Hosenboden ist schon feucht.«

»Man sollte zur Stallarbeit eben nicht so elegante Hosen tragen«, gab John ungerührt zurück. »Und im übrigen kann man ja auch im Stehen essen.«

Aber nicht Jane-Anne stand auf, sondern Amanda. Ärgerlich sagte sie: »Bitte, können wir nicht endlich aufhören, so häßlich und gereizt zu reden? Ab und zu ist ein offenes Wort ganz gut, aber seit wir heute beisammen sind und Cora hier getroffen haben, ist es einfach unerträglich. Ich kann das nicht mehr aushalten!«

Eine Weile schwiegen alle, dann sagte Charlie: »Wir sind offenbar heute morgen alle mit dem linken Fuß zuerst aufgestanden.«

Einige lachten, und die Stimmung hatte sich merklich entspannt. Wir waren sogar bereit, Cora gegenüber einigermaßen nett zu sein.

Aber da war es schon zu spät. Das Unheil war bereits geschehen, nur wußten wir es noch nicht.

Am nächsten Morgen kamen Kathryn und ich zur gleichen Zeit zum Wiesenhof und waren die ersten.

»Claire frühstückt heute im Bett«, berichtete Kathryn und lehnte ihr Rad gegen den Zaun. »Zur Feier ihrer guten Zeugnisnoten, die mit der Post gekommen sind.«

»Sind sie tatsächlich gut?« fragte ich gespannt.

»Und ob!« erwiderte Kathryn. »Ob du's glaubst oder nicht: zehn Zweier!«

»Mensch!« stieß ich hervor. »Ich hab' gar nicht gewußt, daß es überhaupt so viele Examensfächer gibt.«

»Und wir bekamen die Nachricht, daß Bob lauter Einser hat, und das bedeutet, daß er Medizin studieren darf. Vater will ihn in London anrufen und es ihm sagen. Dort liegt der Faulpelz um diese Zeit vermutlich noch im Bett!«

»Nun bleibt nur noch Rupert«, sagte ich. Rupert sprach

kaum über seine Zensuren, aber wir wußten, daß es seinen Eltern nicht leichtfiel, das Geld für die höhere Schule aufzubringen. Als wir erfuhren, daß wir uns auch seinetwegen keine Sorgen zu machen brauchten, war jedoch etwas geschehen, was alles andere überschattete und unwichtig erscheinen ließ. Aber in diesem Augenblick wußten wir davon noch nichts.

Kathryn meinte spöttisch: »Du wirst mit Erleichterung und Freude hören, daß Coras Mutter mich vorhin angerufen hat, um mir mitzuteilen, daß die liebe Cora mit einer Erkältung im Bett liegt und heute leider nicht herkommen kann. Es gelang mir gerade noch, den Hörer aufzulegen, bevor ich einen Freudenjuchzer ausstieß.«

Ich lächelte ihr matt zu, denn aufrichtig gestanden, fühlte ich mich ein bißchen schuldbewußt, wenn ich daran dachte, wie wir Cora gestern behandelt hatten. Ein- oder zweimal hatte sie versucht, mit mir zu sprechen, aber ich mochte in Gegenwart der anderen nicht unkameradschaftlich wirken; deshalb hatte ich etwas gemurmelt und mich abgewendet.

Kathryn ging ins Haus, um die Katzen zu füttern, was zu unseren Obliegenheiten gehörte, solange Frau Justine und ihre Mutter verreist waren. Ich wollte mich mal nach Tex umsehen.

Durch die geöffnete Stalltür fiel das helle Tageslicht in die Box, und ich wich erschrocken einen Schritt zurück. Das war doch nicht Tex?! Aber er mußte es sein, es war sein brauner Kopf und der große Fleck an der Seite wie immer. Daneben aber waren auf seinem Fell viele dunkle Flecken, die gestern noch nicht dagewesen waren.

Und dann sah ich seinen Schweif. Der schöne braune Schweif, der fast bis zur Erde gereicht hatte, war verschwunden. Nur eine kurze, struppige Bürste war noch da, und am Boden, zwischen der Streu, lagen grob abgesäbelt die langen Haarsträhnen.

Noch eine böse Entdeckung

Ich rannte auf den Hof und schrie nach Kathryn. Sie kam aus dem Haus, ich packte sie am Arm und zog sie zu der Pferdebox.

»Tex!« stieß ich hervor. »Jemand hat –«

»Er ist doch nicht etwa krank?« fragte Kathryn und lief schneller.

An der Stalltür stand sie sekundenlang still und starrte mit offenem Mund schweigend hinein. Dann ging sie hin und betrachtete das Pony eingehend.

»Nun, da ist anscheinend nichts Schlimmes weiter passiert.« Sie berührte die schwarzen Flecken auf dem weißen Fell, roch dann an ihren Fingern. »Schwarze Schuhwichse. Die läßt sich zum Glück entfernen. Aber wer um Himmels willen tut einem harmlosen Tier eine solche Gemeinheit an – und was soll es?«

Sie bückte sich und hob einige der Strähnen auf, die einmal Tex als stolzer Schweif geschmückt hatten. Ich sah, wie sie einen Augenblick stutzte, dann rasch etwas ergriff und es in ihre Hosentasche steckte. Sie schien reden zu wollen, aber als jetzt mehrere Mitglieder des Pony-Clubs kamen, entschloß sie sich anders und schwieg.

Mit lauten Ausrufen der Empörung sammelten sich Jane-Anne, Sara, Emmy, John, Susan und Amanda um den armen Tex, der einen jämmerlichen Anblick bot. Er selbst schien dies nicht zu empfinden, denn er sah erstaunt aus, weil er auf einmal im Mittelpunkt des allgemeinen Interesses stand.

»Ganz klar – das ist Sabotage!« erklärte John.

»Was ist es?« fragte Amanda.

»Sabotage – ein gemeiner Anschlag. Und ich vermute, er sollte Sweet Chestnut gelten. Dies ist doch ihre Box, und ihr Name steht daran. Frau Justine will sie in der nächsten Woche beim Turnier in Meriden reiten und dann im September in Burley. Jedermann weiß, daß Sweet Chestnut für beide Turniere sehr gute Erfolgsaussichten hat; aber es ist ausgeschlossen, daß Frau Justine ein Pferd reitet, das aussieht wie eine Vogelscheuche.«

»Aber wie kann denn jemand die Stute mit Tex verwechseln?« gab Susan zu bedenken. »Sie ist kastanienbraun, genau wie Juno, nur ein bißchen rötlicher. Und vor allem viel größer.«

»Sicher. Aber Leute, die eine Sabotage planen, werden sich hüten, ihr dreckiges Werk selbst zu vollbringen. Dafür mieten sie sich einen Berufsverbrecher, der zu dumm ist, ein Pony von einer Vollblutstute zu unterscheiden. Er geht einfach hin, liest den Namen an der Box, und schon ist der arme Tex übel zugerichtet.«

»Nanu, was ist denn los?« rief Claire, die eben im Hof erschien. Die anderen traten beiseite und warteten, was sie sagen würde. Sie warf einen Blick auf Tex und wurde blaß. Auf ihrer Nase und ihrer Stirn traten die Sommersprossen deutlicher als sonst hervor.

»Ist außerdem noch etwas geschehen?« fragte sie endlich. »Sind die anderen Pferde in Ordnung?«

Erst jetzt fiel uns ein, daß wir daran noch gar nicht gedacht hatten. Die anderen Ponys waren alle auf der Weide. Wir rasten zur Sattelkammer, um Halfter zu holen. Jane-Anne war mit ihren langen Beinen als erste dort, und sie blieb so plötzlich in der Tür stehen, daß wir wie ein Klumpen gegen ihren Rücken prallten.

Sie stieß einen hellen Entsetzensschrei aus, und nun versuchte sich jeder vorzudrängen, um zu sehen, was los war.

Ein ganz unerwarteter und geradezu unglaublicher Anblick bot sich uns. Auf dem Boden lag ein heller, neuer Sattel, der kreuz und quer mit einem scharfen Gegenstand zerschnitten war. Das Futter war herausgerissen und umhergestreut, der Sattelgurt in Stücke geschnitten, ebenso ein Zaumzeug, dessen einzelne Teile über dem Sattel lagen. Zuoberst hing ein völlig zerschnittener Zügel. Damit nicht genug: Der Mensch, der dies getan hatte, war offenbar mit dem Zerstörungswerk noch nicht zufrieden gewesen, sondern hatte zum Schluß eine Büchse rote Farbe über das Ganze gegossen, die zum größten Teil angetrocknet war.

John war der erste, der seine Sprache wiederfand. »Das ist das Werk eines Wahnsinnigen. Und es ist gegen Frau Justine gerichtet.«

Claire hatte sich gebückt und die zerstörten Gegenstände genau angesehen. »Das ist aber nicht der Sattel und das Zaumzeug von Sweet Chestnut und auch nicht von Jolly Roger.«

»Nicht?« rief Kathryn. »Doch nicht etwa meins?«

Noch bevor festgestellt worden war, wem die vernichteten Sachen gehörten, ahnte ich, daß es sich um Sattel und Zaumzeug von Tex handelte. Deshalb war ich über Claires Worte nicht besonders überrascht.

»O nein, ist das schrecklich!« klagte Kathryn. In ihrer Stirn waren tiefe Falten, und sie hielt eine Hand in der Hosentasche.

Jane-Anne schauderte. »Ich kann mir einfach nicht vorstellen, daß jemand hier bei den Ställen herumschleicht und solche Gemeinheiten im Sinn hat!«

»Ich denke, wir können sicher sein, daß den anderen Pferden nichts zugestoßen ist«, ließ sich Kathryn vernehmen. »Trotzdem sollte jemand hingehen und sich überzeugen. John, willst du das übernehmen, während wir hier Ordnung machen?«

John nickte, und Charlie und Emmy liefen hinter ihm her.

»Ist es denn richtig, wenn wir das hier anrühren?« fragte Claire. »Es handelt sich doch offenbar um eine Straftat. Und wir wissen ja noch nicht, ob nicht im Haus auch irgend etwas beschädigt worden ist.«

»Drinnen ist alles in Ordnung«, sagte Kathryn. »Ich war eben dort und habe die Katzen gefüttert.«

Claire seufzte. »Dies ist eine der ganz seltenen Gelegenheiten, bei denen ich wünschte, es wäre ein Erwachsener da und gäbe uns einen guten Rat.«

»Oder wenigstens Bob«, meinte Kathryn. »Aber mein lieber Bruder amüsiert sich in London, gerade wenn er hier nötig gebraucht würde.«

»Wir sollten die Polizei anrufen«, schlug ich vor.

»Das wollte ich eben auch sagen«, stimmte Claire zu.

Sara und Amanda gaben ihr recht, doch Kathryn warf mir

einen merkwürdigen Blick zu und äußerte sich nicht. Erst nach einer Weile sagte sie langsam: »Ihr wißt genausogut wie ich, daß es kein Zufall sein kann, wenn das Reitzeug von Tex und auch Tex selbst das Ziel der Zerstörungswut geworden sind. Ich denke, Johns Vermutung, die Sabotage habe Frau Justine gegolten, wird damit hinfällig.«

John, der eben mit den anderen von der Weide zurückkam, meldete: »Die Ponys sind alle frisch und munter.«

Eine große Gestalt verdunkelte den Eingang. Rupert schaute herein und fragte grinsend: »Hallo! Findet hier eine außerordentliche Versammlung statt, und ich weiß nichts davon?«

Wir fingen alle zugleich an zu reden, bis Kathryn uns zur Ruhe wies und Rupert zeigte, was vorgefallen war. Sein Gesicht wurde dunkelrot vor Zorn.

»Den, der das getan hat, möchte ich in Öl braten sehen!« stieß er hervor.

»Erst ruft mal die Polizei!« verlangte Emmy. »Je länger wir warten, desto mehr Möglichkeit hat der Kerl zu entkommen!«

Allgemeine Zustimmung antwortete ihr, und Claire lief zur Tür. Da hielt Kathryns Ruf sie zurück: »Halt! Bitte, warte!«

Sobald Ruhe eingetreten war, blickte Kathryn der Reihe nach in unsere Gesichter. Ihre grauen Augen hatten einen betrübten Ausdruck. Ernst sagte sie: »Ich glaube, jemand von uns hat es getan.«

Zuerst waren wir vor Überraschung sprachlos. Dann war John wie immer der erste, der Worte fand und ärgerlich erwiderte: »Also, das ist ja ein starkes Stück, so etwas zu behaupten! Würdest du mal näher erklären, wie du das meinst, Kathryn?«

»Ich meine, es hat vielleicht als dummer Spaß angefangen«, antwortete Kathryn. »Und dann hat der Betreffende auf einmal die Beherrschung über sich verloren.«

»Willst du tatsächlich behaupten, jemand von uns wäre zu so einer Gemeinheit imstande, nur weil wir gestern Cora ein bißchen geneckt haben?« fragte Susan vorwurfsvoll.

Jane-Anne warf ihre langen, glatten Haare zurück. »Also, Kathryn, wenn du das nicht zurücknimmst, erkläre ich meinen Austritt aus dem Pony-Club.«

»Ich denke nicht daran, etwas zurückzunehmen«, sagte Kathryn entschlossen. »Wir müssen diese Sache aufklären, und wenn es einer von uns gewesen ist, dann sollten wir es lieber ohne die Hilfe der Polizei tun. Oder möchtet ihr, daß ein Mitglied des Pony-Clubs vor den Jugendrichter kommt und eine öffentliche Verhandlung stattfindet mit Presseberichten und so weiter?«

An diese Möglichkeit hatte noch niemand gedacht. Wir sahen ein, daß Kathryn es nur gut mit uns meinte, wenn sie ihren schrecklichen Verdacht äußerte.

Jetzt forderte sie streng: »Also, wenn irgend jemand etwas weiß, dann soll er reden!«

Es redete niemand, aber die Saat des Mißtrauens war ausgestreut. Wir blickten einander verstohlen an und überlegten, wer Cora gestern besonders geärgert und wer was zu ihr gesagt hatte.

»Na gut«, sagte Kathryn nach einer Weile. »Ich werde euch

jetzt etwas zeigen. Dies hier habe ich in der Box von Tex im Stroh gefunden, es lag neben den abgeschnittenen Strähnen seines Schweifes.« Sie steckte die Hand in ihre Hosentasche und hielt sie uns geöffnet hin. Ein großer roter Knopf lag auf ihrer Handfläche. Und an meiner wasserdichten roten Jacke war eine leere Stelle, wo ein Knopf fehlte.

Unter Verdacht

Ich hatte das Gefühl, als ob die Blicke, die auf mich gerichtet waren, mir die Haut versengten. Am liebsten hätte ich mich umgedreht und wäre davongelaufen, aber das wäre natürlich ein Schuldbekenntnis gewesen. Und ich war doch nicht schuldig! Ich blieb regungslos stehen und konnte keinen Ton hervorbringen.

Endlich sagte Claire: »O nein, Kathryn, du kannst Pippa nicht verdächtigen! Sie mag Tex so gern.«

»Das taten wir alle«, erwiderte Kathryn. »Jedenfalls schien es so.«

Plötzlich ließ sich Charlie hören: »Nicht alle. Es gibt jemand, der ihn nicht mochte.« Und auf die fragenden Blicke hin fuhr sie fort: »Ja, ich meine Cora. Sie mochte Tex nicht leiden. Sie mochte überhaupt niemanden leiden außer sich selbst.«

»Du willst doch damit nicht sagen, daß Cora ihrem eigenen Pony so etwas antun könnte?« fragte Jane-Anne verblüfft. »Also, hör mal –«

Charlie hob die Schultern. »Irgend jemand muß es ja gewesen sein. Und dann habe ich viel eher sie im Verdacht als Pippa.«

»Das finde ich auch«, stimmte Emmy zu, und die anderen nickten.

Mein Gehirn, das wie gelähmt gewesen war, begann wieder zu funktionieren. »Als ich gestern abend heimkam, merkte ich, daß der Knopf an meiner Jacke fehlte«, erklärte ich. »Ich konnte mich nicht erinnern, wo ich ihn verloren haben könnte, und ich wunderte mich noch, denn er war vorher nicht locker gewesen. Das weiß ich genau.«

»Zeig mal her«, sagte Claire, beugte sich vor und sah sich meine Jacke genau an. »Ja, hier sieht man es deutlich: Die Fäden müssen abgeschnitten worden sein! Der Knopf war bestimmt fest angenäht!«

Kathryn und Rupert betrachteten die Stelle an meiner Jacke ebenfalls, und dann stimmten sie Claire zu. Ich war unbeschreiblich erleichtert, daß der Verdacht von mir genommen war.

Dann fragte Rupert: »Aber warum hat sie den Knopf von Pippas Jacke abgeschnitten?«

»Ganz klar – um den Verdacht auf sie zu lenken«, antwortete Kathryn.

»Als ich gestern herkam, habe ich die Jacke wie immer in die Sattelkammer gehängt«, erinnerte ich mich. »Und dann habe ich nicht mehr nach ihr gesehen, bis ich heimging. Daß ein Knopf fehlte, habe ich, wie gesagt, erst zu Hause gemerkt.«

»Cora war gestern mittag allein in der Sattelkammer, während wir draußen unsere Brote aßen«, stellte John aufgeregt fest. »In dieser Zeit muß sie den Knopf abgeschnitten haben.«

»Sehr wahrscheinlich«, bestätigte Jane-Anne. »Wir hatten sie ja ganz schön geärgert, und darum war sie voller Rachegedanken.«

»Aber warum brachte sie ausgerechnet mich in Verdacht?« wollte ich wissen.

»Einmal, weil deine Jacke gerade so gut greifbar vor ihrer Nase hing«, erklärte Rupert. »Und zweitens, weil du eine von den Jüngsten bist. Mit jemand von uns Größeren hätte sie sich das wohl nicht erlaubt.«

»Jetzt ist es auch ganz klar, warum sie sich heute entschuldigen ließ, sie läge mit einer Erkältung im Bett«, meinte Kathryn. »Es ist ein Wunder, daß sie sich nichts Schlimmeres zugezogen hat, als sie mitten in der Nach hier herumgeschlichen ist wie ein gemeiner Dieb.«

»Es muß nicht unbedingt mitten in der Nacht gewesen sein«, sagte John. »Von acht Uhr abends bis zum Morgen ist kein Mensch in den Ställen. Cora brauchte am Abend nur ihrer Mutter zu sagen, sie habe etwas vergessen, und noch einmal herzukommen. Wer weiß, vielleicht hat die Mutter sie sogar hergefahren und im Wagen gewartet, bis das Töchterchen seine böse Tat vollendet hatte.«

»Ich glaube, du hast recht, John«, stimmte Claire zu. »Trotzdem können wir nicht mit Sicherheit behaupten, daß es wirklich Cora war, solange wir keine Beweise haben. Bisher sind alles nur Vermutungen, auch wenn sie überzeugend klingen.«

Wir mußten Claire beipflichten. Und obwohl jeder geschworen hätte, daß ich unschuldig sei, und niemand mehr den leisesten Verdacht gegen mich hegte, konnte ich nicht über die Sache mit dem roten Jackenknopf wegkommen. Ohne handfeste Beweise war es für uns schwierig, Cora zu beschuldigen, sie habe ihr Eigentum absichtlich zerstört, vor allem, weil die ganze Sache so unwahrscheinlich klang. Vielleicht hätten wir die Wahrheit nie erfahren, wenn uns nicht der Zufall geholfen hätte.

An diesem Morgen war Charlies Vater, der Altwaren und Lumpen sammelte, mit seinem Wagen unterwegs. Er kam zu einem großen Haus und fragte auch dort nach alten Sachen. Die Besitzerin sagte zuerst, es sei nichts da, doch dann fiel ihr etwas ein. Sie ging ins Haus zurück und kam wieder mit einer hellblauen Bluse in der Hand; an den Ärmeln waren schwarze Farbspuren, und die Vorderseite war mit roter Farbe beschmiert.

»Ich weiß wirklich nicht, was meine Tochter mit ihrer Bluse angestellt hat«, sagte die Dame. »Jedenfalls sind die Flecken nicht mehr zu entfernen.«

Als Charlie am Abend heimkam und zufällig die hellblaue Bluse sah, die auf dem Wagen ihres Vaters lag, stürzte sie mit einem Aufschrei darauf zu. Sie fragte den Vater aus, woher er die Bluse habe, und er konnte das Haus beschreiben – es war das Haus, in dem Cora wohnte.

Im nächsten Augenblick sprang Charlie auf ihr Rad und sauste zum Doktorhaus in Gooseley, und dann fuhren Kathryn und sie zusammen zu Claire, um ihr die verräterische Bluse zu zeigen.

Claire rief sofort alle Clubmitglieder an und setzte eine außerordentliche Versammlung für den nächsten Morgen Punkt neun Uhr an. Als ich das hörte, war ich so aufgeregt, daß ich glaubte, ich könnte in dieser Nacht kein Auge zutun. Aber meine Erleichterung war so groß, daß ich tief und fest schlief, bis meine Mutter mich um acht Uhr weckte.

Die Mitglieder des Pony-Clubs waren pünktlich zur Stelle, und Claire, die den Vorsitz hatte, führte uns in die Sattelkammer. Sie hatte die hellblaue Bluse vor sich liegen, und sobald Ruhe eingetreten war, begann sie in ernstem Ton:

»Liebe Mitglieder, es ist ein unerfreulicher Anlaß, der uns heute zusammenführt. Dennoch müssen wir dankbar sein, daß es so gekommen ist. Ihr alle kennt ja wohl diese Bluse. Coras Mutter hat sie Charlies Vater gegeben, als er nach Lumpen fragte. Hier haben wir das Beweisstück, das jeden Zweifel beseitigt, wer Tex und sein Sattelzeug so übel zugerichtet hat. Wir wissen nun auch, daß der Knopf von Pippas Jacke absichtlich abgeschnitten und auf den Boden der Box gelegt worden ist, um ihr die Schuld zuzuschieben oder zumindest von der wirklichen Täterin abzulenken.«

»Warum nennst du nicht einfach Coras Namen?« warf John ein. »Wir wissen doch alle, daß sie es war.«

»Möchtest du bitte herkommen und den Vorsitz übernehmen?« erwiderte Claire kühl. »Wenn nicht, so erlaube, daß ich die Verhandlung auf meine Weise führe.«

John schwieg und sah beleidigt aus, aber Claire fuhr unbeirrt fort: »Unsere Aufgabe ist es, Cora wissen zu lassen, daß wir Bescheid wissen, ohne sie jedoch rundheraus zu beschuldigen.«

»Wieso denn?« fragte John, der nie lange schweigen konnte. »Warum diese zarte Rücksichtnahme?«

»Das finde ich auch«, stimmte Emmy ihm zu. »Wir sollten ihr ins Gesicht sagen, was für ein Biest sie ist, und daß wir sie nie wieder sehen wollen!«

»Möchtest du das übernehmen, Emmy?« fragte Claire ruhig, und Emmy schüttelte verlegen den Kopf.

»Vergeßt nicht, daß sie eine von Frau Justines Reitschülerinnen ist«, mahnte Kathryn. »Was würde Frau Justine denken, wenn wir Cora in so massiver Weise anschuldigten?«

»Ob wir nicht doch die Erwachsenen einweihen sollten?« schlug Susan vor.

»Davon rate ich ab«, meinte John. »Die wollen dann nur wissen, wieso Cora sich an uns rächen wollte, und wenn sie es erfahren, haben wir hinterher nichts zu lachen.«

»Aber wie können wir Cora denn mitteilen, daß wir sie durchschaut haben?« fragte Rupert ratlos. »Sie darf nicht einfach so davonkommen!«

»Wir schicken ihr eine verdorbene Frucht«, kicherte Charlie, »dann weiß sie schon, was gemeint ist.«

»Sei nicht so albern, Charlie«, rügte Claire. »Im übrigen finde ich ebenso wie Rupert, daß sie keinesfalls ungeschoren davonkommen darf. Wie wäre es, wenn wir ihr eine Karte schickten mit den besten Wünschen —«

»Mit den schlimmsten Wünschen!« fiel ihr Charlie ins Wort.

»Mit den besten Wünschen zur Genesung«, sprach Claire unbeirrt weiter, »und darin geschickt versteckt, aber deutlich erkennbar einen Hinweis, so daß Cora genau weiß, was los ist. Das Ganze muß so abgefaßt sein, daß Coras Mutter, wenn sie den Gruß liest, nichts merkt, solange ihr Töchterchen ihr nicht die Wahrheit gesteht.«

Nach einem kurzen Schweigen sagte Kathryn: »Ich finde, Claires Vorschlag ist gut. Jedenfalls wüßte ich nicht, was wir sonst tun sollten.«

»Ich auch«, meldete sich Rupert. »Wer noch dafür ist, soll die Hand heben!«

Alle Hände hoben sich, und Rupert fuhr fort: »Also wollen wir uns mal anstrengen und uns einen Text ausdenken.«

»Ich hole Papier und Schreibstifte aus dem Büro«, erbot sich Claire. »Und dann teilen wir uns in Gruppen zu zweien oder dreien und machen einen kurzen Ausritt. Die Ponys brauchen sowieso Bewegung. Unterwegs schaltet bitte eure Denkmaschine ein, und zwar auf volle Touren. Keine Gespräche über andere Themen. In etwa einer Stunde, spätestens bis dreiviertel elf, sind alle wieder in der Sattelkammer, und wir wählen den besten Text aus.«

»Woher nehmen wir die Karte?« fragte Kathryn.

»Ich reite beim Postamt vorbei und hole eine«, rief John und sprang auf.

»Das tust du nicht«, entschied Claire. »Ich rufe meine Mutter an und bitte sie, uns eine mitzubringen, wenn sie heute vormittag in Coppington einkauft.«

Zettel und Stifte wurden verteilt. Wir stellten die Gruppen zusammen, ich kam zu Amanda und Jane-Anne. Sir Galahad war schon gesattelt, und Jane half Amanda und mir, unsere Ponys zum Ausritt fertig zu machen. Bald ritten wir aus dem Hoftor hinaus auf die Wiesen.

»Einer der großen Vorteile dieser Gegend ist es, daß man binnen fünf Minuten ganz allein sein kann«, bemerkte Jane-Anne. »Weit und breit keine Menschenseele, das tut manchmal richtig wohl.«

Doch trotz der wohltuenden Einsamkeit brachte unser Geist nichts Brauchbares hervor, und als wir zum Wiesenhof zurückkamen, hatten wir nichts vorzuweisen außer einem Zettel voll durchgestrichener Zeilen. Jane-Anne sagte verzweifelt: »Wir müssen aber irgendwas mitbringen, und wenn es ein dämlicher Vers ist!«

Wir fanden im Gemüsegarten einen sonnigen Platz und hatten nach zwei Minuten folgenden Vierzeiler gedichtet:

»Du armes kleines Pony,
wer stutzte dir den Schweif?
Der Feigling, der das machte,
ist fürs Gefängnis reif.«

»Großer Blödsinn!« urteilte Jane-Anne und zog die Nase kraus. »Aber es ist wenigstens etwas. Kommt, wir gehen hinein!«

In der Sattelkammer, in der schon alle versammelt waren, fand nun eine denkwürdige Dichterlesung statt, bei der es immer wieder tosendes Gelächter gab. Der einzige, der nichts geschrieben hatte, war John. Er hatte statt dessen eine Zeichnung gemacht, auf der eine schattenhafte Gestalt zu einer Pferdebox schlich, in der einen Hand eine Büchse, auf der »Rote Farbe« stand, in der anderen eine riesige Heckenschere.

»Na ja«, meinte Claire schließlich, »ich weiß ehrlich gesagt nicht, was ich wählen sollte. Bisher ahnte ich gar nicht, wie viele unentdeckte Genies in unserem Pony-Club verborgen schlummern.«

Kathryn hatte einen Vorschlag: »Wenn die Karte, die deine Mutter mitbringt, groß genug ist, können wir ja die Zeichnung und alle Verse darauf unterbringen. Dann wird Cora wohl nicht mehr im Zweifel sein, wie es gemeint ist.«

Alle stimmten zu, und als Frau Forrester mit der Karte kam, die in Goldschrift »gute Genesung« wünschte, machten wir uns gleich ans Werk.

»Wenn wir bis zum Mittag fertig sind«, meinte Claire, »kann ich meinen Vater bitten, unseren Gruß in Coras Haus abzugeben, wenn er am Nachmittag zu seinem Büro fährt.«

Pony zu verkaufen

Die Karte war gemalt, geschrieben, in einen Umschlag gesteckt und an Coras Haus abgegeben worden. Nun blieb uns nichts übrig, als zu warten, was geschehen würde. Es herrschte eine unruhige und gespannte Stimmung, und jeder wünschte, daß der Fall endgültig geklärt würde, damit wir uns wieder unbelastet den Ponys und dem Reiten widmen konnten.

Einige von uns hatten sich als Teilnehmer an dem Reitturnier gemeldet, das am kommenden Wochenende in Garner's End stattfinden sollte. Während sie trainierten, hielt sich jemand von den übrigen stets in der Nähe des Hauses auf, um das Läuten des Telefons nicht zu verpassen.

Selbst die Ponys schienen von der allgemeinen Unruhe und Unsicherheit angesteckt zu sein. John hatte sich für das Springreiten gemeldet und brauchte eine volle Stunde, bis er die passenden Pfosten und Latten gefunden und sie auf der Wiese zu Hindernissen aufgebaut hatte. Kaum erblickte Patches den Aufbau, war er glücklich, endlich einmal eine interessante Aufgabe zu haben. Er schoß los wie ein raketengetriebener Bulldozer und riß sämtliche Hindernisse nieder.

»Wenn es so etwas gäbe wie ein Kegelspiel für Reiter, dann hättest du vielleicht gute Aussichten auf einen Sieg«, meinte Susan spöttisch. »Aber beim Springreiten wirst du wohl mit diesem wilden Tier auf dem letzten Platz landen.«

Claire hatte es übernommen, Ikarus zu trainieren, während Bob in London war. Sie überließ mir ihren Misty, damit ich mit ihm an den niedrigen Hindernissen übte, die am Ende der Wiese aufgebaut worden waren. Vor dem ersten Hindernis begann er sehr behutsam zu laufen, als trüge er eine gebrechliche alte Dame auf dem Rücken. Obwohl ich ihn heftig antrieb, wurde er immer langsamer. Vor den rotweiß gestreiften Latten blieb er endgültig stehen und besah sich das Hindernis gründlich, als überlegte er, ob es für mich nicht zu hoch sei. Danach stieg er vorsichtig hinüber, Bein für Bein, und erst, als er drüben war, setzte er sich in einen trägen Galopp.

Rupert, der sich vergeblich bemühte, mit dem Pony Eddi saubere Achterfiguren zu reiten, sah uns zu und meinte: »Wißt ihr, was diese lieben Tiere brauchen? Täglich zwei Stunden scharfes Training. Sie sind lässig und faul geworden. Ich werde einen Übungsplan aufstellen, und morgen fangen wir an.«

Wir waren alle einverstanden. Doch der alte Spruch, nach dem es meistens anders kommt, als man denkt, bewahrheitete sich auch hier einmal wieder. Denn gegen sechs Uhr, als gerade die ersten von uns heimgehen wollten, kam Coras Vater in den Hof gefahren. Wir blickten uns beklommen an, als er ausstieg. Aber er begrüßte uns ganz freundlich und reichte Kathryn einen Briefumschlag.

»Von Cora«, erklärte er überflüssigerweise. Er winkte uns zu und fuhr davon.

Während Kathryn den Umschlag öffnete, blinzelte ich nach den Gesichtern der anderen und sah, daß sie genau das gleiche dachten. Wenn wir uns nun geirrt und Cora zu Unrecht verdächtigt hätten? Das wäre ein furchtbarer Fehler gewesen!

»Lies vor!« riefen wir.

»Nein, das müßt ihr selber lesen!« sagte Kathryn lachend und reichte uns Coras Schreiben, das sie schnell überflogen hatte.

»Liebe Leute vom Ponny-Club, eure Karte ist blöd. Ich finde euch alle scheuslich aber der schlimste ist dieser John, ich wünschte ich hätte seinen Knopf genomen und nicht den von Pippa, das wäre ihn recht geschehn. Tex ist auch scheuslich er mag mich nicht wir verkaufen ihn. Ich kome nicht mehr hin zum reiten, ich gehe auf eine Schuhle wo ich tanzen und schauspiehlen lerne. Wenn ich eine berümte Balerina bin kriegt ihr von mir kein Autogram. Beste Grüsse   *C. Small*

»Puh!« rief John und schüttelte sich. »Allein für ihre Rechtschreibung verdiente sie einen Preis!«

»Na ja«, meinte Jane-Anne gelassen, »wir wollen nur hoffen, daß sie sich in ihrer neuen Schule besser bewährt als bei uns.«

»Ich bin so froh, daß wir den Fall Tex richtig gelöst haben«, sagte Kathryn.

»Tex – den wollen sie verkaufen!« fiel es Claire ein.

Es entstand ein kurzes Schweigen. Tex war zwar noch nicht lange im Wiesenhof, aber alle mochten ihn gern, er paßte einfach zu uns. Sein drolliges braunes Gesicht mit dem freundlichen Ausdruck, seine neugierig rollenden Augen unter dem dicken Haarschopf würden uns fehlen.

»Wieviel sie wohl für ihn verlangen?« fragte Amanda.

»Hundert Pfund mindestens«, vermutete Claire.

»So, wie er jetzt aussieht –?« zweifelte Susan.

»Der Schweif wächst bald wieder«, gab Claire zurück. »Also, wenn jemand zufällig so viel in seiner Sparbüchse hat, dann kann er es holen und Tex kaufen.«

»Eigentlich hat er Cora niemals richtig gehört«, sagte Charlie. »Sie hat sich nie um ihn gekümmert, wie wir es mit unseren Ponys tun. Er sollte bei uns bleiben.«

»Was sind schon hundert Pfund für Leute wie uns?« ulkte Rupert. »Wenn wir was wollen, bekommen wir es auch. Denkt daran, wie wir alle die Pferde hier gerettet haben, als

Frau Justine erschien, um den Wiesenhof zu kaufen. Warum sollten wir nicht auch Tex retten können?«

Claire hielt ihm vor: »Du mußt aber bedenken, daß Tex nicht gerettet werden muß. Er ist nicht alt und hinfällig wie damals die Pferde hier. Es wird ihm vermutlich nichts Böses geschehen, wenn jemand ihn kauft.«

»Er könnte aber wieder an jemand geraten, der ihn nicht mag, so wie Cora«, widersprach Amanda. »Und das wäre für ihn schrecklich.« Ihre großen Augen standen voll Tränen.

Susan erklärte: »Ich bin sicher, daß Frau Justine ihn kauft.«

»Kann sein«, gab Kathryn zu. »Aber im Augenblick ist sie mehrere hundert Meilen von hier entfernt, und das bedeutet, daß wir etwas unternehmen müssen, bevor die Smalls ihn abholen lassen. Reiten ist immer beliebter geworden, und gute Ponys gehen weg wie die warmen Semmeln.«

»Und wem soll er gehören, wenn wir ihn vor dem Verkauf bewahren?« fragte Sara.

»Nun, dem ganzen Pony-Club«, antwortete Rupert. »Wir stellen einen Plan auf, wer ihn reiten und pflegen wird. Aber das hat noch Zeit; erst müssen wir mal sehen, ob wir ihn wirklich kaufen können.«

»Ich wäre sehr traurig, wenn er fort müßte«, sagte Claire.

»Es ist eine schwierige Aufgabe«, meinte Kathryn. »Und es soll keiner sagen können, der Pony-Club hätte eine schwierige Aufgabe nicht angepackt und gelöst! Ich für mein Teil habe ungefähr zwei Pfund fünfzig. Mutter verlangt, daß ich diese Summe jedes Jahr für Weihnachtsgeschenke spare. Aber ich finde es viel besser, das Geld für Tex zu geben, anstatt allen möglichen Leuten alberne Päckchen zu schicken.«

»Ich besitze fünf Pfund«, berichtete Claire. »Die habe ich von meinen Eltern für das gute Zeugnis bekommen.«

»Und ich habe seit einer Ewigkeit meinen Lohn fürs Zeitungsaustragen gespart und beinahe zwanzig Pfund zusammenbekommen«, meldete Rupert.

Ein Murmeln der Bewunderung folgte dieser erstaunlichen Mitteilung. Ich war wohl die einzige, die wußte, daß Rupert für das mühsam verdiente Geld eines Tages ein eigenes Pony hatte kaufen wollen, und ich bewunderte ihn, daß er es jetzt hingeben wollte, um Tex für uns zu retten. Sein großzügiges Angebot entfesselte eine Woge der Hilfsbereitschaft, und als jeder gesagt hatte, wieviel er besaß und vielleicht als Vorschuß auf künftiges Taschengeld bekommen könnte, hatten wir beinahe dreißig Pfund beisammen.

»Na, das ist doch ein guter Anfang«, meinte Kathryn zufrieden. »Morgen um neun kommen wir alle her, und jeder bringt mit, so viel er besitzt, borgen oder erbetteln kann.«

»Dann bitten wir meine Mutter, über die Summe einen Scheck auszuschreiben«, schlug Claire vor. »Das gibt der Sache einen soliden Anstrich. Mit dem Scheck reiten wir zu Smalls Haus und setzen unsere liebsten, unwiderstehlichsten Gesichter auf.«

Die Überraschung

Am nächsten Morgen kurz nach neun lagen alle Spenden für den Ankauf von Tex auf dem Tisch des Büros im Wiesenhof.

Claires Mutter, die selbst gern ritt und für alles zu haben war, was mit Pferden zusammenhing, war mitgekommen und saß am Schreibtisch. Vor ihr lag das aufgeschlagene Scheckbuch, und sie hielt den Füller in der Hand.

Claire stellte eine Namensliste auf und notierte, wieviel jeder gegeben hatte. Man konnte ja nicht wissen, ob nicht eines Tages, in ferner Zukunft, der Pony-Club in der Lage sein würde, die Spenden zurückzuzahlen.

Während Claire und Kathryn das Geld sortierten und zählten, herrschte gespannte Stille. Dann lehnten sie sich auf ihren Stühlen zurück, und Claire verkündete:

»Wir haben jede zweimal gezählt. Es sind dreiunddreißig Pfund und zweiundachtzig Pence. So, Mami, würdest du jetzt bitte den Scheck ausschreiben – dreiunddreißig zweiundachtzig.«

»Schön«, sagte Frau Forrester und lächelte, »aber um die Bank nicht mit einer ungeraden Summe zu bemühen, werden wir es ein wenig aufrunden. Und sie schrieb »Fünfunddreißig Pfund.« Wir dankten ihr für ihre Großzügigkeit, sie wünschte uns viel Glück und fuhr heim.

»Es wird Zeit zum Aufbruch«, meinte Claire. »Ich schlage vor, wir bürsten die Ponys nur kurz, denn zur gründlichen Pflege haben wir nicht genug Zeit.«

Kathryn fügte hinzu: »Um lange Erörterungen zu vermeiden, wer welches Pony reitet, sollte jeder das nehmen, das er bei der Schnitzeljagd geritten hat.«

»Nur daß ich Ikarus nehme, weil Bob nicht da ist. Dann kann Pippa wieder Misty haben, wenn sie mag«, sagte Claire.

Natürlich wollte ich. Misty ging einen wunderschönen

gleichmäßigen Galopp, und auf dem Weg zu Coras Haus gab es viele Gelegenheiten zum Galoppieren.

»Da drüben ist es«, verkündete Charlie, als wir ungefähr eine halbe Stunde unterwegs waren. Sie hob sich in den Bügeln und zeigte mit dem Finger: »Dort, das Riesenhaus mit den mindestens fünfzig Kaminen.«

Von der Straße ging eine Zufahrt mit weißgestrichenen Begrenzungssteinen zum Haus, das von violett blühender Clematis überwuchert und von samtgrünen Rasenflächen umgeben war.

»Ihr bleibt besser hier«, entschied Kathryn. »Ich wage nicht, mir vorzustellen, was all diese Pferdehufe auf dem kostbaren Rasen anrichten würden. Wir dürfen aber Herrn Small auf keinen Fall verärgern, wenn wir wollen, daß er uns Tex verkauft.«

Es erhob sich einiger Widerspruch, doch schließlich sahen alle ein, daß Kathryn recht hatte. So warteten wir an der Zufahrt, während Kathryn, Claire und Rupert sorgsam hintereinander auf das Haus zuritten.

»Schaut mal, da ist Cora!« flüsterte Charlie, und wir blickten zum oberen Stockwerk, wohin sie unauffällig wies. An einem der Fenster erschien ein blasses Gesicht, starrte ein paar Sekunden lang zu uns herunter und verschwand dann.

»Sie hat ausgesehen wie ein Gespenst«, meinte John.

Darauf ergingen wir uns in wilden Vermutungen, ob es wirklich ein Geist gewesen sei oder Cora selbst, und ob das Haus vielleicht verhext sei.

Nach kurzer Zeit öffnete sich die Haustür, unsere Abgesandten kamen heraus, stiegen auf ihre wartenden Ponys und ritten langsam auf uns zu. Rupert war der erste, und wir sahen sogar aus der Entfernung, daß sein Gesicht puterrot war. Wir wußten nicht, was das bedeutete, denn Rupert wurde bei jeder Gelegenheit rot: wenn er sich sehr freute oder sehr ärgerte. Aber die Mienen der beiden anderen verrieten uns, daß es diesmal ein unerfreulicher Anlaß sein mußte.

»Nichts«, signalisierte Kathryn von weitem und schüttelte den Kopf. Rupert öffnete das Gittertor und ritt auf Eddi hindurch. Die anderen folgten, und Kathryn schloß das Tor hinter ihnen.

»Was ist passiert?« riefen Sara und Susan wie aus einem Mund ihnen entgegen. Emmy hopste vor Spannung im Sattel auf und ab.

»Frau Small war sehr freundlich«, berichtete Claire und steckte den Scheck in ihre Tasche zurück. »Sie sagte, sie fände unser Vorhaben, zusammenzulegen und Tex zu kaufen, bewundernswert.«

»Aber sie war nicht bereit, ihn für so wenig Geld herzugeben, was?« unterbrach John sie wütend. »Wahrhaftig, ich hätte nicht übel Lust, da hineinzureiten und kreuz und quer auf dem Rasen herumzutrampeln!«

»Warte doch erst mal ab und höre zu, John!« tadelte ihn Kathryn. »Du weißt ja noch nicht alles.«

Mit einem Knurren fügte sich John, und Claire fuhr fort: »Ich hatte den Eindruck, als ob sie unser Angebot angenommen hätte – wenn wir nicht zu spät gekommen wären. Jemand ist uns zuvorgekommen, ist eine halbe Stunde vor uns dagewesen und hat Tex gekauft!«

»Ohne ihn zu sehen?« wunderte sich Amanda.

Claire nickte. »Anscheinend ja. Der Käufer will ihn heute nachmittag im Wiesenhof übernehmen.«

»Also, das ging ja fix!« rief Charlie aufgeregt. »Wer konnte denn wissen, daß Tex zu verkaufen war, wenn noch gar keine Anzeige in der Zeitung erschienen ist?«

»Es gibt ein Sprichwort, das sagt, böse Nachrichten reisen schnell«, bemerkte Kathryn, als wir zum Wiesenhof zurückritten. »Die Leute müssen es irgendwie erfahren haben. Ich habe soviel mitgekriegt, daß sie Tex für ihren Sohn kaufen, der gut reitet, aber noch kein eigenes Pony hat.«

»Wie konnte denn nur jemand davon wissen?« bohrte Susan weiter. »Wir selbst haben es doch erst gestern abend gegen sechs erfahren, als wir Coras Brief bekamen.«

»Es ist nicht anders möglich, als daß einer von uns es ausgequatscht hat«, sagte Kathryn böse.

»Um Himmels willen, fang nicht wieder so an!« rief John. »Es ist ja schließlich kein Staatsgeheimnis – nur ein Pony, das zum Verkauf stand.«

»Nur ein Pony – was bedeutet das schon für Leute, die ein eigenes Pferd besitzen?!« knurrte Rupert und trieb Eddi zu einem raschen Trab. Wir folgten und schwiegen, denn wir hatten alle keine Lust mehr zu streiten, und wir waren alle traurig, daß wir Tex verlieren sollten.

Auf dem Wiesenhof machte Claire uns einen Kaffee, und wir aßen unsere Brote. Dann gingen wir an die übliche Stallarbeit, aber wir taten alles nur mit halbem Herzen. Unsere Gedanken waren woanders.

Als der Nachmittag kam, konnte keiner sich mehr aufraffen, richtig zu arbeiten. Wir trieben uns müßig herum und lauschten heimlich auf das Kommen eines fremden Wagens.

Als dann endlich ein unbekanntes Motorgeräusch zu hören war, erschienen überall Köpfe an den Stall- und Schuppentüren und hinter den Mauerecken.

Plötzlich tönte Ruperts Stimme: »Alles in Ordnung, ihr könnt rauskommen! Es sind nur meine Eltern!« Er lief hin, um sie zu begrüßen.

Meine Mutter hätte bestimmt gesagt, es sei pure Neugier, aber Claire nannte es nur natürliches Interesse, daß wir alle zuguckten, wie Ruperts Eltern aus dem Wagen stiegen und sich auf dem Hof umschauten.

»Das ist also der Wiesenhof, von dem wir so viel gehört haben«, sagte der Vater, und die Mutter meinte: »Was für ein schönes altes Anwesen!«

»Möchten Sie es gern besichtigen, Frau Fitch?« fragte Claire und trat näher. »Ich bin sicher, Frau Sheringham-Brown und ihre Mutter hätten nichts dagegen. Sie sind zur Zeit verreist.«

»O ja, sehr gern wenn es möglich ist«, antwortete Ruperts Mutter.

»Ich finde es fein, daß ihr mal herkommt«, sagte Rupert zu seinen Eltern. »Oder ist etwas los? Wollt ihr mich nach Hause holen?«

Frau Fitch warf ihrem Mann einen Seitenblick zu, und beide machten merkwürdige Gesichter, so wie jemand, der etwas zu gestehen hat und sich nicht recht traut.

Inzwischen horchten wir noch immer, ob der Wagen käme, der den neuen Besitzer von Tex brachte.

Da räusperte sich Herr Fitch und sagte: »Also, es ist wegen dieses Ponys –«

»– das Tex heißt«, fuhr seine Frau fort.

»– und zu verkaufen ist«, nahm Herr Fitch wieder das Wort.

Ruperts Mund blieb offenstehen, dann schluckte er. »Das zu verkaufen war«, verbesserte er. »Es ist nicht mehr zu haben, jemand hat es gekauft.«

»Ich weiß«, nickte sein Vater. »Wir nämlich.«

Rupert stand da, als wäre er zu Stein erstarrt. Kathryn aber hatte sofort begriffen und rief begeistert: »Wirklich? Oh, wie lieb Sie sind! Ich bin so froh – wir alle!«

Jetzt fand auch Claire Worte: »Wir sind Ihnen riesig dankbar!«

Amanda kam aus ihrem Versteck und schlang ihre Arme um Frau Fitchs Hals.

»Mensch, Rupert, meinen Glückwunsch!« sagte John und schlug Rupert auf die Schulter.

Rupert konnte kein Wort hervorbringen. Er preßte die Lippen zusammen und schluckte noch ein paarmal. Dann drehte er sich um, rannte in den Stall und knallte die Tür hinter sich zu.

»Ich glaube, er ist ganz überwältigt«, meinte Frau Fitch, und es klang beinahe schuldbewußt.

»Na, sollte er das vielleicht nicht sein?« fragte Charlie. »Wenn mir mein Vater ein Pony kaufte, spränge ich bis zum Mond!«

»Er ist ein guter Junge«, erklärte Ruperts Mutter. »Er gibt sich in der Schule so viel Mühe, er hat gute Zensuren bekommen und weiß, daß wir uns darüber freuen. Und er hat sich nie beklagt, daß er kein Pony hatte. Aber wir wußten, daß es sein Herzenswunsch war.«

Der Vater fügte hinzu: »Dieses Zeitungsaustragen bringt nicht viel ein. Wenn der Junge das Geld spart, um ein Pony zu kaufen, dann wäre er erwachsen, ehe er es schaffte. Aber er braucht es doch jetzt, nicht wahr? Da haben wir eben auch ein bißchen gespart.«

Die Stalltür ging auf, und es erschien Rupert, der Tex am Halfter führte. Sein ganzes Gesicht war dunkelrot und strahlte vor Glück.

»Hier, das ist er«, sagte er stolz zu seinen Eltern.

»Er ist sehr hübsch«, lobte Frau Fitch und streichelte Tex die Nase, zog aber gleich die Hand zurück, weil Tex wie immer, wenn er etwas Neues sah, mit den Augen rollte. »Was ist denn mit seinem Schweif geschehen? Ist das so eine Art Haarwechsel?«

»Ach, Mutter, das ist eine lange Geschichte«, antwortete Rupert zögernd, während wir alle anfingen zu kichern und zu prusten.

In diesem Augenblick erklang das durchdringende Signal einer Fahrradklingel, und gleich darauf fegte Bob Barclay in den Hof.

»Hallo, ihr Faulpelze!« schrie er, als er uns alle beieinander stehen sah, und knallte sein Rad gegen die Stallwand. »So ist's richtig! Kaum bin ich mal ein paar Tage fort, da finde ich euch beim Schwatzen, wenn ich wiederkomme! Na, das werden wir bald ändern, darauf könnt ihr euch verlassen! Von jetzt an wird das Leben für euch ein bißchen interessanter werden!«

Erst jetzt erblickte er den fremden Wagen, Ruperts Eltern und schließlich Tex. »Was zum Donnerwetter ist denn mit dem passiert?« unterbrach er sich. »Ist er in eine Mähmaschine geraten, oder was?«

Das schallende Gelächter des ganzen Pony-Clubs übertönte alles, was er noch sagen wollte.

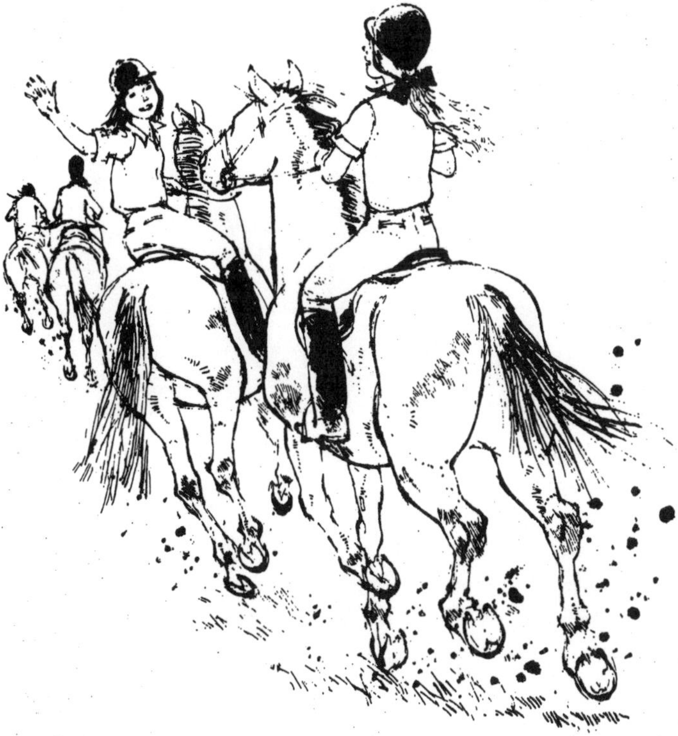

Der Pony-Club hat große Pläne

Eine überraschende Begegnung

»Das ist doch nicht dein Ernst!« Ich drehte mich im Sattel um und starrte Amanda an. Was hatte sie da gesagt?

Der Pony-Club war vollzählig unterwegs. Eben waren wir vom Reitweg in die kleine Straße eingebogen, wo ein Haus stand, dem seit einiger Zeit unsere besondere Aufmerksamkeit galt. Vor kurzem war hier Sylvia Jolley eingezogen, die Verfasserin von Pferdebüchern, die wir mit Begeisterung lasen. Früher war sie selbst eine berühmte Turnierreiterin gewesen. Jedesmal, wenn wir vorbeiritten, hofften wir sie zu sehen, aber wir hatten nie Glück. Auch heute bekamen wir nur eine Frau zu Gesicht, anscheinend die Hausgehilfin, die in einem bunten Kittel auf der Wiese beim Haus stand und Wäsche aufhängte. Immerhin bemerkten wir unter den Wäschestükken eine helle Reithose, einen Sattelgurt und eine weiße Krawatte; ein wichtiger Hinweis darauf, daß Sylvia Jolley zu Hause war und nicht auf Reisen.

»Macht nichts«, versuchte Claire Forrester Amanda zu trösten, die verzweifelt war, weil sie ihr angeschwärmtes Idol heute wieder nicht zu sehen bekam. Sie trug schon seit einer Ewigkeit in ihrer Satteltasche ein Exemplar des neuesten Buches von Sylvia Jolley mit sich herum und hoffte sehnlich, daß ihre Lieblingsschriftstellerin ihr einmal begegnen und es signieren würde.

Claire fuhr fort: »Wahrscheinlich ist Frau Jolley so mit dem

Schreiben ihres nächsten Buches beschäftigt, daß sie gar nicht dazu kommt, mal die Nase zur Tür herauszustecken. Weißt du was, bring doch einfach das Buch nach Coppington in Herrn Jolleys Buchladen und bitte ihn, es mit nach Hause zu nehmen und es von seiner Frau signieren zu lassen.«

»Das geht nicht«, antwortete Amanda. »Dieses abgegriffene Exemplar kann ich ihm nicht geben. Ich müßte ein neues kaufen. Aber ich bin dabei, für neue Reithandschuhe und eine Gerte zu sparen. Am nächsten Sonntag ist doch schon der Wettbewerb.«

Das war die Bemerkung gewesen, die mich getroffen hatte wie ein elektrischer Schlag.

»Was ist denn los, Katy?« fragte Rupert Fitch grinsend. »Du siehst aus, als hättest du einen Ohrwurm verschluckt.«

»Hast du nicht gehört, was Amanda sagte? Der Wettbewerb – sie will an dem Wettbewerb teilnehmen, will zahllose Stunden schuften, um eventuell eine schäbige Rosette zu bekommen; statt dessen könnte sie an sechs Springturnieren teilnehmen, die ihr halb soviel Arbeit machen. Amanda, du mußt verrückt geworden sein!«

»Bin ich nicht«, erwiderte Amanda und wurde rot. »Aber ich möchte gern mal etwas anderes mitmachen. Truffle hat jetzt sein schönes Sommerfell, er ist fabelhaft in Form – und überhaupt habe ich in diesem Jahr noch gar nichts gewonnen.«

Ellen Williams kam ihr unerwartet zu Hilfe. »Amanda hat recht. Ich habe auch schon überlegt, ob ich meine Silk zu den beiden Wettbewerben ›Bestes Aussehen‹ und ›Bester Reiter‹ melden soll. Daß Silk tadellos springen kann, weiß ich, aber ich würde gern auch mal eine andere Art von Prüfung mitmachen.«

An diesem Tag mußten irgendwelche seltsamen Kräfte am Werk sein, denn kaum hatte Ellen gesprochen, da meldete sich meine kluge, vernünftige Freundin Claire: »Das ist wirklich keine schlechte Idee. Wißt ihr was, laßt uns doch alle teilnehmen und sehen, was passiert!«

Ich war wie erschlagen. »Also, dann laßt mich bitte aus dem Spiel!« erklärte ich, als ich meine Sprache wiederfand. »Seid ihr euch eigentlich klar darüber, was es bedeutet, an diesen Wettbewerben teilzunehmen? Reiter und Pferd müssen makellos sein. Man muß endlos waschen und ölen und Mähnen flechten und Zaum- und Sattelzeug putzen, noch mal und noch mal. Und dann kriegt man einen Nervenzusammenbruch, falls das Pony unterwegs in eine Pfütze tritt und sich den Bauch bespritzt oder ein Fleck auf eure frisch gewaschenen Reithosen kommt – nein, danke, ohne mich!«

»Der wahre Grund ist, daß Katy es haßt, zeitig aufzustehen«, teilte Charlie den anderen mit und bewies damit wieder einmal ihre unbequeme Begabung, die Gedanken anderer Leute bis in den letzten Winkel zu durchschauen.

»Ich finde die Idee gut«, meinte Susan. »Unsere Ponys sind in diesem Jahr sämtlich in Hochform, sie sind gesund und gepflegt, wie es besser nicht möglich wäre.«

»Und deine Juno, Katy, ist ganz besonders schön, seitdem ihr geschorenes Fell nachgewachsen ist«, sagte Sara, und ich mußte ihr recht geben. Junos Fell schimmerte in der Frühlingssonne wie flüssiges Kupfer.

Plötzlich gab es nur noch ein Thema: den Wettbewerb.

Endlos wurde darüber gesprochen. Schließlich ertappte ich mich dabei, wie ich überlegte, ob meine blaue Reitjacke mit der gestopften Stelle zu der Gelegenheit noch brauchbar sei. Ein gieriges Pony hatte auf der Suche nach Leckerbissen ein Loch in die Tasche genagt. Die Antwort lautete: nein. Und dann fragte ich mich, ob meine Eltern vielleicht geneigt sein würden, mir eine neue Reitjacke als Geburtstagsgeschenk zwei Monate im voraus zu spendieren; und auch hier lautete die Antwort: nein. Ferner überlegte ich, ob ich innerhalb einer Woche imstande sein würde, von Claire das korrekte Flechten einer Pferdemähne zu lernen, ob ich mogeln und die Mähne meiner Juno von Claire flechten lassen könnte oder ob die Mähne gar nicht unbedingt geflochten sein müßte. Hier war die Antwort ungewiß.

Immerhin war ich, als wir die Straßenkreuzung erreichten, an der wir uns trennen mußten, bereits überstimmt und erwog ernsthaft, an dem Wettbewerb teilzunehmen.

Jacke zu verkaufen

Überraschenderweise zeigte meine Mutter mehr Verständnis, als ich erwartet hatte, als ich mit ihr von dem vorzeitigen Geburtstagsgeschenk sprach. Nur stellte sie ihre Bedingungen.

»Ich verlange, daß du deine alte Jacke vorher verkaufst«, sagte sie. »Ich habe es nämlich satt, daß mir jedesmal, wenn ich deine Schranktür öffne, eine Lawine von Mänteln, Jacken und Parkas entgegenstürzt, die dir alle zu klein geworden sind und von denen du dich nicht trennen kannst. Bei der nächsten Altkleidersammlung geht das alles mit weg, außer deiner blauen Reitjacke, die, abgesehen von der kleinen geflickten Stelle, noch recht gut ist. Die kannst du verkaufen. Also, schreib einen Zettel und gib ihn gleich morgen Amanda; ihr Vater kann ihn in sein Ladenfenster hängen.«

»Ja, ist gut«, antwortete ich kleinlaut.

Auf einer Postkarte entwarf ich eine Anzeige: »Blaue Reitjacke, gut erhalten, zu verkaufen« und brachte sie zu Amanda, die mir versprach, sie sofort auszuhängen, wenn sie nach Hause käme; das würde aber nicht vor halb fünf Uhr nachmittags sein. Deshalb war ich erstaunt, als bereits um sechs Uhr das Telefon läutete und eine Frauenstimme fragte: »Ist dort die Dame, die eine Reitjacke zu verkaufen hat?«

Als ich bejahte, erklärte die Anruferin, sie möchte am liebsten gleich kommen und sich die Jacke ansehen; ich solle ihr die Adresse sagen. Ich nannte sie ihr und fügte hinzu, jedermann könne ihr das Haus des Arztes Doktor Barclay zeigen. In zehn Minuten werde sie bei uns sein, antwortete sie, und ich war erfreut über die Unterbrechung meiner Hausaufgaben.

»Ich gehe schon hin«, rief meine Mutter, als bald darauf die Türglocke läutete. Ich lief in die Diele, wo meine Jacke ordentlich auf einen Bügel gehängt war, und prüfte in aller Eile noch einmal, ob nicht etwa ein Knopf fehlte oder irgendwo ein Fädchen hing oder gar an einer verborgenen Stelle im Futter ein Riß war. Gerade hatte ich festgestellt, daß alles in Ordnung war, als meine Mutter mit den Besucherinnen hereinkam.

Es waren nämlich zwei: ein Mädchen in meinem Alter und die schlanke Frau mit leicht angegrautem blondem Haar, die wir in Sylvia Jolleys Vorgarten gesehen hatten.

»Oh«, sagte ich, »ich habe Sie gestern gesehen, als Sie im Garten bei Frau Jolley Wäsche aufhängten.«

»Wirklich?« erwiderte sie und lächelte mir zu.

»Wir ritten gerade vorbei«, fuhr ich fort, »weil wir hofften, Sylvia Jolley endlich einmal zu sehen. Wir schwärmen nämlich alle für sie. Aber es war wieder nichts. Wahrscheinlich ist sie zu sehr damit beschäftigt, ein neues Buch zu schreiben.«

»Das stimmt«, bestätigte sie. »Ihr wart also die Reitergruppe, die am Gartenzaun vorbeikam?«

»Ja, das waren wir.«

»Aha, der Pony-Club.«

Erstaunt starrte ich sie an. Woher wußte sie das? Nun, schließlich waren wir in der Gegend bekannt – warum sollte sie nicht von uns gehört haben? Sylvia Jolley hatte vielleicht ihr gegenüber etwas erwähnt.

»Übrigens – hat Frau Jolley auch ein Pferd, reitet sie selbst noch?«

»Katy«, unterbrach meine Mutter in mißbilligendem Ton, »findest du nicht, daß es unpassend ist, neugierige Fragen zu stellen? Die Dame hat bestimmt keine Zeit für unnützes Geschwätz.«

»Aber nein, es macht mir gar nichts aus«, antwortete die Besucherin freundlich. »Ich spreche gern über Pferde. In der Familie Jolley hat jeder ein Pferd: Tom einen Braunen namens Jones, Sylvia eine etwas kleinere Fuchsstute ohne Stammbaum, die Polly heißt; hingegen ist Julias großer Wallach Sultan von edler Abkunft.«

Das Mädchen mischte sich zum erstenmal in das Gespräch. »Er ist ein Rappe mit einem weißen Stirnfleck und einem weißen Ring am linken Hinterfuß.«

Verblüfft starrte ich die beiden an. Unsere eigene Putzfrau weiß über nichts anderes zu reden als über ihren Fußballen, der die wunderbare Gabe zu besitzen scheint, das Wetter vorherzusagen, und manchmal noch über die unglaubliche Unordnung in meinem Zimmer im Gegensatz zum Zimmer meines Bruders Bob, obwohl er ein Junge ist und ich ein Mädchen bin und man doch annehmen sollte, es sei umgekehrt; dazu über Geburten, Verlobungen und Todesfälle in unserem Ort. Von Pferden hatte sie nicht die leiseste Ahnung.

Mutter schien entschlossen, rasch zur Sache zu kommen. »Nun, möchtest du die Jacke einmal anprobieren?« wendete sie sich an das Mädchen. Aus der Küche kam ein Duft, der mir verriet, daß sie beim Marmeladekochen war. Also nahm ich die Jacke vom Bügel und reichte sie dem Mädchen, das etwas größer war als ich, aber sehr schlank. Sie hatte ein wenig Ähnlichkeit mit Claire mit ihren dunkelbraunen Haaren, die in einem dicken, langen Zopf über ihren Rücken hingen. Ich erinnerte mich, daß ich sie kürzlich von fern in unserer Schule gesehen hatte.

Das Mädchen zwinkerte belustigt mit den Augen und sagte grinsend: »Die Jacke ist für meine Mutter, nicht für mich.«

»Ja«, sagte die Frau, griff nach der Jacke und zog sie über ihren wollenen Pullover. »Meine Reitjacke ist ein bißchen abgetragen, und ich möchte doch meine Tochter nicht blamieren, wenn ich bei den Reitveranstaltungen in dem alten Ding erscheine. Wiederum mag ich kein Geld für eine neue ausgeben, da ich selbst nicht mehr an Wettbewerben teilnehme.«

Mir fielen vor Erstaunen fast die Augen aus dem Kopf. Eine Haushalthilfe, die nicht nur über Pferde sprach, sondern auch selbst Reiterin war! Das war toll! Ob es wohl möglich wäre, daß sie auch bei uns arbeitete? Während ich überlegte, wie wir unsere alte Putzfrau loswerden könnten, sagte die Besucherin: »Sie paßt tadellos. Ich nehme sie.«

»Ich möchte Sie aber auf die kleine gestopfte Stelle an der Tasche aufmerksam machen«, sagte meine Mutter aufrichtig und bekam die Antwort, das Loch sei so kunstvoll gestopft, daß man darauf hingewiesen werden müsse, um es überhaupt zu bemerken. Ob Mutter einen Scheck annähme?

»War das nicht eine toll interessante Frau?« platzte ich los, als die Besucherinnen mit der Jacke kaum aus der Tür waren. »Wenn ich da an unsere Putzfrau denke –«

Meine Mutter blickte mich eine Weile starr an. Dann ging ein Ausdruck über ihre Züge, als käme ihr eine Erleuchtung.

Sie reichte mir den Scheck und deutete schweigend auf die Unterschrift. Da stand in schwungvollen Buchstaben, aber klar und deutlich zu lesen: »Sylvia Jolley«

Anstrengende Vorbereitungen

Es dauerte eine Weile, bis ich mich von dem Schreck erholte. Dann schämte ich mich gründlich. Sylvia Jolley war in unserem Haus gewesen, ich hatte mit ihr gesprochen und sie nicht erkannt!

Am nächsten Tag suchte ich Julia Jolley in der Schule während der Pause und entschuldigte mich dafür, daß ich ihre Mutter nicht erkannt hatte. Julia lachte und meinte, es sei ganz üblich, daß Schriftsteller nur erkannt würden, wenn sie öfter auf dem Bildschirm zu sehen waren, und ihre Mutter gehöre nicht dazu.

Sie habe sich vom aktiven Reitsport zurückgezogen und schreibe nur noch Bücher. Sie fügte hinzu, sie müsse sich im Gegenteil bei uns entschuldigen, weil ihre Mutter sich den Spaß gemacht hatte, den Irrtum nicht sofort aufzuklären, als sie merkte, daß wir sie für Sylvia Jolleys Putzfrau hielten.

Die Sache hatte ein erfreuliches Nachspiel: Frau Jolley ließ durch Julia den Pony-Club einladen, sie zu besuchen. Natürlich folgten wir der Aufforderung schon am nächsten Tag. Zuerst sahen wir uns die Pferde der Familie Jolley an. Dann gingen wir ins Haus. Amanda fiel vor freudigem Schreck beinahe in Ohnmacht, als Frau Sylvia uns in ihr Arbeitszimmer führte und Amanda ein nagelneues Exemplar des Buches gab, das diese so gern signiert haben wollte, und eine Widmung hineinschrieb. Sie gestattete uns sogar, einen Blick auf das Manuskript des Buches zu werfen, an dem sie gerade arbeitete. Natürlich war es wieder ein Pferdebuch. Ich war etwas enttäuscht. Was ich erwartet hatte, kann ich nicht sagen; aber dies sah aus wie der Entwurf für einen meiner Hausaufsätze, mit zahllosen durchgestrichenen Zeilen, Verbesserungen und ausgetauschten Absätzen.

Am Samstagvormittag trafen wir uns mit Julia in Coppington in einem Fachgeschäft, in dem es einfach alles gab, was ein Reiter braucht. Dort konnte man stundenlang umherwandern und sich alles ansehen, ohne von einem Verkäufer angesprochen zu werden; man konnte die ausgestellten Gegenstände bewundern und den herrlichen Geruch von neuem Leder einatmen. Es dauerte keine drei Minuten, bis ich eine Reitjacke für mich gefunden hatte. Der schicke Samtkragen paßte genau zu meiner Reitkappe. Claire kaufte eine Dose Huföl, Jane-Anne eine Krawattennadel und Julia eine Pferdebürste. Wir gingen umher und stellten lange Listen von Dingen auf, die wir ganz dringend brauchten und uns sehnlich wünschten. Nach und nach strichen wir einen Gegenstand nach dem anderen, weil wir genau wußten, daß wir das nötige Geld dafür nicht aufbringen würden. Und dann war es Mittagszeit.

Ich lief nach Hause, aß hastig ein paar Bissen, dankte meinen Eltern für die neue Reitjacke, die ich sorgfältig unter einer Plastikhülle in meinen Schrank hängte, und radelte dann zu Claire Forresters Haus. Claire war dabei, ihre beiden Ponys Misty und Brock zu satteln. Seitdem sie für den Grauschimmel Misty zu groß und schwer geworden war, ritt sie fast nur noch den dunkelbraunen Brock, und Misty, von dem sie sich nicht trennen mochte, führte ein bequemes Faulenzerleben auf der Koppel. Nur manchmal wurde er noch geritten, so zum Beispiel, wenn ich mit Claire zum Wiesenhof wollte. Dort standen die Pferde, die meinem Bruder Bob und mir gehörten; denn zu unserem Kummer gab es bei unserem Haus weder Stall noch Koppel. So mußten wir jedesmal erst zum Reitstall radeln, oder wenn ich Glück hatte, überließ Claire mir ihren Misty.

Abwechselnd im Schritt und im Trab, mit Rücksicht auf Misty, ritten Claire und ich zum Wiesenhof. Nur ab und zu legten wir kurze Galoppstrecken ein, wenn die Grasstreifen neben der Straße dazu verlockten.

Als wir im Wiesenhof ankamen, war Frau Justine, die Besitzerin, auf einer abgelegenen Wiese mit einer Schar von Reitschülern beschäftigt. Der Hof wimmelte von Mitgliedern des Pony-Clubs. An allen möglichen Plätzen waren Ponys angebunden. Kinder mit Wassereimern liefen umher, Sattel- und Zaumzeug war an Haken oder über Stalltüren aufgehängt.

Emmy Cotterill jammerte laut und zeigte auf ihr Pony Sand, dessen Kopf und Hals unter einer Wolke von Seifenschaum kaum noch zu sehen waren, weil Emmy zuviel Seifenpulver genommen hatte.

»Wie krieg' ich das bloß weg?« rief sie. »Je mehr Wasser ich draufschütte, desto stärker schäumt es!« Wir konnten ihr auch nicht helfen, und sie versuchte die schäumende Masse mit einem Frottiertuch wegzuwischen. Ich erkannte eines von den guten Badetüchern ihrer Mutter; Frau Cotterill würde wenig begeistert sein, wenn sie es merkte.

»Sieh mal, mein Sattel ist hier ein bißchen abgeschabt«, sagte Amanda. »Meinst du, das gibt einen Minuspunkt für mich?«

»Nicht, wenn der Sattel ordentlich geputzt ist«, erwiderte ich. »Die Schiedsrichter wissen, daß sich jedes Stück während des Gebrauchs abnützt und wir uns nicht dauernd etwas Neues kaufen können. Worauf es ihnen ankommt, ist die Sorgfalt, mit der die Sachen gepflegt sind.«

Pippa sauste vorbei und wickelte im Laufen ein rotes Schweifband auf. »Bobalink hat seinen Schweif am Zaun gewetzt, und jetzt haben sich die kurzen Haare hochgestellt. Er sieht aus wie eine alte Malerbürste. Wenn ich die Stellen anfeuchte und dieses Band über Nacht darumbinde, werden die Haare hoffentlich so lange halten, bis die Besichtigung vorbei ist.«

Nun kam Joanna hereingeritten. Sie ließ ihren Silver Knight so langsam gehen, daß ich befürchtete, er wäre lahm. Kläglich fragte sie, ob jemand bereit sei, sie zum Schmied zu begleiten. Bei ihrem Pony war ein Hufeisen locker, und Silver Knight haßte es, beschlagen zu werden. Es waren immer zwei Personen nötig, um ihn zu halten.

Auf einmal schien jedermann sehr beschäftigt oder mit Taubheit geschlagen. Doch dann erbot sich Charlie gutmütig: »Ich gehe mit, Joanna. Ich habe meinen Snowbird nicht für die Konkurrenz der bestgepflegten Pferde gemeldet.«

Daraufhin kehrte die Hörfähigkeit erstaunlicherweise bei allen zurück, und es erhob sich ein Chor von erstaunten Stimmen. Ausgerechnet Snowbird, dieses wunderbar aussehende Tier, wollte Charlie nicht zeigen? Doch sie erklärte, sie wolle lieber am Springen und vielleicht noch an der Gehorsamkeitsprüfung teilnehmen.

»Es paßt mir einfach nicht, dazustehen und von allen Seiten nach einem Fleckchen oder Stäubchen abgeschnüffelt zu werden«, sagte sie brummig.

»Sie hat gar nicht mal so unrecht«, meinte Ellen, als die beiden fortritten. »Mein Arm ist regelrecht lahm vom Putzen, und ich darf gar nicht daran denken, daß das morgen in aller Frühe noch mal losgeht.«

»Stimmt, es ist viel mehr Arbeit, als ich mir vorgestellt habe«, pflichtete ihr Pippa bei, die gerade entdeckt hatte, daß sie die Schweifbandage vom falschen Ende her aufgerollt hatte und noch einmal anfangen mußte.

In dieser Nacht brachten wir die Ponys, die sonst im Sommer draußen auf der Koppel übernachteten, in die Ställe, damit sie sich nicht am Boden wälzen und schmutzig machen konnten. John, der seine braun-weiße Schecke Patches ebenfalls nicht für den Wettbewerb gemeldet hatte, meinte fröhlich, ein Pferd könne auch durch das Liegen auf schmutzigem Stroh Flecken ins Fell bekommen.

Ich nahm mein Lederzeug mit nach Hause und breitete es in meinem Zimmer auf dem Fußboden aus. Da hockte ich stundenlang, rieb und polierte und putzte, bis mir die Finger weh taten. Besonders nett war es, daß mein großer Bruder Bob von Zeit zu Zeit seinen Kopf zur Tür hereinsteckte und mir verkündete, welche spannenden Sendungen ich im Fernsehen versäumte. Schon immer haben mir alle Kinder leid getan, die ältere Brüder haben.

Als ich im Bett lag, träumte ich von brüchigem Zaumzeug, das an allen möglichen Stellen riß. Dann stand ich im Traum am Ende einer langen Schlange von Wettbewerbern, die alle fabelhaft korrekt angezogen waren. Eine Schiedsrichterin ging an der Reihe entlang und reichte jedem eine rote Rosette – außer mir. Da fiel mir ein, daß die Innenseiten meiner weißen Handschuhe eine schmutzig-grüne Farbe zeigten; ich hatte sie zuletzt angehabt, als ich versuchte, aus moosbewachsenen Ästen Springhindernisse zu bauen, und hatte dann vergessen, die Handschuhe in die Wäsche zu geben. Nun mußte ich höchst unkorrekt ohne Handschuhe antreten.

Mein Wecker war auf sechs Uhr gestellt. Doch nachdem der Traum von den ungewaschenen Handschuhen mich vorzeitig geweckt hatte, konnte ich sowieso nicht mehr schlafen. Ich ging die Treppe hinunter, brühte in der Küche einen Becher Tee auf und strich mir ein Marmeladebrot. Trotz meiner bedrückten Stimmung bemerkte ich, daß die Marmelade vorzüglich schmeckte. Dann zog ich alte Sachen an und packte meine Reitkleidung in einen Plastikbeutel, den ich in Bobs Rucksack steckte. Mit diesem Rucksack auf dem Rücken und Junos schwerem Sattelzeug über dem Arm ging ich zur Garage, um mein Fahrrad zu holen. Doch bevor ich die Tür geöffnet hatte, hörte ich hinter mir Hufschläge. Es war Claire, die auf Brock saß und Misty am Zügel führte.

»Ich habe gedacht, ich könnte dich abholen und dir eine anstrengende Fahrt ersparen«, sagte sie. »Du hast ja allerhand zu schleppen.«

»Rührend von dir«, dankte ich ihr. »Obwohl ich kaum Aussicht habe, etwas zu gewinnen. Ich habe nämlich ein Zeichen bekommen.«

»Ein Zeichen – wieso?«

»Weißt du, so ein Zeichen, wie es die Leute in der Bibel bekamen. In einem Traum.« Und ich berichtete ihr von meinem Traum mit den schmutzigen Handschuhen.

Claire meinte, das Omen bedeute viel eher, daß alles gutgehen würde. Von dem, was man in Träumen erlebe, geschehe in Wirklichkeit das Gegenteil; also werde ich vermutlich einen Preis bekommen.

Wir waren die ersten, die im Wiesenhof ankamen. Aber

bald tauchten die anderen aus dem Morgennebel auf. Gegen halb acht waren wir alle versammelt. Sämtliche Ponys sahen fabelhaft aus. Ich hatte mich in letzter Minute entschlossen, Junos Schweif und Mähne nicht zu flechten, sondern die Haare lose hängen zu lassen. Das gleiche hatte Susan getan, während alle anderen die Mähnen geflochten hatten.

Um neun Uhr hatten wir in der Küche einen Becher heißen Tee bekommen und unsere Reitkleider angezogen. Nun machten wir uns auf den Weg nach Shearing, wo der Wettbewerb ausgetragen werden sollte.

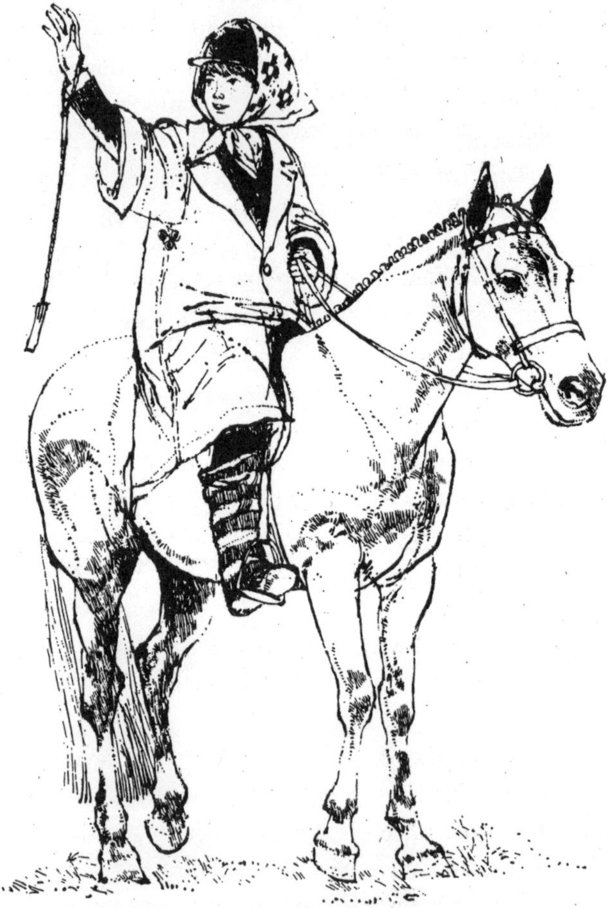

Was ist mit Phantom los?

Das konnte auch die kühlsten Gemüter umwerfen: Man kam auf das Gelände, wo die Veranstaltung stattfinden sollte, und stand plötzlich dem verblüffenden Schauspiel um Samantha Hope-Hobbs gegenüber. Das heißt, zunächst bekam man Samantha selbst nicht zu sehen, sondern alles, was um sie herum aufgebaut worden war und einen großen Teil des Platzes einnahm. Es war eine Art von Hofstaat. Samantha schlummerte vermutlich noch in dem Luxus-Wohnwagen, der sie von einem Ort zum anderen brachte, zusammen mit ihren Eltern, die sie anbeteten, einem Reitknecht und ihrem dunkelbraunen Vollbluthengst Fiesta.

Die Familie Hope-Hobbs galt als unheimlich reich und lebte außerhalb von Garner's End in einem ländlichen Herrenhaus, in dem Samantha zweifellos einen großen Teil ihrer Zeit damit verbrachte, Besuchern ihre Pokale und Rosetten zu zeigen, die die Wände bedeckten, während ihre Mutter noch mehr Zeit damit verbrachte, ein Heer von Angestellten zu beaufsichtigen, die das alles zu putzen und abzustauben hatten.

»Ich wünschte, ich wäre im Bett geblieben«, murmelte Amanda.

»Wenn man sich das vorstellt«, meinte Pippa. »Während unsereins sich die Finger wund arbeitet, sitzt die liebe Samantha wahrscheinlich im Frisiersalon, läßt sich ihr blondes Engelshaar pflegen und die Fingernägel maniküren.«

»Ach, verflixt!« schimpfte Emmy. Sie hatte sich unglaubliche Mühe gegeben, ihre besten Sachen sauberzuhalten. Über ihrer Reitkappe trug sie einen Seidenschal, über der Reitjacke einen weiten Regenmantel, der ihrem Vater gehörte; und über die Reitstiefel hatte sie ein Paar riesige gestreifte Fußballsocken gezogen. »An Samantha hatte ich gar nicht gedacht! Wenn die dabei ist, bleibt unsereinem ja gar keine Chance.«

»Sicher hättest du an sie gedacht, wenn du regelmäßig an den Wettbewerben für Jugendliche unter sechzehn teilnehmen würdest«, meinte Ellen.

»Übrigens«, sagte Jane-Anne Searsby, »wo sind Susan und John Mainwaring? Hat jemand sie unterwegs gesehen?«

Keiner hatte sie gesehen, aber es hatte auch niemand nach ihnen Ausschau gehalten. Jeder war so mit sich und seinem Pferd beschäftigt gewesen. Vor lauter Sorge, nur nicht zu spät zu kommen, waren schließlich alle eine halbe Stunde zu früh da gewesen. Nun waren sie dabei, die ankommenden Pferde und Reiter zu mustern, um entmutigt festzustellen, daß alle anderen viel besser aussahen als man selbst.

»Da, sieh nur die beiden!« rief jemand und deutete voll Bewunderung auf ein Pferd und eine Reiterin, die eben vorüberkamen und wirklich fabelhaft aussahen. »Die müssen eine erstklassige Chance haben!«

Und dann stellte es sich heraus, daß dieses Paar gar nicht an der Schönheitskonkurrenz teilnahm, sondern nur am Springen!

Wir fürchteten schon, daß wir Rupert und Charlie nicht mehr springen sehen würden, denn sie kamen erst an sechster Stelle dran. Doch zum Glück beendeten die ersten fünf Paare den Parcours sehr rasch und unrühmlich. Dann ritt Charlie auf Snowbird ein, und die kleine Schimmelstute nahm anstandslos alle Hindernisse. Ruperts Schecke Tex bremste mitten im Galopp plötzlich ab, um ein Hindernis anzuglotzen, als wäre es eine Erscheinung aus der Geisterwelt; doch dann besann er sich und blieb während seiner Runde fehlerfrei.

»Hat jemand John und Susan gesehen?« wiederholte Ellen mit sorgenvoller Miene. »Wir werden bald aufgerufen, und Susan hat noch nicht einmal ihre Startnummer bekommen.«

Alle blickten sich nach einer Schecke und einem Palomino um, aber nirgends waren die Pferde oder die Mainwarings zu sehen.

»Paßt mal auf«, sagte die praktische Claire und kramte in ihrer Jackentasche. »Hier ist das Geld. Jemand soll hinreiten und Susan anmelden. Wenn sie dann in letzter Minute kommt, können wir ihr die Nummer anheften und sie in den Ring schubsen.«

Als die Reiter unter sechzehn Jahren aufgerufen wurden und John und Susan noch immer nicht da waren, wurden wir besorgt.

»Es muß etwas dazwischengekommen sein«, sagte Pippa.

»Hoffentlich ist ihnen nichts zugestoßen«, fügte Joanna hinzu.

»Warum müßt ihr immer gleich etwas Schlimmes vermuten?« meinte ich. »Es könnte doch auch etwas Erfreuliches sein. Zum Beispiel, eine längst vergessene Tante in Australien hat ihnen ein Vermögen vererbt, und sie feiern jetzt den Glücksfall.«

»Ich glaube nicht, daß irgend etwas Susan davon abhalten könnte, hier zu erscheinen«, entgegnete Claire. »Auch eine unvermutete Erbschaft nicht. Sie ist immer eine der eifrigsten, und sie hat unglaublich gearbeitet, um Phantom in Hochform zu bringen.«

Julia Jolley ritt heran und begrüßte uns, und wir berichteten ihr von unserer Sorge um die Mainwarings. In diesem Augenblick entstand um den Wohnwagen der Familie Hope-Hobbs Bewegung. In der Tür, die sich langsam öffnete, erschien Samantha.

»Richtiger Theaterauftritt«, murmelte Jane-Anne.

Die blondlockige Samantha sah aus wie ein Filmstar in ihrer pflaumenblauen Reitjacke mit passender Kappe, sandfarbener Reithose, schneeweißen Handschuhen und glänzenden schwarzen Stiefeln. Der Reitknecht hielt Fiestas Kopf mit eisernem Griff, während sie aufsaß. Als er dann losließ, warf das Pferd den Kopf auf und kaute an der Gebißstange, die ihm in das Maul schnitt, weil die Kinnkette zu straff saß.

Wir standen da und guckten, während die Schiedsrichter die Reihe der Pferde entlangschritten, Mähnen und Schweife genau ansahen, hier und da eine Hand über das Pferdefell gleiten ließen, um eventuell etwas Staub zu finden, Hufe anhoben und Sattelgurte prüften. Schließlich traten sie zurück, um Pferde und Reiter als Ganzes zu betrachten.

Vom Pony-Club nahmen Ellen, Sara, Emmy, Amanda und Pippa teil, und wir hofften, da es nur elf Bewerber waren, daß trotz der Anwesenheit von Samantha doch einige Preise für uns abfallen würden.

Aber wir bekamen nur einen einzigen Preis, und zwar war Amanda die Glückliche, die aufgerufen wurde. Nach längerem Überlegen setzte die Preisrichterin sie an die vierte Stelle. Samantha hatte selbstverständlich, wie immer, den ersten

Platz belegt. Während die strahlenden Gewinner ihre Ehrenrunde ritten, kamen die betrübten Verlierer aus der Bahn.

»Ihr ratet nie, warum ich Punkte verloren habe«, klagte Emmy. »An Sands Mähne sollen Schuppen sein! Und das nach all dem Waschen!«

»Mir hat sie gesagt, ich hätte Silks Hufe auch innen ölen müssen, nicht nur außen«, meldete Ellen enttäuscht.

Die Mitglieder des Pony-Clubs sahen einander schweigend an; auch den älteren von ihnen wäre es nicht eingefallen, das zu tun. Und jetzt war es zu spät.

»Ich hatte keine Ahnung, daß so was verlangt wird!« beklagte sich Joanna.

»Also, wißt ihr, wenn es so pingelig zugeht, hat es keinen Sinn, an solchen Veranstaltungen teilzunehmen. Da haben wir ja nicht mehr Hoffnung als eine Schneeflocke in einem Backofen«, sagte ich.

»Macht nichts«, meinte Claire ergeben. »Durch unsere Fehler sollen wir lernen, nicht wahr? Das ist zwar im Augenblick kein Trost, aber wir werden es uns merken.«

Amanda kam strahlend herangeritten und wurde rot vor Verlegenheit, als wir ihr gratulierten.

»Ich fühle mich richtig schuldig«, sagte sie, während sie absaß und Truffles Gurt lockerte. »Ich habe bestimmt viel weniger getan als ihr alle. Es liegt daran, daß Truffles Fell jederzeit gut aussieht, ohne daß man viel dazu tun muß.«

»Entschuldige dich nicht, sondern sei froh und glücklich!« redete Sara ihr zu.

»Seht mal, wer da kommt!« rief Charlie plötzlich. Erfreute und vorwurfsvolle Rufe begrüßten Susan und John Mainwaring. Aber sie verstummten, als die beiden näher kamen. Denn während John seine Schecke Patches ritt, saß Susan auf dem eisengrauen Wallach Edward, der dem Reitstall im Wiesenhof gehörte. Wir erschraken. Was war mit Phantom geschehen?

Auf Spurensuche

Ellen und Rupert hatten sich als erste gefaßt und ritten den Geschwistern entgegen. Bevor jemand eine Frage stellen konnte, berichtete Susan atemlos, was vorgefallen war.

Phantom hatte plötzlich zu lahmen angefangen. Niemand wußte, wie es geschehen konnte. Es war völlig rätselhaft. Für gewöhnlich waren Patches und Phantom in einer großen Koppel an der Rückseite von Mainwarings Haus untergebracht, wo es eine hölzerne Schutzhütte gab, in die sich die Pferde bei schlechtem Wetter zurückziehen konnten. Gestern aber, nachdem Susan ihre Phantom mit viel Mühe für die Schönheitskonkurrenz zurechtgemacht hatte, wollte sie nicht, daß das Tier im Freien übernachtete und sich womöglich im Gras wälzte. Deshalb hatte sie die alte Frau Engham, eine Nachbarin, gebeten, ob sie ihr Pony für eine Nacht in einer der leerstehenden Boxen in Frau Enghams Scheune unterstellen dürfte. Es wurde ihr gern gestattet, und Susan hatte Phantom abends hingebracht.

Als sie am Morgen kam, fand sie Phantom, den Kopf an die Wand gedrückt, an allen Gliedern zitternd und mit Schmutz bespritzt. Um ihren Hals baumelte ein grob gefertigtes Halfter aus dicker Schnur.

»Soll das heißen, jemand hat sie herausgeholt und geritten?« rief Claire empört.

»Unglaublich!« stieß ich hervor, und John sagte: »Das ist noch nicht das Schlimmste.«

»Wir brachten sie in unsere Koppel«, fuhr Susan fort und konnte kaum die Tränen zurückhalten, „beruhigten sie und wuschen ihr den Schmutz ab. Wir trockneten sogar ihr Fell mit Mutters Haartrockner. Und als wir endlich damit fertig waren, entdeckte John, daß sie lahmte.«

»Ich sah es, als wir sie herumführten«, erklärte John. »Es war der rechte Vorderfuß. Zwar lahmte sie nicht stark, aber es war zu sehen, daß sie beim Aufsetzen Schmerzen hatte, und als wir das Bein befühlten, war es heiß. Wir riefen gleich Frau Justine an und fragten sie um Rat, und sie meinte, wir müßten sofort den Tierarzt kommen lassen. Wir haben stundenlang auf ihn gewartet, deshalb kommen wir erst jetzt.«

»Und was hat er gesagt?« fragte Rupert.

»Eine Sehnenverstauchung«, antwortete Susan. »Glücklicherweise nicht allzu schlimm, aber doch so, daß sie Umschläge braucht und absolut ruhig gehalten werden soll, vor allem, weil sie etwas erlebt haben muß, was sie völlig verstört hat. Am Mittwoch kommt der Arzt wieder und sieht nach ihr.«

»Aber wer um Himmels willen kann etwas so Gemeines tun?« rief Ellen außer sich. »Hat Frau Engham denn nichts bemerkt?«

»Wir haben sie noch gar nicht gefragt«, gab John zu. »Denn als wir merkten, daß Phantom die Beinverletzung hat, waren wir ja schon auf unserer Koppel. Und da hatten wir nur den einen Gedanken, den Tierarzt zu rufen und dem Pferd zu helfen.«

»Als der Arzt fort war, sind wir zum Wiesenhof gegangen und haben Frau Justine alles erzählt. Sie hat uns Edward geliehen, und mit ihm sind wir direkt hierher gekommen, weil wir wußten, ihr würdet in Sorge sein.«

»Das waren wir auch, wahrhaftig!« bestätigte Amanda,

und Joanna fügte hinzu: »Auch wenn ihr früher gekommen wärt, so hätte es doch nur eine unnötige Ausgabe für die Meldegebühren bedeutet; denn natürlich hat die Märchenprinzessin Samantha wieder den ersten Preis gewonnen, wie üblich.«

Das war typisch für Joanna. Während wir alle voll Mitgefühl an das arme Pony dachten und empört und entsetzt darüber nachgrübelten, wer eine solche Gemeinheit fertigbrachte, waren ihre Gedanken mit Dingen wie Meldegebühren beschäftigt.

»Ich schlage vor, wir versuchen zunächst mal auf Frau Enghams Grundstück festzustellen, wer in die Scheune eingedrungen ist und Phantom herausgeholt hat«, meinte Pippa.

»Wir müssen noch etwas warten«, riet Claire. »Es stehen noch ein paar Wettbewerbe aus, bei denen einige von uns gemeldet sind. Sobald die vorbei sind, ist natürlich Frau Enghams Grundstück unser nächstes Ziel.«

Trotz unserer Bemühungen, uns für den weiteren Verlauf der Veranstaltung zu interessieren, waren wir alle nicht mehr richtig bei der Sache. Im übrigen geriet das Programm ziemlich durcheinander, weil zur Gehorsamkeitsprüfung wie gewöhnlich zahllose Teilnehmer gemeldet waren; als sie alle mehr oder weniger erfolgreich ihre Aufgaben erfüllt hatten, waren die anderen Wettbewerbe zum Teil schon vorbei.

Endlich waren die älteren Reiter, über sechzehn Jahre, an der Reihe. Claire, Julia und ich gaben uns Mühe, dicht beieinander zu bleiben und nebeneinander in der Reihe zu stehen. Jane-Anne und Joanna waren drei Plätze weiter unten. Als die Schiedsrichterin näher kam, hatte ich das Gefühl, als ob ich nackt vor ihr säße und von Junos Fell Staubwolken aufstiegen. Es bedeutete schließlich gar keine Enttäuschung für mich, daß Claire, Joanna und ich keinen Preis erhielten.

Was uns freute, war die Tatsache, daß Julia Jolley den ersten und Jane-Anne den zweiten Preis bekamen. Den verdiente Jane-Anne aber auch, denn Sir Galahads Fell glänzte im Sonnenlicht wie poliertes Ebenholz, und sie selbst war wie stets makellos gekleidet.

Während sie ihre Ehrenrunde ritten, erwischten wir John, Rupert und Charlie dabei, daß sie das ewige Warten auf die Gehorsamkeitsprüfung satt hatten und sich drücken wollten.

»Wir lassen uns unser Meldegeld zurückgeben, reiten zu Frau Engham und versuchen, Licht in die mysteriöse Sache mit Phantom zu bringen«, schlug Rupert vor.

Wir überlegten gerade, ob wir seinem Rat folgen sollten, da sahen wir den Wagen meines Vaters herankommen. Er fuhr an den Pferdeställen vorbei und parkte unter den Bäumen. Mein Bruder Bob stieg aus, öffnete den Kofferraum und brachte einen riesigen Korb zutage. Als er den Deckel öffnete, machten wir große Augen: Ein Berg von Leckerbissen lag da, genug, um den ganzen Pony-Club zu versorgen.

»Gruß von Mutter«, bestellte Bob. »Sie hat gemerkt, daß Katy heute früh nur ein Marmeladebrot gegessen hat und ohne Frühstückspaket weggegangen ist. Im übrigen, liebe Schwester, soll ich dir ausrichten, daß du genau die Marmelade erwischt hast, mit der Mutter bei der Ausstellung des Frauenvereins einen Preis zu gewinnen hoffte. Also kannst du was erleben, wenn du heimkommst.«

Ich sagte mir, an einem solchen Pechtag komme es auf eine

Katastrophe mehr oder weniger nicht an, und da die anderen angesichts der leckeren Sachen der Meinung waren, unsere Nachforschungen nach dem Entführer von Phantom könnten nun auch noch ein paar Minuten warten, saßen wir ab und fielen über den Proviantkorb her. Während wir es uns schmekken ließen, erklärten wir Bob, was Phantom zugestoßen war.

Natürlich war er entsetzt. »Hört zu«, sagte er nach kurzem Nachdenken, »ich möchte unbedingt an der Suche nach dem Missetäter teilnehmen. Sobald ihr aufgegessen habt, fahre ich nach Hause und bringe das Geschirr hin. Dann komme ich auf Icarus zu Frau Enghams Hof.«

Eine halbe Stunde später klapperten die Hufe unserer Ponys auf dem Pflaster des Hofes, auf dem Frau Enghams Wohnhaus neben zwei Scheunen und einem verfallenden Schuppen stand. Es war ihr nur ein halber Acker Land geblieben. Früher hatte sie mit ihrem Mann zusammen vierzig Akker bewirtschaftet, und sie hatten Milchkühe gehalten. Dann wurde der Mann krank und bettlägerig, und schließlich starb er. Da nahm die Gemeinde, der das Land gehörte, der Witwe alles fort bis auf das Wohnhaus und die Scheunen und das kleine Stück Boden, auf dem die Gebäude standen. Man behauptete, eine Frau sei nicht fähig, allein einen Hof zu bewirtschaften, und gab den gesamten Viehbestand und alles landwirtschaftliche Gerät ihrem Nachbarn, dem Bauern Beanie. Frau Engham fügte sich, weil zu jener Zeit die allgemeine Meinung galt, Frauen seien schwach, nutzlos und dumm. Sie lebte weiter in ihrem Haus, das man ihr gegen eine geringe Miete »großzügig« überlassen hatte. Ihre einzige Gesellschaft war ein alter, halbblinder und völlig tauber Schäferhund.

»Ich kann es einfach nicht fassen«, sagte die alte Frau immer wieder, als wir in ihrer Küche um sie herumstanden und uns an einem kümmerlichen Herdfeuer zu wärmen suchten. »Ich weiß nur noch, daß ich mal kurz aufgewacht bin, das muß vor sechs Uhr gewesen sein. Aber es war noch dunkel, und ich drehte mich im Bett um und schlief weiter. Wenn ich jetzt nachdenke, halte ich es schon für möglich, daß eine Stimme mich geweckt hat. Dabei denke ich mir nichts Besonderes, weil ich gewohnt bin, daß Kinder ihre Ponys gelegentlich hier unterstellen. Und mein alter Jack ist als Wächter nichts mehr nütze, er hört kaum noch etwas.« Sie stupste mit der Fußspitze den Hund an, der schlafend unter dem Tisch lag. Er brummte ein wenig, legte sich bequemer zurecht und fing an, laut zu schnarchen.

»Machen Sie sich keine Gedanken, Frau Engham«, redete Claire ihr zu. »Sie können ja nichts dafür. Auf keinen Fall hätte man erwarten können, daß Sie allein im Dunklen hinausgingen, um irgendwelche Eindringlinge zu verjagen. Das wäre für Sie viel zu gefährlich gewesen.«

»Ganz ehrlich«, schaltete sich jetzt Susan ein, »obwohl ich außer mir bin über das, was passiert ist, so muß ich doch noch froh darüber sein, daß der Betreffende, der Phantom aus dem Stall geholt hat, offenbar nur einmal reiten wollte. Es hätten ja auch Pferdediebe sein können, die sie mitnahmen, um sie an einen Metzger zu verkaufen.«

Frau Engham hob abwehrend die Hände. »Lieber Himmel, sag so etwas nicht! Aber ich werde allen Kindern, die ihre Pferde bei mir einstellen, sagen, sie sollen künftig ein festes Schloß an den Stalltüren anbringen.«

»Sie können sich wohl nicht entsinnen, was für eine Art von Stimme es war, die Sie hörten?« fragte John, doch es klang nicht sehr hoffnungsvoll.

Wie erwartet, konnte sich die alte Frau daran nicht erinnern. Wir baten sie um Erlaubnis, draußen nach Spuren suchen zu dürfen, und gingen hinaus.

Wir fingen in der Box an, in der Phantom gestanden hatte. John und Rupert holten Mistgabeln und wühlten die Streu um und um, aber vergeblich.

Ein einziges greifbares Beweisstück hatten wir in dem Halfter, das aus grobem Strick geknotet war. Doch dies war nicht allzu aufschlußreich, weil auf fast allen Höfen in der Gegend solche Halfter benutzt wurden.

Da das Wetter in den letzten Tagen trocken gewesen war, gab es leider auch keine Fußspuren auf dem Boden des Hofes. Doch hinter dem Hoftor sahen wir Spuren; sie stammten bestimmt nicht von den Kühen, die jetzt dem Bauern Beanie gehörten.

»Pferdehufe!« rief Pippa.

»Ich meine, sie könnten etwa die Größe von Phantoms Hufen haben«, fügte Jane-Anne hinzu.

Susan bestätigte das, und nun gingen wir gebückt wie Spürhunde den Hufspuren nach, die sich auf der Wiese abzeichneten. Manchmal waren sie kaum zu sehen, da war Phantom wohl im Schritt gegangen, und dann wieder waren sie tief in den Boden eingeprägt, was bedeutete, daß sie im Trab oder Galopp gelaufen war.

»Unerhört!« rief Susan empört. »Mein armes Pony hier umherzujagen mit diesem Halfter aus Strick um den Kopf!

Ein Wunder, daß sie keine Wunden an der Nase bekommen hat!«

»Wer das getan hat, muß vollkommen blöd gewesen sein«, urteilte Claire. »Phantom hätte leicht in Panik geraten und durchgehen können, und dann wäre es für Reiter und Pferd böse ausgegangen. Du hast noch Glück gehabt, Susan, daß nichts Schlimmeres passiert ist.«

»Wer es auch getan hat, muß immerhin ein guter Reiter sein«, warf ich ein. »Ich würde es mir zweimal überlegen, ein fremdes Pferd nachts ohne Sattel und richtiges Zaumzeug zu reiten.«

»Du hast recht, Katy«, sagte Jane-Anne. »Und vielleicht ist das ein weiterer wichtiger Hinweis. Susan, mir kommt da gerade ein Gedanke. Könnte es sein, daß irgend jemand einen Groll auf dich hat und dir schaden wollte? Hast du zum Beispiel in der Schule mit jemand Streit gehabt?«

Susan dachte ein paar Augenblicke nach, dann schüttelte sie den Kopf.

»Ich wüßte niemand, der mir so etwas antun würde. Man versteckt mal einem das Handtuch beim Schwimmen, oder man kehrt die Innenseite der Jacke nach außen – aber so etwas – nein!«

Die Aufklärung

Ratlos und unschlüssig standen wir da und blickten einander an. Was sollten wir nun tun?

Da klang Charlies Stimme aufgeregt zu uns herüber: »Kommt mal her, und guckt euch das an! Aber paßt auf, daß ihr mit euren Füßen nicht alles zertrampelt!«

Behutsam näherten wir uns der Stelle, auf die sie deutete. Ein Stück rechts vom Koppeltor waren an einer schlammigen Stelle die Abdrücke von zwei Händen, mit gespreizten Fingern, deutlich zu erkennen. Die Hände mußten mit ziemlichem Druck in die feuchte Erde gepreßt worden sein, und später waren die Spuren im Wind erhärtet.

»Was in aller Welt –« murmelte Claire, und Emmy sagte kichernd: »Wer hat denn hier einen Handstand gemacht?«

Zwar konnten wir uns die seltsame Entdeckung nicht deuten, aber der Fund gab uns neuen Auftrieb, mit verstärktem Eifer weiterzusuchen.

Sara war die nächste, die etwas fand, und zwar ein Büschel Haare, die wie Spinnweben im Wind schaukelten, festgehalten von einem Holzsplitter am Torpfosten. Es waren nur wenige Haare, doch genug, um uns zu verraten, daß sie weder von einer Mähne noch von einem Pferdeschweif stammten.

»Menschenhaar«, stellte Jane-Anne fest und zog es durch ihre Finger. »Es ist rötlich-blond und lockt sich an den Enden. Vermutlich von einem Mädchen.«

»Aber was für eine merkwürdige Stelle, an der wir es gefunden haben«, meinte Ellen. »Es kann nicht hängengeblieben sein, als die betreffende Person den Handstand machte, dafür ist es zu hoch über dem Erdboden.«

Wir betrachteten den Pfosten und gaben Ellen recht. Kein Mensch konnte auf den Händen stehen und zugleich seinen Kopf einen Meter über dem Erdboden haben.

»Also, ich weiß wirklich nicht, was ich sagen soll«, meinte Joanna nach einer Weile, obwohl niemand die Erwartung geäußert hatte, daß gerade sie eine einleuchtende Erklärung geben könnte.

In diesem Augenblick kamen John und Rupert vom Stall her gelaufen, atemlos und mit geröteten Gesichtern. Sie berichteten, sie hätten absolut nichts gefunden, und wir zeigten ihnen stolz unsere beiden Entdeckungen.

»Na, fabelhaft«, äußerte John ein wenig spöttisch. »Jetzt brauchen wir nichts weiter zu tun, als jedes Kind in Coppington hierher zu schleppen und seine Hände mit den Druckstellen in der Erde zu vergleichen. Stimmen die Hände eines Kindes mit den Abdrücken überein, so haben wir den Übeltäter.«

»Und wenn sie bei fünfzehn Kindern übereinstimmen?« fragte Pippa ebenso spöttisch.

»Dann ist es ein Mädchen mit rötlich-blonden Haaren, die sich an den Enden ringeln«, sagte Amanda.

»Und wenn sieben Mädchen rötlich-blonde Haare haben«, fuhr ich fort, »dann ist es eine, die nur einszwanzig groß ist.«

»Ha, ha!« machte Rupert, aber es klang nicht fröhlich.

Hufschläge näherten sich, und Bob kam auf Icarus. Der große Braune wieherte erfreut, als er die anderen Pferde erblickte.

»Habt ihr was gefunden?« erkundigte sich Bob, als er bei

uns war und absaß. Noch ehe wir ihm antworten konnten, bückte er sich und hob etwas vom Boden auf, das im Schatten neben dem Torpfosten gelegen hatte. Er hielt es uns auf der flachen Hand hin.

»Hier. Wer von euch ist so leichtsinnig, dieses Abzeichen beim Reiten zu tragen? Wenn Fräulein Allen denjenigen erwischt, der das Ding in der Gegend herumschleppt, der kann was erleben!«

Wir starrten das wohlbekannte Abzeichen unseres Schulorchesters an, das auf einem Dreieck aus dunkelroter Emaille einen silbernen Notenschlüssel trug.

Wer von uns dem Orchester angehörte, dachte krampfhaft nach, doch alle schüttelten die Köpfe. Claire sagte, ihr Abzeichen liege bestimmt zu Hause in ihrem Schmuckkästchen auf dem Frisiertisch. Amanda und Pippa wußten, daß ihre Abzeichen an den Revers der Jacken steckten, die sie zur Musikprobe anzogen. Susan verwahrte ihr Abzeichen in der Geldtasche, und Jane-Annes steckte an der Krawatte ihrer Schuluniform.

»Dies ist wieder ein Hinweis, und wohl der wichtigste, den wir bisher gefunden haben«, sagte Julia.

»Ja, wenn die Person, die wir suchen, Mitglied unseres Schulorchesters ist, dann wird der Kreis der Verdächtigen natürlich bedeutend kleiner«, stimmte Claire ihr zu.

Emmy vermutete, es könne ein altes Abzeichen sein, das schon länger hier gelegen habe, aber Ellen weußte, daß diese Art von Abzeichen erst kurz vor Weihnachten ausgegeben worden war. Außerdem sah man keine Spur von Staub und Schmutz darauf.

»Na, großartig«, ulkte ich, »jetzt müssen wir nur noch feststellen, wer aus unserem Schulorchester die Angewohnheit hat, auf den Händen zu gehen, und schon sind wir am Ziel.«

»Red nicht solchen Quatsch!« fuhr Bob mich an. »Es kann nicht viele geben, die ihr Abzeichen verloren haben und bei denen das übrige auch stimmt.«

»Da hat er recht«, meinte Jane-Anne, und Susan rief: »Mir fällt was ein! Als wir letzte Woche vor der Orchesterprobe auf Fräulein Allen warteten, haben Ellen, Pippa und ich über den Wettbewerb gesprochen, der heute stattfinden sollte.«

»Ja, stimmt«, sagte Ellen, »und bei der Gelegenheit hast du erwähnt, daß Frau Engham dir erlaubt hat, dein Pony am Samstagabend bei ihr unterzustellen.«

»Jetzt sind wir aber ein schönes Stück weiter!« rief Claire erfreut. »Erinnert ihr euch vielleicht, wer in eurer Nähe gestanden und das Gespräch mit angehört haben kann?«

Die Mädchen dachten angestrengt nach.

»Sicher jemand von den Streichern, weil wir drei ja alle Geige spielen«, vermutete Susan. »Aber ich kann mich beim besten Willen nicht erinnern, wer es gewesen sein könnte.«

»Macht nichts«, beruhigte sie Claire. »Wir haben jetzt schon ein paar gute Hinweise. Morgen früh spreche ich sofort mit Fräulein Allen, und während der Mittagspause führen wir unsere Nachforschungen fort.«

»Und inzwischen«, schlug Bob vor, »könnten wir mal zur armen Phantom reiten und nachsehen, wie es ihr geht.«

Am nächsten Morgen ging Claire gleich zu der Musiklehrerin und bat festzustellen, ob alle Orchestermitglieder ihr Abzeichen bei sich hätten. Wir wußten, welchen großen Wert Fräulein Allen darauf legte. Ich gehörte zwar dem Orchester nicht an, doch ich ging mit, um notfalls Auskünfte geben zu können.

Gegen Mittag versammelten sich die Orchestermitglieder im großen Musiksaal. Fräulein Allen klopfte mit ihrem Dirigentenstab auf das Pult.

»Ruhe!« rief sie streng. Sofort verstummten die Gespräche, und alle Augen wendeten sich ihr zu. Zunächst gab sie eine kurze Erklärung, welche Auszeichnung es bedeutete, in das Schülerorchester aufgenommen zu werden. Das hatten wir schon oft gehört. Sie fuhr fort, es sei um so bedauerlicher, daß manche Schüler fahrlässig mit ihren Abzeichen umgingen. Jeder, der in diesem Augenblick sein Abzeichen nicht bei sich habe, solle sich melden und eine glaubhafte Entschuldigung für das Versäumnis vorbringen. Wir grinsten uns insgeheim an: typisch Fräulein Allen!

Fünf Orchestermitglieder traten kleinlaut vor. Drei von ihnen wurden lediglich mit einer Ermahnung entlassen, weil sie ihr Abzeichen nicht trugen. Für uns waren sie nicht interessant, weil sie in höhere Klassen gingen und ihre Hände zu groß waren, um in den Abdruck neben dem Tor zu passen. Die beiden anderen waren ein Mädchen mit kurzgeschnittenen blonden Haaren und ein Junge mit einer glatten schwarzen Mähne. Sie kamen also nicht in Frage. Auch konnten sie glaubhaft erklären, wo ihr Abzeichen sich befand. Sie bekamen die Anweisung, am nächsten Morgen vor Schulbeginn ihre Abzeichen Fräulein Allen vorzuzeigen.

»Das war ein glatter Fehlschlag«, seufzte Claire. »Ist vielleicht jemand seit heute morgen krank gemeldet?«

»Allerdings. Zwei Flöten, eine Geige und eine Klarinette«, brummte Fräulein Allen, die ihre Musiker nicht mit dem Namen, sondern mit dem Instrument nannte, das sie spielten. »Wie in aller Welt ich mit einer so kränklichen Besetzung ein anständiges Konzert zustande bringen soll, mag der Himmel wissen.«

Es stellte sich heraus, daß die fehlenden Schüler ein Erstkläßler, den wir gleich aussonderten, und drei Mädchen waren, die in höhere Klassen gingen. Wir notierten gerade ihre Namen, da fiel Fräulein Allen etwas ein.

»Ich vergaß Linda Craine. Sie ist in der Schule, aber sie hat sich heute für die Probe entschuldigt, weil sie eine Verletzung am Handgelenk hat.«

Wir spitzten die Ohren.

»Das könnte sie sein!« flüsterte Susan. »Sie spielt zweite Violine und sitzt genau hinter mir.«

Wir machten uns auf die Suche nach Linda Craine, erfuhren, daß sie in die Klasse 2a gehörte, und hofften, sie vielleicht in ihrem Klassenzimmer zu finden, obwohl die Pause noch nicht beendet war.

Als wir die Tür öffneten, erblickten wir ein einziges Kind, das in einer Ecke saß und las. Sofort wußten wir, daß wir gefunden hatten, was wir suchten. Der Arm des Mädchens hing in einer kunstlos geknüpften Schlinge, das Handgelenk war bandagiert. Kaum sah sie Susan, da wurde sie aschgrau im Gesicht und machte eine Bewegung, als wollte sie fliehen.

»Du bist Linda Craine?« fragte Claire, und das Mädchen nickte. Ich sah mir ihre Haare an, die rötlich-blond waren und von der gleichen Art wie die Strähne, die wir an Frau Enghams Torpfosten gefunden hatten.

»Was hast du denn mit deiner Hand gemacht, Linda?« fragte Claire freundlich und setzte sich auf eine Ecke des Tisches, an dem Linda saß. Linda deckte wie beschützend ihre gesunde Hand über den Verband.

»Ich bin mit dem Rollbrett meiner Freundin gestürzt«, antwortete sie schroff.

»Ah ja. Und die Beule an deinem Kopf?« fuhr Claire gelassen fort. »Auch von dem Sturz?«

»Ach, das –« begann Linda und unterbrach sich, weil sie merkte, daß sie in eine Falle gelaufen war. Sie preßte die Lippen fest zusammen.

»Ich sehe, daß du dein Orchesterabzeichen nicht trägst, Linda«, sprach Claire unbeirrt weiter. »Hast du es vielleicht verloren?«

Ich konnte mich nicht mehr zurückhalten und fiel ein: »Etwa in der Nähe von Frau Enghams Hof?«

Claire fuhr fort: »Nachdem du Phantom im Morgengrauen aus der Scheune geholt hast, weil du wußtest, daß Susan sie dort unterstellen wollte –«

»– und sie rücksichtslos geritten und gejagt hast, so daß sie für den Wettbewerb verdorben war –« Das war wieder Jane-Anne.

»– und schließlich kopfüber in eine Schlammpfütze gefallen bist, mit den Händen zuerst, wobei du dir das Handgelenk verstaucht und den Kopf am Torpfosten angeschlagen hast«, schloß Claire.

»Bei dieser Gelegenheit verlorst du dein Orchesterabzeichen«, fügte Jane-Anne hinzu und ließ das silberne Metallstück auf das Buch fallen, das vor Linda lag.

Lindas Gesicht war jetzt kalkweiß. Ein paar Sekunden lang suchte sie nach Worten und stieß dann hervor: »Es war doch nur – ich wollte – so gern einmal reiten –«

»Ach wirklich, das wolltest du?« antwortete ich wütend. »Wir wollen alle mal dies und jenes, aber wir gehen nicht hin und stehlen es. Denn das hast du getan – du hast dir diesen

Ritt gestohlen, anders kann man es nicht bezeichnen.«

»So habe ich es nicht angesehen«, verteidigte sich Linda. »Ich wollte keinen Schaden anrichten, wirklich.«

»Das trifft aber in keiner Weise zu, Linda«, hielt ihr Jane-Anne ernst vor, »wenn man sieht, was du angerichtet hast. Du hast dir selbst und dem armen Pony wahrhaftig genug Schaden zugefügt.«

»Dem Pony?« wiederholte Linda erschrocken.

»Jawohl, dem Pony!« antwortete Susan zornig. »Durch deine Schuld ist es lahm, und durch das nächtliche Erlebnis ist es völlig verstört.«

Lindas Mund blieb geöffnet. »O nein, das wollte ich nicht! Ist es schlimm?«

»Schlimm genug«, erwiderte Charlie. »Phantom hat eine Sehnenverstauchung erlitten, die sehr schmerzhaft ist – du erlebst das ja gerade selbst an deinem Handgelenk. Und es bedeutet, daß das Pony mindestens zwei Wochen lang ruhig im Stall bleiben muß.«

»Abgesehen davon, daß eine ganz ordentliche Tierarztrechnung fällig ist«, setzte John hinzu, der inzwischen hereingekommen war.

Jetzt geriet Linda außer sich. »Mein Vater schlägt mich tot, wenn er es erfährt! Er ist arbeitslos und kann das Geld nicht aufbringen!«

»Daran hättest du vorher denken sollen«, meinte Susan, die noch immer wütend war. »Was du getan hast, war ganz gemein!«

Linda war auf ihrem Stuhl zusammengesunken und heulte laut.

Ein Geständnis und seine Folgen

»Nun beruhigt euch erst mal alle«, mahnte Claire. »Und du, Linda, erzähle uns genau, was auf Frau Enghams Grundstück geschehen ist. Und bitte keine Beschönigungen, nur die schlichte Wahrheit.«

Linda sah aus, als wäre ihr ein Erdbeben in diesem Augenblick eine willkommene Unterbrechung gewesen. Aber gehorsam begann sie ihren Bericht.

Bis vor einem Jahr hatte sie mit ihren Eltern und den drei Geschwistern in der Nähe von Hopworth gelebt, wo ihr Vater zeit seines Lebens als Schmied gearbeitet hatte. Dann bekam er auf einmal unerträgliche Rückenschmerzen und konnte seinen Beruf nicht mehr ausüben. Die Familie zog nach Coppington, und das bedeutete für Linda, daß sie von dem benachbarten Bauernhof Abschied nehmen mußte und damit von den Pferden, die sie dort jederzeit reiten durfte.

Ihr Vater fand eine leichte Arbeit in einer Fabrik in Coppington und konnte Linda versprechen, daß sie in den Schulferien die Reitschule im Wiesenhof besuchen dürfte.

Kaum hatte sich das Leben der Familie Craine einigermaßen zum Besseren gewendet, da geschah ein neues Unglück. Der Fabrikbesitzer mußte seinen Betrieb schließen, die Arbeiter wurden entlassen. Zwar bekamen sie etwas Geld von der Sozialversicherung, aber das reichte einfach nicht, und mit der Familie war es immer weiter bergab gegangen. Nun war auch noch die Mutter krank geworden, die bisher mit Gelegenheitsarbeiten ein bißchen Geld dazuverdient hatte, und Linda mußte sich um die jüngeren Geschwister kümmern.

Während dieser betrüblichen Erzählung empfanden wir alle Mitleid mit Linda und ihrer Familie, und selbst Susans zornige Miene wurde milder.

»Wir haben kaum genug Geld, um satt zu werden«, sagte Linda, »und an Reiten ist natürlich überhaupt nicht zu denken. Ich war so verzweifelt, wißt ihr. Das mit dem Pony hätte ich nicht getan, wenn ich nicht so außer mir gewesen wäre. Ich konnte es einfach nicht mehr ertragen, die schönen, gut gepflegten Ponys zu sehen und die Kinder, die jeden Tag an mir vorbeiritten – und ich hatte nicht die geringste Aussicht, noch einmal auf einem Pferderücken zu sitzen, vielleicht für viele Jahre.«

Es entstand ein langes Schweigen. Jeder versuchte sich in Lindas Lage zu versetzen und sich vorzustellen, wie ihr zumute gewesen war.

»Warum hast du eigentlich in der Nacht dein Orchesterabzeichen angesteckt?« wollte Jane-Anne endlich wissen. „Das hat dich verraten. Sonst wären wir vermutlich nie auf dich gekommen.«

Linda biß sich auf die Lippe. »Es steckte an meiner Schuljacke. Ich habe keine richtige Reitkleidung mehr«, gestand sie. »Meine früheren Sachen sind mir schon in Hopworth zu klein geworden. Ich bin noch eine Weile in Jeans geritten, dann wurden die auch zu eng, und ich mußte sie meiner kleineren Schwester geben. Deshalb trug ich meine Schuluniform. Etwas anderes habe ich nicht.«

Lindas Bericht machte mich sehr betroffen. Ich hätte es nicht für möglich gehalten, daß ein Mädchen tagein, tagaus nichts anderes anzuziehen hatte als die graue Schuluniform, die wir alle scheußlich fanden. Mit einem Gefühl der Beschämung dachte ich daran, daß ich meine alte Reitjacke wegen einer kleinen gestopften Stelle weggegeben und mir eine neue Jacke gewünscht hatte, die gewiß soviel gekostet hatte, wie die sechsköpfige Familie Craine in einer ganzen Woche fürs Essen ausgeben konnte.

Wieder schwiegen wir eine Weile. Dann sagte Susan: »Um die Tierarztrechnung mußt du dir keine Sorgen machen, Linda, und du brauchst deinem Vater gar nichts davon zu sagen. Phantom ist versichert, und was eventuell mehr zu zahlen ist, übernehmen wir schon.«

Auf Lindas Gesicht erschien ein kleines erleichtertes Lächeln, das sich verstärkte, als Claire jetzt versprach: »Ich habe eine Reithose, die mir zu eng geworden ist. Aber sie ist gut erhalten, und dir müßte sie passen.«

»Zufällig habe ich auch noch eine Jacke, die etwa Lindas Größe haben müßte«, fügte ich hinzu.

»Also, das wäre geregelt«, schloß Claire. »Wir bringen dir die Sachen morgen mit in die Schule, und du probierst sie an. Und übrigens kannst du zweimal wöchentlich nachmittags, wenn du mit den Hausaufgaben fertig bist, zu mir kommen und mein Pony Misty reiten. Du weißt, wo ich wohne?«

Linda nickte, saß da und starrte uns nur ungläubig an. Sie konnte vor Überraschung kein Wort hervorbringen. Endlich stotterte sie: »Meinst du – umsonst?«

»Sicher«, antwortete Claire. »Natürlich mußt du mir auch beim Stallreinigen, Lederputzen und so weiter helfen.«

»Aber das tue ich doch gern!« rief Linda. Es war gut, daß ihr Freudenausbruch durch das Läuten der Pausenglocke unterbrochen wurde. Wir gingen zur Tür.

Linda kam hinter uns her und faßte Claires Arm. »O bitte«, fragte sie atemlos, »darf ich manchmal meine Freundin Karen mitbringen? Sie ist ebenso verrückt nach Ponys wie ich und hat auch keins.«

Claire lächelte ein bißchen gezwungen. »Na gut. Sind da etwa noch mehr, die du mitbringen möchtest?«

»Ach, Dutzende! Lisa und Luise, Paul und Alan, Jean, Barbara und William, Marianne und Paula und Jimmy –«

Der Rest der Woche wurde ziemlich anstrengend. Es stellte sich heraus, daß es in unserer Schule achtunddreißig Kinder gab, die leidenschaftliche Pferdeliebhaber waren und keine Gelegenheit zum Reiten hatten. Claire stellte eine Liste auf.

»Na, hoffentlich sind das nun alle«, meinte sie und blickte kopfschüttelnd auf das Blatt. »Ich kann's kaum glauben. Wenn man weiß, daß an unserer Schule so ziemlich jeder Sport getrieben wird, abgesehen vielleicht von Hochseefischerei und Bergsteigen – und ausgerechnet Reiten, das so begehrt ist wie nichts anderes, steht nicht auf dem Stundenplan.«

»Zu unserem Sportprogramm gehören sogar so ausgefallene Sachen wie Kugelstoßen und Gewichtheben, obwohl nur eine Handvoll Schüler sich dafür interessiert«, fügte Jane-Anne hinzu.

»Das liegt daran«, erklärte ich, »daß die Kugeln und Gewichte nicht viel Platz einnehmen und nichts fressen, und das tun Pferde nun einmal, auch wenn sie nicht im Gebrauch sind. Außer einer Weidefläche müßten wir einen Platz zum Üben haben. Und dann das Futter –«

»Das Futter dürfte eigentlich kein Problem sein«, sagte Claire. »Der Treibstoff für unseren Schulbus wird aus der Schulkasse bezahlt. Warum nicht auch das Pferdefutter?«

»Und was das Land betrifft«, meinte Jane-Anne, »so haben wir eine Menge Platz für Fußball, Handball und so weiter. Warum sollte nicht auch ein kleiner Reitplatz eingezäunt werden können?«

Claire verkündete entschieden: »Ich werde mit dem Rektor reden!«

Nachdem unser Schulleiter Claire wohlwollend zugehört hatte, brachte er seine Bedenken vor. Er war davon überzeugt, daß die zuständige Behörde einen eigenen Schulreitstall nicht notwendig finden und dagegen stimmen würde.

Er hatte recht. Die zuständige Behörde, die aus acht Männern und einer Frau bestand, erklärte, man habe keinen Anlaß, eine der vorhandenen Sportarten wegfallen zu lassen. Der Rektor übte einen sanften Druck aus, indem er antwortete, er könne eine so große Zahl von Schülern nicht ohne jeden Hoffnungsschimmer lassen. Daraufhin entschieden die maßgebenden Leute, sie würden keine Einwände gegen den Plan vorbringen, falls die Schüler selbst das erforderliche Gelände beschafften, ebenso die nötigen Ponys und einen geeigneten Reitlehrer.

»Ich glaube, die Sache mit der Reiterei in der Schule können wir vergessen«, sagte Bob, als wir am nächsten Samstagmorgen ausritten und einen Umweg machten, um Julia abzuholen. Wir hatten versprochen, ihr auf einem zweistündigen Ritt die schönsten Reitwege zu zeigen. »Du mußt nicht erwarten, daß du alle Probleme im Handumdrehen lösen kannst, Claire, nur weil du zufällig Schulsprecherin bist.«

»Das erwarte ich auch nicht«, erwiderte sie. »Nur tun mir die Kinder so leid, man kann nicht einfach über die Wünsche von achtunddreißig Schulkameraden hinweggehen. Stell dir mal vor, einer von ihnen wird vielleicht eines Tages Olympiasieger, weil er Gelegenheit hatte, hier in der Schule reiten zu lernen. Lindas Verhalten sollte uns die Augen geöffnet haben – wir haben alle selbst Ponys und können jederzeit reiten, und die anderen, die nicht so glücklich sind, müssen zugucken. An sie haben wir nie gedacht. Nicht jeder ist so beherzt wie unsere Charlie, die einfach zu uns kam und fragte, ob sie reiten dürfte, obwohl sie damals noch kein eigenes Pferd besaß.«

»Alles, was wir brauchen, ist ein Haufen blödes Geld«, meinte Pippa.

»Geld ist nur blöd, solange man es nicht hat«, philosophierte Joanna, die niemals etwas hatte entbehren müssen. »Wenn man unbedingt reiten will, findet man auch einen Weg. Zum Beispiel ist Frau Justine jederzeit bereit, jemand reiten zu lassen, der ihr dafür bei der Stallarbeit hilft.«

Jane-Anne entgegnete lächelnd: »Ich kann mir beim besten Willen nicht vorstellen, was Frau Justine mit achtunddreißig freiwilligen Helfern anfangen sollte.«

»Außerdem«, fügte Amanda ein, »sind manche viel zu schüchtern, um darum zu bitten.« Sie mußte es wissen.

Julia Jolley und ihr Rappe Sultan warteten schon auf uns. Wir holten noch Ellen und ihre Silk ab, dann wendeten wir uns nach Garner's End. An der Straßenkreuzung trafen wir Rupert auf seinem Schecken Tex, gefolgt von John auf Patches und Susan, die den geliehenen Edward ritt, weil Phantom noch nicht wieder gesund war. Aber das Bein heile gut, sagte sie, und die kleine Stute dürfe von morgen an für kürzere Ritte im Schritt und gelegentlich im leichten Trab hinaus.

»Können wir in Garner's End haltmachen?« erkundigte sich Emmy, die ewig hungrig war. »Ich möchte gern bei Fräulein Heppleforth ein paar Süßigkeiten kaufen.«

»Hab' ich mir doch gedacht!« lachte Rupert.

Es war kein großer Umweg, und wir beschlossen, Emmys Wunsch zu erfüllen, zumal die meisten von uns bei der Erwähnung von Fräulein Heppleforth' Süßigkeiten plötzlich Appetit bekamen. Jeder kramte in seinen Taschen, ob dort etwas Kleingeld zu finden wäre. Fräulein Heppleforth' Produkte waren etwas Besonderes. Sie kamen nicht aus einer gewöhnlichen Fabrik in bunten Umhüllungen, die aussahen, als enthielten sie mehr, als es tatsächlich der Fall war; sie wurden in der winzigen, sauberen Küche hinter dem Laden liebevoll und sachverständig einzeln hergestellt.

Fast jeder von uns fand etwas Geld, und Bob bot großzügig an, jede gewünschte Summe zu leihen. Als wir vor dem Laden ankamen, saßen mehrere von uns ab, um für sich selbst und die anderen einzukaufen.

Einige, die genau wußten, was sie haben wollten, wurden sofort bedient; andere aber waren angesichts der zahllosen süßen Versuchungen unsicher und überlegten, was sie wählen sollten. In den Pausen, die dadurch entstanden, setzte Fäulein Heppleforth ihr Gespräch mit Frau Crumb fort, die gerade im Laden war. Frau Crumb war eine nette Frau und führte eine

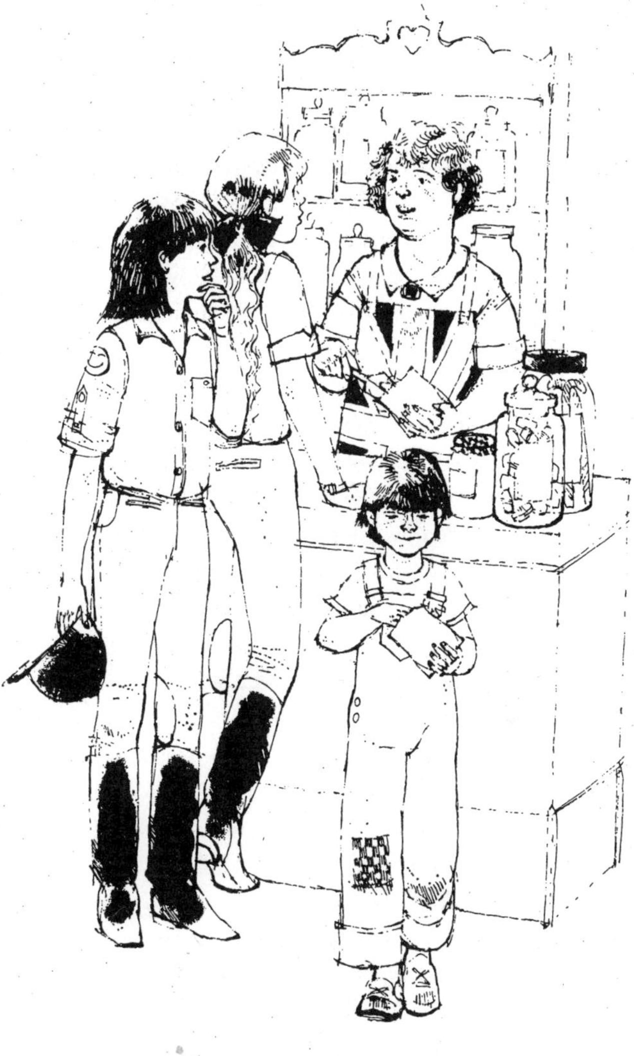

Bäckerei am anderen Ende der Straße. Sie war allgemein beliebt, ganz im Gegensatz zu ihrem Sohn Neil, der ein richtiges Ekel war und den kein Mensch leiden konnte.

»Wissen Sie«, sagte Fräulein Heppleforth gerade zu Frau Crumb, »das Grundstück hat für mich gar keinen Wert, weil es zu weit von hier entfernt ist. – Hier, mein Mädchen, du bekommst noch Geld zurück.« (Das galt Pippa, die nach langem Überlegen gewählt und ihre süße Ware bekommen hatte.) – »Wenn es ein bißchen näher wäre, würde ich dort gern Hühner züchten.«

»Sie haben recht, für jemand, der nicht Auto fährt, ist der Weg zu weit«, antwortete Frau Crumb. »Sie müßten ja dauernd zwischen Ihrem Geschäft und dem Grundstück unterwegs sein. Und es könnte passieren, daß die Eier oder sogar die Hühner gestohlen würden, wenn Sie gerade nicht da sind.«

»Die Kinder von der Schule würden so etwas nicht tun«, meinte Fräulein Heppleforth, »obwohl heutzutage alles mögliche vorkommt. Was mir Sorge macht, ist diese Motorradbande. Als mir der Rechtsanwalt schrieb, daß mein Großvater mir das Gelände hinterlassen habe, ging ich hin, um es mir anzusehen. Da hatten die Jungen die Umzäunung niedergerissen und mit ihren Rädern einen Weg mitten durch die Beete gebahnt. Ich dachte mir: Nein, lieber verkaufe ich es, statt mich dauernd über die Bengel zu ärgern.«

Dieses Gespräch fand statt, während Fräulein Heppleforth mehrere Kunden bediente, die nicht darauf achteten. Ich aber spitzte meine Ohren und hörte gut zu. Mir kam ein Gedanke, und an Claires Miene sah ich, daß ihr derselbe Gedanke gekommen war. Wir hätten ein bißchen eher hereinkommen und den Anfang des Gesprächs mithören sollen, dachte ich.

Frau Crumb verabschiedete sich und ging.

»Ach, bitte, Fräulein Heppleforth«, sagte Claire höflich, »ich habe zufällig gehört, was Sie mit Frau Crumb sprachen. Nun wüßte ich gern, ob es sich um das Grundstück handelt, das an die Sportplätze unserer Schule grenzt. Früher war dort doch mal eine Gärtnerei?«

»Ja, das stimmt«, antwortete Fräulein Heppleforth, während sie verlockend aussehende bunte Bonbons in eine Tüte schüttete. »Es gehörte meinem Großvater, und er meinte es gut, als er es mir vererbte. Doch wie ihr ja gehört habt, ist es mir unmöglich, es zu bewirtschaften. Es würde nur verwildern und niemand nützen.«

»Wissen Sie schon, wieviel Sie dafür verlangen wollen?« fragte Claire. »Wir brauchen nämlich ein Stück Land, um für unsere Schule einen Reitplatz anzulegen, und es wäre natürlich ideal, wenn dieser Platz gleich neben unseren Sportplätzen liegen würde. Es sind etwa zwei Acker, nicht wahr?«

»Etwas mehr. Es gibt auch eine Bebauungsgenehmigung, weil mein Großvater seinerzeit Gewächshäuser darauf errichtete. Diese Glashäuser sind übrigens durch die gewalttätigen Burschen von der Motorradbande restlos zerstört worden. Wer das Grundstück kauft, wird erst mal gründlich aufräumen müssen.«

»Ach, das würde uns nichts ausmachen!« rief ich aufgeregt. »Es ist genau das, was wir brauchen, Fräulein Heppleforth!«

Sie lächelte uns zu. »Schön, meine Lieben. Ich habe der Maklerfirma Softley den Auftrag erteilt, das Grundstück für mich zu verkaufen. In etwa vier Wochen soll es versteigert werden.«

»Steht der Preis schon fest?« fragte Claire nochmals.

»Der Makler sprach von ungefähr tausend Pfund.«

Tausend Pfund! Mir blieb die Luft weg. Und als wäre das nicht genug, fuhr das Fräulein fort: »Der Bogenschützenverein hat ein Auge auf das Grundstück geworfen, habe ich gehört. Sie wollen dort einen Übungsplatz und ein Klubhaus bauen.«

Wir blickten uns an. Unsere Aussichten, das ersehnte Gelände zu bekommen, waren etwa so groß wie die eines Esels, das Derby zu gewinnen.

»Nanu, was ist los?« rief uns Bob entgegen, als wir aus dem Laden kamen. »Waren die Geleebonbons alle?«

Ich suchte nach einer entsprechend frechen Antwort, da sagte Claire: »Denk dir, Bob, wir haben ein Grundstück für unseren Reitplatz gefunden, genau richtig gelegen!« Sie sprang auf Brocks Rücken, und während sie aufgeregt weitersprach, führte sie uns die Hauptstraße entlang und dann auf einen Nebenweg. Als wir auf einem Stück Wiese galoppierten, das vom Aprilregen aufgeweicht und von der Maisonne getrocknet war, konnten wir für eine Weile alle Sorgen und Bedenken vergessen.

Wir zügelten unsere schnaubenden Ponys und bogen zum Fuchswäldchen ab, einem romantischen, aber etwas unheimlichen Gehölz, durch das ich niemals allein geritten wäre. Aus dem dichten Unterholz kamen seltsame Geräusche, und man konnte den Kopf wenden, so schnell man wollte, man bekam niemals das Tier zu sehen, das da gehuscht war und geraschelt hatte. Ich war immer froh, wenn der Wald hinter mir lag.

Auf der anderen Seite konnten wir über eine Wiese bis zur Landstraße galoppieren. Dann mußten wir vorsichtig hintereinander auf einem schmalen Pfad am Rand der Sandgrube entlangreiten und kamen zu einem Hügel, von dem aus man weit ins Land sehen konnte. Wir ließen die Ponys mit verknoteten Zügeln frei oder banden sie an Büsche, je nach ihrer Neigung, davonzulaufen.

Kaum hatten wir uns ins Gras gesetzt, da fing Claire wieder an: »Also, dieses Grundstück –«

Laute Protestrufe ertönten, und jemand rief: »Sie hat einen Vogel! Kann denn nicht mal einer sie zur Vernunft bringen?«

Julia lachte und wollte wissen: »Ist das der übliche Umgangston bei euch im Pony-Club?«

»Meist«, antwortete Jane-Anne.

»Falls ich nicht da bin und sie zur Besinnung bringe«, warf Bob ein, »reden sie dauernd so haarsträubenden Unsinn.«

»Hör gut zu, was Opa Bob sagt, Julia«, riet ihr Claire. »Im Ernst, glaub ihm kein einziges Wort! Er ist schlimmer als wir alle zusammen.«

»Kann mir mal jemand verraten, wovon die Rede ist?« fragte Charlie kühl. »Vielleicht ist es euch aufgefallen, daß wir nicht alle mit in dem Laden waren.«

Claire berichtete kurz. Als sie den geforderten Preis nannte, pfiff Rupert laut durch die Zähne.

»Wir vom Pony-Club sind es gewohnt, daß wir fast immer durchsetzen, was wir uns vorgenommen haben. Aber dieses Mal ist es doch wohl ein etwas zu dicker Brocken.« Er rollte sich ein Stück zur Seite, weil Tex versuchte, liebevoll in sein Ohr zu schnauben, und fuhr fort: »Mit dem allerbesten Willen könnte kein Mensch eine solche Summe aufbringen, noch dazu innerhalb so kurzer Zeit.«

»Das stimmt genau«, gab ihm Jane-Anne recht. »Denkt mal daran, wie hart wir im vorigen Herbst gearbeitet haben, um das nötige Geld für unsere Veranstaltung aufzubringen; und da kamen schließlich dreiundsechzig Pfund zusammen. Hier handelt es sich aber um tausend.«

»Trotzdem müßte es eine Möglichkeit geben«, murmelte Claire eigensinnig. »Wenn wir zum Beispiel in der Schule einen Basar abhielten? Wir sind über fünfhundert Schüler, und wenn die alle kämen und ihre Verwandten und Freunde mitbrächten, und wenn jeder nur fünfzig Pence bezahlte, dann hätten wir den Kaufpreis schon zusammen.«

»Das ist eine Milchmädchenrechnung«, sagte John. »Da müßtest du den Leuten erst mal beibringen, daß dieser Basar für sie schöner und wichtiger wäre als ihre gewohnte Sportschau am Samstagnachmittag oder irgendein alter Film im Fernsehen.«

»Paßt mal auf, mir ist was eingefallen«, verkündete Charlie. »In zwei Wochen ist das Fußball-Endspiel, und das bedeutet Saisonschluß. Wenn wir unsere Veranstaltung am Wochenende danach starten, erwischen wir die Leute genau zu einem Zeitpunkt, an dem sie nicht wissen, was sie anfangen sollen. Dann besuchen sie vielleicht ganz gern unseren Basar.«

»Ganz groß, Charlie!« lobte Claire, und ihr Gesicht strahlte.

Ich gab zu bedenken: »Wir müssen die Sache so aufziehen,

daß sie auch auf Erwachsene verlockend wirkt. Verkaufsstände, Glücksspiele und so weiter.«

»Wir könnten eine Schatzsuche veranstalten«, schlug Sara vor.

»Frau Pringle stellt vielleicht ihre Töpferwaren aus«, sagte Amanda. »Wißt ihr noch, welchen Erfolg sie damals mit ihren Vasen, Schalen und Krügen hatte? Die Leute rissen sie ihr aus den Händen.«

»Wir könnten auch gebrauchte Bücher sammeln und verkaufen oder Schallplatten, auch getragenen Modeschmuck –« fuhr Pippa fort.

Ellen unterbrach sie: »Bitte, vergiß nicht, daß wir einen Basar machen wollen und keinen Flohmarkt!«

»Ach, das tut nichts«, meinte Claire. »Hauptsache, wir verkaufen alles, was Geld bringt. Je mehr Verkaufsstände, desto besser. Hat noch jemand eine Idee?«

»Bevor wir weitere Vorschläge hören«, warf Jane-Anne ein, »sollten wir einmal abstimmen, ob wir überhaupt den Versuch machen wollen, so viel Geld aufzubringen, oder ob wir nicht besser die ganze Geschichte vergessen.«

Wir stimmten also ab, und es ergab sich ein einstimmiges Ja.

»Also schön«, sagte ich und lief hinter Juno her, die versuchte, sich von der Gruppe zu entfernen, weil sie ein besonders schönes Grasbüschel entdeckt hatte. »Wir haben die Vorbesprechungen erledigt. Warum machen wir nicht das, was jeder künftige Grundbesitzer tut: hinreiten und uns das Objekt ansehen?«

Unterwegs bog Bob seitlich ab, weil er eine private Besorgung machen wollte. Wir anderen ritten, von Claire geführt, auf einem schmalen Pfad durch ein Waldstück, dessen Boden blau war von Glockenblumen, und kamen genau bei dem Grundstück heraus, wo einst Fräulein Heppelforth' Großvater die Gärtnerei, seinen Stolz und seine Freude, betrieben hatte.

Jetzt war alles verkommen und vernachlässigt. In einer Ekke standen die kläglichen Reste eines Gewächshauses; der Boden ringsherum war bedeckt mit Glassplittern. Die Umzäunung war zum größten Teil niedergerissen, ein paar kleine Obstbäume standen ohne Äste da, die Haltepfosten waren aus der Erde gerissen und zerbrochen, von wertvollen, seltenen Ziersträuchern gab es nur noch abgehackte Stümpfe.

»Hier hätten wir eine Menge zu tun«, bemerkte John, »aber für unseren Zweck wäre es tatsächlich ein ideales Gelände. Und wenn wir –«

Seine Worte wurden übertönt von einem ohrenbetäubenden Lärm. Eine Schar von Motorradfahrern in schwarzen Overalls und schwarzen Helmen raste durch eine Lücke im Zaun auf uns zu. Sie mußten uns und unsere Ponys längst gesehen haben, aber anstatt Abstand zu halten, brausten sie uns entgegen, als wollten sie uns überfahren. Im letzten Augenblick zogen sie ihre Räder herum und bildeten mit heulenden Motoren einen Kreis um uns.

Ich bin eigentlich nicht feige, aber in diesen Augenblicken war mir nicht wohl zumute. Juno ging rückwärts und geriet in Gefahr, angefahren zu werden, Tex warf den Kopf auf und schnaubte, und auch die anderen Ponys zeigten Nervosität und Angst.

»He, Freunde, jetzt ist es genug!« rief Rupert. Aber die Burschen beachteten ihn nicht, sondern setzten ihren seltsamen Zirkus fort.

Wer weiß, was noch geschehen wäre, wenn nicht einige große, kräftige Männer aufgetaucht wären, die aussahen, als könnten sie einen Motorradfahrer samt Rad zum Frühstück verspeisen. Sie kamen mit langen Schritten näher und sahen so grimmig aus, daß die wilden Fahrer plötzlich unsicher wurden, ihre Maschinen wendeten und davonknatterten.

»Diese elenden Nichtsnutze!« rief einer der Männer. »Dies ist das dritte Mal, daß wir sie hier erwischen. Wir werden einen elektrisch geladenen Zaun aufstellen, sobald das Gelände uns gehört.«

»Sobald es Ihnen gehört?« echote John, und uns wurde klar, daß wir unseren Rivalen, den Leuten vom Bogenschützenverein, gegenüberstanden.

Auch wir schienen den Männern bekannt zu sein, denn einer rief lachend: »Ihr müßt die Kinder vom Pony-Club sein. Fräulein Heppleforth hat uns gerade gesagt, daß ihr dieses Grundstück kaufen wollt. Warum, ist mir unklar. Ihr habt doch schon das ganze große Sportgelände bei der Schule zur Verfügung.«

»Wir wollen ein Reitzentrum einrichten«, antwortete Claire. »Auf den Tennis- und Hockeyplätzen ist das unmöglich. Dieser Platz wäre ideal für uns.«

»Für uns auch«, sagte ein anderer Mann. »Eben und sonnig, nicht zu feuchter Boden, etwas Schatten vom Wäldchen und genügend Platz, um ein Klubhaus zu bauen.«

»Oder eine Reihe von Pferdeställen«, erwiderte Pippa trotzig und blickte die Männer feindselig an.

Sie grinsten nur.

»Seid ihr so sicher?« fragte der erste. »Tut mir leid, meine Lieben, und nehmt es uns nicht übel, aber wir haben es uns nun mal in den Kopf gesetzt, dieses Grundstück auf der Versteigerung zu erwerben.«

Sechs Stimmen antworteten im Chor: »Und wir auch!«

»Nun, dann sehen wir uns bei der Versteigerung wieder. Aber sagt nachher nicht, wir hätten euch nicht gewarnt!«

Damit drehten die Männer sich um und gingen, Blocks und Schreibstifte in den Händen, auf dem Gelände umher, ohne uns weiter zu beachten.

Ein kostbares Geschenk

»Die sind ihrer Sache ganz sicher«, sagte Amanda betrübt, als wir über den glockenblumenbedeckten Waldboden heimwärts ritten.

»Dann ist es eure Sache, ihnen zu beweisen, daß ihr auch noch da seid«, meinte Julia Jolley. »Ich rate euch, sofort ans Werk zu gehen und Geld aufzutreiben. Kommt nach dem Mittagessen zu mir, damit wir alles besprechen.«

Als wir am Nachmittag zum Haus der Jolleys ritten, schwärmte Amanda davon, daß sie nun ihre verehrte Autorin wiedersehen und sprechen würde; vielleicht arbeitete sie gerade an einem neuen Pferdebuch. Amanda wurde enttäuscht, denn Sylvia Jolley saß nicht am Schreibtisch oder an der Schreibmaschine, sondern jätete im Garten die Blumenbeete. Uns war es allmählich ein Rätsel, wann sie eigentlich ihre Bücher schrieb, denn jedesmal, wenn wir sie sahen, tat sie etwas anderes, nur nicht schreiben ...

Wir banden die Ponys an den Zaun und lockerten ihre Sattelgurte, dann gingen wir ins Haus, wo Sylvia Jolley uns mit einer großen Keksschale und frisch aufgebrühtem Tee empfing. Danach hörte sie aufmerksam unseren Bericht über das Grundstück an, das wir so gern erwerben wollten, um allen Schulkameraden das Reiten zu ermöglichen.

Als wir der freundlichen Frau dann auch noch erzählt hatten, daß das Gelände nicht nur unerschwinglich teuer war, sondern uns zudem von den Bogenschützen streitig gemacht wurde, meinte sie: »Wißt ihr, ich gehöre zu den Menschen, die glauben, daß alles, aber auch alles möglich gemacht werden kann, wenn man nur genügend Energie und Zähigkeit darauf verwendet. In eurem Fall müßte ziemlich schnell etwas geschehen, es bleibt euch nicht viel Zeit, den Basar vorzubereiten, um bis zur Versteigerung das Geld zu haben. Ich schlage vor, das Eltern-Lehrer-Komitee einzuschalten.«

»Daß wir daran nicht gedacht haben!« rief John. »Eine prima Idee!«

»Das finde ich auch«, sagte Jane-Anne, und alle starrten sie verblüfft an, weil sie zum ersten Mal einer Meinung mit John war.

Ellen fragte: »Wie kommen wir an das Komitee heran?

»Zunächst müssen wir feststellen, wer zur Zeit dem Vorstand angehört«, antwortete Claire. »Das erfahren wir bei der Schulsekretärin Fräulein Ogden.«

»Es sind fast jeden Tag Eltern in der Schule«, sagte Sara. »Fräulein Ogden hat mal geäußert, man könne keinen Schritt tun, ohne über irgendwelche Eltern zu stolpern.«

Joanna kicherte. »Fräulein Ogden liebt es nicht, wenn sich Eltern in der Schule aufhalten.«

»Fräulein Ogden liebt es nicht einmal, wenn Schüler sich in der Schule aufhalten«, ergänzte Pippa. »Sie ist der Meinung, die Schule wäre eigentlich erst in Ordnung, wenn dort nicht dauernd jemand herumliefe.«

»In diesem Punkt kann ich sie sogar verstehen«, bemerkte ich.

Frau Jolley nahm ihre Überlegungen wieder auf. »Inzwischen könnt ihr euch an die wichtige Aufgabe machen, das erste Pony für euren Stall auszusuchen. Das ist mein Spendenbeitrag.«

Wir erstarrten vor freudigem Schreck, mit Teebechern und Keksen in den Händen, und es war ganz still im Raum.

Dann redeten wir alle zugleich los, und als es endlich etwas ruhiger wurde, mußte Sylvia Jolley bestätigen, daß wir keinem Massenwahn zum Opfer gefallen waren, sondern daß sie uns allen Ernstes ein Pony schenken wollte.

»Ihr könnt es hier bei mir unterbringen, bis das Gelände hergerichtet und der Stall gebaut ist«, sagte sie. »Wenn die Leute zu eurem Basar kommen, habt ihr schon etwas mehr vorzuzeigen als ein Stück vernachlässigtes Land.«

»Hier ist die Zeitung von gestern.« Julia kramte im Zeitschriftenständer und holte das Blatt hervor. Wir lagen alle auf dem Teppich und suchten nach der Rubrik »Tiermarkt«. Es gab ein großes Gedränge, doch schließlich eroberten Claire, Jane-Anne, Julia und ich die besten Plätze.

»Denkt daran, daß die Größe wichtig ist«, erinnerte uns Emmy über unsere Schultern hinweg. »Es darf nicht zu hoch, aber auch nicht zu klein sein.«

»Ein Meter vierzig Schulterhöhe etwa, höchstens einszweiundvierzig«, meinte Pippa.

»Es kommt vor allem auf den Charakter an«, sagte John. »Es gibt sehr gutartige größere Ponys und kleine, die richtige Teufel sind. Wir müssen berücksichtigen, daß zu uns Anfänger kommen, die nicht viel von Pferden verstehen.«

»Haltet mal für einen Moment den Mund!« rief ich und deutete mit dem Finger auf eine Anzeige. »Dies klingt nicht schlecht: Braune Stute, einszweiundvierzig hoch, sechs Jahre alt, leider zu klein geworden. Hundertfünfzig Pfund, auf Wunsch mit Sattel- und Zaumzeug.«

»Das ist nicht teuer«, fand Joanna, und Jane-Anne setzte hinzu: »Ich bin gegenüber sehr günstigen Angeboten ein bißchen mißtrauisch. Aber ansehen kann man sich das Tier ja auf jeden Fall einmal. Also, schreibt euch gleich Namen und Adresse auf.«

Das taten wir und lasen dann die übrigen Anzeigen.

Claire schlug vor: »Wir wollen drei in die engere Wahl nehmen. Wenn die Entfernungen nicht allzu groß sind, können wir alle drei heute nachmittag noch ansehen.«

»Wie wäre es denn hiermit?« fragte Jane-Anne. »Grauer Wallach, ein Meter fünfzig, zwölf Jahre alt, gesund. Mit Zubehör zweihundertfünfzig Pfund.«

»Das klingt nicht schlecht«, sagte Rupert. »Nun brauchen wir noch eine dritte Adresse.«

Julia fand eine weitere Anzeige: »Fuchswallach, ein Meter vierzig, sieben Jahre alt, vielseitig verwendbar, dreihundertfünfundzwanzig Pfund.«

Jane-Anne setzte sich auf ihre Hacken. »Das wären drei, die für uns eventuell in Frage kommen. Alle anderen sind entweder zu groß oder zu klein, zu alt oder zu jung.«

»Wir wollen gleich anrufen«, sagte Julia und führte uns in die Diele zum Telefon.

Claire übernahm die Anrufe; sie hatte Glück, denn alle drei Teilnehmer waren zu Hause. Wir waren froh darüber, denn wir liebten es nicht, wenn wir eine Sache, die wir uns vorgenommen hatten, nicht sofort erledigen konnten. Zuerst wollten wir die Ponys in der Reihenfolge ansehen, in der sie in der Zeitung standen; doch dann merkten wir, daß wir einen Weg doppelt machen müßten, um zu dem grauen Wallach zu kommen. Also änderten wir unseren Plan und beschlossen, ihn zuerst aufzusuchen.

»Meint ihr nicht, wir müßten die Leute verständigen, daß wir früher kommen als vereinbart?« fragte Pippa.

»Warum denn?« hielt ihr John entgegen. »Sie wissen, daß wir kommen wollen, und werden höchstens denken, daß unsere flinken Ponys uns eine halbe Stunde eher zu ihnen gebracht haben. Nun los, wir wollen keine Zeit versäumen!«

Zehn Minuten später zeigte Susan auf ein Haus. »Da drüben ist es. Man kann es durch die Bäume sehen.«

Auf einem Zufahrtweg ritten wir zu dem Haus, an das eine kleine dreieckförmige Wiese grenzte. Auf dieser Wiese sahen wir einen Mann, ein Mädchen ungefähr in meinem Alter und ein graues Pony.

»Sie sind dabei, es einzufangen«, sagte Amanda, und wir hielten an, um uns das anzusehen. Es war auch sehenswert.

Das Mädchen näherte sich behutsam dem Pony und hielt das Zaumzeug hinter dem Rücken versteckt.

»Peng!« lautete Ruperts leiser Kommentar, als das Pony, das so getan hatte, als ob es eifrig weidete, in Wirklichkeit aber das Mädchen genau beobachtet hatte, den Kopf aufwarf und quer über die Wiese davongaloppierte. Der Mann, der mit weit ausgebreiteten Armen dastand wie eine Vogelscheuche, konnte das Tier nicht aufhalten. In einiger Entfernung von den beiden stoppte es plötzlich seinen Lauf, senkte den Kopf und tat, als hätte es die ganze Zeit friedlich Gras gerupft. Wir mußten lachen.

Erneut versuchte das Mädchen, sich von hinten vorsichtig

anzuschleichen, und wieder entkam das Pony durch einen raschen Sprung im letzten Moment. Man konnte förmlich sehen, wie es seinen Spaß an diesem Verfolgungsspiel hatte. Vater und Tochter wurden jetzt ärgerlich und rannten schimpfend hinter dem Pony her. Sie versuchten ihm den Weg abzuschneiden, warfen endlich wütend mit einem Halfter, mit Erdklumpen und sogar mit dem Schuh des Vaters nach ihm; alles umsonst.

»Seht euch das an!« seufzte Jane-Anne. »Und vermutlich ist es das sanfteste Pferd der Welt, wenn man es erst einmal eingefangen hat.«

Sara sagte schaudernd: »Stellt euch vor, wir wären später gekommen und hätten keine Ahnung, was für ein Theater er veranstaltet, wenn man ihn zäumen und satteln will.«

»Ja, wir haben wirklich Glück gehabt, daß wir es gesehen haben«, meinte Julia.

Jetzt drehte sich das Mädchen um und bemerkte uns, unterbrach seine Jagd nach dem Pony und kam an den Zaun.

»Seid ihr das, die angerufen haben?« Als wir bejahten, fuhr sie mit einem unfrohen Lachen fort: »Dann habt ihr wahrscheinlich schon gemerkt, daß er sich ein bißchen schwer einfangen läßt.«

»Hm, scheint so«, stimmte Pippa zu.

»Sein Galopp sieht gut aus«, lobte Rupert höflich, und das Mädchen nickte dankbar, doch mit einem bedrückten Gesichtsausdruck.

»Ich glaube nicht, daß er das ist, was wir suchen«, sprach Claire das aus, was wir alle dachten.

»Ein bißchen zu temperamentvoll«, setzte Charlie hinzu und wendete Snowbird mit einer entschiedenen Bewegung zum Rückweg, »jedenfalls für Reitanfänger.«

»Tut mir wirklich leid«, verabschiedete sich Claire von dem Mädchen, das sich ganz entmutigt an den Zaun klammerte.

»Wahrscheinlich versuchen sie seit langem, das Pony loszuwerden«, vermutete Ellen.

»Mich wundert es nicht, daß er ausreißt, wenn sie mit Schuhen nach ihm schmeißen«, meinte Rupert. »Ich hätte genauso reagiert!«

»Ja, aber man weiß nicht, wer angefangen hat. Wenn ich ein Pony hätte, das mich derartig an der Nase herumführte, wäre ich auch versucht, alles mögliche nach ihm zu werfen«, sagte John.

»Um ehrlich zu sein: Phantom hat gelegentlich auch solche Anfälle von Übermut«, gestand Susan.

»Das kommt daher, daß du sie zu sehr verwöhnst«, hielt ihr der Bruder vor. »Da denkt sie natürlich, sie kann machen, was sie will.«

Es war gut, daß wir jetzt dort angekommen waren, wo die braune Stute zum Verkauf stand, sonst hätte der Streit der Geschwister noch endlos gedauert.

Suche nach einem Pony

Claire, Julia, Jane-Anne, Rupert und ich betraten den Hof, in dem aus zwei Stalltüren Ponyköpfe schauten. Der eine gehörte einer braunen Stute, die schon aufgezäumt war. Aus der Haustür kam ein Mädchen, ungefähr sechzehn Jahre alt, und begrüßte uns:

»Hallo. Das da ist Bonnie. Ich hole sie gleich heraus, und ihr könnt sie ausprobieren.«

Eingedenk dessen, was wir soeben erlebt hatten, fragte ich, ob die Stute schwierig einzufangen sei.

Das Mädchen verneinte und sah dabei so aufrichtig aus, daß wir ihr glauben mußten.

»Bonnie ist ein hübscher Name«, sagte Jane-Anne.

Die Stute ließ sich ruhig aus dem Stall führen und blickte uns aus großen, freundlichen Augen an. Ich begann zu hoffen, dies sei das Pony, das wir suchten. Dann bemerkte ich, daß Bonnie einen Martingal-Hilfszügel trug. Auch Claire hatte es gesehen. Die Stute stand gehorsam still, während Claire aufsaß.

»Ich sehe, sie trägt einen Hilfszügel«, sagte Claire in fragendem Ton.

»O ja«, erwiderte das Mädchen beiläufig, »weil sie manchmal die Angewohnheit hat, ihren Kopf ein bißchen hochzuwerfen.«

»Würdest du den Zügel mal abnehmen, damit ich mir selbst ein Urteil bilden kann?« bat Claire.

»Das würde ich nicht raten«, antwortete das Mädchen, schnallte aber den Riemen ab, als Claire darauf bestand.

Claire ritt zunächst im Schritt, und das Pferd reckte den Hals, als wäre es dankbar für die Erleichterung.

»Bis jetzt sieht sie recht gut aus«, urteilte Julia.

Aber da geschah es auch schon: Als Claire sich vorbeugte, um am Steigbügelriemen etwas zu befestigen, flog der Pferdekopf mit einem Ruck nach oben und traf Claire heftig an der Nase.

»Ich hab' sie gewarnt!« rief das Mädchen und rannte, den Martingal-Zügel in der Hand, auf das Pony zu, während wir mit Taschentüchern auf Claire zustürzten, deren Nase stark blutete.

»Hoffentlich ist nicht das Nasenbein gebrochen«, meinte Rupert besorgt.

Claire stieg gefaßt aus dem Sattel, und nach wenigen Minuten gelang es ihr, das Bluten zu stillen.

»Ich hab' sie doch gewarnt!« wiederholte das Mädchen vorwurfsvoll. Wir hörten nicht mehr darauf, sondern verließen den Hof.

Claires Nasenbluten hatte ganz aufgehört, als wir zu der dritten Adresse kamen. Jane-Anne und ich hatten inzwischen energisch darauf bestanden, daß Claire diesmal keinen Proberitt unternahm. Man konnte ja nicht wissen, was noch geschehen würde.

Nach den Erfahrungen, die wir gemacht hatten, sahen wir der Begegnung mit Rob Roy, dem »vielfach verwendbaren« Fuchswallach, mit einigem Mißtrauen entgegen.

Als das Mädchen, das uns hier begrüßte, munter sagte: »Gut, er ist draußen auf der Koppel. Ich hole ihn«, und als er sich ohne jede Schwierigkeit von ihr greifen und in den Stall bringen ließ, als er dann mit einem ganz normalen Zaumzeug ohne irgendwelche Hilfszügel herauskam, faßten wir wieder etwas Mut.

Jane-Anne saß auf und ließ ihn zuerst im Schritt auf die Koppel gehen, wo er dann in einen sauberen Arbeitstrab fiel. Nur als sie ihn zum Galopp trieb, zögerte er etwas; schließlich aber wurden seine Bewegungen zusehends weicher und besser.

»Er braucht nur etwas Übung«, urteilte Jane-Anne, als sie zurückkam und absaß. »Aber er hat kein hartes Maul; wenn man ihm ein bißchen Zeit läßt, kann er ein recht brauchbares Reitpony werden.«

Nacheinander probierten wir den Fuchswallach aus. Ich war gerade an der Reihe und dachte, dieses Pony könnten wir ohne Bedenken kaufen, da kam auf der Landstraße neben der Koppel ein Auto vorbei, und aus dem Auspuff knallte eine Fehlzündung. Rob Roy sprang vor Schreck mit allen vieren einen halben Meter in die Luft und raste dann wie eine Rakete blindlings über die Koppel.

Zum Glück reagierte ich rasch und richtig, klemmte meine Knie um den Sattel und blieb oben. Nach einer Weile gelang es mir, das Pferd unter Kontrolle zu bekommen und zu beruhigen, bevor wir am anderen Ende der Wiese den Zaun umgerannt hätten.

Rob Roy ließ sich aus dem wilden Galopp in einen gemäßigten abbremsen, fiel dann in Trab und Schritt und blieb endlich schnaufend stehen.

Ein solches Erlebnis kann auch einem erfahrenen Reiter

ganz schön zu schaffen machen. Wir waren sofort einstimmig der Meinung, daß man ein solch schreckhaftes Tier keinesfalls ungeübten jungen Reitern zumuten durfte. Es könnte sonst böse Unfälle geben, und zumindest würde ein Kind, mit dem sein Pony durchgegangen war, kaum zu bewegen sein, noch einmal in einen Sattel zu steigen.

Die Besitzerin von Rob Roy sah etwas betrübt aus, aber sie mußte aufrichtig zugeben, daß er nichts für Anfänger war. Wir sahen ein, daß unsere Versuche, ein passendes Pony zu finden, sämtlich fehlgeschlagen waren, und kehrten recht niedergeschlagen nach Gooseley zurück.

»So ein Pech!« bemerkte Susan. »Man hätte doch annehmen sollen, daß wenigstens eines von den drei Pferden in Ordnung gewesen wäre.«

»So was kommt vor«, antwortete Rupert. »Ich hörte Frau Justine im Wiesenhof mal sagen, sie habe fünfunddreißig Pferde angesehen, bevor sie das fand, das sie suchte.«

»Das kann ja heiter werden«, meinte Joanna. »Wenn es bei uns auch so lange dauert, haben wir das Pony noch nicht, wenn unser Basar vorbei ist.«

»Macht nichts«, beruhigte sie Claire. »Lieber vorher genau prüfen, als die Katze im Sack kaufen und nachher eine böse Überraschung erleben.«

»Was heißt hier Katze?« fuhr John zornig dazwischen. »Leute, die Ponys mit solchen Unarten haben, sollten keine Anzeigen aufgeben, um sie ihren Mitmenschen anzuhängen!«

»Manchmal ist es vielleicht das beste, so ein Tier zu verkaufen«, sagte Julia. »Es ist möglich, daß ein Pferd, das eine schlechte Angewohnheit hat, sich unter einem anderen Reiter ganz ordentlich benimmt.«

»Das ist Glückssache. Nur haben wir keine Zeit, den Ponys so tief eingewurzelte Unarten auszutreiben, wie wir sie gesehen haben. Etwas anderes ist es mit kleinen Ungezogenheiten, die man ihnen rasch abgewöhnen kann«, erklärte Jane-Anne. »Wenn man aber ein Pony als Schulpferd kauft, kann man gar nicht vorsichtig genug sein.«

»Ja, ich denke auch, wenn das Pony für jemand von uns bestimmt sein sollte, hätte man ganz gut eins von den dreien nehmen können«, stimmte Charlie ihr zu.

Unter solchen Erwägungen ritten wir dahin, und nach einer Weile trafen wir Yvette Boscomb, die in Garner's End wohnte. Ihre sonst so fröhliche Miene war düster wie ein Novemberhimmel. Wir hielten an, und Yvette ließ sich mit allen Zeichen der Verzweiflung vornüber auf den Hals ihres Ponys Herold sinken.

»Hallo, Yvette«, grüßte ich sie. »Was ist los? Du machst ein Gesicht, als hätte man dir verboten, in den nächsten sechs Monaten einen Bissen Kuchen zu essen.«

Yvette blickte auf. »Und ihr seht aus, als hätte man euch gezwungen, euer halbes Taschengeld für einen unsinnigen Zweck zu opfern – etwa der Lehrerin, die ihr am wenigsten leiden mögt, einen Riesenkorb voller Blumen zu kaufen.«

»Es ist noch schlimmer«, antwortete Amanda, und wir berichteten Yvette, welch enttäuschender Nachmittag hinter uns lag. Sie schien nicht sehr beeindruckt.

»Ach, das ist gar nichts gegen mein Pech«, sagte sie düster. »Gestern bin ich vor Freude fast an die Decke gesprungen, als mein Vater mir eröffnete, er wolle Songster für mich kaufen, weil ich für Herold allmählich zu schwer werde. Songster ist ein Traumpferd, beinahe ein Vollblut, und springt wie ein Traum. Und dann verdarb Vater mir alle Freude, als er sagte, ich müsse dann natürlich Herold verkaufen. Herold, den ich kenne, seitdem ich im Sattel sitze! Er hat mir überhaupt das Reiten erst beigebracht. Wie können Eltern nur so grausam sein!«

Ich überlegte mir gerade ein paar tröstende Worte für sie, da fragte Claire plötzlich: »Wie alt ist Herold, Yvette?«

»Zwölf. Warum?«

»Warum – weil ich glaube, er könnte genau das sein, was wir verzweifelt suchen«, erwiderte Claire und strahlte. Offenbar hatten der Schmerz und das Nasenbluten ihre geistige Regsamkeit in keiner Weise beeinträchtigt.

Nun begriffen wir alle. Natürlich, sie hatte recht! Einige von uns kannten Herold seit Jahren. Er war zuverlässig und vernünftig, freundlich und gehorsam, ließ sich willig einfangen und zäumen, ging notfalls ungerührt an einer Heilsarmee-Blaskapelle vorbei, und ich wußte, daß er niemals krank gewesen war.

Eifrig erläuterten wir Yvette unseren Plan, für die Schule ein Reitzentrum einzurichten, und meinten, wir könnten ein Pony wie Herold dafür gut brauchen. Yvettes betrübte Miene hellte sich immer mehr auf.

»Das würde ja bedeuten, daß ich Herold jeden Tag sehen könnte!«

»So ist es«, bestätigte Claire. »Im übrigen brauchen wir eine zuverlässige, pferdeliebende Person, die die Stallarbeit, das

Füttern und so weiter überwacht. Du wärst dafür genau richtig, Yvette, denn du wohnst ja ganz in der Nähe.«

»Das wäre herrlich!« jubelte Yvette. »Dann müßte ich mich ja eigentlich gar nicht von Herold trennen.«

»Wieviel verlangst du für ihn?« fragte ich, denn ich wollte die Sache gern sofort erledigen.

»Mein Vater meint, zweihundertfünfzig, mit Sattel- und Zaumzeug«, erwiderte Yvette, und wir riefen im Chor: »Gemacht!« weil wir wußten, daß er viel mehr wert war, und für unsere Zwecke war er sogar unbezahlbar.

In gehobener Stimmung ritten wir zum Haus der Jolleys, und Julias Mutter schrieb sofort einen Scheck aus, mit dem Herold bezahlt werden sollte. Wir feierten das große Ereignis bei hausgemachtem Apfelmost und frischen Waffeln.

Die Versammlung

Nun entwickelten sich die Dinge sehr rasch, und das war auch nötig, denn der Termin der Grundstücksversteigerung rückte näher, und der Basar sollte natürlich vorher stattfinden.

Claire hatte mit der Vorsitzenden des Eltern-Lehrer-Komitees gesprochen, und man hatte sie, Jane-Anne und mich zu der nächsten Versammlung eingeladen, damit wir unser Anliegen vorbringen konnten.

Schon um zu beweisen, wie ernst es uns mit dem Reiten war, begaben wir uns auf unseren Ponys hin und banden die Tiere so an einen Zaun vor dem Versammlungsraum, daß man sie von drinnen gut sehen konnte. Julia begleitete uns auf dem neuerworbenen Herold, damit die Komiteemitglieder gleich bemerkten, daß wir bereits Schritte unternommen hatten, unser Ziel zu erreichen.

Es lag uns viel daran zu wirken, deshalb hatten wir unsere besten Reitkleider angezogen und waren froh, daß Juno, Brock, Sir Galahad und Herold sich heute besonders musterhaft benahmen. Sie blickten mit großen, seelenvollen Augen durch die Fenster herein und liebkosten einander zärtlich mit den Nasen.

Während der ersten Minuten, als wir versuchten, den Eltern klarzumachen, was wir vorhatten und was wir von ihnen erwarteten, fühlten wir uns angesichts ihrer ungläubigen Mienen äußerst unbehaglich. Danach entstand ein langes, verblüfftes Schweigen, bis aufgeregtes Tuscheln und Flüstern einsetzte. Wir konnten einige Worte hören, die uns verrieten, nur Idioten könnten auf die Idee kommen, innerhalb so kurzer Zeit einen Basar vorzubereiten. Allmählich jedoch wandelte sich die Stimmung anscheinend zu unseren Gunsten, und an den Fragen, die uns gestellt wurden, merkten wir, daß die Eltern sich für unsere Pläne zu interessieren begannen.

»Wir können die Kinder doch nicht enttäuschen«, sagte der Vorsitzende. »Aber wir werden viel Hilfe von ihnen brauchen.«

»Die können wir Ihnen zusagen«, antwortete Claire. »Wir haben die Namen von achtunddreißig Kindern aufgeschrieben, die sich danach sehnen, reiten zu dürfen. Die können wir alle heranziehen, damit sie ihr Teil zur Verwirklichung beitragen, und sie werden es gern tun.«

»Ihr habt doch wohl nicht vor, mit zwei kleinen Ponys achtunddreißig Reitstunden wöchentlich zu geben?« erkundigte sich eine magere Dame mit großen runden Brillengläsern, die dafür bekannt war, daß sie die Hälfte ihres Haushaltgeldes in Futter für streunende Katzen anlegte.

»Natürlich nicht«, versicherte ihr Jane-Anne. »Wir werden einen genauen Stundenplan für die Ponys erarbeiten und darüber hinaus, um niemand enttäuschen zu müssen, unsere eigenen Ponys für die Reitschüler zur Verfügung stellen.«

Ich fügte hinzu: »Außerdem hat Frau Sheringham-Brown von der Reitschule im Wiesenhof uns versprochen, kostenlos Reitstunden zu geben und uns einige ihrer Pferde, die wochentags selten gebraucht werden, zu überlassen.«

Nun waren die Eltern für unsere Pläne gewonnen, und es begann eine lebhafte Aussprache darüber, wie man uns helfen könnte. Die Diskussion war noch im Gang, als wir uns verabschiedeten.

Wir ritten durch den kühlen Frühlingsabend und fühlten erst jetzt erleichtert, welche große Verantwortung von unseren Schultern genommen worden war.

Von da an entwickelte sich alles lawinenartig, mit zunehmender Geschwindigkeit. Der Rektor machte eine Anzahl von Lehrern mobil, die sich in den Dienst unserer Sache stellten. Dabei erlebten wir Überraschungen. Lehrer, von denen wir es niemals erwartet hätten, kamen mit den besten Ideen. So boten zum Beispiel der Geschichts- und der Erdkundelehrer an, sie wollten auf dem Basar in einer Bude stehen, als Clowns verkleidet, nach denen man mit nassen Schwämmen werfen konnte. Natürlich mußte man für jeden Wurf bezahlen. Der Rektor teilte uns dieses Angebot mit einem breiten Schmunzeln mit.

Die Turn- und Sportlehrer planten Gymnastikvorführungen, und Fräulein Allen versprach, daß das Schulorchester am Anfang und Ende der Veranstaltung und vielleicht auch noch ein paarmal zwischendurch spielen würde. Auf diese Weise bekamen unsere Musiker Gelegenheit, als freiwillige Helfer aufzutreten.

Denjenigen, die nicht wußten, was sie zum Gelingen des Unternehmens beitragen sollten, gaben Karen und Paul einen guten Rat: gebrauchte Joghurt- und Margarinebecher sammeln, sie mit Buntpapier bekleben, mit Erde füllen und Pflänzchen hineinsetzen, die man in Wald und Garten fand.

»Paßt nur auf, daß euer Vater euch nicht erwischt, wenn ihr seine Lieblingspflanze ausbuddelt!« warnte Paul.

»Ihr könnt euch ein paar Zweige von unserem Fleißigen

Lieschen holen«, bot Jane-Anne an. »Ihr habt nichts weiter zu tun, als kleine Stücke abzubrechen, sie in feuchte Erde zu stecken, und da wachsen sie wie wild.«

Uns schien diese Aussicht ein bißchen zu wunderbar, aber wir meinten, versuchen könnte man es ja auf jeden Fall.

Dann überlegten wir, welche Ponys wir für Ritte gegen Bezahlung zur Verfügung stellen könnten, und entschieden uns für die bravsten und zuverlässigsten: Misty, Pebble, Truffle und Bobalink.

»Wie wär's mit Herold?« fragte Sara. »Für ihn wäre es gleich eine gute Übung.«

John widersprach entschieden. »Wir kennen ihn noch zu wenig und wissen nicht, wie er sich in all dem Trubel verhalten würde. Nein, wir werden ihn in einer kleinen Einzäunung zeigen, mit einem Schild daran, das den Besuchern sagt, was mit ihren Spenden geschieht.«

»Eigentlich handelt es sich ja nicht um das Pferd, sondern um das Grundstück«, verbesserte Jane-Anne.

»Ja, aber das Pferd ist sozusagen ein Symbol.«

»Das Schild könnte Pippa malen«, meinte Rupert. »Sie ist unsere beste Malerin und übernimmt die Aufgabe bestimmt gern. Nicht, Pippa?«

Pippa wurde rot bei dem Lob und versicherte, sie werde natürlich das Plakat malen. Dann wollte jemand wissen, wer den Basar eröffnen würde.

»Wir brauchen einen prominenten Gast«, sagte Joanna, »jemand, der so bekannt ist, daß die Leute schon kommen, um ihn zu sehen.«

»Wir könnten unseren Rektor bitten«, schlug Julia vor.

»Ach, du meine Güte!« rief ich. »Wie kommst du denn auf die Idee?«

»Ha«, meinte John, »wer würde sich denn hinstellen und dem guten alten Onkel zuhören? Wir hören und sehen den ganzen Tag über mehr als genug von ihm. Nein, es müßte ein berühmter Filmstar sein oder so was.«

»Die verlangen alle enorme Gagen«, warf ich ein. »Leider haben wir niemand zur Verfügung, der berühmt ist und es für uns umsonst tun würde.«

»Und wie wäre es mit Sylvia Jolley?« fragte Amanda.

Wir blickten zu Julia hin, doch ihr Gesicht zeigte keine Begeisterung.

»Es ist nicht so, daß meine Mutter es nicht tun würde«, erklärte sie. »Im Gegenteil, sie würde erfreut und geschmeichelt sein. Aber ich denke, sie ist nicht das, was wir für diese Gelegenheit brauchen, um die Menschen anzulocken. Bei uns Reitern ist sie bekannt, aber nicht in der breiten Öffentlichkeit. Nein, es muß eine weithin berühmte Persönlichkeit sein, ein Fernsehstar oder etwas Ähnliches.«

»Es brauchte doch nur – « begann Claire, aber Ellen Williams unterbrach sie mit einem lauten Ruf: »Jerry Blaze!«

»Wer? Wen meint sie?« fragten mehrere Stimmen und bewiesen, daß man hier durchaus nicht über die Popstars des Tages auf dem laufenden war.

»Aber ihr kennt ihn doch!« rief Ellen und nickte Emmy Cotterill zu, die außer sich vor Begeisterung auf und ab hüpfte.

»Ja – Jerry, das ist ganz groß!« schrie Emmy. »Katy, guck nicht so ahnungslos in die Gegend, als wüßtest du nicht, von wem ich rede! Das tust du mit Absicht!«

Doch ich war wirklich ahnungslos, bis Ellen uns an jene Begegnung erinnerte, die wir im vorigen Frühjahr gehabt hatten. Wir waren damals unterwegs auf einer Schnitzeljagd zu Pferde, und Ellen, Jane-Anne und Susan hatten miterlebt, wie auf einer Wiese ein kleines Sportflugzeug notlanden mußte, weil der Motor ausgesetzt hatte. Die Mädchen hatten ihre Jagd abgebrochen, auf einen Gewinn verzichtet und Hilfe herbeigeholt. Für die beiden jungen Piloten war das besonders wichtig, denn der eine von ihnen, Jerry Blaze, war ein berühmter Popstar und wurde bei einer großen Veranstaltung erwartet. Bis auf einige kleine Schrammen hatten sie beide keine Verletzungen erlitten.

»Erinnerst du dich denn nicht, Jane-Anne«, drängte Ellen, »wie Jerry sagte, wir könnten jederzeit mit ihm rechnen, wenn wir seine Hilfe brauchten?«

»Ja, richtig«, erwiderte Jane-Anne mit einem Lächeln. »Aber das habe ich nicht so ernst genommen. Wie sollte er uns schon helfen können? Ich hielt es eigentlich nur für eine höfliche Redewendung, mit der er seine Dankbarkeit ausdrücken wollte.«

»O nein, das hat er ernst gemeint!« widersprach Ellen. »Ganz gewiß! Glaubst du nicht auch, Susan?«

Susan zog die Schultern hoch. »Wer kann das wissen? Aber versuchen können wir es immerhin.«

»O ja, ruft ihn an und fragt ihn, ob er uns den Gefallen tun will!« rief Emmy, und ihre Augen leuchteten bei dem Gedanken, den angebeteten Star aus der Nähe sehen und vielleicht mit ihm sprechen zu können.

»Ich finde, versuchen könnte man es«, meinte Amanda, und Charlie fügte hinzu: »Finde ich auch. Man sollte keine Gelegenheit versäumen.«

Wir betrachteten es als ein gutes Vorzeichen, daß Jane-Anne, ordentlich wie stets, die gedruckte Karte von Jerrys Manager aufgehoben hatte, auf der die Telefonnummer stand. Wie die Wilden rannten wir in Jane-Annes Zimmer.

Sie fand die Karte sofort, wählte eine Nummer, und das Rufzeichen ertönte immer und immer wieder, ohne daß sich jemand meldete. Endlich gab Jane-Anne es auf. Sie war im Begriff, den Hörer in die Gabel zurückzulegen, da hob auf der anderen Seite jemand ab. In ihrer höflich-sachlichen Art bat Jane-Anne, Herrn Jerry Blaze sprechen zu dürfen. Eine Telefonistin sagte, sie werde mit Herrn Blazes Assistenten verbinden. Wieder eine Weile Warten, das uns endlos vorkam, dann meldete sich die Sekretärin des Assistenten. Jane-Anne erklärte, wer wir waren, wie wir Jerrys Bekanntschaft gemacht und welches Anliegen wir jetzt hatten. eine Weile hörte sie zu, bevor sie den Hörer niederlegte.

»Na, und?« drängten wir. »Was hat sie gesagt?«

»Nicht viel. Nur ein paar allgemeine Redensarten. Man werde unseren Anruf notieren und Herrn Blaze vorlegen. Zur Zeit sei er nicht erreichbar. Falls es ihm möglich sein werde, unseren Basar zu eröffnen, werde man es uns rechtzeitig mitteilen.«

»In dieser Angelegenheit können wir im Augenblick nichts weiter tun als abwarten«, meinte Rupert. »Aber etwas anderes ist mir eingefallen. Findet ihr nicht, daß die Mitglieder vom Pony-Club ein paar Reitvorführungen beisteuern sollten?«

»Gute Idee!« lobte Pippa. »Schließlich dient ja der Basar dem Zweck, die Leute für Pferde und Reiterei zu interessieren. Da ist es eigentlich selbstverständlich, ihnen zu zeigen, wie man gut und richtig reitet.«

»Und du meinst, das könnte niemand besser machen als der Pony-Club?« fragte Susan spöttisch.

»Aber klar! Wir sind doch weit und breit als bester Reitklub anerkannt«, erwiderte Charlie selbstbewußt.

Claire wendete sich an Rupert: »Welche Art von Vorführung würdest du vorschlagen? Wir können schließlich nicht nur im Kreis herumreiten.«

»Dressur vielleicht – «

»O nein!« jammerte Amanda, und mehrere Stimmen schlossen sich sofort an. »Das schaffen wir niemals! Truffle kann sich noch immer nicht abgewöhnen, rückwärts zu gehen, wenn ich ihn auffordere, auf der Hinterhand eine Wende zu machen, und so rasch kriege ich das nicht hin.«

»Du würdest für die Vorbereitungen nicht drei Wochen, sondern drei Jahre brauchen«, stellte ich sachlich fest. »Sonst noch irgendwelche glanzvollen Ideen?«

»Wie wär's mit einem Musikreiten?« fragte John so begeistert, daß wir mißtrauisch wurden. Dann fiel uns ein, daß John absolut unmusikalisch war und an einer solchen Darbietung keinesfalls hätte teilnehmen können.

»Du alter Fuchs! Da wärst du fein raus!« fuhr Pippa ihn an.

Eine Weile herrschte Schweigen. Jeder war krampfhaft bemüht, einen brauchbaren Vorschlag auszudenken.

Amanda war die erste, die sprach. »Paarspringen – das wirkt immer sehr eindrucksvoll.«

»Falls es gut klappt, ja«, antwortete ich. »Sonst kann es eine Katastrophe sein.«

Immerhin schien es bisher der vernünftigste Vorschlag, und wir überlegten, welche Ponys nach Größe und Können am besten zueinander passen würden.

Einige Paare hatten wir schon genannt, da entstand eine peinliche Pause, nachdem Joanna gefragt hatte: »Und wer springt mit mir und Silver Knight?«

Ihr kläglicher Ton war berechtigt, denn sie wußte ebensogut wie wir alle, daß wohl jeder gern mit Silver Knight gesprungen wäre, aber niemand mit Joanna.

Als das Schweigen unerträglich wurde, meldete sich Susan mit einer Miene, als ob sie ein ungeheures persönliches Opfer bringen wollte, sie sei bereit, Joannas Partnerin zu sein, wenn sich sonst niemand fände. Phantom war nach der erzwungenen Ruhe gesund und lebhafter als je zuvor.

Als alle Paare bestimmt waren, ritten wir auf einem Wiesenweg zu der Koppel beim alten Herrenhaus, wo wir neun Hindernisse für das Springreiten aufgebaut hatten. Diese Hindernisse mußten wir zu dem Platz neben unserem Schulgelände transportieren; der Farmer würde uns dafür seinen niedrigen Transporter leihen. Außerdem mußten einige Hindernisse erweitert werden, damit zwei Pferde nebeneinander darüber springen konnten, ohne einander zu behindern. Pippa sagte, ihr Vater würde das gern für uns tun. Vorläufig verbreiterten wir die Hindernisse mit ein paar Latten provisorisch und verbrachten dann den ganzen Abend damit, Reiter und Pferde daran zu gewöhnen, paarweise im Schritt, Trab und Galopp nebeneinander zu bleiben.

»Jetzt haben wir noch keinen einzigen Sprung versucht!« klagte Jane-Anne. »Wenn wir so weitermachen, sind wir zu Weihnachten noch nicht mit dem Training fertig!«

»Das würde mich nicht wundern«, sagte Claire, »wenn weiterhin jeder seine weisen Ratschläge und nutzlose Kritik herausschreit. Was wir dringend brauchen, ist ein guter Trainer, und dafür kommt eigentlich nur Bob in Frage. Katy, frage ihn doch mal, wenn er heimkommt, ob er die nächsten Wochenenden dafür opfern will, uns zu helfen.«

»Na schön, wenn ihr meint«, antwortete ich mürrisch.

Als wir heimkamen, erfuhren wir, daß einige Damen aus dem Komitee der Eltern und Lehrer Claires Vater gebeten hatten, beim Basar als Schiedsrichter für die Backwaren zu fungieren. Er hatte zugesagt unter der Bedingung, daß seine Tochter an diesem Wettbacken nicht teilnähme. Claire stimmte grinsend zu. Sie wußte gut, welch schlechten Ruf sie als Köchin genoß. Während ich zum Beispiel, ohne viel nachzudenken, alle möglichen Zutaten einfach in einer Schüssel zusammenrührte, sie in eine Form tat und in den Backofen schob, aus dem ich dann ein traumhaft leckeres Gebäck herausholte, verbrachte Claire Stunden damit, Rezepte durchzulesen, die Zutaten sorgsam abzuwiegen und zu mischen und den Ofen genau auf den angegebenen Hitzegrad zu bringen, wie es im Rezeptbuch stand; das Resultat war immer, daß ihr Backwerk aussah wie graues Gestein und auch so schmeckte.

Während der nächsten drei Wochen waren wir fieberhaft mit den Vorbereitungen für den Basar beschäftigt. Bunte, gedruckte Programme, die keiner von uns bestellt hatte, tauchten plötzlich aus dem Nichts auf und wurden in der Gegend verteilt. Auf der Vorderseite prangte Jerrys Name in großen grellrosa Buchstaben, und es wurde verkündet, er werde den Basar eröffnen. Uns wurde ein wenig unheimlich zumute, als wir das sahen, denn seit Jane-Annes Anruf in seinem Sekretariat hatte er nichts von sich hören lassen. Schließlich schrieb Claire wenige Tage vor der Eröffnung einen Brief an ihn, um ihn an sein Versprechen zu erinnern.

Emmy prophezeite: »Er kommt bestimmt, ihr werdet es sehen. Er hat nur mit seinen Proben und Auftritten und Schallplattenaufnahmen zuviel zu tun, als daß er auch noch telefonieren oder einen Brief an uns diktieren könnte. Aber er kommt, ich weiß es.«

»Schön und gut, wenn du recht behieltest. Aber eine Wette möchte ich darauf nicht eingehen«, meinte Jane-Anne vorsichtig. »Ich denke, wir sollten trotzdem unseren Rektor bitten, für alle Fälle einzuspringen und den Basar zu eröffnen, falls Jerry im letzten Augenblick absagen sollte.«

Festvorbereitungen

Unsere Schulsekretärin Fräulein Ogden hätte wahrscheinlich weiße Haare bekommen, wenn sie gesehen hätte, wie eine Schar von Eltern am Abend vor der Veranstaltung ins Schulhaus strömte, um die Räume festlich herzurichten. Sie hängten kilometerlange bunte Papierschlangen auf, brachten über dem Eingang ein grellfarbiges Plakat an, das den Frühlingsmarkt der Schule ankündigte, und hißten eine Fahne neben dem Portal. Sie rückten Tische und Stühle von einer Ecke in die andere und stapelten die Möbel schließlich auf den Korridoren auf, damit man sie am nächsten Morgen zum Festplatz bringen konnte. Sie huschten mit riesigen Kartons herum, deren Inhalt ein Geheimnis blieb.

Schon am Nachmittag hatte die Firma, von der die buntgestreiften Markisen geliehen worden waren, auf dem Gras des Festplatzes einige Stände aufgebaut, wo später Gebäck und Blumengestecke für die Wettbewerbe gezeigt werden sollten. Die Arbeiter einer anderen Firma verlegten die Geleise für eine Miniatur-Eisenbahn, mit der hauptsächlich Kinder, aber auch Erwachsene auf dem Gelände herumfahren konnten.

Wir hatten ein kleines Stück Wiese mit Seilen abgegrenzt, auf dem das Pony Herold ausgestellt werden sollte, das erste Pferd der neuen Reitschule, geputzt und gestriegelt wie nie zuvor. Einen größeren Platz hatten wir für unsere Reitdarbietungen vorbereitet und waren zweimal hin- und hergefahren, um die Springhindernisse zu holen. Wir hatten Silk vor den flachen Karren gespannt, Ellen kutschierte, und Pippa saß hinten auf der Ladung und gab acht, daß keine kleineren

Holzteile herabfielen. Wir anderen ritten hinterher und lasen die Stücke auf, die doch abrutschten. Auf dem Festplatz wartete Pippas Vater mit vier freiwilligen Helfern, um mit viel Mühe und Sorgfalt die Hindernisse zu verbreitern und aufzustellen.

»Ich möchte ja nichts gegen Emmy sagen«, bemerkte Claire später am Abend, als wir heimritten, »aber ich habe so ein komisches Gefühl, daß sie sich täuscht und daß dieser Jerry Sowieso morgen nicht erscheinen wird.«

»Und ich habe das noch komischere Gefühl, daß die Leute, die hauptsächlich kommen, um den Star zu sehen und Autogramme von ihm zu erbetteln, empört sein und ihr Eintrittsgeld von uns zurückverlangen werden«, antwortete ich.

Am nächsten Morgen – mir schien es bei Tagesanbruch zu sein, doch war es immerhin acht Uhr – brachte Claire ihren guten alten Misty, damit ich auf Juno reiten und Misty mitnehmen konnte; er sollte als Reittier für die Kleinen dienen.

Unterwegs trafen wir Ellen, Julia und Jane-Anne und ritten zum Schulgebäude, freuten uns über das schöne Wetter und waren gewiß, als erste dort anzukommen.

Wir hatten uns geirrt. Kaum bogen wir in die Straße ein, die zur Schule führte, da stürmten Amanda, Charlie und Pippa, die offenbar auf uns gewartet hatten, uns mit allen Zeichen größter Aufregung entgegen.

»Das ist aber seltsam«, sagte Claire. »Wo ist denn das Plakat über dem Eingang geblieben?«

»Es muß etwas geschehen sein«, bemerkte Jane-Anne. »Seht doch, Amanda ist ganz blaß im Gesicht.«

Amanda hielt Truffle dicht vor uns an und keuchte: »Jemand ist hiergewesen und hat alles zerstört! Es sieht furchtbar aus! Alles verwüstet und verdorben! Der Hausmeister der Schule hat es vor einer Stunde entdeckt, und jetzt arbeiten sie alle wie toll, um zu retten, was zu retten ist. Kommt nur und seht es euch an!«

Voll böser Vorahnung rasten wir zur Schule, und da sahen wir es: Berge von Papiergirlanden bedeckten den Boden, und das orangerote Plakat war in Fetzen gerissen und hing im Gebüsch neben dem Portal. Dazwischen lagen Stücke des gestreiften Markisenstoffes, und die Gestelle, auf denen wir unsere Verkaufsware ausstellen wollten, bestanden nur noch aus wenigen Holzlatten. Pippa berichtete, die Lokomotive der kleinen Eisenbahn sei beschädigt und umgestürzt und ein Teil der Schienen herausgerissen worden.

»Ich kann mir einfach nicht vorstellen, was in den Köpfen von Menschen vorgeht, die solche Dinge machen«, hörte ich einen der Väter sagen, die inzwischen eingetroffen waren und sich bemühten, einigermaßen Ordnung zu schaffen. »Man sollte ihnen wirklich ein paar mit der Reitpeitsche überziehen.«

In diesem Augenblick kamen John und Rupert auf Tex und Patches herangeprescht. An ihren Mienen erkannte ich, daß unsere Hindernisse, die wir mit so viel Mühe aufgebaut hatten, ebenfalls ein Opfer sinnloser Zerstörungswut geworden waren.

Johns Gesicht lief dunkelrot an, als er rief: »Seht euch nur die Hindernisse an! Einige der Eltern sind dabei, sie einigermaßen in Ordnung zu bringen. Haltet ihr es für möglich, daß die Kerle sogar versucht haben, den Reisigoxer anzuzünden?!«

Uns war ganz übel geworden bei all den bösen Neuigkeiten. Es war wirklich zuviel! Wir ritten über den Platz und sahen überall die Spuren der mutwilligen Zerstörung. Die kleine Lokomotive war inzwischen aufgerichtet worden, aber in ihrem Metallrumpf klaffte ein Loch, und der Besitzer war dabei, das Rad im Führerstand geradezubiegen.

»Es muß passiert sein, ehe ich um halb sechs aufstand«, sagte der Hausmeister der Schule, der vor Zorn kaum sprechen konnte. »Die Bande hat sich vermutlich kurz nach Mitternacht hereingeschlichen. Meine Frau und ich haben keinen Ton gehört. Ich bin gleich zum Direktor gegangen, und der hat die Polizei und die Eltern angerufen. Sie waren alle sehr schnell hier. Jeder ist empört, und alle wollen mithelfen, die Schäden zu beseitigen, so gut es geht. Seid unbesorgt, Kinder, bis zum Nachmittag, wenn es losgeht, haben wir das meiste geschafft. Nur das große Springhindernis ist hin, da werden wir nichts mehr machen können.«

Claire tröstete den verstörten Mann: »Ist schon gut, Herr Polson. Es wird auch gehen, wenn ein Hindernis ausfällt. Aber den Kerlen, die das getan haben, möchte ich am liebsten den Hals umdrehen.«

John winkte uns ein wenig zur Seite, bis uns niemand mehr zuhören konnte, und flüsterte: »Habt ihr mal drüber nachgedacht, wer ein Interesse daran haben könnte, unseren Basar kaputtzumachen?«

Wir überlegten, doch durch das, was wir eben gesehen hatten, waren wir noch zu aufgeregt, um logisch denken zu können. Ratlos schauten wir einander an.

»Denkt doch mal nach!« drängte John. »Wer hätte denn einen Vorteil davon, wenn wir nicht genug Geld aufbrächten, um das Gelände von Fräulein Heppleforth kaufen zu können?«

Claire und ich atmeten gleichzeitig tief ein, und die Antwort kam wie aus einem Mund: »Du meinst doch nicht etwa –« begann ich, und Claire fuhr fort: »– die Bogenschützen?«

»Natürlich, wen denn sonst!« erwiderte John. »Jedermann im Ort weiß, daß sie in der letzten Zeit versuchen, Geld aufzutreiben, genau wie wir. Sie veranstalten Tanzereien und Preiskegeln und lauter solche Sachen. Und weil wir beim Kauf des Grundstücks ihre schärfsten Konkurrenten sind –« Er brach ab, um seine Worte auf unsere entsetzten Gemüter wirken zu lassen.

»Nein, das ist nicht möglich!« stieß Jane-Anne endlich hervor. »Es sind lauter angesehene Bürger, die niemals mit derartig gemeinen Mitteln arbeiten würden.«

»Na, einige von ihnen schon«, entgegnete John stur. »Auf jeden Fall müssen wir irgendwo mit unseren Ermittlungen anfangen.«

»Du hast recht«, stimmte ihm Pippa bei. »Und wer immer der Täter war, er darf nicht ungestraft davonkommen. Sonst wiederholen sich solche Fälle.«

»Um die Sache aufzuklären, müssen wir hingehen und ihnen unseren Verdacht ins Gesicht sagen«, meinte Rupert.

Alle waren einverstanden, nur Claire warnte: »Schön und gut. Aber wir müssen vorsichtig und taktvoll vorgehen, weil wir unserer Sache nicht absolut sicher sind. Äußern wir einen falschen Verdacht, den wir nicht begründen können, dann schadet das uns. Bitte, überlaßt mir das Reden und haltet eure vorwitzigen Schnäbel. Wer das nicht fertigbringt, soll lieber zu Hause bleiben.«

Natürlich wollte keiner zu Hause bleiben, und jeder versprach, er werde nicht vorlaut sein.

Bald darauf trabten wir aus dem Schulhof zum Büro des Bogenschützenvereins. Es war ein Ritt von knapp zehn Minuten.

Dieses Büro befand sich in einer halbverfallenen Bude auf einem unbebauten Grundstück, das zu einer Fabrik gehörte. Die Fabrikleitung verpachtete das Gelände an verschiedene Sportklubs. Die Bogenschützen konnten es nur einmal in der Woche benutzen, und es war kein Wunder, daß sie wild darauf waren, das schöne Stück Land von Fräulein Heppleforth zu kaufen. Im Gänsemarsch näherten wir uns zwischen hohen Fabrikmauern der Hütte.

»So, das ist nahe genug«, sagte Claire. »Katy, du kommst mit, wir sehen nach, ob jemand da ist.«

Im Schritt ritten wir zu der Tür, und ich wollte gerade bemerken, es sei anscheinend kein Mensch da, als von drinnen ein polternder Laut kam, als ob etwas zu Boden gefallen wäre. Ein unterdrückter Fluch folgte. Jemand knurrte: »Gib doch acht, du Idiot, sonst haben wir die Polizei auf dem Hals!«

Ruckartig hielten Claire und ich an. Hier war irgend etwas ganz und gar nicht in Ordnung, das war uns sofort klar. Bevor wir noch einen Entschluß fassen konnten, wurde die Hüttentür aufgestoßen, und drei Jugendliche erschienen. Sie waren ganz in Schwarz gekleidet, und an dem weißen Blitz auf seiner Jacke erkannte ich augenblicklich einen der Motorradfahrer, denen wir auf dem Gelände neben unserer Schule begegnet waren. Der vorderste Junge hielt ein Bündel Geldscheine in der Hand, die er eilig in die Innentasche seiner Jacke zu stopfen versuchte. Alle drei starrten uns ein paar Sekunden lang an wie ertappte Missetäter – die sie ja tatsächlich waren –, dann drückten sie sich seitlich an uns vorbei und rannten zu einer Stelle an der Fabrikmauer, wo drei Motorräder lehnten.

»Schnell, haltet sie auf!« schrie ich.

Wir trieben unsere Ponys an und jagten hinter den Jungen her. Wäre es ihnen gelungen, ihre Räder zu erreichen, so hätten wir keine Chance gehabt, sie zu fassen. Aber die anderen Kinder vom Pony-Club hatten aufmerksam hinter uns hergeblickt und sofort begriffen, was hier los war. Sie kamen im Galopp heran, und ehe die Burschen wußten, wie ihnen geschah, waren sie von Ponys umringt, die immer näher an die Räder herankamen, sie umwarfen, den Jungen auf die Zehen traten und mit kräftigen Hinterbeinen nach ihnen ausschlugen. Die drei waren so zwischen den Tieren eingezwängt, daß ihnen keine Möglichkeit blieb zu entkommen.

Gerade als ich Pippa zurief: »Hol die Polizei!« hörten wir draußen auf der Straße Bremsen quietschen; ein Wagen hielt, und zwei stattliche Polizisten erschienen in dem schmalen Gang zwischen den Fabrikmauern. Wir blickten uns verblüfft an. Dies konnte doch keine Gedankenübertragung sein!

Später erfuhren wir, daß jemand aus einem der Fabrikbüros

bei der Polizei angerufen und gemeldet hatte, in der Hütte im Hof scheine etwas nicht in Ordnung zu sein. Jedenfalls hatte der Anblick der Beamten den Erfolg, daß die Rocker sich ohne Widerstand festnehmen ließen. Der eine von ihnen, den Charlie in eine Ecke gedrängt hatte, wo sie vom Sattel aus wild mit dem Griff ihrer Reitgerte auf seinen Sturzhelm einschlug, schien sogar erleichtert, daß die Hüter des Gesetzes ihn von dem wütenden Mädchen befreiten und in ihre Obhut nahmen.

Mitglieder des Schützenvereins waren herbeigerufen worden. Rupert berichtete ihnen, während die Burschen zum Polizeiauto geführt wurden, die drei seien von der Fabrik aus beobachtet worden, wie sie in die Hütte eingedrungen waren, um Geld aus einem Schreibtisch zu stehlen; daraufhin hätte man die Polizei gerufen.

Die Bogenschützen sahen sich in ihrem Klubheim um und stellten fest, daß außer dem Geld nichts fehlte. Die Bande hatte keine Gelegenheit mehr gehabt, die wertvollen Siegespokale aus dem Schrank zu nehmen. Der Schriftführer erzählte uns, daß der Schatzmeister, der sehr übermüdet gewesen war, gestern abend statt der gefüllten Geldkassette die leere mit zur Bank genommen hatte. Der Verein sei glücklich, daß durch unser beherztes Eingreifen seine mühsam ersparten Geldvorräte gerettet worden waren, und man sei uns sehr dankbar. Dies schien Claire der richtige Augenblick, das heikle Thema zu erwähnen und von den sinnlosen Zerstörungen auf unserem Festplatz zu sprechen.

Sie hatte kaum damit begonnen, da stieß Sara einen Schrei aus und schwenkte zwei rote Papierrosen in der Hand. Die hatte sie am Lenker eines der Motorräder entdeckt, und wir erkannten sie einwandfrei als die Art von Blumen, wie wir sie beim Schmücken unserer Verkaufsstände verwendet hatten.

»Na, ich denke, wir haben genug Material beisammen, um die lieben Jungen für eine Weile aus dem Verkehr ziehen zu können«, bemerkte der Sekretär des Bogenschützenvereins. »Und wenn wir irgend etwas für euch tun können, ruft uns nur an und laßt es uns wissen. In den nächsten Tagen erhaltet ihr einen offiziellen Dankbrief unseres Vereins.«

»Er hätte lieber sagen sollen, daß sie darauf verzichten, das Grundstück zu kaufen«, sagte Susan betrübt, als wir schweigsam zurück zur Schule ritten.

»Natürlich tun sie das niemals, du Dummerchen!« fuhr John sie an. »Würdest du es tun, wenn du nichts als diese klägliche Hütte hier als Klublokal hättest?«

Jane-Anne bemerkte: »Es ist der Gipfel der Ironie: Das Geld, das wir dem Schützenverein gerettet haben, wird nun wahrscheinlich dazu verwendet werden, das Gelände zu kaufen, das wir uns so dringend wünschen und das wir dem Verein gern streitig machen möchten.«

»Und es ist kaum anzunehmen, daß wir nach allem, was passiert ist, das Geld schubkarrenweise einkassieren werden«, fügte John mit bitterem Spott hinzu.

Erleichtert atmeten wir auf, als wir sahen, was auf dem Festplatz inzwischen getan worden war. Die Markisen waren wieder zusammengefügt, eine neue Fahne flatterte neben dem Tor. Die kleine Eisenbahn war beinahe bereit, Fahrgäste aufzunehmen, und auf dem Reitplatz arbeiteten mehrere Väter, darunter die von Pippa und Claire, an der Reparatur und Wiederaufrichtung der zerstörten Hindernisse.

Wir banden unsere Ponys im Schatten der Bäume an und verbrachten den Rest des Vormittags damit, Tische und Bänke herbeizuschleppen, Kästen auszupacken und Verkaufsstände einzurichten.

Als die Mittagssonne von einem klaren blauen Himmel auf das vollendete Werk schien, sah unsere Schule sehr viel bunter und anziehender aus, als wir es uns je ausgemalt hatten. In einer Ecke waren vor einer kleinen Bühne Sitze für das Orchester angeordnet, und geschickte Mütter hatten den hölzernen Aufbau mit Blumen und Zweigen verdeckt.

Beim Anblick der Bühne bekam ich wieder jenes drückende Gefühl in der Magengegend wie vor einer schwierigen Mathearbeit. Wir hatten noch immer keine Nachricht von Jerry Blaze, und eigentlich glaubte nur noch Emmy fest daran, daß der Star erscheinen würde.

Wir ritten heim, um in Eile ein paar Happen zu Mittag zu essen und uns umzuziehen. Claire und ich kamen gerade rechtzeitig zum Festplatz zurück, um zu hören, wie das Schulorchester seine Instrumente stimmte. Alles sah verändert aus, weil es von Menschen wimmelte; es mochten Hunderte sein, die umhergingen oder in kleinen Gruppen beisammenstanden.

Fräulein Allen stieg auf einen Stuhl, hob ihren Taktstock, und das Orchester begann eine Polka zu spielen, der ein beliebtes Musikstück, »Der Tanz der Blumen«, folgte. Die ganze Zeit über blickten wir mit wachsender Besorgnis umher, ob nicht doch noch eine schlanke, buntgekleidete Gestalt auftauchte – Jerry, wie wir ihn vom Bildschirm her kannten.

Endlich konnten wir nicht länger warten. Es war Zeit, den Basar zu eröffnen. Unser Rektor kletterte auf die Bühne und erklärte, er müsse zu seinem größten Bedauern verkünden, daß unser Ehrengast Jerry Blaze im letzten Augenblick verhindert worden sei zu kommen, weil andere dringende Verpflichtungen ihn erwarteten. Also müsse das Publikum heute mit ihm, einem einfachen Schulrektor, vorliebnehmen. Er sei mit Vergnügen bereit, Autogramme zu geben, und falls jemand darauf bestehe, wolle er auch ein Lied zur Gitarre singen; wenn er das bei sich zu Hause tue, müsse er immer gleich wieder aufhören, weil sich die Nachbarschaft über ruhestörenden Lärm beschwerte. Gelächter erklang, und die Besucher klatschten wohlwollend Beifall.

Nur Emmy war nicht zu trösten. Immer wieder schluchzte sie: »Das vergesse ich ihm nie – niemals!«

Der Rektor ergriff noch einmal das Wort. »Diese tüchtigen jungen Leute«, rief er und wies auf uns, die wir mit unseren Ponys etwas abseits standen, worauf sich alle Anwesenden zu uns umdrehten, »haben diese Unternehmung ausgedacht und vorbereitet. Sie werden nachher auf dem Hockeygelände Proben ihrer hervorragenden Reitkunst darbieten. Bis dahin wünsche ich Ihnen, verehrte Gäste, einen vergnügten Nachmittag und bitte Sie, für unseren guten Zweck großzügig zu spenden.« Noch einmal erklang Beifall, bevor die Besucher sich auf dem Platz zerstreuten.

»Das von unserer hervorragenden Reitkunst brauchte er nicht zu sagen«, maulte Susan, als wir langsam zum Vorführplatz ritten. »Ich bin sicher, daß ich jeden Sprung verpatze, weil ich so nervös bin. Das überträgt sich auf das Pferd.«

»Und Silk wird beim ersten Hindernis verweigern, wie so oft«, prophezeite Ellen.

»Ich falle bestimmt runter«, setzte Joanna hinzu.

»Und Bobalink wird die ganze Zeit auf dem falschen Fuß galoppieren«, jammerte Pippa, die bei all den düsteren Voraussagen nicht zurückstehen wollte.

Während der Reitvorführungen zeigte sich dann, daß der ganze Kummer umsonst war – außer bei mir... Claire und ich, die beiden ältesten Mitglieder des Pony-Clubs, hatten angeboten, als erstes Paar zu reiten. Bei den ersten sechs Hindernissen ging alles glatt; Brock und Juno sprangen wunderschön gleichmäßig über die Hürden. Dann jedoch, als wir den Buschoxer erreichten, der am ärgsten zerstört gewesen war, sahen wir im letzten Moment, daß er ein wenig schräg stand. Das bedeutete, daß man ihn entweder mit sehr langen Galoppsprüngen oder in vermindertem Tempo anreiten mußte, um glatt hinüberzukommen. Es blieb uns keine Zeit, uns zu verständigen. Claire entschied sich ohne Zögern für die langen Sprünge beim Anlauf, und Brock kam gut hinüber. Ich aber hatte ein paar Sekunden unschlüssig gezögert, und das war mein Verhängnis. Als Juno endlich das Hindernis nahm, war sie nicht mehr neben Brock, sprang zu kurz, streifte das Gebüsch mit der Hinterhand, stolperte ein bißchen und warf mich aus dem Sattel. Die Zuschauer belohnten das nur mit einem Gelächter. Aber ich, die als eine der besten Reiterinnen im Club galt, schämte mich schrecklich.

Wie gesagt, sonst lief alles wie am Schnürchen. Abends, als die Besucher gegangen waren, räumten die erschöpften Helfer den Platz auf. Der Vorsitzende und die Schatzmeisterin des Eltern-Lehrer-Komitees gingen mit dem Rektor in sein Büro, um den Erlös des Tages zu zählen.

Eine Ewigkeit schien uns zu vergehen, während wir neben unseren müden und hungrigen Pferden draußen warteten. Wir hatten keine Lust, noch viel miteinander zu reden.

Nur Jane-Anne sagte, ein Gähnen unterdrückend: »Ich schätze, die tausend Pfund sind zusammengekommen – oder meint ihr, es ist nicht soviel?«

»Wir werden es bald wissen«, entgegnete Rupert. »Da kommen sie.«

Der Vorsitzende des Komitees war ein kleingewachsener Mann mit lockigem blondem Haar und einem freundlichen Gesicht, dem man aber nicht ansehen konnte, ob er eine gute oder eine schlechte Nachricht für uns hatte. Endlich tat er den Mund auf und sagte: »Meinen Glückwunsch, es ist ein recht ordentliches Ergebnis. Dennoch wird die Summe leider nicht reichen, um das Grundstück zu kaufen. Es tut mir sehr leid.« Düsteres Schweigen herrschte, bis er fortfuhr: »Achthundertdreiundvierzig Pfund haben wir eingenommen. Davon bleibt, nach Abzug aller Ausgaben, ein Reingewinn von etwas über siebenhundert Pfund. Wie gesagt, ihr habt eure Sache großartig gemacht, aber es ist nicht genug.«

Niemand antwortete. Nach einer Weile warf Claire wütend ihre Reitgerte zu Boden.

»Nicht genug!« rief sie erbittert. »Es ist nicht genug! Am nächsten Wochenende ist die Versteigerung, und wir sind nicht imstande, bis dahin die fehlenden dreihundert Pfund aufzubringen! In unserer Klubkasse sind etwa zwanzig Pfund, aber was nützt das schon!«

»Nun seid mal nicht gleich so mutlos«, sagte der Vorsitzende begütigend. »Ich habe vor, am Dienstagabend eine Sondersitzung unseres Komitees einzuberufen und den Mitgliedern vorzuschlagen, die fehlenden dreihundert Pfund draufzulegen.«

»Sie meinen – das Komitee würde uns das Geld geben?« fragte ich ungläubig.

»Ich bin beinahe sicher«, nickte er. »Schließlich ist es unsere

Aufgabe, Geld für die Schule aufzubringen, wenn es gebraucht wird. Mit dem Rektor habe ich schon gesprochen. Er wäre einverstanden, daß wir die Summe, die eigentlich für die Bücherei bestimmt war, an euch geben.«

Mit frohen, erleichterten Herzen ritten wir heim. Nur die arme Emmy konnte ihre Enttäuschung nicht überwinden, so sehr wir ihr alle gut zuredeten. Sie kündigte an, sie werde noch heute abend an Jerry Blaze schreiben, ihm ihre Meinung sagen und ihre ganze Sammlung von Schallplatten, Fotos und Zeitungsausschnitten schicken. Im übrigen bat sie uns, seinen Namen in ihrer Gegenwart nie mehr zu erwähnen.

»Ich bin überzeugt, sie glaubt, daß durch sein Auftreten die tausend Pfund zusammengekommen wären«, meinte Ellen, als die beiden Schwestern Cotterill sich von uns getrennt hatten.

»Das ist Unsinn«, antwortete ich. »Ein bißchen mehr hätten wir vielleicht eingenommen, aber nicht soviel.«

»Bring das mal der guten Emmy bei!« sagte Rupert.

Die Versteigerung

Unsere Eltern hielten Wort. Als wir am folgenden Freitag morgens zu Schule kamen, wartete auf uns ein Scheck über tausend Pfund, ausgestellt auf Fräulein Claire Forrester.

Die Versteigerung fand im Freien statt und nicht in einem Saal. Das paßte uns gut, weil wir dorthin reiten konnten. So begab sich also am Samstagmorgen in aller Frühe eine Schar unausgeschlafener, gähnender junger Reiter aus allen Richtungen zu Fräulein Heppleforth' Feld.

»Dieses ewige Frühaufstehen bringt mich noch um«, klagte ich und richtete mich ein wenig im Sattel auf, um zu sehen, ob der Versteigerer Herr Softley und sein Gehilfe schon an dem kleinen erhöhten Pult standen, von dem aus die Versteigerung geleitet werden sollte.

»Da ist Fräulein Heppleforth.« Pippa deutete mit einer Kopfbewegung auf die Ladenbesitzerin, die in Lackschuhen und mit einem phantastisch aufgeputzten Hut erschien.

»Guten Morgen, Fräulein Heppleforth, wie geht es Ihnen?« grüßte Jane-Anne höflich, während sie absaß. »Sie sind gewiß ein bißchen aufgeregt, nicht wahr?«

»O ja, gewiß, meine Liebe«, antwortete Fräulein Heppleforth und winkte mit ihren weißbehandschuhten Händen. »Der Gedanke, so viel Geld zu bekommen – diese zweitausend Pfund für das Grundstück, zusammen mit dem, was ich im Lauf der Zeit erspart habe, werden es mir erlauben, mich in einem Häuschen an der See zur Ruhe zu setzen.«

Hatten wir richtig gehört? Hatte sie zweitausend Pfund gesagt? Ich wagte nicht, Claire anzusehen. Mir war zumute wie einem, der auszieht, die Erde zu umrunden, und auf einmal merkt, daß sie gar nicht rund ist. John sah aus, als ob er unter eine Wäschemangel geraten wäre, Amanda und Pippa drängten sich aneinander, als ob sie fürchteten, sogleich in den Weltraum geschossen zu werden. Ich fühlte, wie Claire neben mir ganz steif wurde, als sie mit gepreßter Stimme fragte: »Haben Sie – zweitausend Pfund gesagt, Fräulein Heppleforth?«

»Ja, gewiß«, antwortete sie strahlend.

»Aber Fräulein Heppleforth«, entgegnete Jane-Anne, »als Sie neulich in Ihrem Geschäft über das Grundstück sprachen, haben Sie erwähnt, es würde etwa tausend Pfund erbringen.«

»O ja, aber pro Morgen, meinte ich natürlich. Und es ist zwei Morgen groß, genau sogar zweidreifünftel Morgen.«

Sprachlos schauten wir uns an. Wir waren wie gelähmt vor Überraschung. Diese dumme Kuh! dachte ich unhöflich. Konnte sie es damals nicht genau sagen? All unsere Arbeit, alle Anstrengungen und alle Vorfreude vergebens!

Vergebens, vergebens! dröhnte es in meinem Kopf wie eine häßlich klingende Glocke. Bedrückt sahen wir, wie immer mehr Menschen kamen und sich um das Pult des Versteigerers sammelten. Mit einem abweisenden Nicken beantworteten wir den betont freundlichen Gruß zweier Mitglieder des Bogenschützenvereins, die sich soeben in die erste Reihe drängten.

»Eigentlich könnten wir jetzt nach Hause gehen«, knurrte John mit grimmiger Miene. »Vorher möchte ich am liebsten diese dämliche alte Ziege mit dem Kopf voran in ein Faß ihrer eigenen klebrigen Bonbons stecken.«

»Macht meinetwegen, was ihr wollt«, sagte Claire starrköpfig. »Ich bleibe hier. Ich gebe nicht auf, bis ich mit meinen eigenen Ohren höre, daß das Grundstück jemand anderem zugesprochen worden ist.« Das war typisch Claire mit ihrer unverwüstlichen Zähigkeit.

Herr Softley trat an das Pult, und sofort wurde es still. In der Ferne wieherte ein Pony, und Tex mußte natürlich antworten, so laut er konnte. Die Umstehenden fuhren zuerst erschrocken zusammen, dann lachten sie.

Der Versteigerer blickte sich um, als sei er ein Lehrer und habe eine Klasse unruhiger Schüler vor sich. Als es wieder still geworden war, verkündete er, das erste Gebot laute auf fünfhundert Pfund.

Diese Summe wurde natürlich sofort von einem Mann überboten, der in unserer Nähe stand und, wie wir später erfuhren, das Land erwerben wollte, um darauf eine Schweinezucht aufzumachen.

Nun hob Claire die Hand: siebenhundert. Im Nu waren es achthundert, die der Bogenschützenverein bot. Claire erhöhte auf neunhundert, doch es nützte nichts, daß wir alle die Daumen drückten: Der Schweinezüchter ging auf eintausend Pfund. Wir ließen uns in unsere Sättel zurücksinken und hörten beinahe abwesend zu, wie der Preis stieg und stieg.

»Eintausendfünfhundert!« rief Herr Softley. »Wer bietet mehr?«

Das war für den Schweinezüchter offenbar die Grenze dessen, was er aufbringen konnte. Als jemand vom Bogenschützenverein sechzehnhundert bot, drehte er sich auf dem Absatz um und ging weg.

»Sechzehnhundert – bietet niemand mehr?« klang die Stimme des Versteigerers. »Sechzehnhundert Pfund für dieses wertvolle Stück Land. Also – sechzehnhundert zum ersten, zum zweiten – «

»Siebzehnhundert!« rief eine Stimme, die wir bisher nicht gehört hatten. Alle drehten sich zu dem Mann um, der eben keuchend im Hintergrund auftauchte. Er war kleingewachsen und trug einen schwarzen Mantel und eine große Aktenmappe. Sein Kopf war fast kahl, und seine stahlgefaßten Brillengläser paßten nicht richtig; immer, wenn er den Kopf bewegte, rutschten sie auf seiner Nase abwärts. Um die Brille wieder an ihren Platz zurückzuschieben, zog der Mann die Nase kraus, wobei er aussah wie ein Kaninchen.

»Das ist vielleicht einer, der hier einen Block mit zweihundert Wohnungen bauen will«, flüsterte mir Jane-Anne zu.

»Oder einen riesigen Supermarkt«, sagte Joanna laut.

»Sch!« machte Claire, die befürchtete, der Versteigerer würde das für ein neues, höheres Gebot halten.

Der Bogenschützenverein ging um hundert Pfund höher, der kleine Mann ebenfalls. Der Preis für das Grundstück schoß wie eine Rakete in die Höhe und erreichte schließlich den unglaublichen Stand von zweitausendvierhundert Pfund. Da schwiegen die Herren vom Bogenschützenverein, und auch die ermunternden Blicke des Versteigerers konnten ihnen kein weiteres Gebot entlocken.

»Verkauft an den Herrn dort hinten«, sagte Herr Softley sichtlich enttäuscht. »Wollen Sie bitte zu mir kommen, mein Herr?« Und damit war die Versteigerung beendet.

Wir wendeten unsere Ponys, um nach Hause zu reiten. Da

fühlte ich, wie jemand an meinen Stiefel klopfte. Ich schaute hinunter und erkannte den kleinen Mann, der das Land gekauft hatte, das wir so sehnlich begehrten. Im ersten Moment war ich versucht, ihm einen Tritt zu versetzen und davonzureiten. Doch ich hielt nur mein Pony an und blickte wütend zu ihm hinunter. Dies schien ihn nicht im geringsten zu beeindrucken. Er fragte höflich: »Verzeihung – welche der jungen Damen ist Emmy Cotterill?«

Die ganze Reitergruppe fuhr herum, und Emmy rief: »Das bin ich!«

»Wenn Sie einen Moment Zeit für mich hätten – ich habe eine Nachricht für Sie, mein Fräulein.«

Ohne auf eine Antwort zu warten, öffnete er seine Mappe und holte einen schwarzen Gegenstand heraus. Wir erkannten einen Recorder. Er drückte auf einen Knopf, und es ertönte eine Männerstimme: »Hier spricht Jerry! Hallo, ihr Süßen! Und ganz besonders herzliche Grüße für Emmy Cotterill, meinen Fan Nummer Eins! Hör zu, Emmy, es tut mir wahnsinnig leid, daß ich nicht zu eurer Veranstaltung kommen konnte. Es hat hier ein heilloses Durcheinander gegeben. Einige meiner Mitarbeiter haben die Termine verwechselt, und so konnte ich unmöglich abkommen. Es tut meinen jungen Damen aufrichtig leid, das versichern sie hiermit und bitten um Entschuldigung. Also, Emmy, ich hoffe, du verstehst das und verzeihst auch mir. Die Gegenstände aus deiner Sammlung über mich schicke ich dir zurück, dazu meine neueste Platte und ein signiertes Foto. Und ich versichere dir, daß ich wie der Blitz zur Stelle sein werde, wenn du mich für irgendeinen Zweck brauchst. Bei einer Schulveranstaltung werde ich ohne Honorar auftreten, oder was du sonst verlangst. Übrigens habe ich meinem Vertreter Herrn Gossop – das ist der Mann, der dir diese Nachricht bringt – gesagt, er solle dafür sorgen, daß ihr dieses Stückchen Land, das ihr so gern für euren Pony-Club haben möchtet, unbedingt bekommt. Es ist ein Geschenk von mir, mit dem ich mein Versäumnis ein wenig gutmachen will. Leb wohl, Emmy, und grüß die anderen!«

Wir waren wie versteinert und schnappten nach Luft, als wir das gehört hatten. Dann fing einer von den Anwesenden, die sich neugierig um uns gesammelt hatten, an zu klatschen. Großzügig schloß sich sogar der Bogenschützenverein dem Beifall an.

Claire ging mit Herrn Gossop zu dem Tisch, an dem der Grundstücksverkauf bestätigt wurde, und gab Jerry Blazes Scheck ab, der uns zu Besitzern des heißbegehrten Landes machte.

Wie in einer goldenen Wolke ritten wir heim. Allmählich kamen wir auf die Erde zurück, als Emmy in höchster Begeisterung pausenlos piepste: »Ist Jerry nicht wunderbar? Rupert, findest du nicht auch, daß er wunderbar ist? Ich habe gewußt, er läßt uns nicht im Stich! Katy, ist Jerry nicht wunderbar?«

Wir atmeten erleichtert auf, als die Cotterill-Mädchen an der nächsten Kreuzung abbiegen mußten. Lange hätten wir das nicht mehr ausgehalten, ohne grob zu werden. Auch Freude hat ihre Grenzen.

»Na, Gott sei Dank!« seufzte Claire. »Ich schlage vor, wir reiten sofort zu Sylvia Jolley und erzählen ihr alles. Von ihrer Wohnung aus können wir unseren Rektor anrufen.«

»Ich kann's noch immer nicht glauben«, sagte Ellen träumerisch, »daß es wahrhaftig passiert ist.«

»Du wirst in die Wirklichkeit zurückkehren, wenn wir drangehen, das Land zu entrümpeln«, meinte Julia. »Das wird nämlich kein Spaß.«

»Ist euch eigentlich klar«, fragte Claire sachlich, »daß wir jetzt genügend Geld haben, mit den Einnahmen aus dem Basar ein zweites Pony zu kaufen und zwei Pferdeboxen zu bauen? Das einzige, was wir brauchen, sind Freiwillige, die uns dabei helfen, und ich bin sicher, die finden wir.«

»Ach, das sind ja alles Zukunftsträume«, warf Jane-Anne ein. »Zunächst mal müssen wir daran denken, daß am nächsten Wochenende in Shearing ein Reitturnier stattfindet. Ich bin fest entschlossen, dieses Mal Julia Jolley mit ihrem Sultan zu besiegen.«

»Mag sein, daß du das schaffst«, schrie Julia. »Aber ich wette, du holst mich nicht ein bis zu der Kreuzung da vorn!«

Sie trieb Sultan mit Zuruf und mit ihren Stiefelabsätzen an. In einem wilden Galopp jagten die beiden davon.

»Gemeinheit!« rief Jane-Anne lachend und folgte ihr auf Sir Galahad. Mit donnernden Hufen sauste die ganze Bande hinter den beiden her.

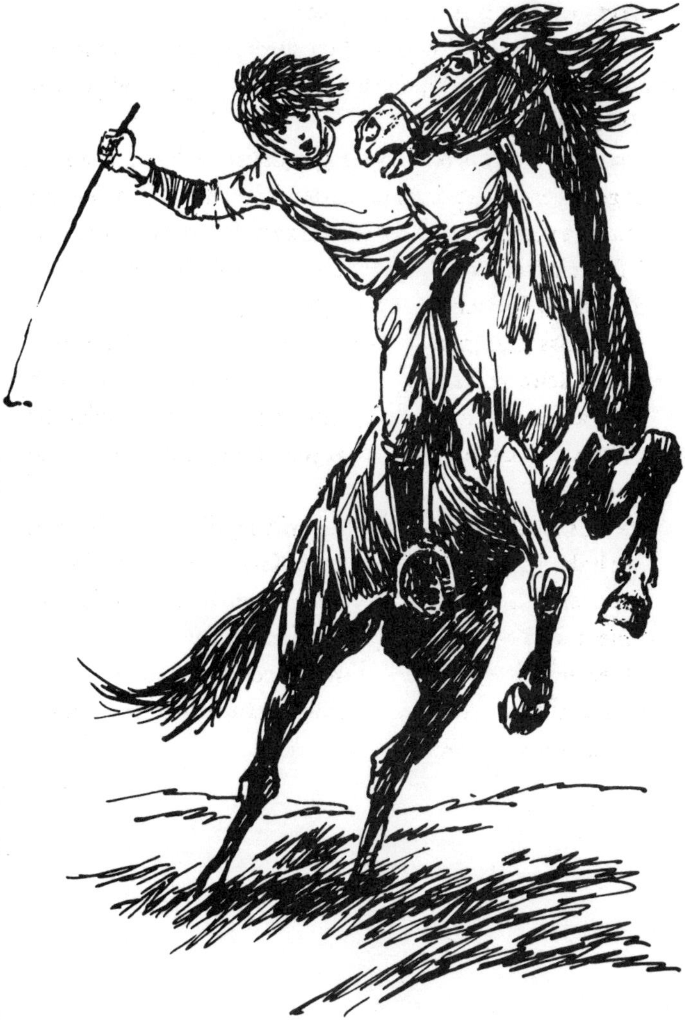

Inhaltsverzeichnis

                                    Seite

Ein Pony im Obstgarten   3

Der Pony-Club auf Ferienritt. 123

Der Pony-Club vom Wiesenhof 249

Der Pony-Club hat große Pläne. 367

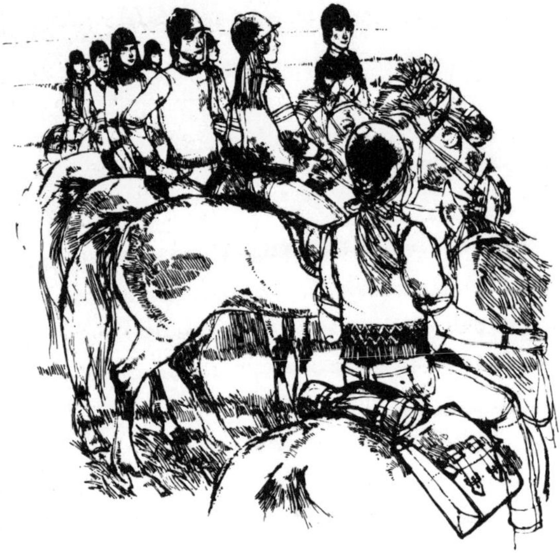